# 国家社会科学基金博士论文出版项目概要
# （2022）

全国哲学社会科学工作办公室　编

中国社会科学出版社

图书在版编目（CIP）数据

国家社会科学基金博士论文出版项目概要．2022／全国哲学社会科学工作办公室编．－－北京：中国社会科学出版社，2024.10．－－ ISBN 978-7-5227-4607-4

Ⅰ．C53

中国国家版本馆 CIP 数据核字第 2024UJ2073 号

| | |
|---|---|
| 出 版 人 | 赵剑英 |
| 责任编辑 | 王丽媛 |
| 责任校对 | 孙延青 |
| 责任印制 | 张雪娇 |

| | |
|---|---|
| 出　　版 | 中国社会科学出版社 |
| 社　　址 | 北京鼓楼西大街甲 158 号 |
| 邮　　编 | 100720 |
| 网　　址 | http://www.csspw.cn |
| 发 行 部 | 010-84083685 |
| 门 市 部 | 010-84029450 |
| 经　　销 | 新华书店及其他书店 |
| 印刷装订 | 北京君升印刷有限公司 |
| 版　　次 | 2024 年 10 月第 1 版 |
| 印　　次 | 2024 年 10 月第 1 次印刷 |
| 开　　本 | 710×1000　1/16 |
| 印　　张 | 27.25 |
| 插　　页 | 2 |
| 字　　数 | 378 千字 |
| 定　　价 | 198.00 元 |

凡购买中国社会科学出版社图书，如有质量问题请与本社营销中心联系调换
电话：010-84083683
版权所有　侵权必究

# 出 版 说 明

为进一步加大对哲学社会科学领域青年人才扶持力度，促进优秀青年学者更快更好成长，国家社科基金2019年起设立博士论文出版项目，重点资助学术基础扎实、具有创新意识和发展潜力的青年学者。每年评选一次。2022年经组织申报、专家评审、社会公示，评选出第四批博士论文项目。按照"统一标识、统一封面、统一版式、统一标准"的总体要求，现予出版，以飨读者。全国哲学社会科学工作办公室同时编辑出版《国家社会科学基金博士论文出版项目概要（2022）》，由入选成果作者撰写，重点介绍入选成果内容。

全国哲学社会科学工作办公室

2023 年

# 目　　录

《马克思共同体视域中的正义思想研究》概要 ………… 巩永丹（1）

《马克思民主理论研究》概要 ……………………………… 张婷婷（10）

《认知与实践：马克思主义中国化历史进程前期
　　研究》概要 …………………………………………… 陈兰馨（17）

《思想政治教育差异论》概要 ……………………………… 于　佳（24）

《马克思拜物教批判理论及其当代价值》概要 ………… 孔　婷（32）

《从逻辑论证到语境分析——语境论视域下的历史
　　解释研究》概要 ……………………………………… 马　健（38）

《知觉、行动与知识——一种"行动优先"的统一
　　解释》概要 …………………………………………… 陈仕伟（46）

《王船山"生"的思想研究》概要 …………………………… 刘　昊（54）

《兴于〈诗〉：儒家诗教传统与华夏诗化生存》概要 …… 黄子洵（61）

《自我的关系实在论——基于大脑与环境关系的
　　自我观》概要 ………………………………………… 徐嘉玮（70）

《现代货币理论研究：理论脉络、前沿争论与中国
　　经验》概要 …………………………………………… 何增平（79）

《1.5℃约束下中国电力行业碳达峰后情景及效应研究》
　　概要 …………………………………………………… 卢　灿（85）

《基金规模优化及在养老金投资中的应用》概要 …… 张琳琳（93）
《异质性环境规制、绿色资本更新与企业绩效》
　　概要 …………………………………………… 万攀兵（101）
《国际投资仲裁中股东独立请求法律问题研究》
　　概要 …………………………………………… 李建坤（108）
《刑事程序倒流的反思与修正》概要 ……………… 王宇坤（116）
《承继的共犯研究》概要 …………………………… 王永浩（124）
《秦汉官吏职务犯罪研究》概要 …………………… 舒哲岚（132）
《国际私法视野下不对称争议解决协议问题研究》
　　概要 …………………………………………… 张炳南（140）
《基本权利限制、比例原则与原则权衡——基于阿列克西
　　基本权利理论的展开》概要 ………………… 陈　杰（149）
《良缘之外——中国的教育婚姻匹配与社会分层后果》
　　概要 …………………………………………… 石　磊（158）
《繁华落尽：一个东南渔港的环境民族志》概要 …… 张云鹤（167）
《窝阔台汗时代大蒙古国研究》概要 ……………… 陈　希（175）
《组织与技术：20 世纪 50 年代浙江海洋渔业集体化
　　研究》概要 …………………………………… 叶君剑（182）
《伊拉克库尔德问题研究（1958—2003）》概要 …… 李睿恒（190）
《"萨尔〈普遍史〉"与欧洲近代史学思想变迁》
　　概要 …………………………………………… 张一博（199）
《历史影响与外交政策：二战后日本对缅甸援助研究》
　　概要 …………………………………………… 史　勤（205）
《罗马波斯战争研究（公元前 66 年至公元 628 年）》
　　概要 …………………………………………… 龙　沛（213）

《"神岳巏巏"：秦汉蓬莱信仰的神话考古》概要 … 庞　政（219）
《以图释礼：宋代传世礼图所载礼器图研究》
　　概要 …………………………………… 李卿蔚（227）
《故都之泯：元代杭州的文学社会》概要 ………… 石勔言（234）
《抵抗东方主义话语：萨义德的拯救思想研究》
　　概要 …………………………………… 李　盛（241）
《六朝"异物志"与文学》概要 …………………… 郁冲聪（249）
《当代英美文艺伦理思想研究》概要 ……………… 韩存远（256）
《清嘉道时期的文献样态与文人表达》概要 ……… 尧育飞（263）
《身份与修辞：宋代骈文批评研究》概要 ………… 陶　熠（271）
《〈埃涅阿斯纪〉中秩序图景的塑造与反思》
　　概要 …………………………………… 丁　瑶（273）
《非洲英语流散文学中的主体性重构》概要 ……… 袁俊卿（281）
《布莱恩·理查森非自然叙事理论研究》概要 …… 李亚飞（289）
《先秦汉语形容词的句法语义研究》概要 ………… 雷瑭洵（296）
《现代汉语警告范畴研究》概要 …………………… 刘晨阳（302）
《现代汉语二重有标三分句嵌套研究》概要 ……… 储小静（310）
《以沙为媒：对阿左旗荒漠化治理运动的传播民族志
　　研究》概要 …………………………… 阿希塔（317）
《创业团队权力层级与新创企业绩效关系研究：
　　基于结构权变的视角》概要 ………… 冯　雯（327）
《工作狂热的"双刃剑"效应研究》概要 ………… 佘卓霖（334）
《社交行为与模糊偏好视角的大规模群决策》概要 …… 武　彤（341）
《中国自由贸易区战略实施的农产品贸易效应研究》
　　概要 …………………………………… 曾华盛（349）

《多重压力、公共价值冲突与地方政府环境治理》
　　概要 ································· 关　斌（355）
《二战后美国联邦政府国际学生流动政策变迁研究》
　　概要 ································ 安亚伦（362）
《教育戏剧：迈向未来的高校价值教育教学模式》
　　概要 ································ 洪瑞祥（369）
《希望的力量——当代农家子弟留守历程的教育叙事
　　探究》概要 ··························· 许程姝（376）
《艺术史的时代辩证法——鲁道夫·维特科尔艺术史论
　　研究》概要 ··························· 张佳峰（382）
《当代欧洲跨族裔电影中的离散叙事》概要 ·········· 王娅姝（389）
《魏晋南北朝佛教音乐美学思想研究》概要 ·········· 史一良（399）
《哈萨克巴克斯音乐的二元属性》概要 ······ 迪娜·叶勒木拉提（404）
《唐宋巴蜀观音图像艺术研究》概要 ················ 邓新航（412）
《热力学视角下气候建筑原型方法研究》概要 ········ 陶思旻（420）

# 《马克思共同体视域中的正义思想研究》概要

巩永丹[*]

近年来，英美学界掀起了拷问马克思正义观的热潮，以"塔克—伍德命题"为代表的观点宣称，资本主义剥削正义，共产主义超越正义，马克思拒斥正义，为马克思贴上了"反对正义"的标签。该书以此为切入点，以历史唯物主义为方法论原则，立足马克思的哲学批判、政治经济学批判，以马克思的共同体理论为视角，从马克思共同体的历史逻辑阐释其正义思想。

## 一 研究目的、意义及方法

该书选取马克思正义思想为研究对象，从历史唯物主义出发，着重考察正义的起源、演变、异化和真正实现，其目的、意义和方法如下。

### （一）研究目的

第一，为马克思的正义思想正本清源。该书立足唯物史观，深

---

[*] 巩永丹，北京师范大学马克思主义基本原理专业博士，现就职于北京航空航天大学马克思主义学院。

入研究正义的历史形态，强调正义是马克思所论述的共同体的核心价值，马克思正义概念与所有权观念的生成发展的过程映射出共同体衍生、裂变和发展的过程。共同体的发展过程在一定程度上推动了人类正义观念的更新。该书回到历史唯物主义和政治经济学批判的语境，以共同体视域中正义的历史形态驳斥西方学者的诘难，最终确证马克思的正义思想深嵌在他对共同体及其历史逻辑的揭秘之中。

第二，建构共同体视域中正义的实践层级。通过还原历史唯物主义视域中正义的发生史、生成史和发展史，目的是建构基于共同体发展的正义的历史序列和实践次序。在唯物史观界域中，共同体的发展按照马克思的"三形态"的历史逻辑演进，即从"自然—本源共同体"到"虚幻—抽象共同体"再到"自由—真正共同体"的逻辑序列依次发展，而正义也随之从"朴素正义"到"抽象正义"再到"实质正义"的历史序列依次生成，这构成共同体视域中正义的实践层级。

第三，回应数字时代共同体的正义问题。该书的落脚点是回应数字时代的分配正义、全球正义问题。马克思共同体视域中的正义思想揭示了人类社会的正义原相。这一思想观照了未来社会的正义问题。在数字资本主义深入发展的今天，以马克思共同体的正义思想为指引，观照数字资本共同体和人类命运共同体的正义问题，有助于建构基于数字化生存的正义原则。

### （二）研究意义

第一，有助于回应与批驳"塔克—伍德命题"。"塔克—伍德命题"为马克思贴上了反对正义的标签，极力推崇"资本主义剥削正义""共产主义超越正义""马克思拒斥正义"等错误论调，割裂了马克思与正义的理论关联。该书以马克思的文本为依据，深刻揭示"塔克—伍德命题"的本质和误区，有助于破除"塔克—伍德命题"的迷雾，为马克思的正义思想正本清源。

第二，有助于守正与拓新马克思的正义思想。该书回归经典文本，重审马克思正义批判的文本语境、理论视角、核心论域及主要方法，分析马克思对正义批判时所运用的尺度和标准，透析"正义"概念在马克思思想历程中的不同语境，从而能够较为客观、公允地展现马克思正义思想的概貌，从共同体的历史形态还原马克思正义思想的历史序列、复合结构和逻辑层次。

第三，有助于为当代中国正义理论的建构提供启迪。该书对马克思正义理论进行补充解释、返本开新和多重辩护，回答"马克思与正义""剥削与正义""历史唯物主义与正义""共产主义与正义"等焦点问题，能够为中国特色社会主义正义理论的建构提供思想资源与现实启示。

**（三）研究方法**

该书坚持马克思主义的立场观点和方法，以政治经济学和政治哲学为基础，用到如下方法。

第一，文献分析法。回归经典文献，对马克思早期哲学论著、《资本论》及其手稿、《哥达纲领批判》等关涉共同体和正义的文献进行理论研究，提炼概括马克思共同体和正义的文本语境，全面、准确地分析这些文献文本的真意，挖掘并领会其中蕴含的正义思想。

第二，比较研究法。通过把马克思共同体的正义置于西方政治思想史和政治哲学传统中加以考察，将之与城邦共同体、契约共同体、伦理共同体以及自由主义、共和主义、社群主义、分析马克思主义的观点进行比较，从而凸显马克思共同体正义思想的科学性和独特性。

第三，个案研究法。该书在研究中，选取数字资本共同体和数字劳动的典型平台进行个案研究，系统研究这些数字资本共同体平台的分配机制，最终在第 6 章形成了对数字资本共同体之正义的研究。

## 二 主要内容与重要观点

### (一) 主要内容

该书着重设置问题溯源（研究主题）、思想谱系（理论比较）、前阶正义（研究视域Ⅰ）、中阶正义（研究视域Ⅱ）、高阶正义（研究视域Ⅲ）、现实观照（研究启示）六章内容。

第一，问题溯源：马克思存在正义思想的"悖论"吗？书稿第1章确立研究主题，主要以"塔克—伍德命题"为切入点，梳理马克思与正义之争引发的旷日持久的学术讨论。(1) 研究回顾，梳理英美学界参与"正义争论"的代表人物、核心观点、致思理路，归纳代表性的三大观点：资本主义"剥削正义"、共产主义"超越正义"、马克思"拒斥正义"。(2) 研究检视，聚焦国内外学界对"塔克—伍德命题"的批判，重思马克思正义理论中的事实判断与价值判断、解构话语与建构话语，重审剥削问题的真相与假象。(3) 研究视角，回到唯物史观视域中的共同体理论，以马克思共同体的历史形态研究正义的历史序列，从"共同体正义"与"正义共同体"两种比较逻辑中确立研究视域。

第二，思想谱系：马克思共同体正义的"源"与"流"。书稿第2章深化理论比较，主要以西方政治思想史为主脉，梳理共同体与正义的历史嬗变和思想关联，探究马克思共同体正义的"出场"与"在场"。(1) 共同体正义的"起源"，即回归理论之源与思想谱系，分析"神人共同体"中源于神话的正义、"城邦共同体"中作为美德的正义、"契约共同体"中基于权利的正义、"伦理共同体"中隶属法权的正义。(2) 共同体正义的"出场"，从文本梳理马克思对共同体正义的法哲学范式归谬、历史唯物主义奠基、资本的发生史探秘和政治经济学批判，归纳共同体视域中正义从"朴素正义"到"抽象正义"再到"实质正义"的历史序列。(3) 共同体正义的"续果"，挖掘马克思之后西方学界对共同体正义的思想辨议及理论补释，探讨自由主义、社群主义、分析马克思主义等学派对共同体正义的新解。

第三，前阶正义："自然—本源共同体"与正义的雏形。书稿第3章深化研究视域Ⅰ，即分析"自然—本源共同体"是人的依赖关系阶段，研究这个阶段各种典型共同体的财产关系、所有权和分配制度，以唯物史观深化前资本主义朴素正义的研究。（1）所有权的三种形式，即以《1857—1858年经济学手稿》为依据，分析亚细亚共同体与共同"占有"、古典古代共同体与部分"私有"、日耳曼共同体与个人"所有"。（2）朴素正义的四重论域，即分析"自然—本源共同体"内蕴的以自然条件为基础的天然正义、源于劳动分工形成的交换正义、基于公社成员身份的分配正义以及政治正义。（3）资本主义关系的萌芽，即分析"自然—本源共同体"解体的条件，重点研究劳动者与劳动客观条件的分离、财产的最初起源与劳动正义的"丧失"，探究资本主义生产关系的原始形成。

第四，中阶正义："虚幻—抽象共同体"与正义的异化。书稿第4章深化研究视域Ⅱ，即分析"虚幻—抽象共同体"是物的依赖性阶段，是"劳动"同"所有"相对立的阶段，此阶段是所有权和正义的异化。（1）"虚幻共同体"的正义批判，即分析马克思对资本主义政治国家及其法权的法哲学、人学批判和唯物史观解剖。（2）"抽象共同体"的正义批判，即分析马克思对"货币共同体"和"资本共同体"的多维控诉和政治经济学批判。（3）正义批判的"思想转向"，即马克思通过对"虚幻—抽象共同体"的正义批判，其正义思想实现了从资本正义到劳动正义、从分配正义到生产正义、从抽象正义到具体正义、从法权正义到制度正义的转变。（4）正义批判的"双重尺度"，即马克思的正义批判是在历史尺度和人的尺度的双重互动中展开的，这两种尺度是破解"正义悖论"的关键。

第五，高阶正义："自由—真正共同体"与正义的重构。书稿第5章深化研究视域Ⅲ，即分析"自由—真正共同体"是人的自由个性生成的阶段，是"劳动"同"所有"的复归阶段，这个阶段是劳动正义、需要正义的渐次实现。(1) 共同体正义的最高论域，即"自由—真正共同体"最终通向无阶级、无剥削、无异化的正义社会，这种社会与马克思正义概念的最高序列相互映衬，是高阶正义的实践表达。(2) 高阶正义的实践次序，即"自由—真正共同体"的正义是一个复合型的逻辑等级和历史性的更替次序，即由共产主义第一阶段的"按劳分配"向高级阶段的"按需分配"的运演和发展。(3) 共产主义不会终结正义，即马克思以贡献原则批判权利原则，以需要原则批判贡献原则，其正义沿着权利→贡献→需要的等级和次序依次更替，共产主义与按需分配内在兼容、相互融通。

第六，现实观照：马克思共同体的当代表现与正义探索。书稿第6章属于启示研究，即分析马克思共同体理论的当代表现，探究马克思共同体视域中正义思想的当代意义和现实价值，主要从比较的视域展开研究。(1) 分析数字资本共同体，它是"虚幻—抽象共同体"的当代形式，仍然是资本逻辑主导的共同体，代表异化、虚幻的正义。(2) 分析人类命运共同体，它是"自由—真正共同体"的当代确证，是基于人的逻辑主导的共同体，内蕴着具体、真实的正义。(3) 探索全球正义方案，探究信息时代超越资本共同体的替代性选择与正义原则，主张激活马克思真正共同体的正义思想，坚持以人的逻辑驾驭资本逻辑，开展合作与共享，跨越数字化时代的发展鸿沟，实现全球正义。

### （二）核心观点

该书聚焦"马克思与正义"之争，通过对马克思共同体正义的开掘、分析和研究，厘定了正义概念在共同体历史演变中的不同语境和内涵指涉，对马克思正义思想进行综合把握。主要观点如下。

第一，主张从马克思共同体的历史形态研究正义的"历史序列"。正义与所有权的生成和发展的过程映射出共同体衍生、裂变和发展的过程，共同体的演化过程推动了正义的逐步更新。该书认为，马克思对正义的论述从来没有脱离生产方式和具体的社会形态，他是在共同体演变的历史形态中审视、批判和建构正义的。与此相一致，正义是马克思共同体视域中的核心价值，正义的历史序列反映了共同体的历史逻辑。没有共同体及其生产方式的发展变化，就没有正义的发展变化。

第二，提出共同体的"三大历史形态论"和正义的"三大位阶论"。该书尝试性提出唯物史观视域中共同体的"三大历史形态论"，即"自然—本源共同体"→"虚幻—抽象共同体"→"自由—真正共同体"，第一种形态涵括亚细亚、古典古代和日耳曼等形式，第二种形态涵括资本主义的政治共同体、货币共同体和资本共同体等，第三种形态是自由王国、社会化的人类和真正共同体的表达。基于此，该书提出了共同体视域中正义的"三大位阶论"，即"朴素正义"→"形式正义"→"实质正义"（按需分配），这构成了马克思共同体历史形态下的正义次序。

第三，提出马克思的正义批判坚持了"元尺度"与"次生尺度"的统一。马克思的正义是批判性的正义，他对正义的考察坚持了"批判与建构""事实与价值""描述与规范"的统一。任何一种单一的解释方式都会肢解马克思正义的整体性和原生性。就马克思正义批判的尺度而言，他首先确立了"尺度的尺度"或"标准的标准"，即哲学意义上的依据——"元尺度"。马克思对资本主义的批判，是基于劳动本体论的"元尺度"和基于生产方式、阶级利益、按需分配、人的自我实现的"次生尺度"的双重控诉，也是基于历史尺度（或事实判断）和人的尺度（或价值判断）的双重评判。

第四，提出马克思的正义思想在政治思想史上实现了"四个理论转向"。马克思通过对资本主义政治国家的法哲学批判走向了对货币—资本共同体的政治经济学批判，从而揭示了资本主义生产方式的正义悖论，即它把"人的关系"贬黜为"物的关系"，把"人是目的"倒转为"人是手段"，把"自由劳动"扭曲为"异化劳动"，最终制造了"资本"与"劳动"之间无法弥合的裂缝。马克思对正义的解释既依赖生产方式又超越生产方式，他对资本主义共同体的批判意味着其正义思想实现了政治哲学史上的革命性变革：从"资本正义"转向了"劳动正义"，从"分配正义"转向了"生产正义"，从"抽象正义"转向了"具体正义"，从"法权正义"转向了"制度正义"。

第五，主张"真正的共同体"是马克思高阶正义的理论表达和核心表征。"真正的共同体"的正义是一个复合型的逻辑等级和历史性的更替次序，即由共产主义第一阶段的"按劳分配"向高级阶段的"按需分配"运演和发展。马克思以贡献原则批判权利原则，以需要原则批判贡献原则，他的正义沿着权利→贡献→需要的逻辑等级和历史次序依次更替。真正的共同体不会超越正义，也不会终结正义，共产主义与按需分配内在兼容，正义与共产主义互为印证。

## 三　学术创新与贡献

### （一）学术创新

第一，研究视角的创新。马克思的正义归根结底是共同体及其历史形态中的正义。该书以历史唯物主义为方法论指导，立足马克思的哲学批判、政治经济学批判，以马克思的共同体理论为宏观视角，从共同体的历史逻辑阐释其正义思想。

第二，研究思路的创新。从共同体的生产关系、财产占有形式、阶级利益分析不同共同体形态中的正义状态和正义形式；以"自然—本源共同体""虚幻—抽象共同体""自由—真正共同体"为线索考察正义的起源、演变、异化和真正实现。

第三，所得结论的创新。马克思对正义的考察坚持了"批判与建构""事实与价值""描述与规范"的统一；他对正义的解释既依赖生产方式又超越生产方式，历史唯物主义的理论要旨不会消解正义；正义与共产主义互为印证、内在兼容。

**（二）学术贡献**

该书回归经典文本，重审马克思正义批判的文本语境、理论视角、核心论域及主要方法，从共同体的历史形态还原马克思正义思想的历史序列、复合结构和逻辑层次，深刻揭示"塔克—伍德命题"的本质和误区，因而具有回应与批驳错误思潮的学术贡献。该书对马克思的正义理论进行补充解释、返本开新和多重辩护，能够为当代中国分配正义及其制度探索提供理论支撑和文献参考，为中国特色社会主义正义理论的建构提供思想资源与现实启示。

# 《马克思民主理论研究》概要

张婷婷[*]

民主问题是政治哲学研究的经典选题。该书从文本考据、方法论创新、多视角批判以及当代政治哲学的对话，对马克思民主理论进行多维阐释、多重辩护，厘清了马克思民主理论的历史脉络与核心命题，回应了民主与所有制、民主与国家、民主与政党等现实问题。

## 一 选题缘起与研究意义

自20世纪80年代以来，走出现代国家的民主发展困境一直是学术界的主体话语。究其原因，一是基于西欧和苏联社会主义运动失败的历史反思，二是基于西方民主化发展困境的现实倒逼。人们不断追问和反思：什么样的政治才是人的解放或"类生活"的最后形式？现代民主国家何以可能？该书试图回归马克思民主话语来尝试回答和解决西方民主困境的根源性问题。

但一直以来，马克思民主话语单纯被理解为一种批判性话语和

---

[*] 张婷婷，南开大学马克思主义基本原理专业博士，现就职于天津科技大学。

理想性话语，马克思对民主理论的建构被认为是"超越政治"的，真正的民主存在于消灭政治性质的国家制度之外。这种理解导致马克思民主理论与社会政治现实"被迫"脱节，"马克思思想过时论""否定革命论""意识形态终结论"等污蔑马克思的言说不绝于耳，给马克思主义造成巨大冲击和危害。事实上，马克思聚焦民主在人类社会中是怎样产生和发展的、在不同历史阶段民主制度的形式有何异同、何为民主发展变化的决定条件等问题，提出了关于原始社会民主理论、资本主义社会民主理论和未来社会民主理论的系统框架。这一理论体系实际包含着一条"革命政治——建构政治——超越政治"的致思理路，既有对原始民主存在基础的考察，又有对资本主义民主内在本质的揭露和批判，以及对现代社会民主建设的规范性话语和未来社会民主的合理设想。

因此，该书研究的意义一是要澄清马克思民主观的相关争论，廓清马克思民主内涵，二是系统搭建马克思民主理论的基本框架，建构马克思民主理论的解释权、话语权；三是推进马克思民主理论运用于解决现代民主困境的理论自觉和方法论自觉，在回应和解答现实问题中增强马克思民主理论的现代解释力，以问题为导向，把马克思民主理论与当今民主现实相接洽。

## 二 主要内容与重要观点

关于马克思民主理论的研究，该书主要围绕两个核心问题，一是马克思民主观是否自成体系以及核心内容是什么？回答这一问题需要立足于马克思民主理论的相关文本，通过系统梳理马克思民主思想的发展历程中，追问马克思研究民主问题的理论旨趣；二是马克思民主理论与现实民主政治有何关联，其能否解答当前西方民主政治的发展困境？这一问题关乎马克思民主理论的时代价值研究，对建构当代马克思主义民主理论、批判和反驳"马克思民主理论过时了"等问题颇为重要。

就马克思民主理论的思想渊源看，学界研究普遍将其与西方政治传统相关联，认同马克思关于民主的构想在一定程度上再现了西方政治尤其是古希腊城邦政治的思想。但矛盾的是，较多学者仅把民主的词源学考察追溯至古希腊，而将马克思民主理论的思想比较停留在与马克思有直接关系的"三大来源"，这一度造成民主的原初定义与马克思民主语用的混乱。如杰弗里·C.艾萨克提出，在理想政治制度的探讨上，"马克思居于亚里士多德、马基雅维利、卢梭等人阐发的公民共和主义传统之列。"戴维·赫尔德在探讨民主的模式时，直接将马克思的民主思想看作直接民主模式类型。为保证思想探源的客观性和真实性，该书回归文本，在探讨古希腊民主概念的原初语境基础上，系统梳理了马克思民主观与亚里士多德、斯宾诺莎、卢梭、黑格尔、费尔巴哈及与马克思同时代的赫斯、卢格等人思想的具体关联。

关于马克思的民主思想演变，当前学界存在马克思民主思想有无前后"认识上的断裂"、马克思民主思想发展史中的研究转向及促因等问题争议。有学者提出，马克思在1848年以前是以自由民主观来分析问题，但是在1848年以后，马克思确立了革命范畴的分析框架，尽管民主并未消失且以革命的内涵重新规定，但民主内涵已经发生了根本变化。该书通过研究进一步发现，马克思的民主理论的形成和发展是具有宗教批判、政治批判、社会批判等多元进路的。政治批判使马克思民主理论与社会民主现实问题具体联系起来，政治经济学批判使马克思民主理论深入到市民社会的深层次问题，人类学批判则使马克思完成了原生民主形态的探索。为避免单纯的思想领域的研究和斗争，马克思注重在吸收国际工人运动的经验教训基础上，将民主理论在现实实践中加以深化和发展。马克思在此过程中逐渐完成了思想发展的两个转变，即一是站在以往哲人宗教批判的肩膀上，从政治批判走向对市民社会的批判，把国家政治制度问题逐渐转化为世俗问题，完成了历史唯物主义民主观的转变。二是马克思从政治解放出发探求现代国家的民主政治实质,揭露现代国家形式的民主制缺陷,主张从人的自由本质出发实现从政治解放到人类解放,逐渐从革命民主主义向共产主义的转变。

关于马克思的理想民主模式研究,学界普遍关注马克思对资本主义民主的批判及"真正的民主制"提法,也有学者提出共产主义民主概念。但也有部分学者认为,马克思的政治思想可能存在民主"空场"。20世纪,波普尔在区分了科学和非科学原则之后,污蔑马克思的民主理论无任何实现的可能性,指责"马克思是一个乌托邦主义者"。该书研究基于文本语境,从唯物辩证的基本方法出发,指出马克思研究民主问题的基本框架存在三种意义的解释模式,即"类—种"逻辑的类概念民主、"统治—服从"逻辑的认同性民主、"自主—自治"逻辑的选择性民主。研究明确,马克思是从现实的人及其社会生活的基本事实出发认识民主的第一人,其围绕"自由个体如何共存"的核心议题,立足于现代政治批判和市民社会批判,以"人类社会"为逻辑起点,以人民主权为逻辑主线,提出了"真正的民主制"必须从政治解放走向人类解放的"建构性"民主观。

在"走近马克思"和"走进马克思"基础上,该书从历史性、社会性、政治哲学维度搭建了马克思民主理论的基本框架。在历史性维度,研究聚焦民主在人类社会中是怎样产生和发展的?在不同历史阶段民主制度的形式有何异同?何为决定民主发展变化的社会基础等问题,指明马克思形成了原始民主理论、资本主义社会民主理论和未来社会民主理论。未来社会民主理论的探索经由两个阶段,即无产阶级革命与专政时期的民主和"真正的民主制"阶段。有学者质疑原始社会存在民主的可能性,认为"古希腊的民主,仅是一种民主制度形式,其本质不是民主的"。为回应和解决这一争论,笔者重返马克思关于人类学笔记的研究,指出马克思通过考察原始社会中人与"自然""生存技术""家庭关系""共同体"等的关系,揭示了原始社会形态及其可能存在的氏族民主形式。从社会性维度出发研究民主,是突破主客体思维局限而采用关系性思维的研究方式。马克思利用这种思维方式将民主的考察置于人民在现实物质生活中形成的多样性社会关系，通过分析民主在社会政治生活中的价值功用，论证了民主的可欲性和可行性。民主问题是政治哲学的核心问题。笔者在关切政治哲学视角的马克思民主理论问题研究时，关注到马克思民主理论遭遇的唯经济决定论、实证论、人道主义缺失论或历史预设论等相关质疑，并以此为问题导向，澄清和指明了马克思民主理论的政治哲学意蕴。在政治经济学向度，笔者从劳动范畴出发，指出马克思民主理论的研究存在劳动解放向度，即马克思提出劳动解放，主张消除现代社会中异化了的劳动关系，达到"真正的民主制"。劳动作为政治经济学的初始范畴，是理解政治哲学的钥匙，在深刻认识国家与社会关系基础上，将政治异化的批判上升为劳动异化的批判，是对马克思民主理论的更深层次的社会存在论追问。为此，马克思提出劳动解放，主张消除现代社会中异化了的劳动关系，达到"真正的民主制"。阶级对立和差别的消失和国家的消亡根本建立在劳动解放的基础之上，人们实现"自由自觉的劳动"是"真正的民主制"的社会前提。

该书为进一步澄清和论证马克思民主理论的真实内涵，研究批判和反驳了马克思民主理论遭受的诘难和质疑。以澄清学界对马克思"多数原则"误解为起点，指明马克思运用"多数原则"的现实语境和合理限度。在此基础上，重点剖析反马克思思潮中，社会民主主义、无政府主义对人类解放道路的曲解，政治虚无主义对人民主体作用的虚无，明确马克思民主观与各种错误政治思潮的根本区别。

总的来说，马克思民主观的理论视野、原理方法和策略原则在当今时代依然意义重大，它既是回应当前西方民主困境根源的有原则高度的理论体系，又是发展和完善当前社会主义民主政治的规范性和指导性话语。只不过，与以往历史境遇不同的是，马克思民主理论的解释限度在于不能"拿来就用"，而是基于立场、观点和方法上的理论创新、话语创新和方法创新。因此，对马克思民主理论的当代建构不仅要"照着讲",而且要"接着讲"。依照马克思的理解,笔者指出,在现代国家范围内,民主制是从社会中抽象出来的"人的自由产物",人通过自主地创造国家制度重新让自己成为国家的主人,把"国家变成客体化的人",并在制度体系、法律约束、社会保障等职能中合理利用资本和限制资本以达到再塑人的存在方式的可能。政党是基于阶级对立现实,作为代表阶级利益、凝聚阶级共识、整合社会力量的组织存在,是连接人民、国家和社会的中介,对现代民主政治建设具有调节作用,因此,当前社会民主政治的建构是基于"市场(社会)—国家—政党"三维逻辑的建构逻辑。基于中国社会民主化的特殊条件和特殊道路,中国共产党在中国特色社会主义民主政治建设中具有集中力量办大事的优势。当代中国马克思主义民主理论的建构,要始终坚持以中国共产党为领导核心,在处理好理想性与现实性、共性与个性、继承性与创新性关系基础上,进一步回应社会主义市场经济条件下民主制度的规范性基础,探索推进制度优化、程序合理、法律完善的体制机制,以国家治理和政治谋划为契机,用制度效能和法治规约满足人民对美好生活的需要,落实实质性民主。

## 三 学术创新与贡献

经典文本的深度耕犁是一项非常重要并具有深刻意义的工作,它是深化发展马克思主义的时代要求。《马克思民主理论研究》一书针对西方长期存在着的否认马克思民主理论的倾向,聚焦马克思民主观是否自成体系、其核心内容及其与现实民主政治的关系,梳理了马克思民主理论的思想渊源、形成理路,系统搭建马克思民主理论的基本框架。

就学术创新看,该书可能存在的创新之处和应用价值在于:一是系统梳理了马克思民主理论的思想渊源,明确了民主概念的原初语境，和马克思民主理论的西方民主思想传统。二是概括和总结了马克思研究民主的三种解释模式，并尝试从历史性、社会性和政治哲学维度搭建了马克思民主理论的基本框架，对当前学界研究尚显薄弱的马克思原始民主理论、共产主义民主理论进行了系统研究。三是对关于马克思民主理论研究中的歪曲化、虚无化问题加以澄清和论证，进一步理清了马克思民主理论的真实内涵，这对于当前马克思主义民主理论研究和坚持发展马克思主义具有重要意义。该书可能存在的最大创新在于尝试分析了马克思民主理论的建构逻辑，以及马克思关于异质性社会民主发展的规范性话语，提出了马克思民主理论中关于现代社会民主政治建设的"市场（社会）——国家——政党"的三维建构逻辑。这在一定程度上弥补了当前部分学者仅将马克思民主理论研究停留在对资本主义民主的批判性话语和对未来社会民主设想的理想性话语的不足，凸显了马克思民主理论的当代价值和现实意义。

但该书仍具有未竟之题与可商榷之处，如该书对异质性社会民主问题的考察尚显粗浅，在社会主义市场经济和社会主义民主政治的关系论述上着墨不多，没能深入探讨马克思民主话语中"与市场经济发展本身相适应的政治条件"。对现代西方民主理论家关注不够，关于资本主义民主的新变化也需要作新的研究和深化，未充分讨论数字技术、人工智能等新变量对民主实践的影响，这些空白或需后续研究填补。

# 《认知与实践：马克思主义中国化历史进程前期研究》概要

陈兰馨[*]

历史从来不是与我们无关的"过去"，它是我们思想、观念的重要组成部分，甚至关系到"我们是谁"的终极之问。回顾近现代中国观念世界天翻地覆的变化，马克思主义无疑对20世纪的中国产生了最为深远的影响。要理解变化的本质，就要追溯变化的起源。面对马克思主义中国化这一宏大复杂的问题，该书尝试以本土化为视角，探究马克思主义中国化为何发生、如何发生以及这一进程对中国思想世界和文化转化的影响。有别于纯思想史研究或党史研究体例，该书没有以时间顺序或历史事件的发生顺序为论述线索，而是以马克思主义语词的本土接纳—马克思主义思想的本土表达—马克思主义理论的本土实践为论述逻辑，从马克思主义在认知维度的本土化（acculturation）和实践维度的本土化（localization）出发，综合宏大历史背景下微观层面的思想变化，研究马克思主义中国化的前期进程。

---

[*] 陈兰馨，上海社会科学院马克思主义中国化研究专业博士，现就职于上海社会科学院中国马克思主义研究所。

## 一 研究目的、意义及方法

该研究的意义在于：首先，以本土化的视角论述马克思主义中国化的历史进程，有助于丰富马克思主义中国化研究的学理性阐释。本研究从文化的本土化出发分析马克思主义中国化历史的前期进程，构建了一个有别于传统思想史和革命史研究的分析框架——"本土化分析框架"，为马克思主义中国化研究提供了有一定新意的视角和路径。其次，尝试扩展马克思主义中国化在整个历史进程的分析空间。也就是不仅将其纳入马克思主义与中国革命和中国文化的关系范畴，而且将其纳入外来文化与中国文化、传统与现代、中国与世界的关系范畴。将概念、语词、思想及其背后的革命进程聚合到本土化的分析框架下，探寻认知世界和实践领域的互动，更生动地把握马克思主义从认知转入实践的过程，通过本土化分析框架的推演进一步思考"中国向何处去"的元问题。再次，帮助从源头上理解中国共产党百年对马克思主义理论的本土表达，为当前中国特色社会主义话语体系的构建提供历史参照。该书拟通过语词和思想的溯源，分析马克思主义如何在信仰体系庞杂不一、话语范畴纷繁交错的背景下实现中国化。通过回溯中国早期马克思主义话语的形成，厘清中国共产党接受、阐释、重塑马克思主义话语的早期经验，同时为中国特色社会主义话语体系的纵深研究提供思考素材。

为了实现上述目的，该书主要运用了语词分析方法和思想史研究方法，并借鉴了党史研究的大量成果。一方面，在理论译介、思想论战的文本上作概念语词的语义分析和话语演变分析，以此挖掘马克思主义在传播、接受和实践过程中的本土化线索；另一方面，该书尝试运用一个新的分析框架——"本土化分析框架"进行案例分析。以早期共产党人对马克思主义的认知和实践为对象，在微观层面对马克思主义的本土化进行分析,探究早期共产党人如何实现马克思主义中国化的两个结合。

## 二 主要内容与重要观点

内容方面,该书主要分六个部分论述研究主题。第一章陈述马克思主义传入中国之前的重要历史背景——与西方世界的遭遇。本章主要阐述了西方分科的知识体系对中国传统知识体系的冲击,以进化论为代表的新思想对中国传统观念世界的影响,以及西学冲击下中国本土的文化反应。西学的引入不仅影响了传统科考制度和教育体系,催生了一批中西结合的学堂,培养了一批接受过西式教育的"新人",还影响了中国人传统的认知方式,其中一些新的观念和思想成为后来中国社会变革的价值符号。知识和观念的更新,文化与文化的碰撞使马克思主义在传入中国时的土壤已不再是单纯的传统文化,还整合、融入了其他理论在地化的思想成果。

第二章阐述马克思主义在认知维度的本土化之始——马克思主义传入中国的语词接纳过程。本章借鉴了海外汉学家和国内学者关于马克思主义概念译介的研究方法,回顾了现代汉语新词的来源,论述了马克思主义在中国思想界形成影响之前,其概念语词如何进入中国现代汉语词汇系统,如何影响中国人的精神世界。本章重点以日译马克思主义概念语词为对象,分析中国知识分子在马克思主义传入初期对经典概念的加工和使用,试图以此呈现(至少是从概念的视角)马克思主义的语词在本土化的前期过程中留下了什么、扬弃了什么、创造了什么。同时,本章也试图通过语词接纳探析马克思主义与中华优秀传统文化的结合在语言层面的体现。

第三章试图以话语为切口展现马克思主义从认知向实践的过渡。本章主要论述马克思主义话语进入中国的思想语境、马克思主义话语的渐次接纳以及早期中国马克思主义话语的初步形成。在分析各种主义的思想论战和话语交锋时得出一个基本认识，即马克思主义并不是一传入中国就是思想界的主流，而是经历了一个渐进的接受过程。另外，对一些重要思想话语的介绍并非意在做思想史上的梳理，而是着重分析话语主体、话语场域、话语议题的变化及话语形成的基本特征。在议题转化方面，主要论述了问题与主义之争、东西文化论战、科玄之争、历史唯物主义的话语适用；在话语形成方面，论述了民族主义和国际主义的话语综合，无政府主义和马克思主义的话语明辨，以及平民主义的话语演绎。

第四章主要论述马克思主义在实践维度的本土化。本章着重阐述中国共产党在马克思主义中国化的前期进程中，通过组织建设、革命实践和理论构建对马克思主义中国化的"两个结合"进行的前期探索。本章主要论述了列宁主义、共产国际对中国共产党实践马克思主义的早期影响，分析了统一战线、农民革命、无产阶级领导权三个具体的实践议题。关于马克思主义中国化的提出，主要从普遍和特殊的关系，以及理论和文化的结合两方面论述。

第五章运用"本土化分析框架"从认知维度和实践维度研究以毛泽东为代表的早期中国共产党人对马克思主义的接受和运用。在认知维度，变动的宇宙观和辩证的方法论构成了早期中国共产党人理解、接受马克思主义的思维特征和哲学基础。在实践维度，早期中国共产党人重塑了马克思主义的本土话语，实现了中国革命道路的本土化创造——革命主体的中国化、革命形式的中国化和群众政策的中国化。早期共产党人并不是在中国文化土壤上教条式地移植马克思主义，也不是在马克思主义思想框架中"修正"中国传统文化，而是在本土的文化语境和历史语境中实现"两个结合"，实现马克思主义理论在中国的再发展、再创造。

结语部分回到马克思主义中国化的概念本身及马克思主义中国化对"中国向何处去"的历史诘问的回答，给出总体结论，并论述探源"马克思主义中国化"对中国文化发展的意义。

基于以上分析，该书得出如下主要观点。

第一，概念语词的本土化构成了马克思主义中国化在认知维度的第一阶段。马克思主义和中国传统文化结合的第一步就是在译介和传播中探索中西文化在概念体系上的共同性和相容性。马克思主义外译文本的语词使用，尤其是日译文本的语词使用为思考、论证马克思主义与中国传统文化的结合提供了语言学和词汇学方面的线索。

第二，中国早期马克思主义话语的形成具有四大特征。（1）话语议题的转变，使用话语的范畴开始从学术议题向政治议题递进。（2）话语功能的凸显，话语不仅是传播理论的载体，还是建构意识形态的工具。（3）话语主体的确立，话语主体从以马克思主义为信仰的知识分子转化为以马克思主义为指导思想的政党。（4）话语影响力的扩大，随着中国共产党的成立和中国革命进程的推进，马克思主义话语逐渐在中国思想界占据一席之地，并成为一大思想主流。

第三，马克思主义中国化的前期进程反映了本土化的两个重要条件。一是文化语境的可通约性或关联性，体现在价值领域或哲学内容的相似性，及哲学思维的关联性上，如马克思主义唯物史观和中国传统辩证法的相似性。二是历史语境的契合度或适切度，体现在马克思主义与中国历史议题和历史进程的适切度上。如马克思主义的传入契合了当时中国民族主义运动和世界革命浪潮的历史语境。

第四，早期共产党人对马克思主义理论的认知和实践充分体现了"两个结合"的特征。一是理论和现实的结合，即马克思主义基本原理同中国具体实际的结合。表现为在早期革命实践中，逐渐自觉地处理马克思列宁主义的普遍性与中国实际的特殊性的关系。二是外来文化和本土文化的结合。这一结合包括两个方面，一方面是西方文化和中国文化的结合，另一方面是马克思主义基本原理与中华优秀传统文化的结合。这种结合在"马克思主义中国化"命题提出后被进一步具体化和明确化了。

第五，"马克思主义中国化"的提出具有三个方面的文化意义。

(1) 在文化评估的范式转变上，确立了辩证地审视文化差异的范式；(2) 在文化价值的整合重塑上，树立了"科学的""民族的""大众的"新文化的发展方向；(3) 在文化自觉的逻辑转换上，唤醒了处理普遍与特殊关系的本土自觉。

## 三　学术创新与贡献

全书希望在学术上实现三个层面的创新。一是研究框架上的创新。该书尝试基于本土化的概念，搭建一个有别于纯思想史研究或革命史研究的分析框架——"本土化分析框架"。这一框架试图吸收、综合既有框架关于思想分析和历史分析的阐释逻辑和研究方法，将马克思主义中国化分解为两个部分。一部分是认知维度的本土化，关注塑造认知、影响认知和反映认知的语词、话语和思想。因此，选取概念语词为切口，论述马克思主义基本概念的本土语言化（汉语化），并通过分析思想论战和话语争锋，研究马克思主义本土话语形成的过程。另一部分是实践维度的本土化，主要阐述中国共产党作为马克思主义中国化的实践主体，如何将马克思主义切实运用于中国革命，实现马克思主义与中国具体实际的结合，实现马克思主义与中华优秀传统文化的结合，并赋予理论以民族身份。

二是研究视域上的创新。有别于革命史和现代化的研究视域，该书引入了文化视域。这一视域侧重思考本土社会对外来思想的文化反应，思考马克思主义中国化历史进程的文化研究路径。该书认为理论的跨语际传播和跨地域实践都可以涵盖在文化反应的集合内，思想论辩和革命运动更是对这一理论本土化的文化反应。认同的文化反应表现为支持话语、传播思想和实践理论；不认同的文化反应则表现为限制话语、质疑思想和反对实践。该书用本土化的文化反应统合了认知维度的本土化和实践维度的本土化，分析马克思主义中国化过程中的本土语言、本土表达和本土实践。另外，文化视域还包含了对马克思主义中国化过程的文化心理的探究。该书认为文化心理方面的探讨可以归于对"古今中西"的文化审视，进而分析马克思主义中国化对中国文化的意义，丰富马克思主义中国化在文化研究方面的内容。

　　三是研究观点上的创新。该书提出了外来文化在近现代中国本土化的三种类型。第一种是延续型本土化。主要内容是对主位文化的延续型崇拜，在抗拒文化变迁的过程中形成对文化的自我辩护和自我捍卫。第二种是吸纳型本土化。主要内容是吸纳式主客文化整合，该类型已不再保持对主位文化作为优势文化的想象，选择在吸纳外来文化的基础上对传统文化进行价值维度的改造和整合。第三种是融合型本土化。主要内容是外来文化与本土文化的适应性融合。该类型不再以一种线性的或二元对立的范式看待主客文化的关系，而是辩证看待主位文化和客位文化，以选择性的因袭和适应性的融合来完成新的文化创获。

# 《思想政治教育差异论》概要

于 佳[*]

## 一 研究目的、意义及方法

### (一) 研究目的

人的发展问题是思想政治教育的永恒命题。马克思、恩格斯关于差异的思想是直面现实差异的重要理论，它在指导我们面对差异现象、协调差异问题时应当如何认识和理解人的发展上发挥着重要作用。对此，该书探究了马克思、恩格斯关于差异思想的内容、本质与特征论述，可以清楚认识到的是，任何具体事物的客观存在和永恒发展都必然表现为一定的内在差异和外在差异及其相互作用，差异要素之间既相互对立、相互制约，又相互依赖、相互联系，在一定条件下相互转化，促使事物由低级到高级、由简单到复杂的不断发展。于是，在马克思、恩格斯关于差异思想的视域中可知，思想政治教育的目标与意义并非将个体培育成单一化的发展模式，而是要教育和引导人们实现最高层次的自由而全面发展，从而为社会进步注入无穷活力。对此，思想政治教育要引导人们准确把握现实中的差异现象和差异问题，充分释放和激发正向差异的动力性，规

---

[*] 于佳，苏州大学思想政治教育专业博士，现就职于苏州大学马克思主义学院。

避差异问题带来的消极价值，使个体的差异性现状得到平衡与协调，并通过自我完善、自我超越实现其在发展中从有限片面的差异性现状—和谐共同性发展—最高层次的自由而全面发展这一发展过程。该书的研究目标正是以思想政治教育协调差异问题、促进人的发展为核心，尝试提出一个运用差异为分析视角来探究思想政治教育的理论框架。

### （二）研究意义
1. 理论意义

一是有利于对马克思、恩格斯关于差异的思想进行理论梳理。该研究是在马克思主义立场、观点、方法的指导下展开的，研究的理论基础是马克思、恩格斯关于差异的思想。马克思、恩格斯关于差异的思想是指导人们正确认识差异、主动面对差异、有效协调差异，并为人的全面发展服务的科学理论，理应成为唯物史观的重要组成部分。由此，本研究的基础性理论意义在于，对思想政治教育差异范畴进行理论阐发之前，梳理和概述马克思、恩格斯关于差异的思想，力求为思想政治教育差异论的研究奠定坚实的理论基础。

二是有利于丰富新时代思想政治教育理论研究。思想政治教育差异论，是立足新时代我国社会不平衡不充分的发展，以及人的差异性、全面性、多样性的发展需求的时代性理论课题。在坚持问题导向的基础上，以差异的分析视角重新审视思想政治教育，既满足社会发展的时代要求，又契合思想政治教育创新性的价值追求，对于丰富和发展新时代思想政治教育理论研究具有重要价值。所以，该研究的理论意义在于，能够基于对现实社会中差异问题的揭示，阐发和建构思想政治教育差异的理论框架与相关内容。

三是有利于为实现人的自由而全面发展提供探索思路。思想政治教育要引导和教育人们具有独立的意志，具备差异性的思维方式，践行差异化的实践活动，在实践中不断发掘自身优势和潜能，促进个体的多样性、全面性的发展。思想政治教育差异论的研究是从差异的分析视域审视和探讨自身的改革创新，能够在协调差异、化解矛盾、引领实践的同时，为实现人的自由而全面发展这一思想政治教育的深层次、根本性问题提供新的探索思路。

2. 现实意义

一是有利于推进新时代思想政治教育科学化发展。思想政治教育是一门与时俱进的科学研究，致力于探索和解决不同时期思想政治教育所面临的不同情况和不同问题。当前我国社会主要矛盾发生转化，面对发展进程中的差异现象和差异问题，思想政治教育不仅要引导和教育人们认识客观差异的存在，还要帮助人们准确分析和把握差异的积极一面和消极一面。差异作为新时代思想政治教育看待和解决问题的一种研究视角、研究方法和研究路向，是正确认识和有效调适差异现象和差异问题的关键，是当前思想政治教育不可回避的一项研究。该研究的现实意义就在于，通过科学阐发思想政治教育差异的相关内容，以期推进新时代思想政治教育的科学化发展。

二是有利于协调差异、解决矛盾，保障和促进人们在和谐有序的社会环境中实现全面的发展。思想政治教育差异论的研究具有现实性、发展性、针对性，致力于面对和调适"不平衡不充分发展"条件下的差异现象和差异问题，是做好新时代思想政治教育工作深层次问题的实践探索。该研究以面对差异、协调和解决差异为出发点和立足点，强调在协调"差异"的过程中引领主流意识形态和社会价值取向的"统一"，以帮助社会成员在复杂多变的社会矛盾中，认识、尊重、包容、协调好各种差异现象和差异问题，规范人的不协调、不理性的思想和行为，积极化解利益冲突和矛盾，保障人们在和谐有序的社会环境中实现发展。

### （三）研究方法

1. 文献研究法

该书通过大量收集、归纳梳理、整体分析古希腊哲学、德国古典哲学时期哲学家们的差异思想以及马克思、恩格斯关于差异思想的相关文献资料，力求夯实差异问题的理论基础，为后期研究思想政治教育差异范畴奠定理论根基，同时通过认真阅读和深入分析学者们的相关文献，充分了解学界研究思想政治教育差异问题的现状和发展趋势，厘清思想政治教育差异的相关概念，把握思想政治教育差异论的相关内容。

2. 从抽象上升到具体的方法

从抽象上升到具体是辩证逻辑重要的方法之一，是人对事物本质形成完整认识必经的思维过程。该研究沿着"从抽象到具体—从具体到抽象—再从抽象到具体"的逻辑理路展开，力图在马克思主义理论，特别是在马克思、恩格斯关于差异思想的指导下认识、把握、分析现实中的差异现象和差异问题，以深入认识和探索思想政治教育差异范畴，从而为构建思想政治教育差异的理论框架，帮助社会成员认识和协调差异现象与差异问题提供思想启发。

3. 多学科交叉融合研究法

思想政治教育差异论既坚持马克思主义理论为指导，又充分借鉴吸收哲学、政治学、社会学、教育学、心理学等相关学科的知识内容和思维方法。如从哲学的角度探究差异问题的理论溯源，对差异的研究意义与本质进行归纳与概括，进而更好地梳理和把握马克思、恩格斯关于差异的思想；从政治学的角度探究思想政治教育差异问题的诉求与规约，即思想政治教育在保障和满足人的差异性诉求时，如何使人的行为符合一定政治思想、政治行为准则的要求；从社会学的角度分析复杂的差异现象和差异问题，总结差异问题的社会原因以及当前思想政治教育解决差异问题的现实困境；从教育学的角度探索面对差异现象和调适差异问题的教育原则、方法及其规律；从心理学的角度分析个体面对差异现象和差异问题时的心理活动，调适人们由于差异产生的负面社会心态，积极主动地从事社会实践活动。

## 二 主要内容与重要观点

随着我国社会的不断发展，人们的需要呈现多样化、多方面、多层次的特点，但由于我国社会生产力的发展还不够充分与平衡，面对诸多差异现象和差异问题，一些人产生消极、悲观、焦虑、不满的社会心理，滋生出一些错误的思想和越轨的行为，这会使一些差异问题上升为社会矛盾，乃至演变为社会冲突。这就决定了新时代思想政治教育需要通过科学运用差异的分析视角来面对差异现象、协调差异问题，并就此展开系统性、持续性的思考和探索。该书以差异为分析视角，以思想政治教育协调差异问题、促进人的全面发展为旨归，在梳理差异理论的历史溯源之后，对思想政治教育差异范畴予以阐释，并结合当前人们在发展中所面对的差异问题及其成因的考察，进一步分析思想政治教育解决差异问题中存在的困境，在努力构建思想政治教育差异的理论框架中，试图系统而有效地思考新时代思想政治教育该如何实现进阶性发展、该如何保障人的全面发展等理论问题，具体论述方面如下。

第一，该书探析了差异问题的历史溯源和理论依据，从马克思主义唯物辩证法的源头——古希腊哲学，及其直接来源——德国古典哲学出发，对这两个时期哲学家们的差异思想进行梳理，以此提炼出差异的研究意义与本质；在此基础上，从内容、本质和特征三个方面对马克思、恩格斯关于差异的思想进行论述。在马克思、恩格斯看来，差异是万事万物存在的客观形式和普遍样态。差异具有普遍相关性、客观实在性、复杂多样性、社会历史性等特征。在唯物辩证法中，矛盾是差别性双方的矛盾关系，矛盾双方相互联系、相互作用促进事物的进阶性发展。

第二，该书阐释了思想政治教育差异范畴的相关内容。首先，界定了思想政治教育差异的内涵与本质，其内涵是指面对人在发展中有限片面的差异现状，以马克思主义唯物史观为视域，有针对性地引导人们正确认识和把握社会实践中存在的差异问题，揭示客观世界差异存在的条件、方式及其变化发展规律，以差异化的实践教育活动推进人们走向更高层次的共同性发展，从而促进社会全面进步、实现人的全面发展；其本质是实现人在发展中有限片面的差异性现状—和谐共同性发展—最高层次的自由而全面发展这一发展过程。其次，说明了思想政治教育差异的思维方式、实施方法、实践导向三个基本维度。再次，概括出思想政治教育差异的四个特性，即矛盾调适性、客观动态性、探索开发性、价值规约性。

第三，该书分析了思想政治教育所面对的众多差异问题。首先，对个体在实践活动中的诸多差异现象与差异问题进行了分析，一是个体面对自身内在的理想与现实之间的差异，表现在个体的理想脱离了现实以及没有正确的理想作为指引这两个方面；二是人与人（人的社会关系中）的差异主要体现在分工差异和阶层差异上；三是个人与社会之间的差异主要表现为人的个性与人的社会性的不同、个人利益与社会利益的不同以及个人发展目标与社会发展目标的不同。其次，考察了产生以上这些差异问题的成因，其中社会生产力是根本性原因，具体呈现在三个方面：一是社会发展的不充分；二是人的发展的不全面；三是利益诉求的不平衡。再次，对当前思想政治教育解决差异问题的困境展开探究，面对这些差异问题，思想政治教育表现出看待差异问题观念滞后、协调差异和调适矛盾的有效性不强、激活人的发展动力任务艰巨，以及规约人的发展能力不足等内生之弊。

第四，该书着力从理念与机制、结构与功能、诉求与规约三个方面建构了思想政治教育差异的理论架构。在人的发展中，原有的差异理念是人的发展的起点，它将外化为多样的差异行动，这就要有不同的机制予以保障或制约；在现实的社会中，人的发展形成了差异的结构，发挥着不同的功能；同时，差异理念形成了人们的差异诉求，引发人们满足诉求的不同实践活动，这就需要有各种规约予以有序地规范。思想政治教育要想引导和教育人们协调差异问题，促进个体的全面发展，就要探讨思想政治教育差异的理念、结构与诉求，并探究与之相关联的思想政治教育差异的机制、功能与规约。由这六个范畴、三对矛盾所构成的三大方面都是相互制约、相互促进的矛盾范畴，它们既分别发挥着多元性价值，又共同地促进着人的自由而全面发展。

## 三　学术创新与贡献

一是研究视角的创新。

目前，学界聚焦思想政治教育协调差异现象和差异问题、促进人的全面发展等相关研究还相对较少，尚未对这一问题进行系统、整体的研究。思想政治教育差异论的研究旨在探讨人们从有限片面的差异状态走向更高层次的共同性发展，这对于回应现实的差异问题以及实现人的自由而全面发展都具有重要价值。该书对马克思、恩格斯关于差异的思想进行了深入探究，在此指导下探析思想政治教育差异的内涵、本质、基本维度、特性等内容，并从理念与机制、结构与功能、诉求与规约等方面建构和诠释思想政治教育差异的理论框架，以期达到"返本开新"，即回归马克思、恩格斯关于差异的思想之本，开启新时代思想政治教育研究之新，为引导人们在新时代协调差异问题中走向实现人的自由而全面发展提供新的理论阐释。

二是研究观点的创新。

该书提出的思想政治教育差异概念是建立在马克思、恩格斯关于差异的思想以及思想政治教育科学理论的基础之上的。马克思、恩格斯关于差异的思想对于面对差异现象和协调差异问题，促进人的全面性发展具有重要的指导价值，概括总结这一思想的内容、本质和特征，有助于科学把握思想政治教育差异的内涵。思想政治教育差异是指面对人在发展中有限片面的差异现状，以马克思主义唯物史观为视域，有针对性地引导人们正确认识和把握社会实践中存在的差异现象与差异问题，揭示客观世界差异存在的条件、方式及其变化发展规律，以差异化的实践教育活动推进人们走向更高层次的共同性发展，从而促进社会全面进步、实现人的全面发展。

三是研究结构的创新。

该书尝试探索了思想政治教育差异的理论研究架构。基于对思想政治教育所面对的差异问题的分析，并遵循新时代思想政治教育发展的规律和方向，该书从理念与机制、结构与功能、诉求与规约等方面建构了思想政治教育差异的理论架构，并在阐明三对矛盾范畴相互制约、相互促进的互动关系的基础上，探索思想政治教育差异理念与机制的运行路径、思想政治教育差异结构与功能的发挥路径以及思想政治教育差异诉求与规约的实现路径，以期通过多方面的路径探索共同促进人的全面发展。

四是研究结论的创新。

该书提出，在外部环境和内部挑战的双重推动下，新时代思想政治教育必然走向"差异"的研究视域中，通过科学运用差异的分析视角来面对差异现象、协调差异问题，进而促使人们实现多样性与统一性的发展。尤其在新时代社会转型发展的进程中，差异现象和差异问题的存在并不可怕，只要我们透视困境表现、把握困境成因、探寻问题实质、凝聚解决共识，就能促使思想政治教育在面对和协调差异的过程中发现新的发展机遇，实现思想政治教育的创新性和进阶性发展。

# 《马克思拜物教批判理论及其当代价值》概要

孔 婷[*]

## 一 研究目的、意义及方法

拜物教批判理论既是一个关涉认识论、存在论和方法论的基础性理论，又是一个直指个体生存状态的现实性理论。作为《资本论》中最富有哲学意味的内容，拜物教批判理论以明显的形式将马克思的政治经济学批判上升为哲学批判。然而，许多学者仅仅将拜物教批判理论的研究范围局限在《资本论》第一卷第一章，缺乏对这一理论研究的整体性视域，轻视了这一理论在马克思整个思想史中的重要地位。基于此，该书以马克思的拜物教批判理论为阐述对象，不仅力图阐释这一理论本身，还试图以此为切入点，厘清马克思构建资本主义批判的内在逻辑，揭示其"在批判旧世界中发现新世界"的研究思路，明晰其前后期思想的连贯性与整体性。

该书的研究方法主要包括：

第一，文献分析法。在充分占有、梳理、分析文献资料的基础

---

[*] 孔婷，武汉大学马克思主义哲学专业博士，现就职于华中科技大学马克思主义学院。

上，通过对词源学考察及文本梳理，厘清"拜物教"概念的词义演变过程，明晰马克思理论语境中"拜物教"的基本内涵。

第二，系统研究法。以整体性为视野，揭示拜物教批判理论的基本逻辑及其与资本主义哲学批判、经济学批判、政治学批判之间的联系，深化对这一理论的系统性把握。

第三，理论与实践相结合的方法。以现实性为导向，揭示马克思拜物教批判理论的理论回响与当代价值，深化对马克思"改变世界"的哲学范式的理解。

## 二 主要内容与重要观点

该书的主要内容包括：

第一，马克思拜物教批判理论的形成。主要考察马克思拜物教批判理论形成的外部历史语境与内在理论积淀。包括：（1）对外部理论来源的考察。近代早期政治哲学的财产权理论将人的自由、生命等权利直接与私有财产挂钩，使物成为衡量人权利的标准；古典政治经济学的财富理论发现了自由经济中"看不见的手"对人的操纵，触摸到了人类主体受制于自己创造的物质力量的社会现象；德国古典哲学的异化理论，全面揭示了主体被自身创造物所支配的颠倒性问题。（2）对内在理论构建的考察。这一理论构建大体分为两个阶段：第一阶段马克思深受费尔巴哈人本学的影响，对拜物教的理解仅仅是从人对物崇拜的角度展开，尚未形成深入、科学的认识；第二阶段马克思站在历史唯物主义的立场对拜物教现象展开论述，揭示了商品、货币、资本的本质是人与人的社会关系颠倒为物与物的关系，并指出了劳动者和资产阶级经济学家陷入拜物教观念的问题，建立起科学的拜物教批判理论。

第二，马克思拜物教批判理论的基本内容。主要考察马克思对商品拜物教、货币拜物教、资本拜物教的批判及拜物教的超越路径。包括：（1）对商品拜物教的批判。通过对商品二重性与劳动二重性的分析，阐明商品的价值源泉，进而借助对价值形式的分析，揭示出商品拜物教的秘密。（2）对货币拜物教的批判。通过对货币本质与货币起源的考察，分析"货币拜物教作为更耀眼的商品拜物教"的原因，揭示出货币拜物教的秘密。（3）对资本拜物教的批判。通过对货币转化资本的过程与再生产下资本运动的考察，阐释剩余价值的实现、转化与分割，揭示出资本拜物教的秘密。（4）拜物教的超越路径。从拜物教现实的消解与拜物教意识的祛魅两个方面对拜物教的超越路径进行阐释。一方面，通过揭示"资本必然自己排斥自己"的资本逻辑规律，指明"扬弃"资本从而消解拜物教现实的历史路径；另一方面，通过对拜物教观念实质的揭秘，明确这一观念是拜物教现实引发的必然结果，进而寻求其祛魅之路。

第三，马克思拜物教批判理论与资本主义的"三大批判"。主要考察马克思拜物教批判理论中所蕴含的资本主义经济学批判、哲学批判与政治学批判。包括：（1）对资本主义社会中"物"的经济学批判。通过对资本主义社会中商品、货币与资本的批判，马克思揭示出"资本的本质是一种社会关系"，打破了资本"普遍永恒"的幻想，阐明了资本主义生产方式必然为社会主义生产方式所代替的历史倾向。（2）对资本主义社会中"抽象对人的统治"的哲学批判。通过对商品、货币、资本拜物教的批判，马克思揭示了资本主义社会的资本逻辑，发现了"抽象统治人"的秘密，变革了以往将理论引向神秘的一切旧哲学，实现了对以往哲学的超越。（3）对资本主义社会中"人的生存状态"的政治学批判。通过对拜物教作为资产阶级剥削无产阶级的"政治形式"的指认，马克思展开了对无产阶级生存状态的全面批判，并提出借助无产阶级阶级意识的觉醒，推动人类社会从"必然王国"到"自由王国"的跨越，实现"人的自由而全面的发展"的解放路径。

第四，马克思拜物教批判理论的回响与意义。主要考察拜物教批判理论对西方马克思主义的影响以及对当代社会主义发展的意义。包括：（1）对西方马克思主义的理论影响。通过几位代表人物对这一理论回响进行阐释。卢卡奇通过揭示资本主义社会存在的结构性束缚及总体性丧失，提出"物化"批判理论；广松涉通过对拜物教进行"物象化"解读，提出"物象化"批判理论；鲍德里亚通过对符号政治经济学批判，提出"能指拜物教"批判理论。（2）对当代社会主义发展的意义。其一，有助于加强对金融资本的蔓延与经济全球化的把握与理解；其二，有助于加强对数字资本主义与数字拜物教的把握与理解；其三，有助于正视社会主义市场经济中存在的拜物教现象，坚定"中国道路"，树立"文化自信"；其四，有助于规避拜金主义的荼毒，强化社会主义精神文明建设，实现物质与精神齐飞的"美好生活"。

该书的主要观点包括：

第一，马克思拜物教批判理论是对拜物教现实与拜物教观念、社会存在和社会意识的双重批判。这一批判理论语境中的拜物教，既包括作为"社会存在"的拜物教现实，又包括作为"社会意识"的拜物教观念。从其基本内涵看，我们可对这一概念作这样一种概括：所谓拜物教，是指在资本主义社会的商品交换中物与物之间的交换关系遮蔽了作为商品价值之本质的人与人之间的社会关系。这种遮蔽又形成了资本主义社会特有的拜物教意识。

第二，马克思拜物教批判理论是在外部思想语境与内在理论积淀的双重作用下形成的。近代早期政治哲学的财产权理论、古典政治经济学的财富理论、德国古典哲学的异化理论都为马克思发现资本主义生产关系条件下的拜物教现象奠定了外部理论基础。而马克思前期的理论探索则构成这一批判理论形成的内在基础。青年马克思在早期就开始关注"物支配人"的问题，他最初在异化劳动基础上进行人学现象学的理论批判，后来前进到从经济现实的客观基础出发的奴役性分工批判和意识形态批判，最后站在拜物教批判的高度，展开了对资本主义社会现实的科学批判。

第三，马克思拜物教批判理论的展开过程是对"物支配人"的"神秘性"层层揭秘的过程。从商品拜物教到货币拜物教再到资本拜物教，拜物教越来越具有"迷惑性"。商品拜物教的秘密在于商品的"价值形式"，商品形式把人本身劳动的社会性质反映成劳动产品本身的物的性质，反映成这些物的天然的社会属性，从而把生产者同总劳动的社会关系反映成存在于生产者之外的物与物之间的社会关系，这样，商品就成为"可感觉而又超感觉的物"；货币拜物教的秘密就是商品拜物教的秘密，只不过商品形式的拜物教在等价形式中更为明显，在普遍交换的社会，货币好像天生就是人类劳动的化身，而不是商品之间用来交换的中介，货币的神秘性由此而来；资本拜物教的秘密就在于资本通过对剩余价值的实现、转化与分割，掩盖了资本无偿支配无酬劳动和攫取剩余价值的剥削事实。

第四，马克思拜物教批判理论中蕴含着对资本主义的"三大批判"。一是对资本主义社会中"物"的经济学批判。马克思通过对"资本的本质是一种社会关系"的指认，打破了资本"普遍永恒"的幻想，揭示了资本主义社会的历史之谜。二是对资本主义社会中"抽象对人的统治"的哲学批判。马克思借助"抽象力"还原出资本主义社会的资本逻辑，揭示出"抽象统治人"的本质。三是对资本主义社会中"人的生存状态"的政治学批判。马克思指出拜物教作为资产阶级剥削无产阶级的最有效的"政治形式"导致了人"自由个性"的丧失，因此，对拜物教展开批判的根本目的是激发无产阶级的阶级意识，进而推动人类社会从"必然王国"到"自由王国"的跨越，实现"人的自由而全面的发展"。

第五，马克思拜物教批判理论作为当代马克思主义者分析和批判"社会现实"的理论支点，具有"改变世界"的实践品性。面对当今资本主义发展的新态势，马克思的拜物教批判理论对于我们正确理解数字资本主义与数字拜物教的实质，把握资本的特性和行为规律，发展中国特色社会主义市场经济，实现物质与精神齐飞的"美好生活"具有重要的理论参考价值。

## 三　学术创新与贡献

该书的主要学术创新点包括：

第一，以"拜物教"作为切入点展开对马克思思想史的梳理。借助对马克思拜物教批判理论的文本梳理和批判性反思，明晰这一理论的内涵，厘清"拜物教"与"异化""物化"概念之间的内在关联，进而明晰马克思前后期理论之间的相关性与连贯性。

第二，从双重维度展开对马克思拜物教批判理论的分析。将主体维度与客体维度相统一，从拜物教现实与拜物教意识两个方面对马克思拜物教批判理论的基本内容进行阐释，揭示资本主义生产关系下的拜物教现实与拜物教意识得以存在的秘密及其超越路径。

第三，首次对马克思拜物教批判理论所蕴含的内在批判逻辑进行论述。揭示拜物教批判理论绝不是一种抽象的说教，而是通过对资本主义的"三大批判"即经济学批判（对物的批判）、哲学批判（对"抽象统治人"的批判）和政治学批判（对人生存状态的批判）而层层展开的。

该书的主要学术价值包括：

第一，在理论层面，有助于明确马克思政治经济学批判的哲学基础，把握其背后的方法论支撑。有助于把握马克思前后期相关概念之间的内在逻辑关联，明晰马克思思想体系的连贯性。有助于打破将拜物教批判理论片面化、碎片化解读的理解方式，彰显这一理论的整体性。

第二，在应用层面，有助于正确认识与把握资本特性和行为规律，发挥资本在社会主义市场经济中的积极作用，有效控制其消极作用，为资本设置"红绿灯"。有助于加强社会主义精神文明建设，强化社会主义核心价值观引领，促进物质文明与精神文明全面发展，实现人民对"美好生活"的向往与追求。

# 《从逻辑论证到语境分析——语境论视域下的历史解释研究》概要

马 健[*]

## 一 研究目的、意义及方法

历史解释是科学解释的重要分支，是由科学哲学影响而产生的学科交叉问题，同时也是当代历史哲学中历史认识论和方法论的核心论题。20世纪40年代以来，随着亨普尔覆盖律模型的提出，该问题曾在分析哲学和科学哲学研究中占据一席之地，同时，在分析的历史哲学中占据主导地位。历史解释的争论与逻辑实证主义的盛衰过程相伴随，与行动哲学，尤其是其中的意向性问题、心理因果关系问题、自由意志与决定论之争等讨论合流，近来与当代的认知神经科学也发生了千丝万缕的联系。覆盖律模型的跨界应用重新激发了人文科学和自然科学之间非同质性的讨论，进而导致所有科学模型、科学方法在历史研究中的介入都需要首先辨明其合法性。然而，由于分析哲学研究路径的转型和历史哲学中叙述转向的突现，后分析的历史哲学及其解释模型成为历史哲学中新的理论生长点。从后

---

[*] 马健，山西大学科学技术哲学专业博士，现就职于山西大学科学技术哲学研究中心。

分析、后实证主义科学哲学的思路来看,科学并非只有单一模式,科学统一的观念本就源于科学主义的形而上学预设。同理,科学方法的多元性反而更能够保障科学的经验性基础。该书通过批判审视后分析和后实证主义传统下历史解释模型的各种代表性路径,对因果性和合理性解释进路在当代的表现形态进行系统考察,通过揭示这些解释模型的哲学特征及其所面临的理论困境,进而以"语境转向"为核心特征,整合并升华后实证主义历史解释理论的"真理性"成分,为我们从语境论的视角重新凝练历史解释的哲学范式奠定基础。

从争论中占主导地位的哲学范式来讲,历史解释第一阶段的发展历程是围绕亨普尔覆盖律模型的相关争论来塑造的,但这种哲学话语显然来自历史学外部,由科学哲学跨界应用导致。与这种争论相平行的历史哲学和史学理论自身的发展,在一定程度上为分析的历史哲学引发的方法论争论所遮蔽。随着覆盖律模型遭遇困境,历史哲学界的注意力已经回到了历史学本身,历史书写和历史编纂所蕴含的关于叙述形式的各种论题,恰恰成为历史哲学"语言学转向"同20世纪语言哲学发展相契合的重要交汇点。当代历史哲学中叙述主义的复兴和"语言学转向"的突现,导致了历史叙述(或历史表征)取代历史解释,成为史学理论和历史哲学中新的核心论题,这种伴随主流历史哲学话语从分析的历史哲学向叙述主义的转换而出现的问题域转变,也对历史解释的研究和辩护产生了塑造性作用,以至于叙述解释甚至成为大多数当代历史哲学家心目中历史解释的同义词。而且,在叙述主义兴起以后,历史解释的分析也基本上是与历史叙述联系在一起的。除了历史解释的理论话语和范畴本身已经变得与叙述问题难分彼此,历史叙述自身的各种理论特征也成为当代研究者反思历史解释时必须重新考虑的理论基点。通过对各种具有代表性的叙述解释理论和模型进行批判审视,该书认为,叙述作为形式要素,其核心在于将史料和证据整合在一种融贯的叙述过程中,虽然这种形式要素具有明显的修辞性和建构性色彩,但叙述所处理的是历史事件，语境的约束力仍然对历史解释施加了各种限定和束缚。由此，在深入剖析历史叙述的语境实在性和叙述解释的语境依赖性本质的基础上，该书从语境论的视角对当代叙述解释研究中常被忽略的语境因素和语境分析路径进行了重申。

从因果论、目的论和叙述等三种主流历史解释模型各自的合理性因素和适用性问题出发，当代历史哲学中解释模型的逻辑形式、科学地位等规范性问题只能遵循一种自反性的特征，从历史学家的实践中加以透视和检验，而这种实践呈现出了实质上的语境论观念。语境论的历史解释从历史事实的建构性和语境性入手，揭示出历史事件必须在描述的基础上才能被识别出来；因果分析和文本建构都成为历史解释中必须综合考察的结构性要素，历史解释显然不只是对于人类行动的考察，行动解释的语境和文本解读的语境，都整合在一种事件考察的语境之中，历史解释的核心是基于认知的语境分析。

循着上述研究理路，该书综合运用文献研究法、比较分析法、案例研究法、跨学科研究法、历史和逻辑相结合的方法，在梳理文献和比较分析代表性观点的基础上，以点带面，综合跨学科理解和哲学分析来求解核心论题，在论证结构上设置了三个主要部分。

## 二 主要内容与重要观点

第一部分即引言、第一章和第二章，主要是对历史解释问题因何而产生，围绕历史解释仍然有哪些争论进行了阐述，从而勾勒出语境论应用于历史解释的哲学问题域。引言部分主要就论文结构与写作思路作相关说明。围绕历史解释问题的国内外研究现状与基本特征的分析，对历史解释主流模型的哲学争论、当代科学哲学和历史哲学中语境论的突现、历史解释语境论进路的早期探索等背景性问题进行了考察，进而围绕语境论如何介入历史解释问题，详细说明了论文研究的思路设计和基本内容，同时，也提炼并申明了该书的创新与不足之处。第一章"历史解释的哲学争论"则是在更为宽广的学术视域下反思历史解释的性质所涉及的学科背景，以及相关争论所蕴含的认识论与形而上学假设，以期不囿于争论本身的思想攻防，而涉入该问题域的哲学预设。第二章"分析性的重塑与历史解释的转型"从后分析、后实证主义哲学转型和历史哲学"语言学转向"两个关联维度来廓清当代历史解释问题的新视角。在这一章，我们以分析的历史哲学之转型为线索，深入剖析历史解释问题所遭遇的困境及其原因，进而指出，后分析哲学对于分析哲学的超越，后实证主义对于实证主义教条的扬弃，叙述主义对于历史叙述和历史语言的重思，为历史解释研究超越亨普尔式的解释模型提供了新的切入点。

第二部分包括第三章和第四章，从语境论的视角审视和重构了当代的历史解释研究图谱，用语境分析的方法对历史解释主流模型从覆盖律到后实证主义的演变进行了系统勾勒，进而以语境论重构了当代历史哲学中后分析、后实证主义和叙述主义的各种解释模型。第三章"后实证主义历史解释模型的语境依赖"聚焦于后分析和后实证主义的历史解释理论，在批判考察其中最有代表性的因果性和合理性历史解释模型各自具有的理论形态及其哲学特征的基础上，明确提出后分析和后实证主义的历史解释模型的理论缺陷在于，对解释的语境敏感性缺乏深刻认识，作为对比，历史解释中语境因素的重要性越发凸显，语境不仅为解释者提供各种背景信息，而且会渗透于解释实践的整个过程，由此，后分析和后实证主义的历史解释理论都需要在语境论的框架下加以重构。第四章"历史叙述与叙述解释的语境性"延续了第一章中对于叙述解释的考察，借鉴第二章中当代叙述主义所揭示的历史叙述的三个理论特征，从而超越第一阶段早期叙述解释研究者的教条性观念；同时，发掘后分析和后实证主义传统下历史哲学的理论资源，从叙述解释的独特性出发，对叙述形式作为解释模型所涉及的规范性问题进行审视。本章还选取了当代科学编史学理论中库恩的叙述解释思想作为主要案例,展开学科实践层面的讨论。从而在章节结构上以元理论和分支学科实践的综合视角,系统地分析了当代叙述解释研究的问题域面、理论创新及其实践旨归;在深入剖析叙述解释的语境实在和语境依赖本质的基础上,对当代叙述解释研究中经常忽略的语境论维度进行了强调和论证。

第三部分包括第五章和结束语,对于该书中考察的语境论历史解释进行了系统的阐明,尤其是将语境论的核心观念在历史解释问题上的体现进行了具象化和实例化。第五章"历史解释的语境论进路及其规范性"尝试以语境转向后,历史编纂学哲学和分支历史学科中有关语境论解释模式的讨论入手,从理论建构和学科实践两个维度来综合考虑,为语境论历史解释的性质及其解释力问题提供规范性辩护。结束语"走向一种语境论的历史解释"对语境论的历史解释研究纲领进行了展望,点明该书的主要观点和后续性研究的可能方向,升华全文。该部分明确提出语境论与后实证主义历史哲学、后分析的历史主义之间的内在一致性,对语境论历史解释的核心方法论特征进行了总结概括,同时也尝试对语境论如何规避相对主义和保证历史解释客观性提出规范性的辩护。

## 三 学术创新与贡献

基于这种章节排布和具体论述,该书环环相扣地呈现了语境论作为一种横断性的理论平台是如何介入并解决历史解释复杂问题的,其内在逻辑和理论框架体现为:首先,以后分析、后实证主义的历史哲学为明线,以叙述主义历史哲学和语言学转向为暗线,在两条线索的交织中重新审视后亨普尔主义历史解释问题的多元发展维度。一方面,后分析和后实证主义历史哲学的突现,实质上是相应的科学哲学思潮在历史哲学中的映射,而历史解释问题也由此超越了规律性和逻辑论证，开始从整体论、反基础主义和语境敏感性的维度上重构解释的哲学基础。然而，后分析、后实证主义的历史解释理论仍然依托于因果论和目的论的传统来建构相应的解释模型，导致了二者在解释问题上常常以偏概全，只考虑对辩护其理论有利的历史研究案例，缺乏对于历史解释语境复杂性和语境敏感性的充分理解。另一方面，当代叙述主义对于叙述解释独特性的强调使历史叙述的形式特征成为叙述解释中解释项与被解释项、解释与描述同一化的认知凭据，但这种形式决定内容的叙述解释分析却忽略了叙述本身是语境依赖的，叙述编织的语境是实在的，使叙述的语境实在性和经验性不容忽视。其次，在重新审视历史解释的模型分殊的基础上，该书对历史学中解释实践的语境性和历史性特征进行揭示，进而主张从语境论世界观和语境分析方法的角度对传统的历史主义原则进行继承和改进，从而提炼出一种以语境复杂性为理论前提，以语境性或历史性为内核，从语境敏感性角度来展开和评价的语境论历史解释模式。这种模式既体现了当代认知科学中认知整合所呈现的认知语境层级性、整体性和突现性特征，又符合于科学哲学和科学史中语境论路径对于学科实践之规范性和自反性的充分理解，因此，该模式能够为历史解释问题的解决提供一种横断性的理论平台。

综上所述，历史解释在科学哲学和历史哲学之间建立起了必要的沟通，也恰恰因为这种跨学科的特性，历史解释的相关讨论对于困扰我们的科学解释的语境性、历史性、规范性问题尤其具有"管中窥豹"式的全局性意义。故而，该书虽然仍属全面勾勒历史解释新进展和哲学上解决该问题的初步尝试，但语境论和语境分析方案的提出仍具有一定的理论价值，具体来看：

一方面，历史学作为一门"特殊科学"，其经验性基础经常遭到科学主义者的质疑，究其根源是历史认识论和方法论的规范性基础尚未得到清晰的阐明。亨普尔的覆盖律模型奠定了从科学哲学视角澄清历史解释和历史学方法论的哲学理路。该书从覆盖律模型的适用性困境切入，在延续亨普尔式智识努力的同时，对逻辑论证模式介入历史解释问题的缺陷进行了全面批判和扬弃，通过聚焦于当代科学解释和历史解释内蕴的语境转向，在语境分析方法的基底上调和科学主义与人文主义、自然主义与规范主义之间的鸿沟，为历史学的方法论提供一种规范性基础的辨明，为科学哲学、历史哲学等哲学学科与认知科学、历史学等分支科学构筑了相互渗透和对话的平台。

再者，历史解释是科学哲学和历史哲学的交叉学科难题，作为科学解释的重要分支，历史解释既体现科学解释的形式化、模型化特征，同时也具有历史性这一鲜明的学科特质，因此，历史解释的逻辑形式和科学地位的考察，具有科学哲学元理论层面的一般性意义。该书对于语境转向和语境论历史解释的规范性基础的认识，有助于学界更好地理解历史解释与一般科学解释之间的深层次关联，同时，为求解科学解释和科学理解的相关前沿问题提供新的视角。

该书基于对"当代后分析、后实证主义历史哲学兴起和叙述主义历史哲学以语言学转向为核心的全方位回归"这一研究趋势的精准把握，对近二十年来历史解释的国际研究前沿进行了全方位考察，在批判性审视当代历史哲学中后分析、后实证主义和叙述主义历史解释理论模型的基础上，提炼出一种面向语境论的历史解释研究趋势。这种基于语境论世界观对当代历史解释发展趋势的系统把握，在国内外都较为新颖。

除此之外，既往的历史解释争论预设了科学解释的一元论观念，历史解释被当作科学解释一般模型的个案分析。与此相反，该书认为历史解释作为史学实践和历史写作中对于历史现象的特殊认知方式，与其他学科中的解释之明显差异在于体现了鲜明的历史性特征。而历史主义和语境论的深度契合，使语境分析充当历史解释的典型范式能够在最大程度上体现出对历史现象本质的理解和把握。质言之，历史性的解释只能是一种语境分析的过程，我们所熟知的因果性、合理性和叙述性的历史解释模型，都能够在语境论的哲学视野下，作为特定层次的语境因素，整合在语境分析的过程中，充分体现语境分析在处理历史语境复杂性和层级性方面的巨大优势，而不必诉诸多元主义的解释模型争论。这种解释模型呈现出了历史主义的特点，但由于解释实践总是对应于具体语境，就可以规避相对主义的误区，这一思路和观点在国内外都较为新颖。

# 《知觉、行动与知识——一种"行动优先"的统一解释》概要

陈仕伟[*]

## 一 研究目的、内容与方法

**(一)研究目的**

知觉经验的形上学本质以及知觉知识的知识论特质一直是哲学讨论中的核心问题,历来争论不休。近年来朴素实在论这一传统知觉理论借由析取论的兴起而重新振兴,引起广泛讨论。该书认为朴素实在论极其符合我们对知觉经验的常识理解,但这也意味着它面临当下知觉哲学与认知科学讨论中的诸多挑战。该书尝试基于行动概念重新诠释知觉经验与知觉知识,纠正长久以来传统思辨哲学对知觉与知识的偏狭理解,主张知觉经验本质上是一种具身的有意行动,而知觉知识是感知者适切地完成相应的知觉行动后获得的认知成就。该书希望最终通过构建一种基于行动的朴素实在论与知识析取论,在保留当代朴素实在论洞见的同时,革新人们对知觉、行动与知识的理解,最终给出一个"行动优先"的统一解释。

---

[*] 陈仕伟,复旦大学科学技术哲学专业博士,现就职于同济大学人文学院哲学系。

## （二）研究内容

当代朴素实在论作为一种知觉理论，主张感知者的知觉经验由对外部世界中对象和属性的直接感官觉知构成，感知者与外部世界中的对象和属性处于一种亲知关系中。近年来它借由析取论获得复兴，与传统表征论渐成分庭抗礼之势。该书研究即在此背景下展开，以当代朴素实在论面临的形而上学与知识论问题为纲要，在分析既有方案的不足之后，通过引入行动概念给出自己的解决方案。

### （1）形而上学问题

当代朴素实在论面临的形而上学挑战主要有二：一是知觉错误带来的挑战；二是认知科学带来的挑战。前者是传统形而上学问题，主要是"来自幻觉的论证"与"来自错觉的论证"，相关论证依据幻觉、错觉与真实知觉主观不可分辨，进而通过幻觉、错觉存在的问题对真实知觉提出质疑。后者则是近年的新发展，经验科学研究揭示了脑神经网络在视觉等知觉经验过程中如何运作，其间越来越多的证据表明在亚人格层面大脑和外部世界之间存在某种因果屏蔽，近端原因会屏蔽远端原因的因果效力。

两个问题表征论至少提供了看似合理的回应。对前者而言，幻觉、错觉与真实知觉共享了相同的知觉表征，这解释了主观感受的一致性，同时只有真实知觉中的知觉表征为真，这解释了它们之间的差异。对后者而言，表征论者则尝试将表征概念对标至亚人格层面的神经表征。相对而言，当代朴素实在论面临的挑战更大，因为无论是解释知觉错误，还是与经验科学研究相容，它们的构成性主张似乎都显得力不从心。于前者而言，知觉错误情形中显然没有对外部世界中对象和属性的直接感官觉知，既如此，朴素实在论将如何解释知觉错误；于后者而言，若果真存在所谓的因果屏蔽，那么朴素实在论坚持的构成性主张又在何种意义上具有解释力。

### （2）知识论问题

不仅是形上学层面，朴素实在论给出的知觉经验图景还面临知识论层面的挑战。既然亲知是知觉经验的本质，那么我们自然是通过这种亲知关系来获得关于外部世界的知识。它可以衍推出一种知识析取论，主张感知者的知觉知识在好情形和坏情形中获得的认知支持是不一样的。该理论作为一种知识理论，自然也需要接受怀疑论的检验，而最大的问题在于它似乎无法很好地说明好情形中何以感知者能够获得不同于坏情形中的事实性认知支持。

面对怀疑论挑战，表征论似乎也能给出表面合理的解释，它会直接承认好情形和坏情形中的心理表征没有形而上学区别，心理表征为知觉经验提供了精确条件，我们可以据此判断知觉经验提供的知觉知识之对错。反观朴素实在论—析取论，由于缺少了心理表征这一更容易匹配真假判断的解释项，在解释好坏情形何以认知支持不同时就陷入困境。

（3）解决方案

该书认为，当下各版本的朴素实在论与知识析取论都未能很好地回应上述问题，原因在于它们未能意识到是传统讨论对知觉经验自身的理解出了问题。在传统知觉经验图景中，我们的知觉经验只是对外部世界对象和属性的被动接受，是受到外界刺激后被动产生的某种心灵状态，其背后是笛卡尔式心灵—世界二分的本体论图景。在被动的知觉经验中，单纯的亲知关系显然不比表征更具解释力，甚至前者更容易让人产生一种感知者只能顺应外部环境而缺乏能动性的错觉。朴素实在论的洞见在于我们通过知觉将世界纳入视野之中，但这种"纳入"只有在主动模型中才有意义。

因此，问题的关键在于打破这种图景。该书采用的策略是引入行动概念，通过重解知觉经验与知觉知识，实现心灵与世界的真正贯通，从而释放朴素实在论与知识析取论的理论活力。这种策略的要义在于知觉不是对外部世界刺激的被动接受，而是感知者主动做出的知觉行动。它主张我们要拒斥一种对知觉、行动与知识的合取式分析，提倡一种对知觉、行动与知识的析取式分析。作为三种不同的联系心灵与世界的方式，我们要重新意识到三者都是基于能动者而非割裂的二元图景展开的活动。

### (三) 研究方法

该书主要采用当代分析哲学的研究方法，依照当下分析哲学的惯例进行写作，重视清晰的论证和严谨的推理。通过概念分析厘清问题，通过论证分析还原争论，通过反思平衡给出诊断与回应。

该书同时也注重文本细读，通过对重要文献（例如对安斯康姆的《意图》一书）给出独特的解读来论证和支持自己的观点。

该书还注重学科间的交叉研究。在哲学讨论中注重融合经验科学，特别是认知科学领域有关知觉、行动的讨论。

## 二 主要观点与章节安排

### (一) 主要观点

该书主要观点可以精要地概括为如下三点。

（1）知觉经验本质上是一种具身的有意行动，它体现了感知者的知觉能动性。

传统知觉经验对知觉的理解是被动的，知觉活动中只有一个被动的接收者，而没有一个真正的能动者（agent）。该书认为知觉经验不是无主体的被动的接受，而是能动者对外部世界的主动探索。当我们将知觉视为一个具身的有意行动时，其人格层面的因果结构发生了重大变化，知觉能动性将被作为因果要素纳入整个知觉经验的解释图景之中。

（2）知觉知识本质上是感知者通过适切地完成相应的知觉行动而获得的认知成就。

知觉知识的本质是一种认知成就，作为一种成就的心灵状态（mental state as achievement），其自身是与知觉行动紧密联系的。知觉知识是关于自身行动的实践知识与关于外部世界事实的思辨知识的有机结合。同一知觉知识中，思辨知识是实践知识的结果，实践知识是思辨知识的肇因。对知觉行动的实践知识不仅是思辨知识的必要条件；同时它也使思辨知识获得了必要的合理性，使之合法地成为感知者的知识，而非碰巧为真的信念。这里重要的改变在于将实践知识的因素纳入对知觉知识整体性的规范性评价之中。

（3）我们要拒斥一种对知觉、行动与知识的合取式分析，提倡一种对知觉、行动与知识的析取式分析。

合取式分析是传统哲学讨论对三种现象给出的解释，是基于一种分离的笛卡尔式心灵—世界二元对立的本体论图景。析取式分析的一个重要特征在于保留了知觉、行动与知识的完整性，这意味着好情形中的行动、知觉与知识都具有原初性。这种原初性的根源在于本体论层面心灵—世界的二元割裂被弥合。知觉、行动与知识都是一个完整的人的知觉、行动与知识，当人而非心灵成为知觉、行动与知识的基本载体，三种现象便重新成为完整的属人的现象。

**（二）全书篇章结构**

该书章节安排简要如下：第一章是全书的准备部分；第二章是全书问题梳理部分；第三、四章是全书的核心理论建构部分；第五章反思总结，收束全书。

具体而言：

第一章是基本概念的梳理与澄清，同时尝试从方法论层面总结出四条评价知觉理论好坏的标准。这四条标准表明了该书对知觉理论的一般理解，它们同时也是后文构建与评价理论的准绳。

第二章是争论与问题的梳理与重构。前两节着力于梳理知觉哲学研究的问题发展脉络，以及阐明当下朴素实在论—析取论的核心主张。第三节着力于对朴素实在论面临的形而上学难题进行梳理，将"来自幻觉的论证"与"来自错觉的论证"重构为四个反驳论证。第四节着力于对知识析取论面临的知识论难题进行梳理，构建两个基于不同原则的彻底怀疑论论证。

第三章致力于构建基于行动的朴素实在论，以回应相应的形而上学挑战。该章核心在于第二节对"知觉—行动"关系的探讨，笔者尝试论证知觉本质上应当是一种具身的有意行动，这也是全书的核心主张。基于这一主张构建的基于行动的朴素实在论，将尝试对第二章第三节的四个反驳论证作出回应。

第四章致力于构建基于行动的知识析取论，以回应相应的知识论挑战。该章核心同样在于第二节对"知识—行动"关系的探讨。基于第三章的结论，这里试图论证知觉知识本质上是感知者通过适切地完成相应的知觉行动而获得的认知成就，知觉知识是关于自身行动的实践知识与关于外部世界事实的思辨知识之有机结合。基于这一主张构建的基于行动的知识析取论，将尝试对第二章第四节的两个彻底怀疑论论证作出回应。

第五章收束全书并进行反思总结。第一节通过三条线索将全书关于知觉、行动与知识的讨论串联起来，形成一个行动优先的统一解释。第二节考察了该书理论的可拓展性，主要集中于知识价值问题，展现了上述统一解释可能带来的不同于既有德性知识论方案的新回应。第三节笔者尝试提出两个可能存在的针对该书核心论证的反驳，并于第四节予以回应，从而进一步完善了全书关于知觉经验与知觉知识的讨论。

# 三 学术创新与贡献

## （一）学术创新点

该书的主要学术创新点可以概括为以下三点。

（1）构建了一种基于行动的朴素实在论，指出知觉的本质是一种具身的有意行动。通过行动概念重构我们对于知觉的理解，并对知觉错误作出合理解释。

（2）构建了一种基于行动的知识析取论，为回应彻底怀疑论提供了一个坚实的基础。它同时带给我们两个有益的启示：一是对认知能动性的重新发现；二是扩展了对认知规范性来源的思考。

（3）通过跨主题的交叉研究，形成一种"行动优先"的关于知觉、行动与知识的统一解释，它对三种现象的解释拒斥合取式分析，提倡析取式分析，主张回归平和的常识。

### （二）学术贡献

知觉哲学研究的核心议题大致可梳理为三场逻辑层层递进的争论，当前国内外知觉哲学前沿研究基本沿着这一脉络向前发展。该书的学术贡献主要体现为通过引入行动概念重解知觉与知识，从而对当前第三场争论作出实质推进。

依问题自身发展逻辑而言，知觉哲学研究中的第一场争论是实在论与观念论之争，核心在于外部世界是否能够独立于心灵而存在。这是一场典型的形而上学争论，外部世界的本体论地位成为争论的焦点。第二场争论是直接实在论与间接实在论之争，争论的核心在于设若外部世界独立于心灵而存在，那么我们对它的知觉究竟是直接还是间接的。这一争论立足实在论立场而又提出新的心灵与世界的关系问题。它同时也带来严重的知识论问题。设若我们只能知觉到感觉材料，那么我们与外部世界的事实之间总是存在所谓的"知觉之幕"。既如此，我们似乎永远也无法获得关于外部世界的知识，怀疑论就此趁虚而入。

近年来，直接实在论逐渐占据主流，打破"知觉之幕"几乎成为共识，但在直接实在论内部却出现新的关系论与表征论之争（第三场争论）。两者共性在于都承认感知者对外部世界的知觉是直接的，即不依赖于任何意义上的心灵中介。不同之处在于对这种直接知觉的实现方式意见不一。关系论者认为其实现依赖于达成一种亲知关系，表征论者则认为依赖于表征。两种理论围绕知觉内容、知觉现象特征等诸多问题展开激烈争论，成为当下知觉哲学研究中的主要争论。

该书接续了这一学理脉络而又有所发展。尽管第三场争论的双方都承认直接实在论，但"知觉之幕"的残影却并未完全消除。第三场争论是第二场争论的深化，是心灵—世界关系问题的当代表述。该书试图辩护的朴素实在论及其相应的知识理论即是关系论的代表，尽管它们当前似乎正处于弱势地位，但该书认为这是由于当下讨论对知觉经验的理解出现了偏差。该书通过引入行动概念重解知觉经验，主张知觉经验本质上是一种具身的有意行动，而知觉知识则是感知者通过适切地完成相应的知觉行动而获得的认知成就，这本身就是对传统理解的纠偏。在完成这种纠偏后，基于行动的朴素实在论与知识析取论展现出强大的解释力，以"行动"而非"亲知"作为理解心灵—世界关系的核心概念，突出了能动性在解释知觉、行动与知识这三类意向活动中的重要性，为更好地理解知觉、行动与知识提供了一个"行动优先"的统一图景。

# 《王船山"生"的思想研究》概要

刘 昊[*]

## 一 研究目的、意义与方法

**(一) 研究目的:**

该研究旨在深入探讨中国哲学中的"生"的思想及其蕴含的"生生"观念,以揭示其在中国哲学传统中的独特地位和哲学内涵。具体而言,我们将探究明清时期道学末期重要思想家王船山对"生"的哲学观念的阐发与发展,以期全面理解"生生"观念在中国哲学中的形成及影响。

**(二) 研究意义**

该研究不仅有助于深化对中国哲学传统中"生"的思想的认识,更能够探寻"生生"观念的哲学内涵,提供对中国哲学特有价值体系的独到见解。在当代哲学背景下,通过对"生"的思想及"生生"观念的深入研究,可以为传承中华优秀传统文化提供有益启示,也能够为构建具有中国特色、中国风格、中国气派的哲学社会科学体系提供理论支撑。

---

[*] 刘昊,清华大学哲学博士,现就职于同济大学人文学院哲学系。

### (三)研究方法

该研究将采用文献分析法、比较研究法和哲学解读法相结合的研究方法。首先,通过深入分析王船山及其他相关哲学家的文献资料,系统梳理其关于"生"的思想及"生生"观念的论述,揭示其内在逻辑和演变过程。其次,运用比较研究法,将中国哲学中的"生"的思想与西方哲学的相关概念进行对比,以凸显"生"的思想的独特性和特色。最后,结合哲学解读法,深入剖析"生生"观念的哲学内涵,探讨其在中国哲学体系中的地位和价值。通过以上研究方法的综合运用,将全面深入地剖析"生"的思想及其"生生"观念,为中国哲学的研究提供新的视角和思路。

## 二 主要内容与重要观点

### (一)主要内容

"生"的思想及其所蕴含的"生生"观念是中国哲学的重要思想,甚至被普遍视为中国哲学区别于西方哲学的独特标志。相对于西方哲学传统重视本体—现象、超越—经验、自我—他者、自由—必然的区分。"生"代表了中国哲学重视连续性、整体性、动态性的哲学思维方式,它既强调自我与他人、与社会相联系的命运共同体,又强调人类社会未来发展的生生永续。"生"的思想不仅具有很强的学理意义,也具有重要的现实意义。

作为明清之际道学末期的重要思想家,王船山不仅重视"生"的思想,更是将反省中国哲学史上的"生"的思想作为建构哲学思想的进路,以"生"的思想贯穿其哲学体系。他的哲学探索打通中国哲学史的脉络和经典,重构了"生"的思想,在中国哲学史上独树一帜。"生"兼具根源义和过程义,"生生"的精神成为"生"的思想核心。由此,"生生"不仅指过程性,而且是融汇了根源意义上的创生和生成，具有持续创造性的哲学意义。王船山在宋明道学末期以理气不离、理气统一的整体作为"生"的根本，在"生"问题上提出了诸多理论创新，从"生生"视域下重审"生"的问题，可以说是船山哲学的进路和核心观念。

该书首先勾勒并回顾了有关"生"的思想在中国哲学史的渊源和演进，重点探讨了"生"与"生生"的理论关系。在先秦时期，"生"和"生生"的意义是严格区分的。"生生"的不绝、连续之义是汉代以后学者赋予的意义，宋明道学接受了这种影响，通过"以生论仁"确立了"生"是兼具过程义和根源义的创生。中晚明时代对"生生"问题的重新审视无疑构成了船山的直接思想背景。其次，结合船山的思想历程，指出船山的问题意识大体有二，其一是反对基于时间的宇宙生成论述，主张宇宙生成的根源同时是生生不息，永恒存在的宇宙本体。其二是"生"不等同于"生成"或"完成"，而应当是生生不断的连续性。所以"生"应当具有"日生"或"生生"的维度。

然后，该书概括了船山论"生"的多元理论内涵。"生"来自阴阳的变合，阴阳的运动产生的变易和大用是"生"。"生"并不意味着万物皆流，因而没有实在，"生"所代表的变易、运动恰恰证明了存有的客观性。同时，"生"也是人的本性，这是说人的生命是有意义的存在，人的生命历程与草木等非生物相比，人不但可以掌握自我生命的方向和价值意义，而且可以创造宇宙生命的价值意义。生死并不是起点和终点，"生"是生生不息的生命过程，在生命过程中尽道德之事，实现生命价值，也就无惧死的问题。

该书的后半部分沿着本体、天道、人道重点研究了天道的生生与人道的生生以及天道的生生如何引发人道的生生等相关问题。

第五章和第六章主要涉及"天道如何生生"的问题。船山基于易学的乾坤并建观念，反对以"序卦传"为代表的易学宇宙生成论，认为乾坤不仅是易之开端，而且是易之本体，因此船山提出了"乾坤立本"的观点，乾坤并建同时就是太极本体。船山虽以气为太极本体，而万物的流行和存在也是由气构成的，但是他试图构建的是一个"同构异质"亦即既连续又超越的宇宙观和本体观，同构是指本体与万物皆由气构成，本体既是万物的生成根源，又是万物的终极根源，所以是生生连续的。异质体现在太极本体超越于有形之气，太极本体对人而言是超越的，人的存在和认识皆是有限的，无法到达完全认识整体的境界。换言之，本体既非理也非气，而是理气总体，这里的理气不是指有形质的理气，而是构成本体的理气。天道论和本体观是一体两面的。"天"在船山思想中就是指太极本体。天是宇宙万物的超越性根源，天是内在具理之气，所以人禀赋于天的也是内在具理之气。

第七章至第八章主要分析了"人道如何生生"的问题。人性论是"人道生生"的理论基础。天是价值的最高根据，善由天而规定，而人性又是通过善而规定，人性相对于天道具有相对性和局限性，不可能达到绝对的完善，人之初生只是禀赋了善端。通过"形色天性"，船山试图表明人性禀赋的是在天之理气，在这个意义上，船山提出了"气善说"，这并不是说气本身是善的，而是指禀赋的内在具理之气是善的。船山以"生理"来解释"性"，一方面，"生理"根源于天道生生，另一方面，"生理"规定了"性"具有不断进步和创造的"生生"义，亦即表明人性必须通过后天生命的社会化进程中加以完善，所以人性既本善，又是日生日成的。

由人性论引申出来的是天道生生和人道生生的关系问题。既然天道是生生不息的，人道也是生生的，那么人道之生生究竟何以可能，天道如何转化为人道是一个关键问题。该书认为船山通过"自成""自道""自然"等概念的讨论，旨在否认德性全然来自天道的自然生成。天道虽然是人道的依据，但是这并不等于天道代替人道而作为，其实质内涵在于表明人道内在地具备了道德禀赋，人是道德的存在，人道的实现必须依赖于自我的修为，在生命中不断完善和扩展道德权衡和判断的能力，进而实现德性的圆满。

第九章指出船山论"生"不仅是谈论宇宙、道德、心性，也是关于历史的。船山的历史论奠基于天道论，由于"道不离阴阳"

"道在器中"等观点解构了"道"的抽象义,"道"是真实的可持可执之物。所以,若将"道"置于历史,即意味着一代有一代具体之道。道之于每个历史时代皆有其具体的真理性,而不是亘古不变的真理性。因此道的存在也是生生不息的。

结语从船山的气学定位,生生连续的宇宙观和本体观,德性生成的双重维度,以及生死关怀等方面对船山哲学思想作了总体定位。

**(二) 重要观点**

(1)"生"的哲学内涵:"生"在中国哲学中意味着持续不断地创造,具有根源(本体)意义上的创造与生生不息连续的双重含义形成了"生生"的核心内涵。虽然海外汉学主流观点认为"生"仅强调过程义,但该书提出的观点则凸显了"生"的超越义,强调了它同时包含了超越性。这种超越性使"生"不仅仅是一个过程,更是一个远超我们感知和理解的现象,具有更为深刻的宇宙观和人性观。这种观点回应了关于"生"在哲学上的真正本质的疑问,揭示了其更为全面的意义。

(2) 王船山的哲学思想以"生"的观念为视域,以理气统一为理论出发点,构建了一个万物生生连续且有秩序的宇宙图景。在他的体系中,宇宙的根源乃至整体性源于生生流行的太极,而人性和人道在根源上具有不断创生的维度。这意味着,人性和人道并非固定不变,而是需要在后天不断完善和发展的。这种"生"的思想观念赋予了人类在宇宙中的特殊地位,提醒人们在生命的不断发展中寻求完善,实现自我和道德的提升。

(3)"生"的哲学观念强调天和人是一体连续整体,由此引发了天道生生和人道生生的张力以及人道为什么要生生的问题。天道作为道德和人性生成的基础,内在于人的每个瞬间。然而,这种德性的完善需要后天的不断努力,为人类提供了持续进取的动力。同时,人的生命终结并不意味着个体的完全消亡,个体一生的努力和贡献将生生不息地流存下去,这也是"生"的思想的最终落脚点。

这种观念为人们提供了对生命和道德的更加深刻和持久的思考，引导着人类追求更有意义的生活。

## 三　学术创新与贡献

### （一）学术创新点

1. 揭示"生"在中国哲学的双重内涵与超越性

该研究深入揭示了"生"的双重内涵，既包含了超越性的、无限的本体观，又强调了生生不息的过程义。这与海外汉学及传统研究对中国哲学的误解形成鲜明对比。通过对船山思想的深入剖析，我们明确指出，"生"不仅是一个过程，更是一个超越时间和空间限制的现象。其本体观既是持续创造的根源，又是一个超越性、无限性的概念，反驳了传统观点认为中国哲学的宇宙观仅限于过程性的宇宙万物流行。这一创新观点通过具体例证和文化比较，阐明了"生"的哲学内涵，为中国哲学的研究提供了新的解释框架。

2. 阐明王船山哲学的独特价值与学理意义

该研究以"生"的思想为视域，深入阐明了王船山哲学在中国哲学史上的独特价值。我们认为，船山系统性地反思了宋明道学发展中的理论问题，特别是在"生"的概念上做出了重要贡献。通过对船山思想的系统性解析，我们揭示了他如何将"生"的思想贯穿于整个哲学体系中，不仅强调了宇宙的生生连续性，也探讨了人性和人道在根源上的不断创生。这种独特的哲学观念不仅是对传统儒家思想的发展，也为中国哲学史及宋明理学史提供了独特的学理价值。通过深入剖析船山思想中的"生"的内涵，该研究指出了其在中国哲学发展史上的重要地位，为后世学者提供了深入研究的方向与启示。

### （二）学术价值

近年来有关"生"的问题在中国哲学研究中备受关注，学者们着眼于从"生"及其核心思想"生生"观念挖掘中国哲学在本体论、宇宙论、伦理学（尤其是关于家的问题）方面的哲学意义，并将其与西方哲学进行比较，由此凸显中国哲学的本体论或伦理观（例如人伦、家庭、孝的意识）皆具备生生不息、世代传承的面向。事实上，几乎所有的中国哲学思想家都会论及"生"的问题，它既是现实的生死问题，又是经典文本当中的"生生之谓易""天地之大德曰生"引发的哲学义理问题。

过往研究对于"生"的思想的重要性究竟在中国哲学中如何展现，如何贯穿并建构中国哲学家的思想体系，还有不少深入探索的空间，尤其是宋明儒学末期的高峰王夫之（号船山）在这一问题上的深入推进值得作为一个典型案例，有待进一步研究。另外，在近百年来的船山哲学研究中，研究者或重视船山与宋明理学的关系，或者强调船山的经典诠释脉络，或从道、际以及历史哲学等角度出发把握船山思想，但是如何将经典文本的诠释与哲学体系的建构相结合，从而全面把握船山哲学的根本问题意识也是一个亟待突破的课题。故该书有以下三点学术价值。

（1）梳理了"生"的思想及其核心内涵"生生"在中国哲学史上的内涵变迁与基本意义。该书以船山思想为中心，全面梳理了"生"的思想及其核心内涵"生生"自先秦哲学以来的变迁和发展，这一历程构成了船山反省"生"的问题背景。

（2）阐明了以"生"为核心的哲学问题是船山哲学的根本问题意识，推进了船山哲学的研究。该书以经典诠释的文本分析方法为基础，注重船山的文本脉络，从文本脉络中发现船山哲学的根本问题意识是"生"的问题，推进了学界的船山哲学研究。

（3）有助于建构中国哲学的核心概念体系和价值理念，促进继承和弘扬中华优秀传统文化的学术研究。该书以船山哲学为个案，全面展示了"生"的思想如何构建了船山的哲学体系，有助于把握传统中国哲学的核心概念和价值。

# 《兴于〈诗〉：儒家诗教传统与华夏诗化生存》概要

黄子洵[*]

## 一 研究目的、意义及方法

该研究关注《诗》之为教的内在根据，意欲证明教的意义面向乃是由《诗》内在地孕育并生发，以区别于国内外学界对诗教所持的外在根据说。诗教的外在根据说认为，教的意义面向是人为而外在地附加于《诗》，由此分化出反对诗教与赞成诗教两种立场。反对者认为，"教"的意义维度破坏了《诗》之原意，遂提倡把《诗》从教的枷锁中解放出来。赞成者主张对诗教的历史存在形态及思想史意义进行客观研究，将诗教研究还原为对历史事实的考察，或是将诗教视为礼乐活动的环节。论及诗教的作用和意义，其一是从心性之学的角度出发，将诗教理解为在伦理道德层面培养道德情感，完善德性修养；其二是关注《诗》在政治社会领域的效用，把诗教界定为政教。无论是反对还是赞成诗教，都以承认"教"之于《诗》的外在性作为前提，由此产生了《诗》之原意与《诗》之为"教"的二分。《诗》的意义面向处在分裂之中，其定位游移不定，

---

[*] 黄子洵，复旦大学哲学专业博士，现就职于南京师范大学公共管理学院哲学系。

其意义缺乏整全而统一的观照。导致此种分裂的一大原因正在于"教"的外在性。该书针对这一不足开展研究，旨在考索诗教的内在根据，所探究的中心问题在于，教的意义面向是否能够以及如何能够从《诗》中内在地生发出来。

该研究有助于应对长期以来《诗》之原意和《诗》之为"教"的二分，在《诗》与"教"二合一的视域中深入理解《诗》的教化意义及其在中国传统文化中的独特地位；有助于反思把《诗》界定为文学作品的定见，在《诗》与"常道"的关系语境中深化对《诗》的历史及现实意义的本真理解，进而反思20世纪初确立的中国哲学史研究范式（不从六经义理，而从先秦诸子思想讲起）可能产生的对中华文化斫本截源的影响；有助于揭示"诗—兴"思维与诗性言说所通达的哲思境界与审美道德意涵，及其对华夏文明共同体精神特质的深入影响。

就方法而言，该研究将"诗教"作为一个哲学概念，而非一个经验事实，着眼于在义理层面考察《诗》与"教"的内在关联及"诗教"意义系统的义理间架，探究诗教得以成立的内在根据、诗教的特质及独特意义，以区别于经学史视域下对诗教历史存在形态的描述性研究。该研究以"诗教"概念（而非某一思想家的诗教观）为本位，将不同时期、不同人物的诗教观理解成"诗教"概念历史地展开自身的结果，试图见其全体，而非守于一曲，将关于《诗》和诗教的文献综合起来分析与切入，摸索出一以贯之的逻辑脉络让文本自发地结合成有机的意义关联整体，以揭示"诗教"这一意义系统立体而丰富的内涵。

## 二 主要内容与重要观点

该书由绪论与九章内容构成，并按其内在脉络划分为上、中、下三编。以下是该书的框架结构：

绪论

上编　原《诗》：论《诗》的意义结构、内容呈现进路以及言说方式

第一章　《诗》之志与《风》《雅》《颂》的意义结构

第二章　《诗》之情："情—理"合一、"人—物"同其情的观念世界

第三章　赋、比、兴与《诗》的意义世界

中编　《诗》与教：诗教的生成轨迹、特质及典范

第四章　以《诗》为教的生发进路及其特质

第五章　孔门诗教：儒家诗教传统的典范

下编　诗教的基本维度与华夏诗化生存的开显

第六章　《诗》以化己：论诗化生存的"为己"面向

第七章　《诗》以理群：论诗化生存的公共性面向

第八章　《诗》以通古今之变：论诗化生存的历史性面向

第九章　《诗》以究天人之际：论诗化生存的超越性面向

余论

下面将逐次对章节的主要内容与重要观点进行介绍。

绪论旨在阐明该书的研究缘起与问题意识、学界的研究现状及盲区，在此基础上区分出《诗》之为"教"的外在根据与内在根据，并说明从内在根据论诗教的必要性与意义。

上编旨在对《诗》之性质作出界定，意欲从《诗》之结构安排、内容呈现进路和言说方式三方面来切入，分别与上编三章相对应。

第一章阐明，由《风》到《颂》的纵深性意义结构，是《诗》之生存经验的各个关系维度按其内在逻辑展开自身的结果。生存经验的整全性，使《风》《雅》《颂》成为具有内在差异的统一体，也使305首诗超越了纯粹的个体性而贯通为一。《诗》所言之志，既具

有与每首诗的历史背景相适应的特殊性，与此同时，又不受限于个别而特殊的经验因素，而是作为整体性结构的内在环节保持其统一性。"志"之统一性，渗入《诗》生存经验的各个关系维度，并通过具体而特殊的在世环节得以彰显，是对生活世界的整体性愿景，近至人伦日用之和睦，远及朝野夷夏之安定，最终达致天人关系之合一。第二章指出，《诗》将生存经验以及对生活世界的整体性愿景（"志"）寓于具体而当下的生存情态（"情"）中，并通过人之情与万物之情的往来互动得以体现。更重要之处在于，《诗》并不是在情理二分的思维模式中把"情"归为主体自身的情感体验，而是合"情""理"为一，克服了"舍理之情"的个体化倾向与"去情之理"的抽象而空洞的普遍性。"情理"概念中，"情"在"理"先。这喻示出，"理"之普遍，乃是透过"情"之特殊彰显自身。此为《诗》感人、化人的根据。第三章指出，《诗》以"诗—兴"思维与"赋""比""兴"的诗性言说作为载体，使人与物的生存情态在往来互动的过程中交融为一，实现了人与物"同其情"，在具体而有限的事物中生成了意蕴无穷的意义世界。

中编共由两章构成。其中，第四章与上编的叙述脉络构成了承接关系。承上编所论，《风》《雅》《颂》整体性意义结构所囊括的生存经验，使人超出其所处时代感受与经验的局限，看到共同体历史—文化维度下的各种存在境况，由此，《诗》可以"观"；《诗》的生存经验以"诗—兴"思维与诗性言说作为载体，在人情与物情交融而生的意义世界中得以呈现，这使读者对《诗》之"观"有别于主体对客体的旁观，而是被带入此意义世界中有所感发、兴起，体认到自身便是世界中之一员，与诗中人"同其情"遂得以可能，据此，《诗》可以"兴"；伴随感发兴起的过程，吾人被引向生存经验所归属的意义关联整体，从而以整体之一员的视角来理解自身与天地万有的关系，进而复归于一体之仁，由此，实现了由"兴"而"仁"。由"观"而"兴"、由"兴"而"仁"的过程，并不是外在地去改变一个人的认知结构或行为模式，而是实现了生命由内而外的更新与化育。此过程归本于"兴"。

"兴"之为"启一举体",意味着"兴"的旨归在于"举体",即揭示作为存在之整全并通达作为意义关联整体的世界。读《诗》者面对的并不是与主体相对的某一客体抑或与主体对等的某个有限者,而是作为"大全"的无限。"兴于《诗》"是生命在"大全"中的深入体验,是"大全"中的一员与大全的相遇,由此生命中隐而未彰的面向得以唤醒和兴发。"兴于《诗》"是以作为"大全"的世界为中介还返到自身进而兴发自身的过程。这不是主体自身的确立,而恰恰意味着"去主体化"的实现。

从方法论上看,在阐释由"观"而"兴"、由"兴"而"仁"的诗教进路时,第四章虽借助了"兴"与"观"等孔子论《诗》的概念,却并未直接导入孔子关于诗教的具体论说,而是顺着从"诗"到"诗教"的逻辑生发脉络,去探究《诗》"可以观""可以兴"何以能从《诗》自身生发出来,以此回应将《诗》与孔子论《诗》截然二分的立场。由此可证,孔子论诗教的诸多概念并非穿凿附会,而是孔子对《诗》的特质与精神高度领会之后的思想结晶,故其所论自然与《诗》深深契合,能显明《诗》隐而未彰之要义。据此,该书以孔门诗教作为儒家诗教传统的典范。至此,中编实现了从第四章到第五章的过渡。

上编三章与中编的第四章都围绕《诗》中篇目及相关注释进行探究并立论。从中编第五章开始,该书分析的文本范围有所扩大,将孔子论《诗》的观点及其诗教活动也囊括在内。此安排的目的在于,证成孔子论《诗》的观点与方法、以《诗》设教的具体活动,并不是外在于《诗》之"原意"、妨碍吾人直面《诗》的障碍,而是"诗教"概念内在的意义系统历史地生发与展开自身的必然呈现,是诗教自身包孕着的无穷可能的最终落实。

第五章拟从以下三方面展开对孔子诗教的论述。其一,孔门诗教的根本向度是为己之学、生命之学。《诗》并非外在于认识主体的某一客体或对象性存在。读《诗》的过程应是吾人生命的切实展开,是生命样态的真实流露。因此，孔门诗教的一大效验在于，让《诗》化入在世过程，以实现人的诗化生存为旨归。夫子触处点评，无非《诗》也，可谓是其诗化生存的绝佳彰显。孔子达致了人《诗》合一的生命境界，这也成为孔门诗教作为后世典范的一大原因。其二，孔门诗教以"兴"为本，着眼于在义理层面转相发明、往复抽绎，以至于无穷。这与《诗》寓普遍于特殊，变有限为无限的言说特质相契合。正因诗性言说以开向无限的"诗—兴"思维作为其观念基础，故能实现"游无穷"的读《诗》效验。据此而论，"兴"并不是处于审美体验或伦理道德层面的行动，而是在存在论意义上"启一举体"，超越日常思维对零碎的特殊物的执着，使日常经验中看似孤立而有限的片段，经由引申触类，通达至普遍之理，进而在作为"大全"的"体"的层面融贯为一，实现天地万物为一体的境界。诗教最大限度地体贴人具体而当下的存在境况。受教者不是被要求去趋近一个作为客体的定解，而是以当下的生存境况、生命感悟为基点，在《诗》中开启周流无滞、灵动鲜活的意义空间和思想境界。其三，孔子是在《诗》、礼、乐三教合一的整体性视域中理解诗教的意义与旨归。三者相互配合，不仅整全地来看待生活世界的诸多层面与维度，同时也充分体贴到个体生命内部的整全性，其愿景在于造就人文意义上的完满人格。

承上所述，中编侧重于说明诗教的生成轨迹、进路及其典范，且在论述孔门诗教的典范性意义时，通过阐释孔门诗学作为为己之学、生命之学，以说明诗教的一大效验在于《诗》化入其在世生存的点滴过程，实现了人《诗》合一的生命境界与诗化生存。行文至此，中编初步实现了从论述诗教传统到论述昔人诗化生存的过渡，在此基础上，下编将全方位地展现出昔人诗化生存的诸多面向，追问的是，围绕诗教传统的基本维度，昔人诗化生存的立体化结构如何得以展开。

下编由四章构成。第六章关注诗化生存的"为己"面向，意欲探讨《诗》如何协调人与自我的关系。《诗》作为一声闻之学，通过持人辞气来持人情性，以实现性情之中和圆满、复归天所命予人之"中"作为其理想愿景。第七章关注诗化生存的公共性面向，拟从化成天下、移风易俗的维度来探究诗教，意欲探讨《诗》如何协调人与他人、与社会的关系。《诗》成就了文明共同体独特的言说习惯与交流模式。"雅言"和"乐语"等言说智慧的造就，有助于实现对共同体秩序与伦常的引导与规范，从根本上影响共同体理解世界的观念结构，进而改变其与世界打交道的基本方式。第八章关注诗化生存的历史性面向，探究的是《诗》在纵向性历史文化维度中对文明共同体传承与更新自身所起到的作用。《诗》历史地建立起吾民族的精神世界，塑造了超越古今的身份认同。《诗》中古今一贯的道统与政统，对当今时代具有持久的规范性与导向性。第九章关注诗化生存的超越性面向，探究的是《诗》如何有助于增进对天人关系的思考。超越与此在的往来互动，为存在于世的一切关系赋予了意义，是昔人的在世生存得以开展的前提。

总的来说，"为己""理群""通古今之变""究天人之际"四个方面，既作为诗教传统的四个基本维度，同时也构成昔人诗化生存的四大基本面向。正因《诗》自身蕴含"教"的意义面向，故能在历史—文化维度下展开为诗教的实践活动。后人读《诗》、用《诗》的生命样态，与《诗》本身不能截然二分，而应视为《诗》蕴含"教"的可能并落实于现实世界的结果。诗教作为《诗》自身本具且历史地展开的意义系统，囊括着人与自身、与他人、与政治共同体、与天地万物、与历史文化、与超越性存在的关系维度，近则化己，远则理群，再到通古今之变，乃至明天人之际。

## 三　学术创新与贡献

该研究的学术创新点可分为以下三点。

其一，研究视角的创新。为了应对《诗》研究与诗教研究、

《诗》之原意与诗之为"教"的二分,该研究旨在考索《诗》之为"教"的内在根据,所论证的中心问题在于,"教"的意义面向是否能够以及如何能够从《诗》中内在地生发,有别于学界绕开《诗》直接就后世诗教观进行理论阐发的做法。该研究始于对《诗》之内容与结构的探究,而后逐步推扩至阐释历史—文化维度下古人关于诗教的论说及诗教的实践活动,目的在于打通《诗》研究和诗教研究的脱节与二分,阐释从《诗》到"诗教"内在理路的一贯性。

其二,研究方法的创新。该研究超越了经学史及经学文化学的研究方法,侧重于从义理层面考察《诗》之为"教"的内在根据,探究《诗》与"教"的内在关联,而不是对诗教在经验事实层面的表现形态及其社会文化意义进行描述性探究。

其三,具体观点的创新。该研究以"意义结构"来指称《风》《雅》《颂》的内在关联,试图克服割裂《诗》之结构与内在意义的为学立场。《诗》中的生存经验按由近及远、由人事到天道的逻辑脉络动态地展开自身,始于正人伦,再到致太平,终至明天道,以纵深性的意义结构承载着文明共同体及其成员存在关系的总和,勾连为一个宏阔而完整的意义域。进一步来说,从切近处的人伦关系出发,由近及远,由人而天,这是生存经验展开其自身的内在脉络,也与我们从《诗》中感发兴起的过程相契合。这说明,《诗》之意义结构的展开,就是人在世生存的深入与展开,是人不断理解自己、文明不断移风易俗的过程。

该研究的贡献主要表现为以下三方面。

其一,有助于反思把《诗》视为文学作品的定见,在《诗》与常道、诗与真理的关系语境中厘清《诗》与诗教的历史及现实意义,进而反思 20 世纪初确立的中国哲学史研究范式可能产生的对中华文化斫本截源的影响。

其二,有助于在《诗》与"教"分离日久的思想文化语境中激活两个概念隐而未彰的内在环节,恢复二者的相互规定,在《诗》与"教"二合一的视域中摆正对诗教意义的理解。诗教的真谛在于感化人，而非训导人；在于令人感发兴起，由一及体，将人导向对存在之整全的体认，而非灌输教条或知识。

其三，该研究关注"诗—兴"思维和诗性言说沟通特殊与普遍、联结有限与无限的能力。这有助于阐明"诗—兴"思维与诗性言说如何超越日常思维在"情"与"理"、具象与抽象、局部与整体、平常与高明之间所设之悬隔，揭示"诗—兴"思维与诗性言说通达的哲思境界与审美道德意涵，及其对文明共同体精神特质的深远影响。

# 《自我的关系实在论——基于大脑与环境关系的自我观》概要

徐嘉玮[*]

## 一 研究目的、意义及方法

**(一) 研究目的**

自我问题——"自我本质上是什么",是一个历史悠久的哲学基本问题。早在古罗马时期,哲学家奥古斯丁就明确提出了该问题,近代哲学之父笛卡尔更是将它推至知识之基础的地位。由于对意识及其统一、心脑或心身关系、世界知识、他心知识、道德主体与道德责任等的解释和理解均与对自我本质的看法紧密联系,因此,对自我问题的解答是心灵哲学、认识论、道德哲学乃至新兴的人工智能哲学等领域研究的出发点或不容忽视的关键。

如今,自我及其本质不仅受到哲学家的持续关注,还成为心理学、神经科学、生物学、认知科学、精神病学等诸多科学学科的重要课题。例如,神经科学家安东尼奥·达马西奥、心理学家布鲁斯·胡德等,纷纷依据经验发现构建了自己的自我理论——过程论与幻象论。与此同时,受经验证据的启发,当代哲学家也提出了多

---

[*] 徐嘉玮,中山大学哲学博士,现为厦门大学哲学系特任副研究员暨博士后。

种新兴自我观。对自我本质的跨学科研究已成为哲学领域的新热潮。

不过，这些新兴自我观鲜有跳出解答自我问题的三种经典思路：要么主张自我是实体，要么主张自我是意识的形式或内在属性，要么认为自我不过是幻觉或虚构，这分别能在笛卡尔、康德和休谟自我理论中找到其根源。例如，帕特里夏·丘奇兰德认为我们的大脑就是我们的自我，丹·扎哈维提出自我至少是意识体验的我属性，而丹尼尔·丹尼特强调自我不过是虚构的叙事重心。

然而，该书将大胆突破上述三种经典思路，论证自我既非实体或形式/属性亦非虚构，而是一种关系，自我作为特定关系真实存在。更具体来说，该书将主要依据神经科学中的最新发现与理论，特别是神经科学家格奥尔格·诺瑟夫的意识时空理论，论证作为各种自我相关现象之共同和必要基础的自我是一种前认知的、时空的大脑—环境关系——大脑自发活动的时空结构与其环境的时空结构的对准与整合关系。然后，该书再结合科学哲学中的结构实在论与一般形而上学中的关系实在论，进一步论证作为关系存在者的自我在认识论甚至本体论上优先于作为个体存在者的自我存在。

该书的主要目的在于为自我问题提供一种更具经验适当性和理论合理性的新解答方案——自我的关系实在论，而这一目的又可以划分为以下五个子目标。

第一，结合多学科的理论依据和经验证据，构建一个关系自我论证——形形色色的自我相关现象均以特定大脑—环境关系（即大脑与环境在时空结构上一定程度的对准）为必要基础，因此自我从基础上是关系的自我。

第二，构建一个双层关系自我模型，在关乎大脑—环境对准程度的连续统（即底层关系自我）上统一定位不同的自我概念和经验自我变体，并论述各种自我—非我区分如何从底层关系自我基础上经过再概念化发展而来。

第三，基于结构实在论和关系实在论，论证底层关系自我是认识论和本体论上原初和实在的，而任何个体自我和自我—非自我区分都不是，它们依赖于底层关系自我而存在，并由底层关系自我规定。这将双层关系自我模型进一步发展为自我的关系实在论。

第四，将自我关系实在论与双层关系自我模型应用于自我实证研究中，提出新的实验进路、假设和方法，以便能够通过实证手段进一步检验其经验适当性。

第五，将自我关系实在论与双层关系自我模型应用于对更多其他自我相关现象及重要问题的解释和解答上，比如，对自我同一性或连续性的解释，以及对如何认识世界和他心的解答上，以进一步检验其理论合理性。

**（二）研究意义**

该书通过拓宽解答自我问题的思路，有望为自我相关现象提供更统一的解释，为自我实在论与反实在论反复胶着的状态开辟新的局面，使自我避免仅仅因为没有单一实体或属性可以充当自我相关现象的共同基础而沦为虚构或幻觉，从而也避免让知识和道德丧失规范性和意义。传统（主张自我作为实体或属性真实存在）的自我实在论承诺了某种原初的自我—非自我区分，这难以与在不同情境和状态下观察到的经验自我变体与自我—非自我区分的动态变化相适应。相反，该书所论证的自我关系实在论，有望将不同的经验自我变体统一定位于底层关系自我之上，即用不同程度的大脑—环境对准解释自我—非自我区分的变化，用大脑—环境对准的过度或中断解释经验自我的异常和丧失。

更进一步地说，该书对自我问题的新解答，有助于推动心灵哲学与形而上学交叉领域的发展。自我问题本身是该领域的核心问题，它与该领域内的其他重要问题（如意识问题、心脑关系问题、他心问题等）密切相关。对前者的新回答必然伴随或带来对后者的新理解。另外，它能为知识与道德提供新诠释，因为知识与道德都涉及自我—他人/环境关系，因而它也有助于促进认识论与道德哲学领域的变革。根据自我关系实在论，知识与道德不再是自我与环境区分基础上的二阶建构，而是从前认知关系到认知关系的演化。因而，该书中的研究具有一定的理论价值。

与此同时，该书的研究也具有一定的实际应用价值。一方面，它可能指引自我实证研究的方法论创新——从极力控制环境变量以单独观察和研究自我的传统路径，向关注不同水平的自我—环境关系以及关系间的联系的新方法转变。另一方面，它可能启发与自我相关的实践领域的进路调整，如有自我意识的人工智能开发、涉及异常自我经验的精神疾病治疗、引导玩家持续生成游戏自我的游戏设计等。

**（三）研究方法**

该书采用了跨学科的研究方法，具体研究方法主要包括以下四种。

（1）概念分析：对"自我问题""自我""关系自我""自我—环境关系""前认知的大脑—环境关系""认知的大脑—环境关系""关系""实体""基础自我""自我基础"等概念的分析和澄清，对于明确该书的研究对象、论证和阐明该书的核心观点至关重要。例如，该书的核心概念"关系自我"不同于社会心理学中的"关系自我"。后者是指经验自我（即作为认识对象的自我）中与亲密他者相关的方面，而该书的关系自我是指可以被视为基础的（作为主体的）自我的前认知大脑—环境关系。该书中的关系自我是社会心理学中关系自我建构的必要基础。

（2）案例分析：运用精神分裂症、双相情感障碍（抑郁症与躁狂症）、科塔尔综合征、焦虑症、无梦睡眠、非清醒梦、麻醉、昏迷、漂浮杠体验、心流状态等精神障碍或意识状态改变的案例，分析经验自我变体与底层关系自我（即大脑—环境关系）之间的联系，构建双层关系自我模型。

（3）比较分析：将双层关系自我模型与作为独立自我模型之替代的其他新兴自我理论与模型进行对比，比如，肖恩·加拉格尔的样式理论（多元模型）、安东尼奥·达马西奥的三层自我模型（包括原我、核心自我与自传体自我）以及马吉德·贝尼的结构主义理论等，以展示其理论优势并改进其不足。

（4）实证研究（脑电与量表）：基于双层关系自我模型，我们可以根据第二层级的经验自我变体或认知的自我——他人关系，来预测第一层级的关系自我的状态即前认知大脑——环境对准的程度；或者反过来。比如，文化心理学研究中发现的东方人（相对西方人）更强的互依自我构念与更强的集体主义（即更紧密的自我——他人关系），可以预测在东方文化群体中观察到更高度的前认知脑——脑耦合/对准。该书第四节介绍了我们进行的一项相关实证研究，我们分析和比较了中国和加拿大样本的静息状态脑电的个体间相似性，我们发现中国受试者之间在静息状态动力学特征上具有更大的一致性。

## 二　主要内容与重要观点

### （一）主要内容

全书包括导论与结语部分共有七章。在导论部分，首先指明了该书是围绕自我的本体论问题展开的，分析了学者们关注该问题的理论动机。其次，概述了对自我问题的三种回答即三类传统自我观——实体观、最小自我观与无我观，以及它们之间发生的两场自我实在论与反实在论争论。最重要的是，初步指出争论双方共享着一种独立自我预设——如果自我是实在的，那么它必定从基础上区分于他人和环境，优先于关系——及更深层的实体实在论思路。再次，论述了独立自我预设的文化局限性，再有针对性地提出了一种突破现有格局的可能思路——自我是实在的，但不是独立的实体或属性而是特定关系。

第一章是该书的综述部分，主要是对前人的理论进行回顾和讨论。首先，将以两场自我实在论与反实在论争论为线索，考察各类自我观的核心观点与论证，分析它们的缺陷，并揭示独立自我预设始终在西方自我研究史中占据主流。其次，概括性地指出独立自我预设即便缺乏辩护和经验适当性，会使自我—他人/环境关系成为难题并导致理论内部矛盾，但仍被大多数西方自我理论坚持且视为判断自我实在的标准，这很可能是导致西方传统自我观存在种种问题的根源。最后介绍西方学界中一些突破独立自我预设的、主张关系自我优先于个体自我存在的自我观，以及中国儒道思想中强调自我作为社会关系与自然中的一部分存在的关系自我观，为后文构建和论证自我关系实在论带来启发。

第二章与第三章是该书最重要的立论部分。第二章旨在构建关系自我论证与双层关系自我模型，以取代传统的独立自我模型。先列举经验科学中有关自我的最新发现，以揭示自我与环境的区分不是清晰固定的而是动态变化的，以及经验自我的不同方面均以前认知的大脑—环境关系为基础，当该关系出现异常或中断时，经验自我也会出现异常，从而表明西方传统独立自我模型不具经验适当性，即使通过强调自我在认知中可塑和可延展来修正，它仍难以与部分异常经验自我相兼容。再主要依据吉奥格·诺瑟夫的意识时空理论，并结合许多其他实证研究发现，论证作为各种自我相关现象之共同基础的自我是一种前认知的、时空的大脑—环境关系——大脑的自发活动不断地将其时空结构对准于身体和环境的时空结构，这可以被刻画为一个关乎大脑—环境对准程度的连续统（简称"大脑—环境连续统"）。然后，构建一个双层关系自我模型，以大脑—环境连续统为第一层级，以各种经验自我变体为第二层级。

第三章进一步将双层关系自我模型发展为自我关系实在论。在科学哲学领域中，以及在一般形而上学领域中兴起的各种关系/结构实在论，主张我们所能直接且可靠地认识到的只有关系，或者关系才是本体论上实在的，实体最多只是由关系规定的"薄"对象。基于结构/关系实在论，我们可以合理地接受基础的、关系的自我（大脑—环境连续统）才是认识论甚至本体论上实在的自我，各种独立自我最多只是由关系自我规定的"薄"对象（锚定于大脑—环境连续统上的点）。

第四、五章为应用。第四章基于双层关系自我模型提出相应的自我实证研究进路。根据以大脑—环境连续统为第一层、以各种经验自我变体为第二层的双层关系自我模型，自我实证研究应更关注自我—他人/环境关系。因此，我们运用许多新方法对前认知的自我—他人/脑—脑一致程度的文化差异进行了考察。结果显示，无论在心理学水平还是神经元水平上，无论关于自我意识还是静息状态脑电的动力学特征，中国被试彼此间都比西方被试彼此间更相一致。这暗示中国被试在自我意识和大脑上更对准于来自同一文化群体的其他被试；以及，他人在非常基础的层级上、在前认知阶段已内在地整合于自我中。结果如我们基于双层关系自我模型所预测的，过去研究发现的、属于第二层的自我文化变体可以转变为自我—他人/脑—脑一致程度的文化差异，即大脑—环境连续统上锚定位置的文化差异。

第五章是在理论上检验自我关系实在论是否好的自我替代理论。在自我关系实在论框架下，表征最基础的指向性和关于性可以由以大脑—环境前认知对准为基础的、持续的自我—环境信息交互提供，这使在科研探索和科普中不涉及明显意图的科学表征得以可能；事件的道德责任不仅能归属于特定具身自我，还能合理地归属于一些通过信息技术搭建的网络（关系）或由网络规定的节点，这与新时代的需要相适应。这意味着自我关系实在论能为理解知识和道德提供新启示。在这个意义上，它是好的自我替代理论。

最后部分是结语。先是概括主要结论——自我从基础上是一种前认知的大脑—环境对准关系；各种经验自我变体是在该关系基础上的二阶建构；自我可以作为关系真实存在。继而，罗列自我关系实在论是好的自我理论的理由：它得到预测加工理论、意识时空理论等新兴认知神经科学理论的支持；它能为各种经验自我变体作统一的解释和定位；它能被经验检验且能够指导实证研究；等等。最后分析研究的不足，指明研究成果可以给人工智能开发、精神疾病治疗等带来的启示。

### (二) 重要观点

该书所论证的主要观点包括以下三点。

(1) 自我从基础上（基础的自我）是一个关系的自我，是一种前认知的大脑—环境关系——大脑自发活动与身体、环境在时空结构上的对准。它可以被刻画为一个关于大脑—环境对准程度的连续统（简称大脑—环境连续统）。该关系的维持是意识及其统一和经验自我建构的必要基础，它的失衡（即大脑与环境的对准程度过低或过高）和中断会导致意识水平及其统一程度的下降，以及经验自我的异常甚至丧失。在作为意识和经验自我等自我相关现象之必要共同基础的意义上，前认知的大脑—环境对准可以被合理地看作我们的基础自我。

(2) 各种经验自我、自我概念、自我—非自我区分只是锚定于大脑—环境连续统上的点，或在大脑—环境连续统基础上通过认知建构的实例，它们对自我来说不是基础、原初或必要的，更底层的大脑—环境连续统才是。

(3) 作为前认知大脑—环境关系的自我可以在认识论甚至本体论上实在，因为科学也只能可靠地认识到关系而非实体，而且当代基础物理学中的对象不具有个体性表明关系很可能才是世界上基础的存在。

这三点共同构成该书对自我问题的初步回答。其中，前两点共同构成一个双层关系自我模型，而第三点将双层关系自我模型发展为一种自我关系实在论。

## 三 学术创新与贡献

与传统的自我研究相比，该书在理论和研究方法上都有所创新。

首先，在自我理论方面，该书将打破传统独立自我预设的桎梏，以双层关系自我模型取代西方传统的独立自我模型，即以某种关系自我而非独立自我为基础解释自我相关现象。该书还以自我关系实在论调和自我实在论与反实在论，即主张自我真实存在但不是作为实体或属性（而是作为关系）真实存在。

其次，该书在自我理论方面的创新带来了自我研究方法的革新。过去，基于西方传统独立自我模型，学者们极力将自我从环境中分离出来研究。然而，根据双层关系自我模型，自我在非常基础的层级上就不能与环境分离。因此该书将转为从底层的关系自我（即前认知的大脑—环境关系）入手研究自我，这有助于我们获得关于自我的新发现和新知识。

此外，自我理论的创新也带来了对知识和道德的新理解，因为知识通常涉及自我—环境关系，而道德涉及自我—他人关系。各种自我—他人/环境关系通常被诠释为基于自我—他人/环境区分（独立自我）的二阶建构。然而，该书将颠覆这种诠释，主张前认知的自我—他人/环境关系（关系自我）是原初的、基础的，而各种独立自我以及认知的自我—他人/环境关系是二阶的、构成的，后者由前者发展而来。例如，该书在自我关系实在论框架下，将表征诠释为以大脑—环境前认知对准为基础的、持续的自我—环境动态信息交互，而非静态关系，这使表征得以在非常基础的层级上关联和指向世界。另外，该书还把道德责任主体诠释为一种相对平衡和稳定的大脑—身体—环境关系或由关系规定的节点。

# 《现代货币理论研究：理论脉络、前沿争论与中国经验》概要

何增平[*]

该书的研究对象是现代货币理论（Modern Money Theory/Modern Monetary Theory，MMT）。现代货币理论所指的不是现代产生的一切有关货币的理论，而是专指在 20 世纪 90 年代出现的一种后凯恩斯主义经济学理论。现代货币理论立足对资本主义货币金融系统的制度分析，形成了一套非主流经济学的宏观经济学理论和政策框架。

当前国内外宏观经济环境更趋严峻和不确定，传统宏观经济政策的有效性面临挑战。在这种形势下，如何实现财政政策和货币政策的协调联动，构建应对风险环境的新型宏观经济政策框架已成为亟待解决的理论问题。在国内外对新型宏观经济政策框架的大讨论中，现代货币理论得到了空前的关注，因为它构建了一套新的认识货币和财政的理论框架，从而为实现财政政策和货币政策的协调联动提供了理论参考。批判性地研究和借鉴现代货币理论对于我国构建应对风险挑战的宏观经济政策框架具有重要的理论和现实意义。

全面正确地理解现代货币理论需要经济思想史的研究视角。当前学界对现代货币理论存在许多方面的争论，对现代货币理论的解读可谓"一百个读者眼中就有一百种现代货币理论"。究其原因，这

---

[*] 何增平，中国人民大学经济思想史专业博士，现就职于北京理工大学。

是因为现代货币理论源于经济思想史上若干种理论传统，而这些理论传统没有被纳入今天主流经济学的理论框架中，这使得我们难以深入理论的底层来理解现代货币理论。对此，经济思想史的作用是提供了深入其理论传统来理解现代货币理论的研究路径。该书力图回溯现代货币理论的经济思想史渊源，还原现代货币理论本来的面貌，为我国实现财政政策和货币政策的协调联动，并构建应对风险挑战的宏观经济政策框架提供理论参考。

该书基于经济思想史的研究方法，从思想脉络、前沿争论和中国经验这三个角度考察现代货币理论。第一至三章是对现代货币理论的概述。第一章是导论，内容包括研究对象、文献综述、研究方法、创新点和不足之处。第二章研究现代货币理论的形成、发展、传播和兴起的历史。现代货币理论形成于20世纪90年代，在2019年之后获得广泛关注。主流经济理论与经济现实的矛盾是现代货币理论在西方国家受到广泛关注的社会历史根源。第三章总结了现代货币理论的基本内容。现代货币理论的理论框架包括六大部分：国家货币理论、内生货币理论、财政货币理论、对财政活动和中央银行的制度分析、部门收支分析方法和政策主张（功能财政、就业保障计划、稳定低利率政策）。

第四至七章是对现代货币理论的理论脉络的研究。第四章研究国家货币理论的思想史。克纳普和英尼斯是国家货币理论的先驱，他们分别从货币名目论和信用货币理论出发建立了国家货币理论。在此之后，凯恩斯、勒纳、明斯基、古德哈特从不同角度丰富了国家货币理论的理论内涵。国家货币理论研究的是货币的本质问题。国家货币理论认为，一国货币系统具有等级结构的特征，在等级结构顶端的主权货币遵循名目货币和债务货币的一般逻辑，同时具有征税驱动货币的特殊内在机制。

第五章研究后凯恩斯主义经济学的内生货币理论的思想史。内生货币理论认为，中央银行不能外生地控制货币数量。内生货币理论的内涵可以被概括为：贷款创造存款，存款创造准备金，货币需求和货币供给是相互依赖的。这三个命题建立在内生货币理论的制度分析的基础上：在中央银行层面，由于中央银行在一国货币系统中特殊的地位和职责，中央银行总是在满足商业银行的准备金需求；在商业银行层面，商业银行通过创造出自己的债务来持有资产，而这不以商业银行持有准备金为前提。在内生货币理论内部，水平主义和结构主义的分歧是观察角度的区别，两种观点在内生货币理论中可以兼容。

第六章研究功能财政和就业保障计划的思想史。勒纳提出了功能财政主张。功能财政的核心是主张政府的财政活动不以财政决算结果为目标。勒纳的国家货币理论为他的功能财政主张提供了理论依据。传统总需求调控政策的缺陷使勒纳在晚年放弃了功能财政。明斯基基于经济结构问题批评了主流的总需求调控政策，主张通过就业保障计划来实现充分就业。就业保障计划主张政府直接为失业者提供工作机会，而非通过需求扩张来间接地增加工作岗位。

第七章研究部门收支分析方法的思想史。资金流量核算是国民经济核算的重要内容，实现了核算中货币循环和实物循环的统一，是部门收支分析方法的理论基础。戈德利在20世纪90年代对美国经济的"七个不可持续的进程"的研究是部门收支分析方法的应用范例。他研究了克林顿政府的财政盈余与私人部门的债务危机的关联，从而揭示了美国金融不稳定的结构问题。

现代货币理论是对以上非主流经济学理论的继承和发展。现代货币理论是在非主流经济思想史上由多条思想脉络汇集而成的理论体系。无论是在具体理论层面还是在理论体系层面，现代货币理论都作出了一定的理论贡献。

该书第八至十章是对现代货币理论的前沿争论的研究。第八章梳理了对现代货币理论的争论的总体情况，并澄清了六种主要误解，这些误解认为：现代货币理论只是一种政策主张；现代货币理论认为财政支出没有任何限制；现代货币理论是一种总需求微调的财政政策；现代货币理论主张废除独立的中央银行；现代货币理论是要进行财政赤字货币化；现代货币理论的核算原则是一种行为假定。相关争论中存在着两股相互对抗的历史趋势：重构财政政策的诉求将现代货币理论推向了舞台中央；理解现代货币理论的尝试缺乏非主流经济学的基础；这两股历史趋势造成了误解的长期存在。第八章的附录初步探讨了马克思的国家货币理论。

第九章研究与中央银行独立性有关的争论。现代货币理论的分析结论依赖于两种制度现实：中央银行是利率目标制的，它通过具体的制度设计钉住目标利率；财政部的收支会产生准备金效应，财政部和中央银行常常相互配合来实现中央银行的利率目标。即使在独立的中央银行制度下，中央银行和财政部之间仍存在协同机制，这使得财政部总是可以顺利地从中央银行取得融资。争论的"合并命题"实际上是修辞问题，与理论正确性无关。

第十章研究与通货膨胀有关的争论。后凯恩斯主义经济学反对货币数量论，构建了一套非主流经济学的定价理论和通货膨胀理论，前者的核心是成本加成定价过程，后者的核心是收入分配过程。后凯恩斯主义经济学的这些理论能够为争论双方提供共识基础。不同于传统的总需求调控政策，就业保障计划在实现充分就业时能够更好地稳定价格，这是因为它的两种价格稳定机制：首先，它用劳动力缓冲储备取代产业后备军；其次，它直接为失业者提供工作岗位而不主要依靠总需求的扩散。

该书第十一章和第十二章基于中国经验研究现代货币理论。第十一章研究中国的中央银行制度和财政制度。中国人民银行已经基本完成了从数量型到价格型的货币政策框架的转变。内生货币理论更好地描述了中国人民银行的货币政策操作。中国建立了国库单一账户体系，在这个制度下，中国的财政活动同样存在准备金效应。因此，现代货币理论对中央银行和财政部的制度分析在一定程度上适用于中国。

第十二章研究了中国的地方政府债务问题。中国面临由中央政府债务率稳定、地方政府债务率稳定和经济增长这三个目标构成的三难问题。中央政府将自身的财政平衡和经济增长作为目标,使得在经济下行时期对地方政府债务的限制可能难以持续。中央政府和地方政府处在主权货币体系中的不同位置,中央政府是主权货币的发行者,地方政府是主权货币的使用者。在中国的制度环境下,地方政府有债务违约的可能。因此,解决中国的地方政府债务问题不仅需要强化对隐性债务的监管,而且需要中央政府在财政政策中发挥更大的作用。

第十三章是全书的结论。结论从三个角度评价了现代货币理论。从经济思想史的角度看,现代货币理论是对过去的非主流经济学理论的继承和发展。从现代货币理论现状的角度看,现代货币理论的兴起是特定国际经济环境和社会历史阶段的产物,一股自下而上的思潮冲击了主流经济学封闭的科学社会学结构。从现代货币理论未来发展的角度看,现代货币理论的制度基础、政策主张值得进一步实证检验,以现代货币理论为代表的非主流经济思想将会是未来西方经济思想界的一股重要思潮。

该书有以下三点创新之处。首先,探究了现代货币理论的思想基础,在经济思想史上定位了现代货币理论。国内外学界对现代货币理论的经济思想史研究相对缺乏。该书深入探究了现代货币理论的经济思想史,分析了现代货币理论继承和发展过去经济思想的逻辑演进脉络。

其次,在还原现代货币理论的本意的基础上,澄清了当前流行的对现代货币理论的误解。当前对现代货币理论的争论中存在着多种误解,这典型地体现在该书第八章所列举的六种误解中。该书逐一澄清了这些误解,并深入分析了两个重要争论(中央银行独立性和通货膨胀)中现代货币理论的底层逻辑,力图还原现代货币理论本来的面貌。

最后,初步探讨了在我国的制度环境下现代货币理论的适用性问题,并基于此评析了现代货币理论。当前基于现代货币理论对中国问题的研究非常有限,已有的研究集中在将其政策主张在我国付诸施行，而没有深入研究其基本原理在我国的制度环境下是否适用。该书研究了我国财政货币系统和央地财政关系的制度现实，分析了现代货币理论的制度前提与我国制度环境的异同，批判性地分析了现代货币理论对于解决我国的现实经济问题的理论价值。

该书的学术价值包括以下三个方面。在理论层面，该书提供了一条基于经济思想史的研究视角全面理解现代货币理论的理论进路。国内学界对现代货币理论的研究尚处在起步阶段，现代货币理论的非主流经济学理论背景阻碍了相关研究的深化。该书力图透过经济思想史的研究视角，挖掘现代货币理论的思想渊源，从而澄清当前存在的误解，还原现代货币理论的本来面貌。这对于推动货币金融思想史研究，深化当代经济学流派研究，推进宏观经济学的理论创新具有重要的理论意义。

在政策层面，该书为我国构建应对风险挑战的宏观经济政策框架提供了理论参考。当前宏观经济环境更趋严峻和不确定，传统的宏观经济政策的有效性面临挑战。在对新型宏观经济政策框架的探索中，世界各国都在尝试从现代货币理论中汲取思想营养。该书对于我国实现财政政策和货币政策的协调联动，有效应对宏观经济的风险挑战具有重要的现实意义。

# 《1.5℃约束下中国电力行业碳达峰后情景及效应研究》概要

卢 灿[*]

## 一 研究目的、意义及方法

**(一) 研究目的**

该书的研究目的包括四个：第一，分析中国电力行业在 IPCC 1.5℃特别报告相关评估结果约束下的中长期减排目标；第二，预测并确定中国电力行业碳排放达峰后至 21 世纪中叶之前的排放轨迹情景；第三，评估实现不同达峰后碳排放趋势情景对中国及全球主要国家经济、能源、社会居民等各方面影响；第四，分别从技术减排层面和经济减排层面探究最优的中国电力行业碳排放峰值后趋势减排方案。

**(二) 研究意义**

电力行业既是中国经济社会发展的基础，也是带动其他行业低碳转型的重要载体。在当前经济发展新常态模式、电力市场化改革、电力需求相对过剩、全国统一碳排放交易市场的建立、电力行业能

---

[*] 卢灿，华北电力大学技术经济及管理专业博士，现就职于华北电力大学（保定）。

源结构转型等一系列现实背景下，电力行业作为中国能源消耗和主要污染物排放的重点领域，面临提高经济效益、加快能源转型、顺应市场潮流趋势等多重压力。同时，电力行业作为中国碳排放量最多的部门，不仅因此成为被纳入首批全国碳交易市场的行业，同时也毫无疑问地成为扛起中国减排大旗的领军行业，其中，以电源结构优化调整和技术创新为手段的减排方式，成为电力行业减排的主要途径。

基于电力行业碳排放占据中国碳排放总量半壁江山的形势，电力行业节能减排工作近年来受重视程度越来越高。中国承诺将于2030年前后实现碳排放达峰，故电力行业实现碳排放达峰已成为必然趋势，并且电力行业碳排放达峰的时间肯定需要早于2030年，才能推动中国碳排放总量于2030年达峰。从这个层面考虑，再继续研究中国电力行业将于什么时间、以何种水平、在何种经济发展速率下实现达峰，只会对研究中国碳排放达峰产生意义，并且分析的结果只能延续到2030年前后。这不仅不利于建立中长期的碳减排研究机制，从实质上讲，也难以摆脱用传统方法仅停留在研究碳排放峰值预测方面的桎梏，缺乏创新性、可持续性和国际性研究价值。有鉴于此，该书摆脱以往仅研究碳排放峰值的束缚，以 IPCC 1.5℃ 特别报告中的约束条件为切入点，试图建立中国电力行业碳排放峰值后趋势情景，不仅仅局限于研究达峰之前碳排放的变动趋势，还致力于进一步分析中国电力行业碳排放达峰后截至21世纪中叶之前的碳排放变化轨迹情景，并尝试系统性地评估中国电力行业碳排放的中长期变动趋势对全球主要国家和地区不同的行业部门经济产出、能源消费、居民生活、服务贸易、碳排放等方面的综合效应。不仅对中国制定中长期节能减排方案具有重要意义，还将对其他国家电力行业的碳减排规划设计提供决策依据，主要体现在如下四个方面。

第一，由于该书着重从调整电源结构和执行碳定价机制方面对电力行业的用能需求以及碳排放进行优化和控制，因此，其为制定以可再生能源发电和碳定价约束机制下的中国电力行业中长期碳减排路线图提供了参考依据。

第二，通过比较分析中国电力行业碳排放达峰后至 2050 年之前各阶段的峰值后趋势情景产生的综合效应，对推动中国绿色低碳转型发展目标分阶段分步骤实施的规划路线提供了模拟仿真数据基础。

第三，该书是在充分结合中国减排政策规划并合理借鉴达峰国家碳排放峰值后趋势的基础上，创建的中国电力行业碳排放峰值及其实现峰值后的排放趋势控制模式。因此，该书中所分析的达峰后趋势情景不仅对已经达到峰值的发达国家更新完善达峰后深度减排方案具有适用价值，同时也可为尚未实现达峰并处在经济社会转型关键时期的发展中国家提供了一整套中长期碳减排理论与配套模型相结合的实证案例分析体系。

第四，将 IPCC 1.5℃特别报告期望各国都能采用的严苛约束条件在中国电力行业进行模型仿真模拟分析，从理论方法层面首先探究这些温控目标约束条件若在电力行业严格执行将会产生的综合影响，这不仅为如何公平合理地将全球温控目标分解到各国提出了可供选择的思路方法，更为量化评估各国不同行业部门达峰后至实现净零排放前的排放控制策略将会产生何种综合效应提供了建模依据，有益于协助政策制定者制定行之有效的减排方案。

### （三）研究方法

由于该书的研究主体为中国电力行业，因此，能源供应方面的约束条件将从 IPCC 1.5℃特别报告中关于电力行业电源结构评估结果的角度汲取思路；而 IPCC 1.5℃特别报告中对全球剩余碳预算的评估结果将为中国电力行业碳峰值后趋势情景的分析提供参考借鉴。一方面，由于对中国电力行业电源结构的优化调整在该书中将被认为主要是通过技术进步的手段实现的，因此，又被称为技术减排情景；另一方面，鉴于对碳排放量实行绝对减排主要是依靠经济手段，即通过对不同行业碳排放进行定价的形式实现减排，故该书中所指的经济减排情景是以碳定价机制模拟的。对于中国电力行业技术减排情景的分析将通过马尔可夫链预测模型进行模拟预测得出。一方面，在当前全球一体化发展趋势愈加显著的形势下，世界各国经济之间的连锁关系也越发密切，经济贸易服务的频繁往来使得全球成为一个互联互通的共同体。一个国家或区域的发展势必会牵动整个世界的发展态势，靠以往仅凭分析直接受冲击的单一国家或部门的影响难免会使模拟结果产生局限性，因此，将相互依存的全球各个国家和部门都考虑在整体的冲击影响中，会使分析结果更加准确全面。另一方面，中国在世界上既作为经济贸易大国，又作为能源消费与碳排放大国，对于全球温升目标的实现发挥着重要的作用，其能源结构调整和减排政策的实施在影响自身的经济发展趋势和贸易流动方向的基础上，也会进一步对全球其他国家和地区的发展模式产生间接冲击，只有采用以全球为研究主体的模型工具才能展开对所有国家的分析。因此，该书将采用动态 GTAP-E 模型模拟 21 世纪中叶之前各国受中国电力行业减排政策的实施所产生的综合效应。

## 二　主要内容与重要观点

### （一）主要内容

该书在广泛而深入分析与电力行业减排相关研究的基础上，将研究切入点定位于电力行业在全球温控目标实现进程中应该扮演何种角色、发挥何种作用的国际战略视野层面，以电源结构优化调整的技术型减排和执行碳定价机制控制碳排放的经济型减排为两个重要抓手，模拟生成一套相对完整的中国电力行业碳排放达峰后至 21 世纪中叶前的峰值后趋势情景，旨在探究不同的峰值后趋势情景对中国及其他主要国家的宏观经济、部门产出、服务贸易、能源消费、碳排放水平、居民生活等方面的综合效应，通过比较分析得出适用于中国电力行业的中长期减排的相关结论及针对性政策建议。主要研究内容包括以下五个方面。

首先，分析回顾中国电力行业基本经济发展、投资建设情况、技术进步程度、燃料消耗水平等方面的发展现状，筛选出未来电力行业具有节能减排潜力的发展领域。

其次，整理总结 1990—2017 年全球包括中国在内的 31 个国家的碳排放总量、电源结构类型及其不同类型发电方式对应的发电量、电力行业碳排放量等指标的历史变动特征，通过将中国与其他分布于五大洲的 30 个代表性国家同期电力行业碳排放量相关指标进行国际比较分析，以期为碳排放达峰后趋势情景的设定提供实证思路。

又次，盘点 IPCC 1.5℃ 特别报告中涉及电力行业的约束条件，运用构建的马尔可夫链电源结构预测模型对中国电力行业电源结构进行无规划约束预测和 IPCC 1.5℃ 约束下的有规划约束预测，得出以优化电源结构控制中国电力行业峰值后趋势的技术减排情景；同时，根据 IPCC 1.5℃ 特别报告中对碳排放预算的约束条件，设定以碳定价机制为控制手段的中国电力行业峰值后趋势经济减排情景，将 IPCC 1.5℃ 约束下的技术减排情景和经济减排情景合并称之为中国电力行业峰值后趋势情景。

再次，在峰值后趋势情景设定的基础上，以电源结构优化调整下的技术减排情景和执行碳定价机制刺激下的经济减排情景为峰值后情景外生冲击变量，分别构建不同冲击模式下的全球动态可计算一般均衡模型，并分别比较分析在技术减排冲击和经济减排冲击制约下的全球经济、贸易、行业、能源碳排放、居民生活等方面的效应变化程度。

最后，综合比较各国经济、能源、社会各方面指标的受冲击效果，提出从全局考虑最有利于实现全球温升 1.5℃ 减排目标的中国电力行业减排方案以及相应的政策建议。

该书的研究重点包括四个方面。第一，对 IPCC 1.5℃ 特别报告涉及的内容进行全面深入的分析，将该报告中提出的与电力行业减排目标的相关评估信息明确量化并分解到中国电力行业，根据官方权威数据资料计算出 1990—2017 年中国历史碳排放量、电力行业碳排放量、电力行业不同燃料碳排放量、不同类型发电量在全球总量中所占的比例,将得出的碳排放量相关数据进行科学处理,使之能全面反映现阶段中国电力行业电源结构状态以及碳排放水平。

第二,通过国际的比较分析,结合已经实现达峰的发达国家达峰后碳排放的变动轨迹趋势及其电源结构变化特征,总结发达国家达峰后出现的排放类型,并将这些所有的类型运用到中国碳排放峰值后趋势情景中。一方面设定符合中国电力行业电源结构中长期演变特征的技术减排型碳排放峰值后趋势情景,另一方面根据可能出现的其他达峰后趋势情景设定另外的经济减排型碳排放峰值后趋势情景。

第三,构建基于马尔可夫链的中国电源结构预测模型,科学分析截至21世纪中叶前基准情景下中国电源结构变动规律,以基准情景为参照情景,通过对马尔可夫链预测模型进行改进和优化配置,使之能够预测出中国电力行业电源结构经过在各阶段逐步优化调整后通过技术进步的方式实现减排的电源结构未来变动轨迹。

第四,将碳排放与能源消费模块纳入全球多部门动态可计算一般均衡模型中,分别对全球经济—能源—碳排放系统施加碳排放峰值后趋势技术减排情景冲击和经济减排情景冲击,全面揭示中国电力行业实现碳排放峰值及以后的排放轨迹对全球主要国家涵盖经济、能源、社会、居民等一系列指标在内的综合系统的影响程度。最终盘点和总结中国电力行业碳排放峰值后趋势不同情景状态的变动区间,确定各阶段中国电力行业碳排放的减排路径,并提出相应的政策建议。

### (二) 重要观点

虽然电源结构技术进步比碳定价机制在中国电力行业产生的减排效果显著,但同时也会抑制该书中分析的发展中国家经济的增长速度。反之,尽管在中国全行业执行碳定价机制对全球各国的影响较平缓,但该种峰值后趋势情景达到的减排效果也完全满足全球温升目标的约束条件。因此，该书认为，极端的煤电下降方式纵然能以最快速度和最显著的减排效果实现温控目标，但不利于全球可持续发展目标的实现，而碳定价机制导致的减排在短期内虽达不到立竿见影的效果，但从中长期来看，更符合全球经济—能源—环境协调统一发展的内在要求。

## 三 学术创新与贡献

该书的主要研究贡献体现为两个方面。第一，通过构建马尔可夫链电源结构预测模型以及全球可计算一般均衡模型，比较分析并最终得出了以实现全球变暖1.5℃温控目标为约束条件下的中国电力行业2050年之前的电源结构动态变化趋势的最佳情景方案。第二，综合比较分析经济减排情景下的全球主要经济、能源、社会、居民生活指标的变化情况，得出了中国在遵循不同的峰值后趋势经济减排模式下需要在各阶段执行的碳定价机制方案。

该书的创新之处包括三个方面。第一，在研究主题方面具有一定的创新性，通过上述文献述评可发现，尽管与碳排放相关的研究近年来层出不穷，但以往的研究大多局限于碳排放量测算、分解、预测等方面，并且以碳排放为主题的研究绝大部分基于国家、省区、城市、行业部门等单一主体视角，即使有基于国际视角的研究，也大多只针对某一个特定区域，比如共建"一带一路"国家、欧盟等，虽然研究范围有所扩大，但是研究的内容仍停留在以如何实现碳排放达峰为主题的研究视角，有鉴于此，该书抛开传统的研究视角，以实现达峰后的峰值变动趋势为研究主题，更加贴合中长期减排目标制定的需求，并更能为净零排放目标实现的时间表和路线图的制定提供具有参考价值的研究结果。

第二，在研究层次方面具有一定的创新性，该书是以全球变暖幅度在21世纪中叶前不超过1.5℃这项重大的、所有国家、所有行业都必须进行深远而快速变革的全球性战略为切入点和约束框架展开分析，而不仅仅局限于某一个国家或某一个特定行业的某项特殊政策约束，从该角度出发，该书与上述文献综述中的研究相比，在研究层次上体现出一定的创新性。

第三，在研究方法选用及改进方面具有创新之处：一方面，为提高预测的精准度，该书选取大量的一步状态转移矩阵作为基础样本，同时对有规划约束条件下的情景设定进行了校准，力求构建的马尔可夫链预测模型更能反映未来电源结构优化调整的演变趋势，而以电源结构预测为研究对象的马尔可夫链预测模型相对较少，因此选用该模型并对其进行改进后重新构建与中长期电源结构相匹配的预测模型，具有一定的创新之处；另一方面，在全球动态可计算一般均衡模型的构建方面，该书改进了原有生产模块中各生产厂商的生产行为和在生产环节的原料投入使用比例，在模型中引入表征发电水平技术进步的变量方程和表征碳定价机制的碳排放模块，绝大部分全球多部门可计算一般均衡模型仅以贸易和经济政策为冲击，对能源碳排放领域的政策为外生冲击的研究因需考虑经济—能源—碳排放三者之间的系统关联，考虑到构建系统关系时的复杂性本就相对较少，而单独以某一行业的能源碳排放政策为外生冲击的研究就更少见，基于此，该书中构建的嵌套型电源结构和碳定价模块的动态可计算一般均衡模型具有一定的创新之处。此外，该书将动态递归仿真区间扩展至 2050 年，大多数的动态模型仿真区间仅截至 2030 年，更早的截至 2020 年，因此，动态仿真区间的大规模扩张是以往研究中较少在仿真区间内模拟采用的。

# 《基金规模优化及在养老金投资中的应用》概要

张琳琳[*]

## 一 研究目的、意义及方法

根据国家卫生健康委的预测，我国在"十四五"时期将从轻度老龄化社会进入到中度老龄化社会，届时，庞大的"60后""70后"群体都将成为退休的老年人群体，我国的养老负担极大。但从另一方面来看，人口年龄结构的老龄化也意味着我国正蕴藏并积累着日益庞大的养老理财市场，尤其对具有长期稳定收益投资标的的需求激增。而基金作为风险低于股票、收益高于债券的金融工具，是最适合作为资产长期增值保值的工具。事实上，在短短20年间，我国基金市场得到了空前发展，基金的规模和数量都与日俱增，且随着证监会放开社保金、养老金、保险资产管理产品等资金投资公募基金的限制，我国公募基金市场必将迎来加速扩张。而与之相反的是，公募基金的平均规模和业绩并未展现出类似的增长趋势，甚至不增反减。这自然会令人产生如下疑问：

[*] 张琳琳，复旦大学金融学博士，现就职于复旦大学社会发展与公共政策学院。

基金管理规模可以无限扩张还是会受到制约？若存在制约，是否存在着最优性或适度性规模？最优性或适度性规模与基金业绩具有怎样的关系？如何确定？

纵观已有的相关研究，基本上都是围绕着基金投资者收益最大或基金业绩最大时的最优规模确定而展开的，难以解决基金经理和监管者的上述困惑，究其原因，是由于已有研究普遍存在以下不足。首先，已有研究没有考虑基金市场、基金经理、基金投资者之间普遍存在的市场制衡的影响：即基金市场的规模不经济效应、掌握主动权的基金经理经常采取不断扩张基金规模的自利行为以及投资者因基金业绩大幅度下降而可能采取的大规模赎回行为，因此所得结论难以贴近于现实；其次，已有相关研究给出的基金管理最优规模值，无论在何种意义下，通常仅是一个唯一确定的最优值，但在现实市场中基金规模因受市场内外多种因素的影响而处于不断变化中，所以很难将基金规模持续保持在某一确定的最优规模值上，从而该类最优规模值并不具有实操价值；最后，已有研究往往采用业绩排名的方式进行基金评价，而对于养老金这些将长期投资价值和安全审慎投资理念放在第一位的金融产品来说，采用单一的业绩评价方式显然是极不合理的。

为解决基金经理和监管者的上述困惑和已有研究所存在的不足，该书从基金市场、基金经理、基金投资者之间市场制衡的角度对基金管理规模的最优性和适度性展开了全面、深入的研究，并对整体中国公募基金市场以及养老金的基金管理规模的最优性和适度性进行了实证计量和判断，由此获得了一系列有价值的研究工作和研究结论。这些研究工作和结论，不仅具有重要的理论创新和理论价值，而且还为基金投资者、基金经理和监管者观察、判断基金运行情况提供有力工具。

具体而言，该书的研究内容主要包括以下几个部分。

## 二 主要内容与重要观点

第一，在对已有文献充分综述的基础上，结合研究需求，该书首先提出了基金市场、基金经理、投资者与基金规模有关的三大基本行为特征：基金市场上存在的规模不经济效应、基金经理的自利行为导致的基金经理和投资者之间的委托—代理冲突、基金业绩低于市场大规模赎回线时导致的基金投资者大规模赎回行为。

第二，基于上述三大基本行为特征的相互作用分析，该书提出了三方制衡的概念及形成原因。作者发现，基金市场、基金经理、投资者之间的上述三大基本行为特征，对基金管理规模起着或正向推动、或负向牵制的相互交叉制衡的作用，从而形成了基金市场、基金经理、投资者之间的三方制衡关系。

第三，该书基于三方制衡的角度发现，基金经理和投资者之间产生利益冲突、进而出现大规模基金赎回的主要原因，这是由于基金经理和基金投资者所期望的投资回报水平所对应的基金管理规模存在很大偏差所致。

第四，围绕着上述规模偏差的控制并基于三方制衡的角度，该书提出了基金管理规模适度性和适度区间的概念，即基金经理可以将前述的基金管理规模偏差控制在某个安全限度内，使得位于该安全限度的基金规模，既与基金经理能力相匹配，又为基金经理、投资者与基金市场三方制衡力量所共同接受，而且不会出现投资者的大规模赎回，进而不影响该基金的平稳运行，该规模即为可实现三方制衡的适度规模；该基金管理规模的安全限度即为该基金的规模适度区间。

第五，该书根据三方制衡的思想，提出了基金经理确定基金管理规模的三大基本原则：生存原则、底线原则和公平原则，借此依次建立了最优生存规模、投资者最大收益规模、最小损失规模和基金经理收益最大规模共计四个最优性规模的确定模型，借助于上述模型依次获得了最优生存规模、投资者最大收益规模、最小损失规模以及基金经理收益最大规模的四个计算公式。需要指出的是，最优生存规模和最小损失规模的确定模型均由该书首次提出；该书的基金经理收益最大规模确定模型，是通过提出基金市场大规模赎回线概念基础上建立的，也就是说，该书所言的基金经理收益最大规模，是确保基金市场不出现大规模赎回的前提下基金经理实现最大收益时的规模，从而与经典文献 Berk 和 Green 著作中的概念内涵不同：Berk 和 Green 给出的基金经理收益最大规模并没有考虑基金投资者大规模赎回行为的影响，所以该书模型是对 Berk 和 Green 相应模型的改进。

第六，基于上述最优性规模确定模型，该书进一步提出了基金管理规模适度性和规模适度区间的确定公式，进而得到了基金经理在适度区间内所可能选择的四大策略：守信策略、自利策略、公平策略和中性策略。

第七，根据基金交易过程中成本函数的设定方式，提出了利用 Taylor 展开法计算基金管理最优性规模的方法，再根据前述的最优性规模确定模型，得到了基于 Taylor 展开法的最优性规模和适度区间的确定公式，并借此对基金管理规模的最优性和适度性进行讨论。

第八，借助于 Taylor 展开法下的最优性规模确定模型和上述的基金业绩评价结果，从基金业绩和基金流量的方向两个角度，对中国基金市场管理规模的最优性和适度性进行了实证检验和判断。进一步，从样本期内横截面和纵向时间序列两个角度分别对基金投资者收益、基金经理收益、基金投资者和基金经理的潜在可能损失之间的关系及变化趋势进行了对比、判断。

第九，借助于上述最优性规模确定模型和规模适度区间，对中国养老金的管理规模适度性进行了评判和分析，进一步，根据前文得到的中国公募基金的实证结果，针对养老金的资金配置情况给出了拆分管理方法，进而提出了针对于养老保险基金优化配置的对策和建议。

基于上述研究工作，该书在三方制衡背景下关于基金规模最优性和适度性得到的主要结论可分为推证性结论和实证性结论两部分，下面分别予以介绍。

在基金管理规模最优性和适度性方面的主要推证结论有以下三点。一是，在基金可持续平稳运行的条件下，基于该书的最优性规模确定模型得到的四个最优性规模依次为最优生存规模、基金投资者最大收益规模、最小损失规模、基金经理最大收益规模，且四个最优性规模值按照上述次序呈现出依次增加的关系。二是，基于该书最优性规模和规模适度区间的确定公式可以推知，由基金投资者最大收益规模值作为下限、基金经理最大收益规模值作为上限而构成的区间为基金管理规模适度区间，规模适度区间之外的部分为基金管理规模非适度区间；规模适度区间可以进一步划分为守信区间、相对公平区间和自利区间，非适度区间可划分为次优生存区间、规模过大区间和规模过小区间。三是，根据基金规模是否适度、可否实现三方制衡、是否与基金经理能力相匹配、对投资者和基金经理是否有利、大规模赎回风险大小等指标进行评判可知，管理规模位于适度区间的基金表现完全优于管理规模位于非适度区间的基金。

进一步，该书根据研究需要，选取了 2009 年 1 月—2019 年 12 月期间中国公募基金市场共计 1394 只偏股型主动管理基金作为研究样本。然后，运用该书的基金管理最优性规模确定模型和适度性区间的确定方法以及不同成本函数下的最优性规模确定模型，对上述基金样本规模的最优性和适度性进行了实证检验和判断，得到了以下主要的实证性结论。

一是，中国基金市场上存在着基金业绩的规模不经济效应和大规模赎回线。

二是，中国基金市场的每只基金在样本期内每个年度的最优性规模值，按照最优生存规模、基金投资者最大收益规模、最小损失规模、基金经理最大收益规模的次序呈现出依次增加的关系，样本期内四个最优性规模的均值也满足上述小关系，从而与前文的推证性结论相一致。

三是，根据最优生存规模、基金投资者最大收益规模、最小损失规模、基金经理最大收益规模及其关系对基金规模适度性区间进行划分、计算后可以发现：中国基金市场经历了管理规模严重过大（2009—2012年）、管理规模进入适度区间（2013—2017年）、管理规模进入次优生存区间（2018—2019年）三个阶段；在规模适度区间阶段，基金规模依次落在自利区间（2013—2014年）和守信区间（2015—2017年）。而从规模适度区间宽度来看，受基金经理能力下滑趋势的影响，适度区间宽度呈现出逐年递减的趋势，这意味着基金经理在适度区间内的操作空间变小，基金平稳运行的风险变大。

四是，从各类适度性区间中基金数量占比来看，位于非适度区间的基金数量占比最大，平均为72.65%，其中位于次优生存、规模过小、过大基金区间的平均占比分别为4.78%、10.77%和57.10%，这意味着中国基金市场近68%的偏股型基金面临着大规模赎回风险，甚至难以持续平稳运行。位于适度区间的基金数量占比仅为27.35%，其中位于自利区间的基金数量最多，其次是守信区间，公平区间的基金数量最少。这说明在中国基金市场仅有不到30%的基金，可以达到与基金经理能力相匹配、对基金经理和投资者双方皆有利、大规模赎回风险进而基金清盘风险较低、实现三方制衡的持续平稳运行状态。此外，即使在规模适度区间内，基金经理也仍倾向于采用自利策略以获取更高收益。

五是，前述的推证性结论"管理规模位于适度区间的基金表现完全优于管理规模位于非适度区间的基金"，在中国基金市场也成立，主要实证证据如下：（1）从基金业绩表现来看，管理规模适度基金的平均净超额收益率为0.0042，且标准差仅为0.0005，远小于规模过小和过大基金，说明该类基金收益状况良好而又稳定，可以为基金投资者带来持续正收益。（2）从基金流量表现来看，只有管理规模适度基金没有出现过大规模赎回现象，平均净流量为0.0281，而规模过大和过小基金的平均净流量分别为-0.0144和0.0100，说明规模非适度基金的运行平稳性远劣于规模适度基金。（3）通过对比基金投资者和基金经理的收益及其潜在可能损失的关系和变化趋势可以发现：无论从样本期内的横截面还是从样本期内的纵向时间序列来看，基金经理在规模适度区间内的收益皆高于投资者收益，这表明基金经理在规模适度区间内总体上皆采取了自利策略；从潜在损失来看，基金投资者在样本期内的潜在损失总体小于基金经理潜在损失，且呈现递减趋势，说明随着金融市场的完善、股市流动性水平的提升以及基金市场的竞争加剧，基金经理和投资者之间的委托代理冲突会得到相应缓解。

## 三　学术创新与贡献

该书的创新和特色主要体现在以下三点。

第一，该书是贴近市场中客观存在的基金市场、基金经理、投资者之间市场制衡的现实背景，基于市场制衡的角度对基金管理规模的最优性与适度性展开研究，提出了基金管理规模适度性和适度区间的定义和确定模型，借此从理论和实证两方面论证了"基金管理规模落在适度区间内的基金表现优于落入非适度区间的基金"。与有关基金管理最优规模值确定的已有研究都没有考虑市场上的市场制衡关系以及规模仅为唯一值致使不便于实操的缺憾相比，该研究成果的创新、特色及优势都显而易见，这也是该书的最大创新和特色。

第二，该书首次提出并验证了基金市场大规模赎回线的存在，然后进一步提出和论证了"基金经理最大收益规模的确定必须确保投资者不发生大规模赎回，否则就可能威胁到基金平稳运行"的模型构建原则，借此建立了新的基金经理最大收益规模确定模型。而已有基金经理最大收益规模确定模型则并没有考虑上述原则，显然该书提出的新模型是对相应已有模型的实质性改进，确保了基金运行的平稳运行。

第三，该书将新构建的基金管理规模最优性和适度性确定模型、适度区间模型应用于中国公募基金和基本养老保险基金，对中国基金市场的运行状况进行评判。其中，由上述模型判断得到的规模适度基金具有能获取稳定正收益、基金运行平稳且不发生大规模赎回的特点，完美契合于养老金投资理念，即除了关注业绩表现以外，还关注基金投资的安全性、长期投资价值以及社会责任等等。该书的研究成果是对养老金融、绿色金融的监管和评价体系的重要改进和补充。

# 《异质性环境规制、绿色资本更新与企业绩效》概要

万攀兵[*]

## 一 研究目的、意义及方法

当前,我国经济已由高速增长阶段转向高质量发展阶段。高质量发展的本质内涵,是以满足人民日益增长的美好生活需要为目标的高效率、公平和绿色可持续发展。其中,如何协调经济增长与绿色发展之间的内在矛盾、如何兼顾经济效率与环境质量,成为新时代我国推动高质量发展的重要议题。显然,宏观经济的高质量发展需要立足微观企业的高质量发展。因此,破解上述发展难题的关键在于如何推动微观企业实现增效与减排的双提升。

现有研究分别围绕微观企业的生产率提升和污染减排做了大量理论探讨与经验分析。如针对企业全要素生产率的影响和决定性因素,国内外学者分别从外部气候变化、需求冲击、产业规制与内部资源配置、研发创新和进出口等视角进行了深入剖析,并给出了不少富有建设性的政策建议。此外,大量文献基于近年来国内密集出台的环境政策实践,试图通过评估不同环境政策效果给出优化我国

---

[*] 万攀兵,暨南大学产业经济学专业博士,现就职于武汉大学经济与管理学院。

环境规制政策体系的发展思路。亦有不少文献将企业污染减排和生产率提升结合起来进行研究。其中，最重要的一支文献是关于"波特假说"的实证检验。20世纪90年代，美国学者Porter富有洞见地提出"环境规制亦可通过创新提升企业竞争力"的命题。Jaffe和Plamer进一步将之区分为弱"波特假说"和强"波特假说"。此后，国内外众多学者基于各国的政策实践对不同版本"波特假说"进行了探讨。遗憾的是，关于"波特假说"是否成立，学界仍存在较大分歧。而且，针对弱"波特假说"的研究多聚焦于企业自主式的研发与产品创新，而忽略了潜在的技术引进与吸收形式的生产工艺创新。针对强"波特假说"的研究则主要关注环境规制对企业生产率和出口绩效的影响，且忽略了对创新因果链的识别。总之，鲜有研究同时在不同类型环境规制工具下考察不同版本"波特假说"的适用情形。

实际上，作为全球最大的发展中国家，我国政府积极应对工业化进程中日益加剧的环境污染问题，大量具有中国特色的环境政策实践应运而生，如"两控区"政策、清洁生产标准、"十一五"减排政策、"环保督查"制度、"大气十条"、河长制、$SO_2$和碳排放权交易试点、排污收费制度、环保税、清洁发展机制（Clean Development Mechanism，CDM）等，并初步形成了以命令—控制型为主、市场激励型为辅的环境规制政策体系。为此，该书聚焦于我国绿色发展的时代潮流，以实践中典型的环境规制政策为切入点，结合理论分析和实证检验，深入分析和比较了命令—控制型和市场激励型两大类环境规制工具的政策效果。具体而言，该书首先在理论层面构建了一个动态的寡头竞争模型，将环境技术标准、排污税和减排补贴三类环境规制手段纳入统一的分析框架，并通过动态优化和数值模拟方法进行数值求解来提炼理论命题，然后在实证维度分别基于清洁生产标准、排污收费制度和清洁发展机制项目的政策实践，结合双重差分和多维固定效应模型等计量方法，对理论分析结果进行实证检验，同时也验证了不同版本的"波特假说"。

## 二 主要内容与重要观点

### (一) 主要内容

全书共包括七章内容。第一章为导论，主要引出该书要研究的问题，对核心概念进行界定，同时介绍该书的研究内容、方法和数据来源，并指出可能的创新点。第二章为环境规制的理论与中国实践。在综述环境规制的研究进展时，该章首先分析了环境外部性来源及其治理手段的理论研究成果，其次考察了不同环境规制手段减排效果的经验研究，最后回顾了关于环境规制经济绩效特别是"波特假说"方面的研究成果。在分析我国环境规制发展历程和制度背景方面，该章首先梳理了我国环境规制的机构改革历程，其次概述了我国典型环境规制政策，最后考察了我国环境规制的总体治理成效。第三章是该书实证研究的理论基础，分别将环境技术标准、排污税和减排补贴三种环境规制手段纳入统一的分析框架并考察了不同环境规制手段的制度绩效，重点分析和比较了命令—控制型和市场激励型两大类环境规制工具的环境绩效和经济绩效，提出了四个有待实证检验的理论命题。这部分的理论分析将为后续第四、五、六章的实证分析提供理论支撑。

第四章对第三章理论分析中关于命令—控制型环境规制绩效的理论命题进行了实证检验。具体而言，该章实证检验了以清洁生产标准为代表的命令—控制型环境规制对企业废水类污染物排放强度和全要素生产率的影响，并对估计结果执行了多种稳健性检验。为揭示绿色资本更新的作用机制，该章考察了绿色资本更新、自主创新和末端治理三种可能的作用渠道。同时，该章也考察了清洁生产标准实施对企业利润的影响。第五章则对第三章理论分析中关于市场激励型环境规制绩效的理论命题进行了实证检验。具体而言，该章以我国实施已久的排污收费制度作为一项"准排污税"，模拟分析了排污税这种市场激励型环境规制手段可能对工业企业污染排放和生产率的影响，并重点考察了绿色资本更新的作用渠道，同时也进一步考察了排污费征收对企业利润的影响。第六章则进一步对第三章理论分析中关于市场激励型环境规制绩效的理论命题进行了实证检验。具体而言，该章以我国CDM项目的实施作为减排补贴的政策实践，分别从企业$SO_2$减排和生产率提升两个维度分析了CDM实施的环境绩效和经济绩效。由于缺乏企业层面的温室气体排放数据，该章进一步从区域层面考察了CDM实施产生的温室气体减排效果。在机制分析中，该章分别排除了末端治理、技术转移和自主创新等作用渠道，并将其锁定为理论模型中所揭示的绿色资本更新的作用机制。此外，该章也进一步对CDM的激励效果进行了分析。最后第七章为研究结论、政策含义及研究展望，总结归纳全书，提炼政策建议并指出有待进一步研究的方向。

**（二）重要观点**

第一，鉴于绿色技术的自主创新存在的一定的技术门槛并面临较大的风险和较长的投资回报周期，在严格的环境规制下，排污企业短期内往往缺乏进行绿色技术创新的动力，而单纯的末端治污无助于企业生产，仅会带来额外的治污成本。因此，对排污企业而言，更现实的选择是绿色资本更新，即加快引进更节能环保的生产设备以淘汰落后低效的生产设备或对传统落后的生产工艺流程进行技术改造和升级。通过绿色资本更新，企业可以从生产源头上节能减排，进而实现污染减排和生产率提升的双赢。

第二，在命令—控制型环境规制下，由于政策的执行成本较高、减少了企业灵活减排的行动空间，通过绿色资本更新实现的效率提升并不能补偿环境规制的遵从成本。因此，命令—控制型环境规制对企业利润具有负面影响；而在市场激励型环境规制下，由于政策的执行成本较低、企业可以相对灵活地选择最优的减排方案。在一定条件下，企业通过绿色资本更新实现的效率提升可以补偿环境规制的遵从成本，从而有利于企业利润的提升。因此，相对于命令—控制型环境规制而言，市场激励型环境规制可能更有效。

第三，鉴于绿色资本更新可以视作一种技术引进与吸收形式的生产工艺创新，无论是在命令—控制型环境规制下还是在市场激励型环境规制下，弱"波特假说"均成立。由于绿色资本更新的收益补偿在命令—控制型环境规制下并不成立，而在市场激励型环境规制下满足一定条件时成立，这意味着强"波特假说"仅在市场激励型环境规制下可以成立。

第四，我国环境规制的实践中出现"一刀切"式的执法现象，虽然环境治理的效果"立竿见影"，却无助于环境质量的持续改进，还有可能恶化地方经济发展。为推动我国经济社会的可持续发展，今后我国环境规制体系的设计重心可以考虑由以往偏向行政思维的命令—控制型环境规制转向基于市场思维的市场激励型环境规制。鉴于灵活设计并恰当执行的命令—控制型环境规制也可以实现环境绩效和经济绩效的双赢，因此，在今后我国环境政策体系调整过程中不应一味取缔命令—控制型环境规制政策。要加强环境政策执行的过程管理，注重执行时间、进度和力度的把握，尽可能减轻对企业正常经营活动的干扰。

第五，考虑到市场激励型环境规制是我国今后环境规制体系调整的方向，而无论是征收排污税费，还是实施减排补贴，抑或建立排污权交易制度，政策有效实施的前提是要获取到污染排放单位真实可靠的排污数据。而全面的工业污染源普查需要消耗大量人力、物力和财力，目前阶段我国尚不具备实施定期工业污染源普查的现实条件。为此，必须建立和完善工业污染源排污申报制度，并通过环保执法部门不定期检查和抽查、对重点工业污染源的在线监控，以及公众舆论监督等手段和方式来减少企业瞒报、少报和漏报的现象，以提升环保部门的执法效力。

第六，长期以来，我国排污收费水平较低，未能有效发挥排污收费制度的市场激励效果，甚至对企业行为产生了逆向调节作用，导致企业污染排放有增无减。排污费改税后，企业排污成本显著增加，以往的环境资源价格扭曲得到一定程度的矫正，这将有助于发挥市场激励型环境规制的正向激励效果，从而可能实现企业生产率提升和污染减排的双重红利。为充分发挥环境税的激励效果，要进一步优化环境税的价格调控机制，科学设定环境税税率，使环境资源得到有效利用。

第七，相比于末端治理而言，前端预防可以有效挖掘企业节能减排潜力，在实现减排的同时亦能提升企业效率，从而更容易实施和推广。因此，要大力实施和推广以清洁生产标准为代表的前端预防型环境规制政策，使企业重视清洁生产过程管理，从生产源头上减少污染并节约能耗。

第八，在CDM项目发展受限的情况下，2012年中国开始发展国家核证自愿减排量（Chinese Certified Emission Reduction，CCER）项目，CCER项目的开发就类似于之前的CDM项目，基准线研究和核准亦是CCER项目实施的关键环节。未来在CCER项目的实施过程中，要充分吸取CDM项目的经验和教训，以加快推动我国工业领域的绿色低碳转型。

## 三 学术创新与贡献

该研究的学术创新与贡献主要有以下两点。

第一，深化了关于环境规制作用机制的研究。研究首次提出"绿色资本更新"这一学术概念，即企业使用更加先进节能的生产设备以替代传统落后生产设备或改造生产工艺流程以提高能效的绿色生产技术改造过程，并将之视为一种区别于常规的研发或新产品开发等自主创新形式的渐进式绿色生产工艺创新形式。现有关于环境规制经济红利的分析，较少考察这一作用渠道。该研究同时在理论和实证上对不同环境规制情形下的绿色资本更新机制进行了分析，拓展了已有研究对环境规制作用机制的理解。

第二，拓宽了"波特假说"的分析视角。已有关于"波特假说"的研究，侧重于实证分析，较少进行理论探讨，并且在实证分析中，较少同时对强"波特假说"和弱"波特假说"进行检验。该研究不仅在理论上对不同版本"波特假说"进行了分析，而且基于我国不同的环境政策实践，实证检验了强"波特假说"和弱"波特假说"各自适用的政策情景，从而拓宽了"波特假说"的分析视角。

# 《国际投资仲裁中股东独立请求法律问题研究》概要

李建坤[*]

## 一 研究目的、意义及方法

### (一) 研究目的与意义

国际投资仲裁机制发展至今,国内外关于国际投资保护已有较多的学术研究,但少有关于公司的股东独立请求仲裁保护的相关法律问题研究,尤其是中文学术研究中几乎忽略了该重要、具体且复杂的法律问题。近年来,国际投资仲裁实践已有较多股东独立请求的案件,而国际投资法体系对此缺少规定,联合国国际贸易法委员会(UNCITRAL)第三工作组于 2020 年 7 月就该问题召开专题研讨会以期加强研究与解决。

股东独立投资仲裁请求是指股东独立以自己的名义请求仲裁并且直接获得损害赔偿的方式。根据股东权利侵害或利益损失的不同,其可以分为股东直接仲裁和股东间接仲裁。前者主要依据条约赋予的股东权利,股东投资者的条约权利可能会遭受直接侵害(例如股份被没收、征收等),导致其提出直接索赔,故称之为"直接仲

---

[*] 李建坤,武汉大学国际法专业博士,现就职于中国政法大学国际法学院。

裁"，此类仲裁请求的诉权来源是相对清晰的。后者是股东以其持股公司遭受东道国侵害进而导致其股份价值间接损失为依据，即依据所谓的"间接损失"独立请求仲裁。股东独立请求尤其是间接仲裁与一般国际法和国内法"非间接损失"原则相矛盾，在管辖权、可受理性与适用法等方面存在较多争议，而且可能带来的无休止的索赔链、条约选购、重复赔偿、裁决不一致、公司法和公司治理的扭曲等问题都需要加以纠正，否则可能进一步损害国际投资的效率和国际投资仲裁机制的可持续发展。

股东之所以称为股东，法律依据仍是国内法，是国内法所承认的公司的股份所有者。考虑到国际投资仲裁公法与私法、国际法与国内法"混合"的特殊性，相关的法律或政策可以寻求与国际投资法领域的具体规则相平衡，但不应该是按照目前部分仲裁实践中直接忽略这些法律或政策的做法，"一味地"扩大对投资者和投资的保护范围。长远而言，这不仅不利于保护国际投资，更有可能导致各个国家对投资仲裁机制的质疑与抵触。国际投资法体系需要原则性和规范性框架对此加以治理，保障投资安全与自由，在更广泛与更深刻的层面实现法律的公平正义，促进世界经济增长与全球可持续发展。

针对上述法律问题，该书的研究目的是厘清与解决国际投资仲裁中股东独立请求的合法性争议，结合比较法下股东独立索赔的研究，具体通过对股东独立仲裁请求的管辖权、可受理性以及法律适用等问题的分析研究构建相对完整的股东独立请求法律规制架构。就研究意义而言，主要有以下三个方面。

第一，理论、制度和实践层面。尽管股东独立请求仲裁的问题很复杂，在公法与私法、国内法与国际法、法律与政策以及个人与国家等相互交融的边界上不断发展变化，但是国际投资的发展从未停止。无论未来全球化趋势如何，国际投资领域的争议解决机制都必不可少。该书从理论、制度和实践层面的全方位研究不仅有助于协调和制定相关程序规则、实体规范和原则性框架，促进国际投资仲裁制度的改革与可持续发展；更与国内法、一般国际法尤其是习惯国际法规则的发展紧密相关。

第二，中国国际法治建设与发展的需要。据联合国贸易与发展会议（UNCTAD）发布的《2020年世界投资报告》，中国在2018年和2019年无论是投资输出量还是输入量都位居第二。而且，早在《2016年世界投资报告》中UNCTAD就指出，中国在较长的一段时间内将同时拥有资本输入大国与资本输出大国的双重身份。中国在国际投资中的重要地位不言而喻。同时，截至该书收稿时已公开的涉及中国的投资仲裁案件已有15起，中国对外签订的双边投资条约已至少有134项，尤其是自1998年中国与巴巴多斯投资条约签订以来，中国几乎将投资仲裁的事项从"征收补偿额争端"扩张至"与投资有关的任何争端"，几乎全盘接受了国际投资仲裁管辖。在中国双向投资大国的身份之下，更应该注重平衡投资者和东道国的利益保护，细化、深入对"股东投资者"的研究。

第三，国际投资争端解决机制的改革趋势。2019年10月，联合国国际贸易法委员会（UNCITRAL）第三工作组指出，在拥有较完善公司法制度的国家，国内法院通常驳回股东对间接损失的索赔——主要是出于与一致性、可预测性、避免重复追偿和司法节支有关的政策与法律原因。对于被申请人和公司利益相关者（包括债权人和其他股东）来说，单一的公司追索损害赔偿被认为更有效率和更加公平。

总而言之，该书所研究的问题复杂且意义重大，结合投资条约规定与实践、习惯国际法、国内法以及一般法律原则来厘清股东独立仲裁的法律问题。通过比较法和多种法律、经济以及政策的研究方法提升研究的广度与深度。最终，旨在构建起更经得起法律检验的股东独立仲裁请求规则，确保国际投资法体系在实现国际投资保护的同时，不会损害其他的合法权利与利益，并最终损害公平正义。

## （二）研究方法

### 1. 历史考察与文献分析法

该书通过历史考察，以国际投资仲裁中相关概念的发展为切入点，全面研究国际投资仲裁从诞生至今围绕"投资"与"股份"、"投资者"与"股东"的主要法律争议。在分析国际投资仲裁历史背景与发展前景的基础上，研究股东独立请求仲裁的问题，参考文献详尽、新颖。

### 2. 比较法学研究方法

该书不仅探析了国际投资仲裁的法学理论、法律依据与基本制度，还比较分析了更为广泛的国际争议解决制度以及国内法的规定与实践，通过其联系与区别更好地理解国际投资仲裁的特点，提出股东独立请求特殊的法律问题。

### 3. 文本法学研究方法

研究国际投资仲裁的法理与实践，必定涉及大量的投资条约、投资法、国际公约等法律文本。对这些文本的注释和解读构成了研究该法律问题的起点和关键，综合运用文义解释和目的解释的方法，对国内外投资规定作出解释。

### 4. 案例研究法

大量国际投资仲裁案例提供了丰富和重要的研究资料。该书几乎每一节中都对典型案例进行了分析论证，尤其是所涉理论与实践的分歧，解读仲裁庭的裁决并且对相关或相似案例进行比较研究，更全面、清晰地认识该书研究的核心法律问题。

### 5. 数据研究分析法

该书对股东独立请求仲裁的案件、涉及股东仲裁请求权的投资条约都进行了较全面的统计与研究。通过对大量投资条约以及中国对外缔结的投资条约的分类与研究，有助于以此为依据提出我国对国际投资仲裁中股东独立请求的应有立场和措施。

6. 经济学与法经济学研究方法

股东独立索赔的基础是存在股东损失，而对于损失的分析在纯粹的法学研究领域难以具象化。因此，该书通过经济学与法经济学的研究方法，进一步深入对股东损失的分析与量化，从而使核心法律问题的研究更加具体。

7. 政治学研究方法

国际投资仲裁不仅代表着国际法领域争议解决方式的演变，更是各国政策考量不断变化的表现之一。投资仲裁庭管辖权的主要依据是国家间缔结的投资条约，即国家权力的授权与让渡。随着各国的经济实力、政治影响力以及全球发展的不断变化，加之国内政策的调整，国际投资仲裁的研究也应加强对政治学以及公共政策等问题的研究。

## 二　主要内容与重要观点

该书围绕国际投资仲裁中股东独立请求展开，除绪论和结论外，共分为六章。绪论部分是对该问题的背景与研究意义、研究现状以及研究方法等内容进行梳理，以对该问题进行宏观的界定。

第一章从国际投资法和国际投资仲裁制度中股东独立请求的界定入手，重点研究其中的"股份投资"与"股东投资者"。通过对相关问题的研究，具体界定股东独立请求仲裁的内涵与类型，强调直接仲裁与间接仲裁之间的区别；分析直接或间接股东、多数或少数股东与投资条约中仲裁条款的关系；指出实践中部分仲裁庭倾向于忽略这些不同类型股东及其股份投资的差异性，广泛支持其得到条约保护的结论。同时，该章结合经济学领域的相关知识，对股东损失的量化方法进行了一定的研究。

第二章从比较法的视野研究了国际法院与有关国家国内法关于股东独立索赔的规定，其核心是"非间接损失"原则，即不支持股东对间接损失的司法救济或者仅在极其特殊且符合明确法律规定的情况下予以支持。同时，国际法院实践案例与习惯国际法规则同样不支持股东对间接损失的索赔，国际法院的相关案例确认了一系列的裁判原则。所以，无论是国内法还是一般国际法层面，关于股东对间接损失的司法索赔都持否认态度。此外，对于比较法中可能构成股东"独立诉因"的例外情形也进行了分析。

第三章结合前两章凸显的法律矛盾，研究了国际投资仲裁中股东独立仲裁请求的管辖权问题。众所周知，管辖权问题是国际投资仲裁机制的首要法律问题，对管辖权问题的分析首先需要从最具代表性的《关于解决国家与其他国家国民之间投资争端公约》入手。该公约规定仲裁庭管辖的争议应当"直接由投资产生"，通过对这一规定的研究认为，股份投资有关争议可以纳入此范围。但是，对于"股份价值的间接损失"是否属于股份投资的"权利侵害"则是有争议的。相关仲裁实践也并未发展成为习惯国际法规则。

第四章研究了股东独立仲裁请求的可受理性问题，这是在国际投资仲裁实践中常常被忽略的问题之一，但其重要性并不亚于管辖权问题。尽管对"可受理性"尚未达成确切和普遍接受的定义，但其已经是国际法中的既有概念。可受理性问题源于股东间接仲裁请求的"实质"，而不是基于仲裁的"程序性要求"，并与管辖权问题、实体问题相区分。股东独立投资仲裁请求与非国际性索赔之间的潜在重叠，导致部分股东的独立请求不具有可受理性。投资仲裁庭对可受理性问题的分析有其必要性，而且是投资仲裁庭的固有权力。

第五章研究了股东独立仲裁请求的法律适用问题。国际投资仲裁制度一直被描述为"混合"制度，涉及受国际法管辖的条约关系，以及受国内法管辖的私主体间的民商事关系。股东独立仲裁请求中的间接仲裁由于涉及国内法多方主体的权利利益关系，应当也适用国内法以及一般国际法。这不仅与股东间接仲裁的"混合"性质有关，也与投资仲裁的准据法规定有关。股东独立仲裁中的适用法首先应当依据条约规定的法律选择条款进行选择和适用，而由于投资主体与东道国之间密不可分的关系，对条约没有规定的问题应当通过适用国际法基本原则、习惯国际法规则以及国内法的规定加以解决。

第六章研究了股东独立请求的法律风险，并且提出了具体的应对策略。投资仲裁庭对股东独立请求尤其是间接仲裁请求的支持，不仅缺乏法律上明确的依据，而且可能带来无休止的索赔链、条约选购、重复赔偿以及裁决不一致等问题。同时可能导致东道国难以预测仲裁案件、公司权益和公司债权人利益的侵害、公司法和公司治理的扭曲、股东差别待遇等问题，进一步损害国际投资的效率与国际投资仲裁机制的可持续发展。为应对上述问题，其一是公司与其股东之间"自治性"的规制；其二是程序法宽泛概念的既判力原则的规制；其三是投资仲裁机制的规制；其四是一般国际法的规制。另外，应当允许一定条件下的间接仲裁，重视和保障国际投资仲裁机制的法理性与公平性。

结论部分一方面是对上述研究的总结提炼，提出关于股东独立仲裁请求法律规制的具体建议，另一方面是对涉及中国的法律问题进行研究分析并提出完善建议。股东间接仲裁同样与《中华人民共和国公司法》（2018年最新修订）的规定背道而驰，而且已有的涉华投资仲裁案例也出现了股东间接仲裁请求。2008年中国和墨西哥签署的双边投资条约明确规定，少数、非控股股东可以提出直接损失或损害的索赔，即股东直接仲裁，但不能提出间接损失索赔。中国在国际投资仲裁中应当主动成为规则的引领者，尤其是对股东间接仲裁这一存在较多法律争议的制度，更应该通过国内法以及国际投资条约的规定引领相关规则发展。

## 三　学术创新与贡献

第一，从选题上而言，目前中文文献中几乎没有针对国际投资仲裁中股东独立请求问题进行研究的著作或论文，但该问题已经在国际上引发了较多的学术研究、官方研讨与改革倡议。作为双向国际投资大国,我国正积极参与国际投资仲裁改革,有关仲裁实践也在不断增加。尤其是跨国投资公司涉及复杂的股东及股权结构,研究其中的股东独立请求具有现实需要和前瞻意义。

第二,开拓性地对股东独立请求投资仲裁进行了准确、清晰的界定与分类,包括股东因其条约权利直接被侵害而提起的"直接仲裁";以及股东基于其持股公司遭受东道国不法侵害而遭受的间接损失,例如股份价值损失,从而提起的"间接仲裁"两大类独立请求。该书对其理论与实践、类型与判断、管辖权、可受理性、法律适用以及法律风险等问题进行了全面研究,尤其是提出和研究"可受理性"的问题,不同于已有的绝大部分仅以"管辖权"为视角对该问题的研究。而且充分论证了研究"可受理性"的法律依据、事实原因以及必要性和判断标准。

第三,进行了较全面的比较法研究,系统归纳国际法院有关案例和各国国内法对此问题的法律规定、实践和原则。通过比较法视野分析具有"混合性"的股东独立请求,更加全面和深刻地研究其在国际法和国内法层面的合法性问题,尤其是与各国公司法"非间接损失"原则的冲突与协调。基于此,该研究提出的意见和建议也有助于切实协调国际投资法与国内法之间的关系。同时,该书结合经济学领域的相关知识,对股东损失的量化方法进行了一定研究。

第四,针对国际投资仲裁中股东独立请求所引发的法律风险,例如其不仅缺乏条约法依据,而且与公司法原则相冲突,还可能带来无休止的索赔链、条约挑选、重复赔偿以及裁决不一致等问题,提出了创造性的应对建议。尤其是引入了"自治性"规制和"程序法"规制,丰富了对国际投资仲裁改革方案的意见和建议,而且更加贴近实践,操作性较强。同时,结合中国国内法、对外缔结的国际投资条约以及有关的实践案例,提出了中国关于国际投资仲裁中股东独立请求问题的应有立场和完善建议。

# 《刑事程序倒流的反思与修正》概要

王宇坤[*]

## 一 研究目的、意义及方法

### （一）研究目的和意义

程序倒流是指案件从后续诉讼程序倒回至前面诉讼程序，诉讼活动改变循序渐进规律从而发生逆转的一种司法现象。作为对我国司法现象的一种精准归纳，学者们已经认可"程序倒流"这一概念，并在学术研究中直接加以使用。目前，以"程序倒流"为题具有代表性的论文是汪海燕教授的《论刑事程序倒流》一文。该文根据刑事程序倒流的目的和功能，创新性地将我国刑事程序倒流归纳为三种类型，即程序性补救的程序倒流、实体性补救的程序倒流、规避错误的程序倒流。此外，还有一些学者使用"程序回转""程序回逆""程序反向运行"等概念表述程序倒流现象。目前，学界关于程序倒流的理论研究较少，相关研究多是集中批判补充侦查、撤回起诉、发回重审引起的负面后果。过往关于具体程序倒流措施的批判研究具有重要意义，相应完善建议也为我国刑事司法改革提供了有力借鉴。但是，程序倒流的整体理论研究仍然局限于对策法学困

---

[*] 王宇坤，北京大学诉讼法学专业博士，现就职于中央民族大学法学院。

境之中，没有揭示程序倒流的本质，没有提出消除程序倒流负面后果的规范理论。一方面，这种现状导致程序倒流措施的具体制度设计缺乏理论支撑，补充侦查、撤回起诉、发回重审制度历经数次司法改革，所产生的负面后果仍然饱受诟病。另一方面，由于缺乏理论指导，我国刑事诉讼缺少能够整体限制程序倒流的诉讼机制，只能单项限制补充侦查、撤回起诉、发回重审制度的具体适用。可以说，关于程序倒流的整体研究属于刑事诉讼法学亟须拓展的理论版图，其中最重要的命题便是建立能够整体限制程序倒流的诉讼机制，从而规范补充侦查、撤回起诉、发回重审的具体适用。

### （二）研究方法

一是文献研究方法。该书对现有刑事程序倒流的书籍、论文进行梳理，通过调查文献获得资料，从而全面地、正确地了解掌握我国刑事程序倒流的现状、问题、表象及其成因，进而归纳、提炼我国刑事程序倒流中的理论问题，提出消解我国刑事程序倒流现象的理论。

二是实证分析方法。该书从实证统计数据出发，具体分析刑事程序倒流的现实表现和危害后果，发现我国刑事程序倒流现象与我国刑事诉讼的理念、构造、机制之间的内在逻辑联系，进而将这种分析结论回归应用于提出消解我国刑事程序倒流的理论，规范、指导程序倒流措施的适用。

三是比较分析方法。该书介绍了英美法系国家和大陆法系国家的程序倒流概况，并比较分析了大陆法系国家、英美法系国家与我国刑事程序倒流的异同，通过比较法学的研究视角为消解我国的刑事程序倒流现象提供一种可能借鉴的方案。

四是模式分析方法。该书论述了程序倒流的两种类型，即"依职权式"程序倒流和"依诉权式"程序倒流，两种形式分别对应职权主导模式和诉权驱动模式。该书通过对两种不同的程序倒流类型及其模式进行利弊分析、总结，进而将有关结论回归应用于我国具体程序倒流措施的制度设计。

五是规范分析方法。我国的程序倒流措施具体包括补充侦查、补充调查、撤回起诉、发回重审、启动再审五种类型。该书通过规范分析方法分析上述制度当中存在的制度问题，并且通过法教义学、法解释学的方式提出相关制度改革建议，用以规范程序倒流措施的适用。

## 二　主要内容与重要观点

该书上编论述了对刑事程序倒流现象的理论反思，具体包括刑事程序倒流的基本问题、类型介评、表象及其成因，并且在此基础之上提出建立刑事诉讼的程序不可逆机制和保障，用以指导具体程序倒流措施的适用，消解我国的程序倒流现象。程序倒流指向诉讼程序的逆向运行，刑事案件从后面的诉讼程序退回至前面的诉讼程序。这一概念是一种概括判断，具体识别一项刑事程序措施是否属于程序倒流，需要依据程序倒流的特征进行判断，即是：先前诉讼活动存在错误；先前诉讼程序再次进行；后续诉讼程序期限重算。程序倒流具有查明案件事实、保障追诉正确、正确实现刑罚的作用。但是，根据司法实践的反馈，程序倒流现象出现异化，很多程序倒流措施的适用背离制度初衷，成为刑事追诉恣意化的一种工具，主要体现为不正当的程序倒流、不合理的程序倒流、连续进行程序倒流以及程序倒流功能错位。程序倒流的异化造成了现实危害，拖延刑事诉讼拖延，侵犯被追诉人的实体权利和诉讼权利，侵蚀刑事诉讼的"疑罪从无"原则，规避刑事诉讼的程序性制裁，以及造成重复追诉等。

依据不同标准，刑事程序倒流可以划分成为多种类型。其中，依据程序倒流的外在表现特征，可以将其划分为"依职权式"程序倒流和"依诉权式"程序倒流两种类型。"依职权式"程序倒流主要指向职权主导模式下的程序倒流，公安司法机关依据职权积极主导程序倒流措施的适用。"依诉权式"程序倒流指向诉讼驱动模式下的程序倒流，诉讼当事人通过诉权驱动程序倒流措施的适用。大陆法系国家和我国属于"依职权式"程序倒流，英美法系国家则是属于"依诉权式"程序倒流。我国程序倒流的职权主导模式的制度初衷，是使公安司法机关有效发挥法定性、积极性、高效性、客观性的职权特点。但是，基于诉讼进程调控机制的缺失，我国职权主导模式的司法实践发生偏离运行，从而产生一系列的负面后果。对此，基于审前阶段需要保障刑事追诉的顺利实现，应当坚持职权主导模式。一旦刑事案件进入审判阶段，需要借鉴诉权驱动模式的有益经验完善程序倒流措施的具体制度设计。

考究我国程序倒流现象的形成原因，不难发现其与我国的诉讼观念、诉讼构造以及诉讼调控机制密切相关。从诉讼观念视角来看，"重真相、轻证据""重结果、轻过程""重实体、轻程序"的诉讼观念是程序倒流现象产生的观念原因；从诉讼构造视角来看，"倒三角形结构"的横向构造和"流水线型作业模式"的纵向构造是程序倒流现象产生的结构性原因；从诉讼调控机制的视角来看，刑事诉讼进程调控机制的缺失是引发程序倒流的机制原因。应当看到，程序倒流是刑事诉讼不正当、不合理拖延的一种具体表现形式，没有规制、制裁诉讼拖延的相关调控机制，程序倒流现象的产生就会成为一种必然。

针对程序倒流的负面后果和形成原因，我国刑事诉讼有必要建立一项能够系统消解程序倒流现象的诉讼机制，用以规制具体程序倒流措施的适用，即刑事诉讼的程序不可逆机制。建立诉讼程序不可逆机制的原因，便是先前我国单项限制程序倒流措施的改革不足，以及整体限制程序倒流的改革存在缺陷。因此，刑事诉讼的程序不可逆机制，就是系统地、科学地调控诉讼进程，整体限制程序倒流措施的适用。其中：刑事诉讼程序不可逆机制的基本原则，包括程序的正当性原则、程序的安定性原则和禁止重复追诉原则；刑事诉讼程序不可逆机制的具体内容，要求禁止进行程序逆向运行，禁止重复追诉，附加公安司法机关特定诉讼；刑事诉讼程序不可逆机制的例外情形，包括实现司法公正的例外，保障司法纯洁的例外。

为了保障刑事诉讼程序不可逆机制的顺利实施，制定相应保障措施也是十分必要。对此，我国需要从体制、模式、制度三个层面保障刑事诉讼程序不可逆机制的实现。其中：在诉讼体制层面，需要优化司法责任制度和绩效考核制度；在诉讼模式层面，需要改革程序倒流的职权主导模式；在司法制度层面，需要增加程序倒流的法律限制要求。此外，刑事诉讼的提前介入和请示报告做法，与程序倒流具有共同的产生原因，都是为了确保刑事追诉正确，保障刑事裁判实体公正。因此，优化刑事诉讼的提前介入和请示报告，能够减少程序倒流措施的适用需求，消解程序倒流现象。

该书下编论述了刑事程序倒流的具体制度修正，具体论述补充侦查、补充调查、撤回起诉、发回重审、启动再审的现实问题与制度重构，用于规范具体程序倒流措施的适用。我国补充侦查制度的现实问题表现为退回补充侦查的适用比例过高，自行补充侦查"形同虚设"，以及审判阶段允许补充侦查的制度设计不尽合理。对此，我国刑事司法制度应当坚持补充侦查的职权主导模式，建立补充侦查适用的必要性原则、有效性原则和检察监督原则，完善适用的实体条件和程序条件，建立起立体的自行补充侦查体系，并且加强补充侦查的法律控制。此外，也要完善补充侦查的配套保障，制定公检法机关共同认可的证据标准，增加辩护权利的行使空间。

补充调查和补充侦查存在很大相似之处。原则上讲，补充调查制度可以参照适用补充侦查的制度规定。但是，基于监察机关地位的特殊性和职务犯罪案件的特殊性，补充调查也存在着特殊之处。特殊之处的主要表现便是适用条件更加宽泛，退回补充调查能够优先于自行补充侦查予以适用，以及在退回补充调查中检察监督难以发挥有效作用。因此，补充调查的制度重构应当相应修正自身适用条件，修正退回补充调查和自行补充侦查适用的顺位关系，并且加强职务犯罪案件检察机关的提前介入。

撤回起诉制度的现实问题，是其已经成为我国检察机关规避败诉风险和司法责任的一种程序措施，成为中国式"无罪判决"的代名词。根据我国撤回起诉的制度设计，检察机关撤回起诉后，仍然能够基于新的事实或者新的证据，再次提出刑事指控。其实，这是一种重复追诉行为。对此，需要建立撤回起诉适用的必要性原则和合理性原则予以规制。其中，合理性原则包括权利保障和诉讼效率两项判断标准。而且，还要重构撤回起诉的具体制度设计，建立撤回起诉的审查程序，改变撤回起诉的事由，限制撤回起诉的时间，建立撤回起诉的救济机制。

发回重审制度的现实问题，是其适用条件过于宽泛，导致发回重审的过度适用。这种现实问题的形成原因，在于我国刑事二审程序的全面审查原则、刑事二审程序不开庭审理的常态、刑事诉讼的案卷笔录中心主义以及两审终审的刑事审级制度。对此，我国发回重审的制度重构应当遵循以下路径：在实体条件方面，删除基于"证据不足"的发回重审类型，明确"事实不清"的具体指向范围；在程序条件方面，扩大绝对发回重审的适用范围，明确"可能影响公正审判"的具体判断标准；完善基于审判监督的发回重审，明确审判监督的标准和范围，减少基于法律适用的发回重审类型。

作为刑事冤案的法定救济途径，我国刑事再审启动呈现出司法实践运行与法律文本逻辑相背离的"二元分化"困境。从法律文本逻辑层面来看，无论审判机关、检察机关还是案件当事人，均可基于原审生效裁判出现错误从而启动或者申请启动刑事再审程序，救济遭受错误审判的受判决者。但是这种法律文本逻辑没有传递到司法实践当中，我国刑事冤案的救济已经陷入到"申诉难""纠错难"的实践难题当中。这种"二元分化"困境是由我国职权主导的刑事再审启动模式偏离运行所致。对此，学术界和实务界分别出现了理想的诉权驱动模式改革方案和自发的综合审查模式改革方案。启动再审的制度重构，应当首先实现职权主导模式的内部性控制，而后借鉴、吸纳诉权驱动模式的有益经验，最后赋予申诉人对综合审查模式的选择权。

## 三　学术创新与贡献

### （一）学术创新

在学术创新方面，该书对程序倒流的本质、类型和成因进行理论解析，并提出如何消解程序倒流现象的规范理论，填补程序倒流理论研究的空白。该书明确提出程序倒流的概念与特征。程序倒流是指诉讼程序的逆向运行，刑事案件从后面的诉讼程序退回至前面的诉讼程序。这一概念属于一种概括判断，具体判断一项刑事诉讼措施是否属于程序倒流措施时，需要依靠程序倒流的特征进行识别，即是：先前诉讼活动存在错误；先前诉讼程序再次进行；后续诉讼程序期限重算。程序倒流具有查清案件事实，保障刑事追诉正确的作用。一旦前续诉讼活动出现错误，影响发现案件事实，程序主导者便会适用程序倒流措施，从而保障实体裁判结果的正确。根据司法实践的反馈，程序倒流现象出现异化，很多程序倒流措施的适用背离制度初衷，成为刑事追诉恣意化的一种工具。

对此，我国刑事诉讼需要建立一项系统的、科学的机制，用于整体限制程序倒流，消解程序倒流现象，即刑事诉讼的程序不可逆机制。刑事诉讼程序不可逆机制要求禁止进行程序逆向运行，禁止重复追诉，并且附加公安司法机关特定诉讼。同时，刑事诉讼程序不可逆机制的运行也存在例外情形，包括实现司法公正的例外、保障司法纯洁的例外、有利于被追诉人的例外。刑事诉讼程序的不可逆转机制不能孤立存在，还必须具备相应的保障措施和配套措施。在刑事司法体制层面，需要优化司法责任制度和绩效考核制度；在刑事诉讼模式层面，需要改革程序倒流的职权主导模式；在刑事司法制度层面，需要增加程序倒流的法律限制要求。

## (二) 学术贡献

在学术贡献方面，该书明确提出补充侦查制度、补充调查制度、撤回起诉制度、发回重审制度、启动再审制度的修正意见，用以规范具体程序倒流措施的司法适用。针对补充侦查制度而言，需要限缩退回补充侦查适用的实体条件，增加退回补充侦查适用的程序条件，规范退回补充侦查的适用。同时，建立立体可行的自行补充侦查体系，倒逼退回补充侦查的限缩适用。针对补充调查制度而言，需要根据职务犯罪的特点，精确退回补充调查的适用条件，扩大自行补充侦查的适用条件，并且修正退回补充调查和自行补充侦查的顺位关系。针对撤回起诉制度而言，需要建立撤回起诉的司法审查程序，限缩撤回起诉的事由，限制撤回起诉的时间，并且明确撤回起诉的法律效力和救济方式。针对发回重审制度而言，需要限缩发回重审的实体适用条件，扩大发回重审的程序适用条件，减少基于法律适用的发回重审。针对启动再审制度而言，需要实现职权主导模式的内部性控制，借鉴、吸纳诉权驱动模式的有益经验，并且赋予申诉人对综合审查模式的选择权。

# 《承继的共犯研究》概要

王永浩[*]

## 一 研究目的、意义与方法

### (一) 研究目的

由于构造上的特殊性,承继共犯的归责,既涉及共同正犯的本质、狭义共犯的处罚根据等共犯论问题,也与责任主义原则、实行行为理论紧密相关。该研究旨在实现以下三个层次的目的:其一,通过对中外司法案例的分析,宏观上呈现承继共犯司法实践演进动态,微观上探明承继共犯乃至共同犯罪认定的裁判规则;其二,在责任主义的框架内,探究承继共犯的时空构造,明确判定后行为者的行为性质和责任范围的理论路径;其三,基于我国刑法的特殊语境,结合典型个罪的不法结构,提出解决承继共犯归责问题的科学方案。

### (二) 研究意义

承继的共犯是共犯论中一个比较小的问题,但其理论辐射面波及共犯基础理论、实行行为理论及分则个罪的不法结构等。该研究的理论意义,主要体现在以下三方面。

---

[*] 王永浩,中南财经政法大学刑法学专业博士,现就职于山西财经大学法学院。

第一，该书对刑法教义学方法普适化、教义学知识本土化进行了积极有益的探索，为刑法学"三个体系"的建设提供样本和素材。该书精选了我国审判实践中的众多案例，并对中外承继共犯审判实践动态、裁判方法、思路与裁判规则进行了比较，通过运用刑法教义学方法对立法规定、理论学说和司法案例的分析，在共犯论领域为我国刑法学"三个体系"的建设进行了知识论和方法论上的初步探索。

第二，可以在责任主义的框架内，为解决承继共犯问题探索新的理论路径。该书将共同正犯界定为"共同行为"实现不法侵害的犯罪类型，摒弃了违背责任主义原理的"共同意思主体说"，同时超越了纯粹个人主义的"行为共同说"，对责任主义原则在共犯论中的贯彻，进行了富有成效的探索。在此前提下，通过区分承继共犯的行为性质和责任范围，对"意思联络""先行为效果持续"进行功能性解读，为承继共同正犯刑事责任的认定，提供了新的思考范式。在具体个罪中，引入"不法结构"概念，对解决承继共犯的刑事责任乃至主从犯判断问题，都具有普适的指导意义。

第三，可以深化对我国犯罪参与体系的认识，结合我国立法和理论研究实际，发展区分制理论，构建共犯基础理论研究的新架构。该书综合立法规定、理论和司法实践关于共犯分类的通说，提倡以"半实质化"的正犯概念重塑区分制。这就为区分正犯与共犯、协调参与类型和主从犯提供了崭新的语境和框架。

观照承继共犯司法实务的发展动态及其面临的难题，该研究的实践价值可归纳为以下三点。

其一，通过揭示共同正犯和帮助犯的本质及其认定规则，为司法实践妥当处理复杂的共犯问题提供清晰的方法和思路。该书对共同正犯、帮助犯的本质进行了系统的研究，并在此基础上明确了共同正犯和帮助犯的成立条件，为司法实践中准确判断参与类型、确定处罚范围，提供了具有可操作性的指引。

其二，通过研究承继共犯刑事责任的一般性理论，为司法实践正确认定后行为者的行为性质和责任范围提供方法论的指导。该书分别就承继共同正犯和承继帮助犯的行为性质、责任范围展开了系统深入的研究，提出了认定承继共犯的具体思路、条件和确定归责范围的标准，对司法实践中处理承继共犯问题具有方法论的指导意义。

其三，通过对典型个罪中承继共犯的研究，为司法个案中处理承继共犯问题提供具体指引和参考。承继共犯理论研究最终必须落脚到解决实际问题，不同犯罪的结构差异、不同案件的案情差异，都会影响承继共犯刑事责任的认定。该书通过对典型个罪不法结构的研究和对具体情形的分析，为解决承继共犯的归责问题提供方法性、示范性的指导。

### （三）研究方法

该书遵循提出问题、分析问题、解决问题的思路展开，为了妥当地解决承继共犯的归责问题，该书主要采用了以下方法。

第一，案例研究法。该书选取并梳理了数十个域内外的真实案例，通过个案分析、类案比较，探究承继共犯司法实务动态及其背后的裁判规则。

第二，比较研究法。该书着重对域内外相关司法判例、域内外承继共犯学说以及立法规定进行了较为细致的比较分析，在研究过程中，特别注重对域外相关理论研究成果和实践经验的比较与借鉴。

第三，规范分析法。该书充分运用规范的思辨分析法，基于相关案例和立法规定，深入剖析承继共犯的构造、承继共犯的行为性质和责任范围。

## 二　主要内容与重要观点

### （一）主要内容

第一，承继共犯的实务动向及裁判规则考察。(1) 宏观上，呈现德、日及中国承继共犯司法实践的演进动态：肯定性的判例已然式微，否定性、限定肯定性的判例逐渐占据主流并形成对立。这种变迁背后的根本动力，是因果共犯论的有力化。（2）微观上，分析相关案例的裁判思路，提炼类案的裁判规则：肯定性判决重视构成要件的不可分割性、对共同犯罪采取整体认定的方法；否定性裁判重视因果性，并个别地认定共犯参与行为的因果关系；限定肯定性的裁决关注后行为者的主观利用意思，同时重视先行为效果持续的规范意义，缓释成立共犯的因果性要求。

第二，承继共犯的构造与类型。为了突出并实现承继共犯类型划分的实践性价值，该研究做了如下理论性尝试。（1）承继共犯时间构造的实质化。犯罪既遂的本质是实行行为危险的实现，犯罪终了意味着构成要件行为危险的消灭，危险实现不必然等同于危险消灭。因此，只要先行为能够评价为正在实行（危险正在持续），后行为者便可加入形成共犯。（2）承继共同正犯空间构造的实质化。在实质的正犯概念下，先、后行为人没有必要分担构成要件行为，但后行为者必须能够在规范上评价为参与实施了剩余行为。（3）承继共犯类型划分的多维化。依照参与类型，承继共犯包括承继共同正犯、承继帮助犯，不可能存在承继教唆犯；以个罪的行为结构为标准，单行为犯与复行为犯中均可能存在承继共犯，只不过复行为犯中的承继共犯更具典型性；在罪数论视野下，承继共犯仅发生于构成要件层面具有"一罪性"关系、事实层面处于"同一机会"的情形中。

第三，承继共同正犯的成立及归责的一般原理。共同正犯是"共同引起"不法侵害的参与类型，为了确立承继共同正犯归责的基本原理，该书分层次地探讨了以下问题。（1）共同正犯的成立原理。"部分实行，全部责任"的实质根据是以主观上的意思联络和客观上的"相互利用、相互促进"为基础的"行为相互性归属"。在正犯实质化的语境下，成立共同正犯以行为人间存在意思联络和共同实行行为必需，但不要求现实地分担实行行为。（2）承继共同正犯的成立根据。在承继的共同正犯的场合，先、后行为人于犯罪中途所进行的意思联络以及"先行为效果正在持续"具有"黏合"先后两段行为，使其形成"共同性"的机能。（3）承继共同正犯的归责范围。承继共同正犯所承继的对象，既非先行为及其结果，也不是某种状态、效果，而是先行为者犯罪的构成要件之评价。但是，加重构成、结合犯的前罪这种具有相对独立性的构成要件评价不能被承继；而在"同一机会"中实现的量刑规则可以被后行为者承继。

第四，承继帮助犯的成立及归责的基本原理。帮助犯是"间接引起"不法侵害的参与类型，为了明确承继帮助犯归责的理论路径，该书研究了以下内容。（1）帮助犯的成立原理。混合惹起说奠定了帮助犯的处罚根据，其成立从属于正犯之实行；帮助犯的构造不同于共同正犯，不适用"行为相互性归属"原理。成立帮助犯，只需要主观上具备"双重帮助故意"，不要求与正犯进行犯意疏通；在客观方面，仅要求促进正犯实行及其结果。（2）承继帮助犯的成立依据。帮助犯系促进型因果关系，认定承继帮助犯没有必要缓和因果性要件。将承继帮助者与先行正犯纳入同一构成要件进行评价的根据，在于其通过将自己的协助行为与正犯行为相联结，促进了该罪不法的实现。（3）承继帮助犯的归责范围。根据因果共犯论，后行为者只对其促进实现的构成要件负责，而不对先行正犯实现的加重结果、结合犯的前罪承担罪责。但是，对于"同一机会"中实现的量刑规则，适用于承继帮助者。

第五，我国刑法语境下承继共犯的归责路径及其展开。承继共犯归责必须兼顾我国特殊的犯罪参与体系及个罪不法结构，为此循以下逻辑展开研究。（1）我国的犯罪参与体系：以"半实质化"的正犯概念为核心。我国刑法采取了作用与分工相结合的共犯分类方法，其中主犯内含了主要实行犯，从犯则包括"次要实行犯"、帮助犯，教唆犯视其作用成立主犯或从犯。这就决定了在我国坚持实质正犯与区分制，必须缓和正犯的实质化程度，以"半实质化"的正犯概念为核心重塑区分制。具言之，支配实行行为之次要的"不法结构"的，成立"次要的实行犯"；控制实行行为之重要的"不法结构"的，成立主要的实行犯。帮助、教唆指向的对象既可以是主要实行犯，也可以是次要实行犯，但帮助犯、教唆犯的成立从属于正犯，而且前者绝对属于从犯，后者视其作用认定为主犯或从犯。（2）中国特色犯罪参与体系下承继共犯的归责路径及其具体展开。在我国犯罪参与体系下，只有后行为者支配实行行为之重要部分的实现，才能成立主要的承继共同正犯，以主犯之刑论处；如果仅控制实行行为之次要部分的实现，则应认定为次要的承继共同正犯，科以从犯之刑。后行为者只不过促进了先行正犯之实行及其结果的，仅能够评价为承继的帮助犯。至于个罪的不法"重心"，应以保护法益为核心，结合关联个罪运用体系解释的方法，进行实质的判断。

**（二）重要观点**

第一，关于承继共犯中后行为者介入的最后时点，不应形式地以犯罪既遂为标准，也不能抽象地以犯罪终了为标尺，只要先行为能够在规范上评价为正在实行，后行为者即可加入。犯罪既遂与犯罪终了在实质上均具有表达犯罪行为危险性的作用，前者标志着行为危险的实现，后者表明行为危险的消灭。犯罪行为正在实行表明危险处于持续、发展的状态，这就意味着他者的加入能够维持、巩固、提升行为的危险性，进而建立共犯关系。犯罪能否在规范上评价为正在实行，应根据犯罪类型、具体案件事实等情况进行综合判断。

第二，共同正犯是"共同引起"不法侵害的参与类型，"部分实行，全部责任"的根据各行为人的"共同行为"实现了构成要件，只有当不法结果系"共同"行为所引起时，才能在各参与者之间进行"行为相互性归属"。形成"共同行为"的基础，乃是各参与者主观上的意思联络和客观上的"相互利用、相互补充"。据此，部分犯罪共同说对共同正犯的本质具有充分的解释力，不过这里的"共同"是指就特定构成要件该当事实的共同，而非某一犯罪的共同。

第三，承继共犯的刑事责任应解构为行为性质和责任范围。就行为性质而言，承继共犯原则上可以承继先行为者犯罪构成要件之评价，但承继共同正犯与承继帮助犯的判断根据并不统一。在承继的共同正犯的场合，先、后行为人于犯罪中途所进行的意思联络以及"先行为效果正在持续"具有"黏合"先后两段行为，使之形成"共同性"的机能。帮助犯是"间接引起"不法侵害的参与类型，只要后行为者促进先行正犯的犯罪，就可以认定成立帮助犯，而不要求"先行为效果正在持续"以及意思联络。就责任范围来说，承继共同正犯与承继帮助犯只能对自己参与"共同引起"或"促进实现"的构成要件承担责任。结合犯之前罪、结果加重犯等加重构成具有相对独立性，因此后行为者对先行为者独立实现的结合犯之前罪与加重构成不承担责任；但是量刑规则并未超越同一构成要件，因而只要该量刑规则是在"同一机会"中实现的，就应当适用其对先、后两部分行为进行整体评价。

第四，在坚持区分制与实质正犯概念的前提下，为了协调分工与作用分类法，必须以"次要的实行犯"为标准缓和正犯实质化的程度，即以"半实质化"的正犯概念为核心重塑区分制。具体来说，支配实行行为之不法结构的重要部分者，成立主要的实行犯，以主犯论处；支配实行行为之不法结构的次要部分者，成立次要的实行犯，以从犯论处。帮助犯、教唆犯的处罚仍然从属于实行犯，且前者属于从犯，后者视其作用成立主犯或从犯。

第五，构成要件行为的不法结构应从价值层面进行分析，而非在物理意义上肢解构成要件。即以个罪的保护法益为指引，结合关联犯罪运用体系解释方法，实质地判断罪的不法重心。

## 三 学术创新与贡献

该书对承继共犯司法实务、理论学说进行了系统、深入的梳理与分析，在此基础上，立足我国刑法规定，提出了解决承继共犯归责的理论方案。该书的学术创新与贡献可以凝练为以下几点。

第一，在研究方法上，该书突出案例实证研究与教义学方法的结合，特别注重对我国司法实践和理论的吸收，在共犯论领域为教义学知识本土化、教义学方法普适化进行了积极探索。该书选取了数十个中外真实案例，避免了既有研究可能存在的失真性和片面性，在宏观、中观、微观层面呈现司法样态的同时，充分挖掘、吸收有益的司法经验，将理论与实践相融合，兼顾教义学知识和教义学方法的良性互动。

第二，关于我国的犯罪参与体系，该书纠正了既有学说漠视立法规定和理论通说的问题，在坚持区分制与正犯实质化的前提下，立足我国刑法规定，同时引入不法结构概念，提倡缓和正犯实质化的程度，即以"半实质化"的正犯概念为中心重塑区分制。该书对犯罪参与体系的探索，有助于深化对我国共犯立法、司法和理论的认识，进而开拓共犯基础理论研究的新前景。

第三，关于承继共犯的归责路径，该书跳出了将行为性质和责任范围混同的传统思维，在行为性质方面，对承继共同正犯与承继帮助犯分别适用不同的原理，原则性地肯定后行为者可以承继先行为者犯罪的构成要件之评价；在责任范围方面，以因果性为标准，否定后行为者对加重构成、结合犯之前罪承担罪责，但附条件地肯定其应对量刑规则负责。该书的研究开辟了解决承继共犯归责问题的新路径，并且为司法实践中个案的处理提供了具体指引。

# 《秦汉官吏职务犯罪研究》概要

舒哲岚[*]

## 一 研究目的、意义及方法

### (一) 研究目的

官吏是官僚政治体制的基本组成要素。作为维系国家职能常态化运转的主要参与者，在行政权力与司法权力一体化的中国古代，官吏承担了理讼断狱、纠举犯罪的重要社会责任。可是，一旦其自身在履职中违法犯罪，相较于一般主体犯罪，对法律制度的破坏程度、社会风气的负面影响无疑更大。传统社会对影响巨大的官吏犯罪的调整重视程度自不待言，历代法律均剖出重要篇幅，用以约束官僚吏员等公职人员的违法犯罪行为，对职务犯罪的规定大多细密而严格。从古至今，官吏法都是立法内容的重要组成部分，其汇总为一个数量庞大、行之有效的规范系统，体现国家对各级官吏的法律控制。

传统中国历代官制研究是先学所深耕的领域，相关讨论大多已积蓄了较为厚重的学术史，进入了更为精深的思考层次。在拜读学习前辈学者相关论著并感到颇受启发的同时，在既往聚焦争议

---

[*] 舒哲岚，中国政法大学法律史专业博士，现就职于大连海事大学。

的重点问题框架内,似乎仍有诸多应予梳理总结和可供探索讨论之处。20世纪70年代以来,大批出土法律文献陆续发现公布,秦汉断代史料匮乏与推进艰难的境况已得到极大改善。越来越多新材料所反映的新问题被纳入学界的讨论视野,而既往存在争议的诸多问题亦重新引起了学界的注意,有了更正已有结论和推进正确认识的可能。

**(二) 研究意义**

研究秦汉官吏职务犯罪问题具有重要的理论和现实意义。

由所囊括的内核观之,秦汉官吏职务犯罪问题是职官制、律令制、身份制、刑罚体系等法律史研究领域所共同关注的焦点:犯罪主体是职官系统中的各级大小履职官吏,犯罪行为触犯了以律令为代表的秦汉法律中的强制性规定,应承担肉刑或劳役刑等法律后果,因特殊身份而可能存在特别规定与适用变通。探讨秦汉官吏职务犯罪,对其中任何一项研究的深入细化都具有重要意义。关于制度史研究,在以简牍为主要书写材料、划分社会地位的标准仍保留贵族制残余的秦汉社会,探求官吏于履职中犯罪的现象、原因和防控措施,势必与秦汉时期的诉讼程序、文书行政、财政制度、身份爵制等诸多因素产生密切关联,研究秦汉官吏职务犯罪问题可以帮助探讨上述具体制度的形态和演变。我们甚至还可尝试将视野拓宽至周秦汉唐时期,以官吏职务犯罪为切入点,从较长时段比较分析汉唐的历史演进与社会改革,探寻法律制度本身的规律和社会规律。在思想史研究方面,任何法律思想皆须附丽于具体法律文本方可实际生效。研究秦汉官吏职务犯罪,将有利于探究先秦法律思想的社会影响和实践效果,了解秦汉不同时期的治国策略、治吏理念与社会风气,为讨论提供深层思想理论基础。

就研究的现实意义而言,探究秦汉时期的官吏职务犯罪问题,可为当今社会国家工作人员管理与反腐倡廉工作提供一定经验借鉴。只有明确知悉官吏在履职中的违法犯罪情况、犯罪原因以及秦汉律令对此的规制，才能更好地发挥法律的教化和保障功能，在国家现行法律框架内尽可能预防职务犯罪的发生。

### (三) 研究方法

1. 二重证据法

撰写过程中贯彻运用王国维先生提出的"二重证据法"，及在此基础上发展的"三重证据法"，对比阅读传世文献、出土简牍材料和考古实物资料，进行互证研究。

2. 法教义学的方法

结合历史背景，尽量还原秦汉法律原本的样态，于现有材料所示律令规范的框架内做出尽可能合理的解释，使之达成体系内部的和谐互见。

3. 交叉学科研究法

立足法律史作为交叉学科，兼具法学与历史学研究特点的基础，注重参考借鉴古文字学、考古学、简牍学、文献学等学科的研究方法与经验。

## 二 主要内容与重要观点

### (一) 主要内容

绪论简要阐述了该书的选题缘起与研究目的，回顾了秦汉官吏职务犯罪的国内外研究概况，结合研究现状评述与总结，并说明了研究方法与创新点。

第一章是对一般规定的总论。秦汉律令中目前未见规制官吏职务犯罪的单独律篇，相关条文广泛分布，所涉律令篇名皆有数十种。各篇章调整的社会关系各有侧重，条文数量差异巨大而非均衡分布，所述信息详略各异，交错规制、互相补充。官吏犯罪适用从重处罚原则、区分公私罪原则、犯罪行为决定所犯之罪与结果决定量刑轻重的原则，各存在多种表现形式。在实体法和程序法方面都有一些特殊规定，体现对职务犯罪减轻处罚的优惠待遇。

第二章是对具体罪名及该当刑罚的探讨。此章第一节讨论官吏于文书行政中的犯罪及其刑罚，选取吏"为伪书"罪、"误"罪、"布令不谨"三项文书犯罪分析。吏"为伪书"指有权从事文书工作的官吏至少篡改了官文书的部分内容，且不以造成实际损害为要件的犯罪，量刑是黥为城旦舂。"误"罪指因过失撰写文书出现书面错写，"大误"与"小误"依据危害后果区分，存在对特定财产登记错误的特殊规定。"布令不谨"指负责颁布法令的官吏未按律令要求宣告法律，未达成民众知悉律令规定的宣传效果。

此章第二节探讨赃罪及法定刑。首先对《岳麓书院藏秦简》（伍、陆）集中反映官吏受贿犯罪的长段简文疏解含义、划分条理及分析问题，可知治狱吏知情与否是受贿罪的定罪量刑条件，是否因此枉法裁判是影响量刑的因素。令文的细致规定既禁止官吏利用亲近之人收受贿赂进而影响司法公正，也预防当事人委托他人代为行贿或转达请托。"与盗同法"和"以盗律论"为两种处罚方式，都体现将受贿犯赃罪的处罚指向对盗的处罚，判罚标准是所受赃值越高、适用刑罚越重。传世文献与此前简牍未见的"为私利""为旁钱"二罪，皆为官吏利用财政职务之便侵占公私财产，以此谋取不正当利益的犯罪。

此章第三节讨论与"擅"有关犯罪及该当刑罚。作为一项类罪名，"擅"相关犯罪的深层含义是：官吏因所任职位而具备行事合法性，但在执行中超越了被授权的范围限度，行使权力不当从而构成犯罪。简牍所见官吏擅为犯罪种类繁多，暂择取擅断案、擅兴、擅去署、擅假公器、擅杀五种犯罪重点考察。"擅"罪的规定体现了对官吏授权的同时又严格限制其权力行使的立法意图，是对集权统治与行政效率的一种平衡折中。

此章第四节探讨治狱不公犯罪及其处刑，以"不直""论失"

"纵"三项罪名为例。"不直"既指官吏故意致量刑或轻或重，又指其修养品质不正直，暂时无法确认反坐原则对秦时"不直"罪量刑具有普适性。"失刑罪"不能说明官吏在裁判中犯错系基于过失，仅表明官吏对罪犯的惩罚存在错误，出现了实际判罚与该当惩罚不符的客观事实。"纵囚"特指承担司法职能的官吏通过枉法裁断的方式对罪犯不予论罪或减轻罪责，与放纵被押送之囚犯的犯罪不同，或可统称"纵罪"。汉初"鞫狱故纵"除纵死罪外皆适用反坐原则，还可能转变为执行罚金。

第三章讨论职务犯罪的特殊处置方式。"刑外之罚"指不入传统刑罚体系的非刑罚性惩罚，主要包括以言语方式惩戒的"谇"、剥夺"功""劳"、担任"新地吏"。"谇"表示上级对犯错官吏的申斥责骂，适用"谇"的官吏都具有专职负责某项事务的啬夫身份，或表明执行"谇"时还会指导工作。二者惩处危害轻微的职务犯罪，更侧重发挥警示训诫、教育预防作用。简牍所见"夺劳""夺功""毋行其劳论"等，剥夺积累的"功"和"劳"，官吏将因此承担调任晋升延迟或无望等不良后果。秦"新地"治安不佳、反叛频发，再犯罪可能延长任期等不利因素，使任"新地吏"成为对官吏的一种特殊惩罚，反映了帝国建立前夕社会的特殊情况。

第四章讨论预防控制职务犯罪的措施。秦汉官僚系统内部存在监督机制，是融入日常行政诸环节、级别差异不大的官吏之间的相互监督。出土简牍多见"相杂以见"即规定必须由多名官吏共同执行与财产相关行政事务的文例，对易滋生腐败的环节，律令要求多人在场、共同加盖玺印或提供文书凭证。"效""诊""视"等体现检验者与执行官吏的互相监督。检举既是官吏的权利又是其义务，律令处罚"弗告""弗得"者。简文所见"弗坐""勿坐"等排除适用职务连坐的例外规定，体现罪责相适原则，从侧面反映了秦汉职务连坐制度的相对成熟与完善。

结论是对全书核心观点的总结。

## （二）重要观点

**1. 核心概念界定、律令体系中的地位及定罪量刑原则**

官吏职务犯罪是对担任国家公职者于执行公务、履行职责中所实施犯罪的统称。其法律责任由官吏不当履职引起，行为具有违背律令规范的违法性，实施犯罪行为的是特殊主体官吏。秦汉律令中目前未见规制官吏职务犯罪的单独律篇，广泛而非均衡分布，为约束职务犯罪而设置的规定，可与规制黔首犯罪的内容共存于同一条文，官吏百姓皆是律令的受众。相较于一般主体同类犯罪的量刑，律令对官吏犯罪从重、加重惩处，特殊身份不影响定罪但影响量刑。为鼓励官吏积极行政，凡符合"公罪"构成要件的职务犯罪所获处罚相较于一般职务犯罪为轻，律令中存在一系列仅对官吏犯罪适用的实体法和程序法优待条款。在此种看似矛盾实则共同作用于实践的动态平衡中，统治者实现了对官吏群体和国家事务的实际控制。

**2. 律令规范和官吏职务犯罪的特点，体现对吏治的重视**

出土简牍所见相关法律条文多以事项为线索展开，又因其时实体与程序的划分不甚明显，在律令的实体规定后常附与所言之事直接联系的一应程序性规定。如此制律增加了条文使用的便利性，亦可引导官吏严格遵守法律，避免违法犯罪。秦汉官吏执行的公务种类繁多，职能跨度较大，可能获罪受罚的原因迥异；职务犯罪罪名众多，处罚方式各异且轻重有别。无论是对各种具体犯罪构成要件与该当处罚的细致规定，还是预防职务犯罪的制度设计，甚至特别设置的仅对官吏适用的实体程序条款，都体现了国家法律对治理官吏的重视。出于管控数量庞大的官吏群体的实际需要，君主希望通过规范官吏的职务行为，达成统治国家、维护政权、控制社会、治理民众的效果。

**3. 对后世法律的影响，研究具有现实意义**

对比研读秦与汉初的出土法律文献，"汉承秦制"在法律制度方面显而易见。对于后世立法，秦汉法律发挥了奠基作用。作为其重要内容之一的官吏职务犯罪相关法律规定，在原则适用、篇章分布、罪刑设置等方面，对此后历代的官吏犯罪立法产生了深远影响。将唐律诸篇相关内容与秦汉官吏职务犯罪条文加以对比，可清晰地看出唐律对秦汉律令的承袭沿用、官吏法自秦汉至唐的发展演变。古今虽有殊异，但基于生存与发展的共性需求，人类社会的很多社会关系具有相对稳定性。以古鉴今、吸取经验，将之活用于当下并避免重复错误，是今人学习历史的重要收获。探讨秦汉官吏职务犯罪问题，对推进刑法学、行政法学、犯罪学领域的深入研究，细化刑事法律以指导司法实务，完善监察法、公务员法等法律规范，以及深化人事制度改革等工作，都具有重要参考价值。

## 三　学术创新与贡献

### （一）学术创新

第一，在秦汉"官吏犯罪从重处罚"原则基础上，依据出土简牍总结出四种从重处罚方式，分别是官吏犯罪"以重者论"、视作其他重罪、数种处罚并举及法定刑基础上的"加罪"。

第二，总结简牍材料中在司法程序上优待犯罪官吏的四种表现：一般级别官吏无权审判犯罪官吏而"必请之"；特定官吏涉案不得对其"擅征（捕）"，并应告知涉案原因和案件细节；官吏调任后案发必上报所属执法，审核后指定管辖；允许异地任职官吏辖区内的百姓以自身爵位抵偿官吏犯罪应受的处罚。

第三，论证新出简牍简文所见"布令不谨""为私利""为旁钱"是官吏职务犯罪的三项具体罪名，分析各自行为方式、构成要件与法定刑。

第四，论证简牍中新见的"为新地吏"，是在秦统一的特定历史时期，对特定官吏适用的一种特殊处罚措施，总结其施行原因与适用对象，分析其威慑性与惩罚性。

第五，梳理出土简牍所见对部分官吏不追究连坐责任的文例，逐一分析不施行职务连坐的原因，论证相关规定所发挥的预防官吏犯罪作用、所体现的罪责相适原则。

第六，对部分出土简牍简文的释读、断读、句读提出了其他的可能方案。

## （二）学术价值

该书以秦汉官吏职务犯罪为研究对象，利用新近公布的出土法律文献，探讨秦汉律令相关立法规定、主要罪名与刑罚、特殊处置方式、预防犯罪制度设计、对后世官吏法的影响等问题，从篇章分析、文本解读、运作考察等方面着手，期望能在一定程度上展现秦汉官吏职务犯罪的真实样态。在笔力所能及的范围内，也适当涉及了秦汉律令本体结构、法律责任来源、定罪量刑原则、立法治吏理念等议题。

在探究具体问题的基础之上，通过该书撰写试图认识秦汉帝国律令与职官的大体面貌，思考政治和法律的互动运行，体会社会历史的变迁。秦汉官吏职务犯罪问题研究，还可为当今社会国家工作人员管理与反腐倡廉工作提供一定经验借鉴，提高社会治理能力，更好地发挥法律的教化和保障功能，在国家现行法律框架内尽可能预防职务犯罪的发生。

# 《国际私法视野下不对称争议解决协议问题研究》概要

张炳南[*]

## 一 研究目的、意义及方法

### (一) 研究目的

实践中出现的管辖协议或是仲裁协议大多具有双边性,即双方当事人对于争议的解决具有相对称、相同等的权利。然而,由于当事人的议价能力以及商业风险有所差异,在实践中催生出了区别于传统争议解决协议的"不对称争议解决协议"。所谓不对称争议解决协议,是指当事人在争议解决方式上的选择具有不对等的特性,可以分为不对称管辖协议和不对称仲裁协议两种类型。一般而言,不对称管辖协议表现为一方当事人可以在任何有管辖权的法院提起诉讼,而另一方只能在某一特定法院起诉。不对称仲裁协议中的一方当事人则享有选择诉讼或仲裁的权利,而另一方当事人只能进行仲裁或诉讼。不过,无论是不对称管辖协议还是不对称仲裁协议,各国对于这类协议效力问题的关注点仍然聚焦在当事人争议解决权利的不对称性问题上,试图在意识自治原则、平等原则或是公平原则

---

[*] 张炳南,华东政法大学国际法专业博士,现就职于上海政法学院。

中寻找支持或否定其效力的依据。由于没有明确的立法规定，所以各国司法实践对此问题也呈现出截然不同的态度。

总体而言，英国、美国、意大利等国对此问题持支持态度，而法国、俄罗斯、保加利亚等国持否定态度。基于此，该书拟通过对不对称争议解决协议的研究，回答几个值得思考的重要问题：第一，如何对不对称争议解决协议进行界定。第二，实践中存在的不对称争议解决协议具有哪些表现形式。第三，司法实践中不对称争议解决协议的效力如何，以及是否具有正当性。第四，我国对于不对称争议解决协议的态度究竟如何。

### （二）研究意义

该书选题的研究在理论与实践中都具有重要意义。

在理论上，虽然国内学者对于不对称争议解决协议进行了一定的讨论，但相关研究缺乏系统性。该书不仅完整地梳理了不对称争议解决协议在诉讼和仲裁领域中的应用类型，还对于其效力认定进行了周详的比较研究，这对于完善管辖权与仲裁领域的相关理论具有较高价值。

在实践上，该书就我国针对此类协议所应采取的态度提出了建议，也回应了不对称争议解决协议正逐渐显现于商事合同中的最新动态。可以预见的是，随着我国全球化进程的不断深入，我国法院将在未来遇到更多不同类型的不对称争议解决协议，因此该书对此问题进行专门研究具有较高的实践价值。

### （三）研究方法

该书综合采用了历史研究法、案例分析法、比较分析法、统计归纳法和类比分析法进行了研究与分析，并针对不对称争议解决协议进行了类别拆分，分为不对称管辖协议和不对称仲裁协议两种类型。此外，该书再综合运用了上述研究方法对这两种协议进行了系统化的梳理与分析。

### 1. 历史研究方法

无论是对于管辖协议，还是对于仲裁协议而言，意思自治原则都是这两种协议的理论基础。管辖协议和仲裁协议均体现了当事人意思自治原则与公权的博弈与平衡。该书通过回顾意思自治原则的哲学源起与历史发展，为后续章节的展开与深入提供了理论根基。

### 2. 案例分析法

实践中发现，支持不对称争议解决协议的国家主要有美国、英国、意大利、印度、卢森堡、中国等国家。反对不对称争议解决协议的国家主要有法国、俄罗斯、保加利亚、匈牙利、波兰等国家。该书对相关案例进行了分析与评述，并归纳出各国在此问题上的立场及理由。

### 3. 比较分析法

比较分析方法是国际私法研究的基本方法，它也是该书的主要研究方法。一方面，通过梳理各国的司法实践可以明确不对称争议解决协议效力认定的主要理由。另一方面，各国对于其法律适用、效力认定等问题都有着不同见解，分析其利弊可以为法律文化的交流和法律移植提供素材。

### 4. 统计归纳法

在国际实践中，不对称管辖协议和不对称仲裁协议虽然在本质上都具有不对称的属性，但在具体的表现形式上仍有一定差异。该书分别对两种协议的不同表现形式进行了梳理与提炼，并对各国的案例进行了统计与分析，不仅可以更清晰地了解不对称争议解决协议司法实践的全貌，而且可以为全书的深入分析提供数据指引。

### 5. 类比分析法

由于不对称争议解决协议在实践中涉及了管辖协议和仲裁协议两种类型，因此该书就将两种争议解决协议一并进行了类比研究，同时也考虑到以下因素：第一，无论是管辖协议还是仲裁协议，都是当事人共同协商的结果，均为意思自治原则下的产物；第二，两种协议的准据法适用有许多共同之处，各国立法均以尊重当事人选择的法律为优先；第三，两种协议都需要具备基本的合同生效要件，对于这两种协议的生效要件，不同的国家有着不同的立法规定；第四，否定两种协议的效力理由相似，主要涉及平等原则或公平原则等内容。

## 二 主要内容与重要观点

该书主要分为六章，内容如下。

第一章为不对称争议解决协议的基本问题。首先，该章就不对称争议解决协议进行了界定，也确定了该书所讨论的不对称争议解决协议的范围，并对于实践中有关"单方"、"单边"、"选择性"或"混合性"的表述进行了区分，进而认为"不对称"的表述更适合描述此类协议。其次，该章分析了不对称争议解决协议的性质，并系统地梳理了不对称争议解决协议的类型，将不对称管辖协议归纳为"共一单任""共数单任"与"共一单数"三种类型，将不对称仲裁协议归纳为"共仲单诉""共诉单仲"和"单选诉仲"三种类型，以及针对上述不同类型协议进行了推演与分析。最后，此章明确了不对称争议解决协议的特征，即当事人地位的不对称性、权利行使的单边性以及救济途径的混合性。

第二章为不对称争议解决协议的理论源起。此章旨在回顾与梳理不对称争议解决协议的理论源起。争议解决协议属于当事人合意下的产物，因而当事人意思自治原则将毫无疑问地成为理论渊源。另外，意思自治原则在管辖协议中不仅体现在允许当事人约定的协议管辖中，还体现在排除意思自治的专属管辖中。而在仲裁协议中，意思自治原则几乎贯穿整个仲裁程序的始终，从仲裁的性质到仲裁程序本身，无不体现着意思自治原则的烙印，其中包括但不限于机构仲裁或临时仲裁的选择、仲裁事项的选择、仲裁庭组成的选择以及仲裁地的选择。

第三章为不对称争议解决协议的准据法。此章在梳理准据法问题之前，首先对争议解决协议的独立性问题进行了讨论。无论是管辖协议还是仲裁协议，独立性原则已被国际实践所确立，旨在确立争议解决条款与主合同在效力上具有可分性，以确保主合同在无效时不影响争议解决条款的效力。由于独立性原则对主合同与争议解决条款进行了"分割"处理。因此，争议解决条款与主合同可能会适用不同的准据法。

随后，此章分别梳理了管辖协议和仲裁协议的准据法。对于不对称管辖协议而言，各国对准据法的选择有着不同考量，如果将其视为程序性问题则适用法院地法，如果将其视为主合同的一部分则适用主合同准据法。另一种做法则是，依据《选择法院协议公约》的规定，适用被选择法院地法以审查管辖协议。对于不对称仲裁协议而言，世界各国通常都确立以当事人选择的法律为首要适用规则，在当事人没有约定的情形，则适用仲裁地法律。此外，在一些情况下，还存在适用主合同法律的情形。

第四章为不对称争议解决协议之正当性困境。此章着重对影响不对称争议解决协议正当性的否定性实践进行了系统梳理。

第一，"恣意处分性"是法国法院在 Rothschild 案中所确立的否定不对称管辖协议的理由。法国法下的这一概念是指合同的成立或执行只取决于一方当事人的恣意处分权。虽然保加利亚法院也适用了"恣意处分性"否定了涉及不对称管辖协议的类似案件，但是这一裁判观点受到了学界的广泛批评。法国法院在随后的 eBizcuss 案中将裁判视角从"恣意处分性"转移到了"可预见性"的考量上，从而认可了不对称管辖协议的效力。

第二，"程序平等性"是俄罗斯法院否定不对称管辖协议的主要观点。俄罗斯法院认为，根据民法权利保护的一般原则，争议解决协议不能只授权一方当事人向国家求助的权利，也不能剥夺另一方当事人类似的权利。但是，在另一起案件中，俄罗斯法院却认为不对称仲裁协议具有效力。这并非推翻了前述案例，因为在该案中，当事人仅约定"申请方"具有不对称选择权，而非某一方当事人。由于任何一方当事人都可以在争议发生后成为"申请方"，因而并未违反"程序平等性"。应当注意到，俄罗斯法院所援引的《欧洲人权公约》中第6条的规定旨在针对已经开始的诉讼程序，与当事人约定争议解决协议并无关联。

第三，"合同相互性"是普通法系中经常被提及的抗辩理由。虽然司法实践对于"相互性"的认定并不一致。但就目前来说，法院在审查是否满足"相互性"的要求时，更愿意将合同视为一个整体来看待，如果合同作为一个整体能满足"相互性"的要求，不对称仲裁协议则不会因该抗辩而无效。

第四，"显失公平"是美国法院在不对称争议解决协议的认定中经常审查的抗辩理由。美国法上的"显失公平"可以分为程序性的显失公平与实体性的显失公平。但是，由于导致程序性与实体性显失公平的因素较多，法院在司法实践中常常出现认定不一致的情形。我们认为，约定了不对称争议解决协议并不意味一定构成"显失公平"，应当对不对称争议解决协议是否构成"显示公平"的问题进行个案分析，并且对程序性与实体性的两个要件做严格的审查。

第五章为不对称争议解决协议之正当性证成。此章着重探讨了各国支持不对称争议解决协议的积极性实践。其中，最为典型的是英国，其对于不对称争议解决协议持完全支持的态度，而这背后则体现出英国法对于当事人意思自治原则的极大尊重。此外，另一个重要理由是，当事人可以通过约定不对称争议解决协议以合理地分配风险。这一点在金融合同中尤为典型，银行作为不对称管辖协议中的优势方，可以通过对争议解决的选择权进行"不对称"的约定，从而平衡其所承受的"不对称"的高风险。

第六章为我国不对称争议解决协议的司法实践及完善建议。在梳理完世界各国对于不对称争议解决协议的正当性讨论后，此书的落脚点放在我国对待不对称争议解决协议的态度上，并试图通过对我国司法实践的分析，提出文章的观点与合理的建议。首先，此章回顾了我国关于不对称争议解决的相关司法实践。关于不对称管辖协议，我国法院在其性质认定和法律适用上存在一定分歧。另外，我国法院在不对称管辖协议的法律适用上并不一致。关于不对称仲裁协议，我国法院对于不对称仲裁协议是否属于"或裁或审"情形的认定并不一致，而一旦被认定为属于"或裁或审"，依据我国法律，不对称仲裁协议则会被认定无效。

其次，此章提出了观点，即无论是基于对于契约自由这一神圣原则的维护，还是我国大力发展"一带一路"倡议和建设亚太仲裁中心的现实需要，我们都应毫不迟疑地认可不对称争议解决协议的效力。此外，值得注意的是，不对称争议解决协议满足我国法律中有关协议的有效性规定，同时亦不存在协议无效的情形。不对称争议解决协议既不构成我国法律下的"显失公平"，也不违反"公共政策"的要求。

最后，此章基于我国应当认可不对称争议解决协议效力的观点，提出了四个较为可行的完善性建议。

第一，应当限制不对称争议解决协议的适用领域。随着实质正义的逐渐回归，世界各国对于弱势当事人的保护已经达成一致。因此，我们认为，我国应通过立法形式增设弱势当事人保护的条款，可以借鉴欧盟布鲁塞尔体系中的相关规定，从而在最大程度上维护弱势当事人的权益，而顺应国际社会对于弱势当事人保护的趋势。

第二，可以对《选择法院协议公约》第22条作出互惠声明。虽然《选择法院协议公约》适用的范围限于排他性法院选择协议，但是第22条为缔约国提供了将公约适用范围扩大至非排他性法院选择协议的机会。缔约国可以通过对第22条作出互惠声明，在同样作出该声明的缔约国之间承认与执行非排他性法院选择协议。

第三，可以充分利用《海牙判决公约》以承认不对称管辖协议的效力。《海牙判决公约》与《选择法院协议公约》所追寻的目标相一致；而在适用范围上，又是《选择法院协议公约》的有益补充。

根据公约第 5 条第 13 款的规定，不对称管辖协议属于非排他性管辖协议，所以基于不对称管辖协议作出的判决属于公约的适用范围。有鉴于此，我国作为公约的签署国，可以通过充分利用公约对于不对称管辖协议的认定，推动对于该协议的全面认可。

第四，应当明确"或裁或审"情形以区分不对称仲裁协议。由于不对称仲裁协议与"或裁或审"条款都包含了仲裁和诉讼两种争议解决方式，不对称仲裁协议很可能被认定为"或裁或审"情形。因此，我们认为，我国最高人民法院可以通过会议纪要的形式对不对称仲裁协议的效力认定进行规范，为各级人民法院识别和认定此类协议提供统一的裁判指引。此外，还可以通过遴选涉及不对称仲裁协议的司法案例作为指导性案例的形式为各级法院提供具有"弱规范约束力"的裁判指引，从而避免不对称仲裁协议在我国被认定无效。

## 三 学术创新与贡献

### （一）研究选题的创新

不对称争议解决协议是争端解决中的前沿问题。这类协议最早作为一种特殊协议出现在金融领域，但近年来正逐渐在商事合同中悄然扩散，因而这类协议的效力问题则成为各国法院关注重点。我国一些学者虽对此略有讨论，但缺乏系统性研究。该书则立足我国"一带一路"倡议和亚太仲裁中心建设的大背景，从国际私法的视野就此类新兴争议解决协议进行了系统研究。

### （二）学术观点的创新

其一，该书针对不对称争议解决协议进行了明确的界定。将其定义为一方当事人相比另一方当事人在争议解决方式上拥有更多选择权的协议，并明晰了与"单方""单边""选择性"等其他表述之间的区别与联系，论证了"不对称"作为此类协议表述的合理性原因。

其二，该书提出了我国针对不对称争议解决协议应有态度与立场。认可不对称管辖协议和不对称仲裁协议契合我国目前"一带一路"建设的打造面向全球的亚太仲裁中心的大背景，能够进一步凸显我国法院对于意思自治原则的推崇与保障。并且认可这类协议在我国现有法律体制中不存在任何法律障碍，能够满足管辖协议和仲裁协议的有效性要求。

其三，为保障不对称管辖协议的承认与执行，该书提出我国应对《选择法院协议公约》第22条作出互惠声明的建议，以扩大公约的适用。同时还可以选择充分利用《海牙判决公约》以认可不对称管辖协议。

其四，保障不对称仲裁协议的有效认定，该书提出我国法院应当明确"或裁或审"情形的建议，以免不对称仲裁协议因被视为"或裁或审"协议而被认定无效。

### （三）研究方法的创新

该书虽然综合运用了多种研究方法，但并非把这些方法进行简单的糅杂，而是有所选择与侧重。首先，该书以统计归纳法为基础，首次将不对称争议解决协议进行了系统性的类型划分。其次，该书通过比较分析法就不对称争议解决协议相关司法实践进行了详实的讨论与分析。总的来说，否定不对称争议解决协议效力的理由主要涉及：违反合同相互性义务、违反程序平等、违反公平原则以及违反公共政策等方面。而肯定不对称争议解决协议的理由以尊重当事人意思自治原则为代表，也可以分为契合当事人意图和合理平衡商业风险两方面。

# 《基本权利限制、比例原则与原则权衡——基于阿列克西基本权利理论的展开》概要

陈 杰[*]

## 一 研究目的、意义及方法

该书的研究目的在于以宪法法理学为视角，对比例原则的基础理论进行系统性研究，澄清当前研究中存在的概念混淆与理论争议，同时回应批评并探索比例原则在合宪性审查中的应用，进而为我国基本权利保护与合宪性审查制度的完善提供学理支撑。该研究不仅具有理论价值，而且还具有实践意义。在理论层面，它通过系统梳理和理论探讨，明确原则理论在基本权利限制中的基础性地位，以及比例原则的适用逻辑，从而为基本权利限制问题提供基础理论支撑。此外，通过回应法经济学者对比例原则的外部批评，丰富了基本权利裁判的理论体系。在实践层面，该研究为我国司法实践中合理适用比例原则提供支持，避免因滥用或误用导致司法不公。同时，通过对比例原则历史演变、地域性与领域性泛化现象的比较法研究，剖析其概念本质与适用困境，为我国宪法理论与司法实践中引入比例原则提供理论依据

---

[*] 陈杰，浙江大学法学博士，现就职于浙大城市学院。

与实践参考，力图推进基本权利理论的本土化发展与制度完善。

虽然法学研究在内容上具有国别性，学者们也经常使用特定法律体系的例子，但是这并不妨碍一般性的法学理论能够超越不同国家法律制度的疆界。虽然德沃金在论述司法裁判学说时涉及的是英美普通法系，阿列克西的基本权利理论的对象是德国宪法传统，但是这并不妨碍其他国家法律制度从中汲取养分。该书的出发点是对基本权利限制和比例原则进行基础理论研究，同时从比较法切入观照具体法律制度（比例原则的宪法适用、合宪性审查等），因此常需于具体现实与法律理论之间往返流转。这在方法论上体现为融贯论思想。具体而言，在抽象理论层面采用的是概念分析方法，而在具体法律实践上采用的是比较研究方法。

首先，法学家们通常致力于将法律呈现为一个融贯的系统，所谓融贯就是指一个系统内部各个环节相互支持，不存在不一致性。虽说逻辑上的一致性是融贯的必要条件。但是，考虑到社会、历史、文化以及法律和科学范式的不断变化，逻辑一致性对于历时的融贯性并不是必要的。一个新的理论可以在逻辑上与旧的理论不一致，但是它可以构成一个融贯的演化。以法律解释为例，所谓融贯的演化体现在新的法律解释必须要得到法律传统的支持，虽然它同时蕴含对传统的改变。在其他条件不变的情况下，一个法律的历时融贯性程度取决于它的实际构成（包括规则、制度、理论等）在多大程度上是得到证成的，多大程度为法律传统所解释的，以及该法律传统所延续的时间。例如，起源于罗马法的法律理论涵盖了整个私法，有着漫长而紧密相连的论证链的支持，并且使用相对一般性的概念。因此，罗马法体系比具有有限历史、范围、论证和更少一般性概念的法律体系更加融贯。在法律理论中处处体现着融贯论的思想：德沃金的"作为整体的法律"就是融贯论的一种；拉伦茨主张司法裁判要在法律与事实之间往返流转是一种融贯论的表达；法律解释方法中的体系解释也是融贯论的体现；在法律推理理论中，法律原则支持并解释了一系列法律规则并且使得它们融贯还是融贯论的体现。

其次，为什么有必要做概念分析？法学研究的主流方法是法教义学。而法教义学的重要内容就是对法律概念进行逻辑分析，然后在此基础上进行体系化，最后用以解决疑难案件中的法律适用问题。按照阿列克西在《法律论证理论》一书中的归纳，"这个狭义或本义的法学是至少三种活动的混合体：（1）对现行有效法律的描述；（2）对这种法律之概念—体系的研究；（3）提出解决疑难的法律案件的建议"。此外，考虑到我们通过命题来表达我们的思想，而概念又是命题的基础，因此概念澄清工作是重要的。当我们用清楚的概念构成命题来表达我们的思想时，我们的思想是清晰并且准确的。如果说很多争论都是语词之争——即都是由于语词使用不当造成的，那么当我们清晰明确地界定我们使用的概念时，能够减少许多不必要的争论。因此，一个成熟的法教义学事实上并且也应该将概念清晰、逻辑严谨作为其目标。

最后，考虑到比例原则是一个舶来品，并且国外对比例原则的研究无论在理论上还是法律实践上都积累了大量经验，因此运用比较研究将是不可避免的。从比例原则在世界范围内蔓延这一事实来看，各国在本国宪法上对比例原则的运用大多是建立在比较法的知识基础上进行的，在实践中表现为后发国家对先发国家法律制度和思想观念的继受与移植。国内也有宪法学者认为："比较法对于我们这样一个正在形成中的、不成熟的法律体系，有着非常积极的作用……比较法的功能在于打破法学的狭隘视野，促进法律体系的成熟和合理化。"比较法就像一面镜子一样照出本国法律的缺陷与不足，因此该书第六章讨论了德国与美国两个不同版本的合宪性审查模式，并期为日后比例原则在中国的移植提供借鉴。

## 二　主要内容与重要观点

该书从法律原则理论出发，在对规则—原则进行概念二分的基础上，围绕"比例原则与基本权利限制"这一议题进行多方面讨论。首先，基于如下两方面原因预设法律原则的存在，并淡化对法律原则界限问题的讨论：一方面，若法律原则不存在，则法律原则的界限与结构特征问题无从谈起；另一方面，界限问题更多涉及对法本质的理解，而这属于另一个重要议题。面对学界对规则—原则二分的批评，该书认为规则—原则二分应基于概率性或可废止性特征予以理解，而不能基于充分必要条件来定义其概念差异。虽然"分量属性""穷尽例外"及"全有全无适用"无法作为区分规则与原则的定义性特征，但仍能作为典型特征维持区分，从而为基本权利理论与比例原则的理解提供理论基础。在此基础上，论证法律规范内部呈现谱系化状态，通过明定性标准可以对谱系化特征予以刻画。具体表现为在明定性与约束力上，法律规范从规则到标准到原则呈现为依次递减的内部关系。通过碰撞法则，该书还讨论了法律规范内部从原则到规则的转化机制。在原则理论基础之上，该书围绕"基本权利"与"人权"的关系及其在宪法中的规范地位展开，强调人权与基本权利概念上的差异。但与此同时，二者都对正确性进行要求。正是通过宪法这一桥梁，人权成为有效的基本权利。而宪法只有当它将人权作为基本权利体现时才能得到正当化。为进一步厘清基本权利规范的地位和适用，可以沿着阿列克西提出的三层次框架展开理解。同时，对基本权利规范应作双重构造式理解，即通过限制性条款同时被理解为规则与原则。而在对基本权利属性的理解上，虽然在概念上存在将基本权利理解为绝对权利的空间，但在实践中这种绝对性却常常只是一种立场宣示。种种这些澄清前提，划定思维界限的工作，都为后面讨论基本权利限制与比例原则适用奠定基础。

虽然宪法是写满权利的宣言书，但宪法同时也规定了基本权利可被限制。该书基于范围—限制在深层结构上的差异，及其与规则—原则的同构性，构建了"规则—范围模式"与"原则—限制模式"二元分析架构。该框架通过区分宪法层面的内部限定与下位法律层面的外部限制，精细地将基本权利的范围与限制对应到不同的规范形态和审查路径上。在这个二元分析结构中，"规则—范围模式"用于在宪法内部定义基本权利边界，而"原则—限制模式"则用来处理基于公共利益或权利保护而产生对基本权利的外部限制。经由此双模式设计，该书对基本权利的权利属性、规范属性、限制性条款以及比例原则等议题进行了系统性讨论，并论证双模式设计如何协同运作以合理解决基本权利限制与基本权利冲突问题。

作为评判下位法律规范对基本权利的限制合理与否的标准，比例原则通常在基本权利限制问题上扮演重要角色。通过回溯合比例性概念的历史起源，在概念—观念二分的基础上，该书系统梳理了合比例性概念在不同时代语境中的三种主要观念：基于正义的合比例性解释、基于手段正当的合比例性解释，以及基于利益权衡的合比例性解释。而当前的比例原则通说观念，则是在合比例性概念的利益权衡解释与德国宪法实践的基础上形成的。在涉及对比例原则本质进行理论分析时，该书在构建概念—属性分析框架的基础上，考察了国内学者关于比例原则本质的价值论、限权论及权衡论解释。事实上，该书认为这些解释因存在如下问题而难以解释比例原则的本质：一方面，它们把辅助属性当作本质属性，而混淆比例原则在概念与观念上的差别；另一方面，它们忽略了调节因子在塑造不同比例原则观念中的影响。事实上，价值论、限权论和权衡论都仅仅是合比例性概念的一种观念化表达，这些学说因把握住了不同场景下比例原则本质的某个面向，而具有表面上的合理性。但是，学说间的竞争只是观念上的，而非对合比例性概念和比例原则的本质所做的一般性解释。如果该书基于本质属性、辅助属性与调节因子的分析是合理的，那么合比例性概念的本质属性就是指那些没有它们比例原则就不能称其为比例原则的属性，即关系性属性和证成性属性。但是，通过这两种属性本身并不能得到有关比例原则的具体要求。需要在具体场景中考虑应得、国家—个体关系、宪法文化背景等调节因子，才能更为透彻地理解比例原则的适用及其多样化形态。

在讨论完比例原则的本质问题后，该书围绕比例原则的泛化现象在比较法层面对其展开考察，以期为日后我国移植比例原则制度提供比较法经验。毫无疑问，比例原则经历地域性与领域性这两方面泛化。在地域性方面，比例原则从德国起源，并在第二次世界大战后传播至全球。通过比较德国与美国在司法哲学、立宪历史、政治文化及权利观念等方面的差异，解释了德国式比例原则不能过大西洋在美国扎根的原因。在领域性方面，比例原则从行政法向整个公法领域扩散，最终渗透至私法领域。对于学界广泛争论的比例原则私法适用问题，该书认为这需要在理论层面分析适用的是何种观念的比例原则。考虑到私法自治，调节国家—个体关系的比例原则观念强行适用于私法领域未必合适。但是，这不意味着比例原则无法在私法领域适用。它一方面取决于实在法如何规定，另一方面取决于在私法领域能否找到体现不同合比例性观念的具体场景。此外，比例原则在部门法领域的泛化，实则可通过宪法内容的部门法化得到解释，这意味着从法律体系内部为比例原则寻找宪法规范基础就成为应有之义。虽然我国现行《中华人民共和国宪法》并未规定比例原则，但是该书对于如何在我国宪法上推出比例原则给出了解释。

就比例原则的内部构成及适用方式而言，该书支持以结构化方式适用的四阶层比例原则。首先，通过回应冗余性批评与违背形式合理性质疑，论证正当目的原则作为独立审查的可行性。正当目的原则之所以不像批评者所认为的依赖于狭义比例原则，是因为二者分别关注两个彼此独立的问题：前者关注对目的的审查，后者关注对手段的审查，而对手段的审查无法替代对目的的审查。其次，正当目的原则作为前置程序是逻辑理性的要求。因为只有确定了目的才能确定实现目的的手段，所以正当目的原则应该放在适当性原则与必要性原则之前。同时，不能确定手段就无法确定法律的正面效果与负面效果，也就无法进行权衡。所以，狭义比例原则应该在手段目的关系之后被适用。而四阶层说的这种适用秩序，因其符合确定性标准和可操作性标准，具有符合形式法治和行政效能的特点。

此外，四阶层说的这种适用秩序，会制约我们将目的正当性理解为"法无明文禁止的目的"，而不能理解为不可抗拒的、迫切的和重要的利益。最后，回应了法经济学者基于效率对结构化比例原则的批评，该书认为：第一，虽然结构化比例原则具有效率面向，但是它并不将效率作为唯一价值目标，还旨在实现诸如正义、权利保护等价值目标；第二，建立在帕累托效率和结构化特征基础上的比例原则，不要求社会财富最大化；第三，作为对帕累托效率及比例原则的替代，卡尔多—希克斯效率标准及成本收益分析自身同样面临诸多理论挑战。所以，批评比例原则存在效率问题是一种外部批评，有待进一步商榷。

围绕正当目的原则说明比例原则的内部构成及其关系后，该书对审查手段目的关系的适当性原则与必要性原则进行具体讨论。其中，适当性原则考虑的是收益维度，而必要性原则考虑的是成本维度。适当性原则并不涉及对手段本身进行评价，而仅仅旨在通过对手段目的关系进行评价，筛选掉那些对于实现目的而言明显不相关甚至还有负面影响的手段。而就必要性原则而言，它并不要求实现目的的手段是事实上损害最小的，只是要求该手段在不损害其他原则的前提下是损害最小的。换言之，必要性审查试图在两种或多种能同样程度实现目的的手段间做出比较。因此，如果实现某个目的仅仅存在唯一手段，那么并不会诱发必要性审查。如果与被审查手段相比，替代性手段不具有同样的实现能力或者并非损害更低，那么国家限制基本权利的手段或举措就是符合必要性原则的。此外，考虑到实践中决策者很难评估两个手段是否同等程度地实现了目的，因此为了避免将正义付诸运气的事情发生，应该基于主观说来判断手段是否实现目的。

该书最后进入对狭义比例原则或权衡原则的讨论。基于范围—限制二分，可以区分定义式权衡与特设式权衡等不同类型，前者对应权衡的范围维度，后者对应权衡的限制维度。而作为四阶层比例原则终端的狭义比例原则涉及权衡的限制维度，但因其结构化特征而与特设式权衡不同。然后，比例原则因其权衡子原则遭遇诸多批评，最主要体现为如下二者：一方面，以后果主义为基础的比例原则削弱权利优先性和规范力量；另一方面，权衡方法因其不合理性，导致裁判结果主观恣意。然而，这些批评并不当然成立。首先，比例原则的后果主义基础与权衡方法可以与权利优先性相容，具体取决于对权利优先性作何种解释。然而，即便后果主义、权衡方法与权利优先性相容，这并不能天然地证成出于公共利益限制基本权利是正当的。在特定情况下，当公共利益为基本权利提供物质基础或保障权利主体的可行能力时，基本权利可能具有自限性。因为此时，为了公共利益对部分权利进行限制恰恰能惠及整个权利体系。其次，阿列克西式基于商谈理性的分量公式，或许能为回应对权衡方法的不合理性批评提供某种思路。权衡方法作为实践商谈理性的具体表达，并非基于主观直觉，而是建立在可反驳论证的基础上的。因此，如果我们相信人的理性力量，进而认为合理的法律论证是可能的，那么合理的权衡也是可能的。此外，在区分不可比较性与不可通约性的基础上，由于权衡方法涉及的赋值行为是说理行为，所以基本权利裁判涉及的并非不可通约性问题，而是不可比较性问题。而权衡比较的关键在于，需结合具体场景找到能同时涵盖被比较双方的更高阶标准或理由，如宪法的重要性或边际社会重要性。

# 三　学术创新与贡献

该书以法律原则理论为起点，围绕规则与原则二分以及比例原则展开系统研究，提出了多个创新观点。第一，通过概率性和可废止性特征重新定义规则与原则的区分，并揭示法律规范内部呈现为谱系化状态。基于此，构建了"规则—范围模式"与"原则—限制模式"的二元分析框架，将基本权利的范围与限制分别对应于不同的规范形态和审查路径，为基本权利理论提供了新的分析工具。第二，通过构建概念—属性分析框架对比例原则本质进行了深入探讨，揭示比例原则的本质属性为关系性和证成性属性，并对学界主流学说的局限性进行了批判性反思。同时，揭示了比例原则在观念层面，会随着调节因子的变化而呈现多样化形态。第三，在对比例原则四阶层结构进行细化的基础上，明确了正当目的原则的独立性，回应了对正当目的原则的冗余性与不合理性批评，并强调比例原则在实现多价值目标方面的实践合理性。第四，针对比例原则的泛化现象，比较了德国与美国在司法传统和文化上的差异，并探讨其在私法和部门法领域的适用条件。这为比例原则的跨领域扩展提供了新的视角。第五，为权衡方法的合理性进行了辩护。基于商谈理性和分量公式，回应了对比例原则使权利降格、使司法裁判变得主观恣意的批评，进一步澄清了权衡的理论基础和实践操作性。

# 《良缘之外——中国的教育婚姻匹配与社会分层后果》概要

石 磊[*]

## 一 研究目的、意义与方法

**（一）研究目的**

党的十九大报告中提出"中国特色社会主义进入新时代，我国社会主要矛盾已经转化为人民日益增长的美好生活需要和不平衡不充分的发展之间的矛盾"。在此背景下，探究影响各类资源和机会不平衡分布的因素和机制，具有非常重要的理论和现实意义。

在社会学中，一般将各种资源与机会在不同社会群体之间不平衡分布的现象称为"社会分层"。社会分层研究可以简单分为两大领域：一是从静态的角度考察社会分层结构，也即分析收入、财富、受教育程度等有价值的资源在各个社会群体中是如何分配的；二是从动态的角度探究社会分层结构的开放性，也即分析社会阶层结构中各个阶层之间的边界在多大程度上是可渗透的、可跨越的。

影响社会分层结构及其开放性程度的因素有很多，在这些因素中，婚姻匹配在近些年备受学者的关注，同时也逐渐成为社会热议

---

[*] 石磊，中国人民大学社会学专业博士，现就职于中国人民大学社会与人口学院。

的话题。婚姻匹配对社会分层的影响主要在于其匹配过程的非随机性，表现为男女两性通常基于某种相同或相似的社会属性择偶成婚，形成所谓的"同型婚姻"或"同类婚"（Homogamy）。以同类婚为主导的婚姻匹配使得社会优势阶层通过婚姻实现优质资源和机会的"强强联合"，而社会下层则会出现劣势的累积，由此便会导致资源与机会的占有量在家庭层面出现更为严峻的两极分化。在诸多类型的婚姻匹配中，教育婚姻匹配及其对社会分层的影响在近些年来颇受关注，由于受教育程度往往与职业、权力、收入等社会经济地位要素密切相关，因而教育婚姻匹配对社会分层具有十分深刻的影响。

该书在中国社会的背景下讨论教育婚姻匹配对社会分层后果的影响。如前所述，社会分层研究一般关注两个方面，针对静态的社会分层结构，该书主要探究的是教育婚姻匹配及其变迁如何影响收入差距；在动态的社会分层结构开放性上，该书主要探讨的是教育婚姻匹配如何影响人们在代内与代际间的社会流动。

**（二）研究意义**

该研究的意义主要包括以下几个方面。

首先，可以更加深刻地刻画社会结构的轮廓。中国的社会分层研究多聚焦于资源和机会分配的不平衡，而对聚合的不平衡长期置之弗论。然而，聚合的不平衡较之分配的不平衡在刻画社会结构方面可能更具优势。婚姻匹配作为社会中最基础的社会群组——家庭的形成方式，以及最基本的资源和机会的聚合形式，是反映社会结构封闭性或开放程度的绝好指标。

其次，可以更清晰地揭示收入差距尤其是家庭收入差距的形成机制。当前，中国的家庭收入差距比较严峻，而婚姻作为家庭的起点，对其匹配形式与过程的研究，必然有助于理解家庭收入差距的形成机制。

最后，可以更全面地展现社会分层结构的再生产过程。如前所述，婚姻匹配会直接影响家庭所占有的资源与机会含量及其他特征，而家庭又是社会再生产的核心场域。从教育婚姻匹配的视角切入，一方面能够更加细致地刻画不同家庭在资源和机会占有上的差异，另一方面也能够更加生动地展现家庭中的非资源性因素是如何影响社会分层结构的再生产的。

### （三）研究方法

该书主要通过定量分析来探究教育婚姻匹配对于收入差距和社会分层结构开放性的影响。具体来说，该书依托于具有全国代表性的数据，运用对数线性模型、反事实分析、事件史分析、多元线性回归等技术，来考察市场转型与高等教育扩张背景下的教育婚姻匹配变迁、教育婚姻匹配与收入婚姻匹配的同构性、教育婚姻匹配与代际再生产之间的关系、教育婚姻匹配对代内和代际社会流动的影响等问题。

## 二　主要内容与观点

该书运用社会排斥和社会结构化两个解释机制，分别讨论了中国的教育婚姻匹配对于宏观的收入差距与社会分层结构开放性的影响。就收入差距而言，该书首先在市场转型和高等教育扩张的背景下，探究了教育婚姻匹配中的教育资源排斥和婚姻市场排斥如何在各受教育层级之间建立起不同强度的婚姻壁垒，进而决定了教育同类婚在整体受教育层级上的分布结构；其次，该书分析了教育婚姻匹配与收入婚姻匹配的同构性程度，继而结合上述教育同类婚的分布结构，进一步探究了教育婚姻匹配及其变迁如何影响了社会总体的收入差距。就社会分层结构开放性而言，该书首先讨论了教育婚姻匹配机制与代际再生产机制的关系，揭示了教育婚姻匹配与代际再生产之间的联合型结构化效果；其次，该书通过研究职业流动中的配偶效应与父母教育婚姻匹配对文化再生产的影响，分别讨论了教育婚姻匹配的代内和代际两类自源型结构化效果。

**（一）教育婚姻匹配与收入差距**

该书认为，教育婚姻匹配对收入差距的影响有赖于两大因素。第一是教育同类婚在整体受教育层级上的分布结构，而这一分布结构在很大程度上取决于各受教育层级间基于社会排斥而形成的通婚壁垒强度。该书发现，其一，就教育资源排斥而言，一方面在市场转型的影响下，受教育程度的社会经济价值不断攀升，此外，市场风险与社会不确定性逐步增加，由此各受教育层级尤其是高等受教育层级在婚姻匹配中的向下排斥显著增强；另一方面，高等教育扩张所导致的学历膨胀，使得较低受教育程度者在劳动力市场上的状况不断恶化，在婚姻匹配上受到其他教育层级的排斥程度也相应增强。由此，中国教育婚姻匹配中的教育资源排斥在高等教育扩张的过程中出现了两极化的趋势。其二，就婚姻市场排斥而言，在中国社会中，学校等教育机构日益成为重要的婚姻市场，而由此所导致的教育婚姻市场排斥使得各受教育程度者尤其是高等受教育程度者在教育婚姻匹配上更可能形成教育同类婚。在中国独特的高等教育扩张的影响下，高等受教育层级中的教育婚姻市场排斥进一步增强，高等教育同类婚程度也随之加深。

总之，随着市场转型的逐步深入及高等教育的急剧扩张，在日益增强的教育资源排斥和教育婚姻市场排斥的作用下，中国的教育同类婚分布逐渐向高等受教育层级集聚，并呈现出两极化的态势。

第二大影响教育婚姻匹配作用于收入差距的因素是教育婚姻匹配与收入婚姻匹配的同构性程度。笔者发现，在市场转型后，市场的机制和原则开始由经济领域向非经济领域扩散，在婚姻匹配上表现为婚姻市场上的男女越来越注重未来配偶的社会经济地位。基于上述原因，中国的教育婚姻匹配与收入婚姻匹配具有非常高的同构性，并且这一同构性程度随着市场转型的深入而不断增强。在1980至1990世代中，中国的教育婚姻匹配与收入婚姻匹配几乎已经完全同构。

教育同类婚的两级分布结构以及教育婚姻匹配与收入婚姻匹配的高度同构性使得中国社会中的教育婚姻匹配对收入差距具有十分深刻的影响。笔者发现，自20世纪90年代以来，根据各类型教育婚姻匹配家庭计算的收入差距不断拉大，各教育婚配家庭类型内部与类型之间的收入差距水平均持续提升，这表明随着市场化改革和高等教育扩张的推进，教育婚姻匹配的变迁会显著地提高收入差距程度。具体而言，首先，教育同类婚的分布向高等受教育层级集聚直接导致了各教育婚配家庭类型内部、各类型家庭之间以及社会总体收入差距的提升；其次，虽然所有教育婚配家庭类型的绝对收入均呈现增长的态势，但是各家庭类型之间的收入差距却在逐渐拉大，主要表现为高等教育同类婚家庭与低层级教育同类婚家庭在收入水平上的两极分化，这一现象使得组间收入差距在近20年中迅速扩大；再次，各类教育婚配家庭类型内部的收入差距对社会总体收入差距具有十分强烈的影响，表现为在近20年间，组内收入差距以及总体收入差距增量的很大一部分是由各家庭类型内部的收入差距尤其是高等教育同类婚家庭内部收入差距的急剧扩大所导致的。

总之，随着市场转型的逐步深入以及高等教育的急剧扩张，各受教育层级在社会经济地位上的差异，尤其是高等受教育层级和低受教育层级在收入水平上与其他受教育层级的差距不断拉大，加之市场理性原则向择偶婚配领域的渗透，最终导致了教育同类婚两极化的分布结构以及教育婚姻匹配与收入婚姻匹配的高度同构性。在此背景下，收入等与受教育程度相关的资源和机会便在家庭层面出现了优势阶层的"强强联合"与弱势阶层的"劣势累积"的情形，从而拉大了社会总体的收入差距。

**（二）教育婚姻匹配与社会分层结构开放性**

该书构建了一个三代社会流动的框架，从一个微观的、长期动态的视角分析了教育婚姻匹配对于社会分层结构开放性的影响，主要通过考察联合型结构化和自源型结构化两个机制，讨论了有价值的资源和机会是如何在教育婚姻匹配的作用下，于夫妻父代到夫妻本代、夫妻代内，以及夫妻本代到子代间三个过程中不断固化的。

在联合型结构化效应方面，该书探析了家庭背景对教育婚姻匹配的影响，以此来展现教育婚姻匹配与代际再生产之间的联合结构化效果。研究显示，就家庭背景与教育同类婚之间的关系而言，在市场转型和高等教育扩张的背景下，首先，那些家庭背景越好的个体越可能形成教育同类婚，这表明代际再生产与教育婚姻匹配之间具有很强的联合结构化效应。那些家庭背景优渥的个体，不仅可以借助父辈的资源优势获得较高的教育成就，实现代际再生产，同时又通过高等级的教育同类婚使其由继承而来的优势得以进一步的叠加和累积。如此一来，他们所具有的资源与机会优势便在代际间实现了维系和强化。

就家庭背景与教育异类婚的关系而言，该书的发现在一定程度上支持了家庭背景（特别是经济背景）越好的个体越可能形成教育向上婚，且越不可能出现教育向下婚。由此可知，教育婚姻匹配不但可以在代际再生产正常运作时进一步强化其对社会分层结构的固化效应，而且作为一种可能的向上流动途径，又能在代际再生产出现"失灵"的情况下起到补偿性的作用，从而使得资源和机会占有的不平衡得以维持，降低了社会分层结构的开放性程度。

就联合型结构化的变迁而言，对于出生在 1980 年后的世代来说，不但教育代际再生产程度和教育同类婚程度同时提高，从而增强了父亲受教育程度与个人配偶受教育程度之间的关联，而且父亲受教育程度对配偶受教育程度的直接影响大幅增强，独立地提高了二者之间的关联。

总之，在市场风险和社会生活不确定性大幅增强的背景下，教育婚姻匹配并未起到促进社会流动、提高社会结构开放性的作用，反而与代际再生产等机制联合，成了社会优势群体维护和进一步强化自身优势的工具，由此导致社会分层结构的固化程度提升。

在代内自源型结构化方面，笔者考察了配偶受教育程度对个体婚后社会地位流动的影响。笔者发现，首先，在中国社会中，夫妻中一方的受教育水平越高，则另一方在婚后越可能实现社会地位的向上流动，也即存在"双向配偶正效应"。

其次，虽然配偶受教育程度对个体代内向上流动的促进作用在教育异类婚中比教育同类婚中稍强（除了男性的职业向上流动），但是这一差异并不具有统计上的显著性。这表明配偶受教育程度对于个人代内流动的正影响在教育同类婚与教育异类婚中并无明显的程度差别，即不存在"追赶效应"。

最后，就配偶效应的变迁而言，在1980年后出生的世代中，一方面，丈夫的受教育程度对妻子职业地位的获得具有强烈的独立影响；另一方面，随着女性受教育程度的提高以及与此相关的教育同类婚的增强，妻子的受教育程度对丈夫职业地位的获得同样具有越来越大的影响，出现了由丈夫对妻子的"单向配偶正效应"到夫妻双方之间"双向配偶正效应"的变化。

双向配偶正效应的存在，意味着较高受教育等级的同类婚夫妻可以凭借配偶所提供的优质的工具性支持，在代内向上流动中占据优势。相比之下，那些较低受教育等级的同类婚夫妻由于难以获得良好的配偶工具性支持，因此在代内社会地位的向上流动中仍处于下风。如此一来，由教育婚姻匹配所导致的两极分化便会随着时间的推移在代内中愈演愈烈。而不存在追赶效应则意味着教育同类婚夫妻与相对应的教育异类婚夫妻之间在资源和机会占有量上的差别也不会于代内逐渐弥合。在此条件下，高等教育同类婚夫妻相比于其他教育婚配类型夫妻的地位优势将在代内持续强化，社会分层结构固化的程度由此不断加深。

在代际自源型结构化方面，该书讨论了父母的教育婚姻匹配与子女教育成就获得之间的关系问题。结论显示，父亲的受教育水平和母亲的受教育水平对子代的教育成就获得均具有显著的且相对独立的促进作用，也即父系教育再生产和母系教育再生产是同时存在的。就不同教育婚姻类型家庭间的差异而言，父亲教育再生产在教育同类婚家庭中有显著更高的强度。

父亲和母亲的受教育水平均会促进子代的教育成就获得，意味着较高等级教育同类婚夫妻所具有的社会地位优势将会在下一代中得以维持甚至是强化，而较低层级教育同类婚夫妻的相应劣势也会在下一代中延续。如此一来，由教育婚姻匹配所导致的两极分化便会在代际中再生产出来。此外，父亲教育再生产在教育同类婚家庭中有更高的强度，意味着教育异类婚家庭与对应教育同类婚家庭之间的资源和机会差距并不会在代际再生产过程中缩小，反而有进一步扩大的趋势。

综上所述，家庭背景较好的个体，在代际再生产和教育婚姻匹配的作用下，更容易形成较高等级的教育同类婚或教育向上婚，进而在配偶效应的影响下，更可能实现代内向上社会流动，最后较高等级的同类婚夫妻在子代教育成就获得上也更有优势。如此一来，有价值的资源和机会便在夫妻父代到夫妻本代，再到夫妻子代之间不断地向优势阶层流动，社会分层结构固化水平由此不断加深。

## 三　学术创新与贡献

该书的创新与贡献之处主要有以下几个方面。

首先，该书更为清晰、细致地展现了教育婚姻匹配作用于社会分层的过程和机制。该书首先致力于厘清教育婚姻匹配与收入差距之间的逻辑链条，梳理出教育同类婚分布结构和教育婚姻匹配与收入婚姻匹配的同构性两大过程性因素，并提出了社会排斥的解释机制，详细分析了教育婚姻匹配如何通过教育资源排斥和婚姻市场排斥，塑造了各受教育阶层间的通婚壁垒以及由此决定的教育同类婚分布结构，进而影响收入差距。

其次，该书深入分析了教育婚姻匹配对于社会分层结构开放性的影响及机制。该书通过检验家庭背景与教育婚姻匹配的关系、配偶效应，以及父母的教育婚姻匹配对子代教育成就获得的影响等，较为详尽地展现了教育婚姻匹配如何通过联合型和两类自源型结构化机制，直接或间接地使资源和机会占有的不平衡在代内和代际间得以维持，进而导致社会分层结构的固化和封闭。

最后，该书结合中国独特的社会背景，动态地展示了教育婚姻匹配对社会分层的影响及其变迁。该书几乎在对每一个研究环节的讨论中都加入了历史的维度，力图揭示教育婚姻匹配对社会分层的影响是如何随着宏观社会变迁的演进而变化的。此外，该书在分析某些问题时，十分注重联系中国独特文化传统，如家庭分工平等意识、社会网络关系等，以此来说明中国背景下教育婚姻匹配对社会分层的影响及其作用机制的特殊性。

# 《繁华落尽：一个东南渔港的环境民族志》概要

张云鹤[*]

## 一 研究目的、意义及方法

### （一）研究目的

近年来，国际地圈生物圈计划（IGBP）、人与生物圈计划（MAB）、国际全球环境变化人文因素计划（IHDP）等国际性科学计划均涉及人类活动对海洋环境污染与退化、海洋生态修复与重建的影响研究。在联合国颁布的 2021 SDGs（Sustainable Development Goals）报告中指出，人类活动对海洋环境的破坏是影响海岸带地区可持续发展的主要因素。联合国粮农组织（FAO）认为由于人类活动造成海洋环境破坏并由此而导致的渔业养殖产业衰败，是影响海岸带地区粮食安全、生物多样性和生计可持续发展的主要因素。

基于以上认识，该研究从海洋人类学视角出发，运用"传统海洋生态知识""地方性"和"权力博弈"等概念探讨了全球变化背景下地方性海洋社区的社会、经济、政治与文化传统对当地海洋环境变化产生的影响，并提出了一种基于多元主体协同发展的"环境

---

[*] 张云鹤，厦门大学人类学专业博士，现就职于浙江工商大学公共管理学院。

地方主义"理念。研究认为，海洋生态环境与区域经济之间的协调发展需要放置在地方社会文化系统中进行整体性理解，需要重点发挥地方传统性社会组织在协调生态重建与权力博弈中的积极作用，从而对国际海洋人类学界在地方社区、地方知识与海洋生态层面的前沿讨论做出回应，并为制定海洋环境保护与海洋社区可持续发展的政策提供科学依据和理论支持。

**（二）研究意义**

（1）学术意义。该书以海洋人类学的系统论与整体观为理论支撑，将海洋"渔业—生态—社会"统一纳入研究视角，在分析其内在逻辑关系的基础上，尝试提出"海洋渔业—海洋生态—海洋社会"协同运行机制，有助于丰富海洋人类学的研究范畴。

（2）应用意义。该书通过梳理海洋生态保护及地方经济可持续发展之间的内在逻辑关系，将有助于揭示海洋"三生"（生产、生活、生态）空间变化规律及多元主体权力博弈的行为特征，能够进一步提升渔民生计韧性，保障渔民生计多样化，并为有关部门制定渔业政策及开展海洋生态保护提供实践咨询。

**（三）研究方法**

（1）文献计量研究方法。对于海量文献的搜集、阅读与分析一直是海洋人类学文献研究的难点。该研究尝试运用 VOSviewer 软件进行文献计量与可视化分析，该方法能够深度分析文献之间的关系，挖掘文献研究的聚类、作者网络、单位网络，并以科学知识图谱的方式呈现。该方法的应用能够极大地提高文献分析数量和分析速度，文献计量的可视化分析结果也能够更容易地被读者理解。

（2）多点民族志调查法。沙埕港是一个以流动性为主要特征的区域范围，该研究没有采取传统村落民族志的方式将沙埕看成是一个封闭性的村落，而是将其视为一个更大区域范围内的民族志个案，即从区域视角来观看沙埕这个港域社会。该方法的应用将有助于加深对沙埕渔民的整体性认识以及围绕沙埕港域所展开的海洋生态空间演变、港域污染及生态重建过程的研究。

（3）参与式观察方法。该研究通过参与观察当地渔民的生产生活、公共事务以及节庆仪式，获得了丰富的第一手田野资料；并细致搜集了涉及田野点的各类文献、实物资料以及有关沙埕港域的近代契约文书和影像资料。在此基础上进行了大量的结构式、半结构式访谈和个人生命史访谈。该方法的应用有助于建构起对于当地海洋环境变迁的整体性理解。

## 二　主要内容与重要观点

### （一）主要内容

该书主要包括七部分内容。

（1）绪论。该部分主要包括三方面内容。一是解释了开展此项研究的缘起和问题意识，梳理了基于海洋人类学视角探索海洋环境变化与地方性海洋社区演变的内在逻辑。并针对本研究涉及的人类学海洋研究及海洋生态议题展开了学术史回顾，进而提出了现有研究的理论缺陷和研究短板，即传统的"自然和文化"二分法理论在研究人海共生问题上存在将海洋环境、渔民社会、渔民生计等研究内容彼此割裂的问题。另外，传统海洋人类学研究也缺少对海洋生态问题的"地方性"认识。

二是运用文献计量方法，定量分析了目前海洋人类学的研究趋势、研究聚类，并开展了文献的共被引和共现分析。通过海量文献挖掘发现目前海洋人类学的相关研究内容可分为三大聚类：1）海洋社会经济研究聚类，包括渔业社区可持续发展、海洋政策制定、海洋社会文化与渔民口述历史；2）海洋自然环境研究聚类，包括气候、碳排放与区域重构、生态重建；3）海洋生物多样性研究聚类，包括海洋考古、海洋生物多样性、海洋环境变迁。并将相关文献计量结果进行了可视化总结。

三是介绍了如何借助于人类学的田野访谈、参与观察、实物搜集等研究方法来开展田野调查工作；提出了开展此项研究的核心概念，即运用"传统海洋生态知识""地方性"和"权力博弈"等概念来探讨围绕海洋生态污染问题而形成的多种社会文化因素。

（2）第一章　沙埕：聚落、人群与水上世界。该章主要包括三方面的内容。一是介绍了研究区域的港域聚落空间及演变规律。本研究主要描述了由水生、和平、内岙、外岙、沙埕居委会等村落组成的沙埕集镇。分析了海洋社区聚落的空间分布规律以及存在的问题，探索了聚落形成的原因，并重点分析了海洋环境变化对聚落空间演变产生的影响。二是介绍了区域水陆网络分布及对海洋社区发展的影响。介绍了通过港域码头连接起来的南镇、岙腰、后港等渔村的形成过程以及历史、文化及技术背景。介绍了渔港码头、海洋船舶以及区域水陆系统对当地海洋产业发展的影响，得出了水陆网络对区域海洋社区可持续发展的作用机理。三是介绍了研究区域的港域社会结构及多元主体的组成。从海洋环境变化角度切入，探讨了"山上人"（汉民）和"水上人"（疍民）各自的族群演化历史，梳理了不同族群的社会结构特点。将海洋环境保护与区域社会结构优化联系起来，为第五章分析多元主体在海洋环境治理过程中的权力博弈提供理论支持。

（3）第二章　丰产时代。该章主要包括三方面的内容。一是解释了实现区域渔业丰产的必要环境准备和要素准备。研究了20世纪50年代以来当地港域的生计发展历程。重点分析了沙埕港域社会重组、环境变迁、技术进步对区域渔业丰产形成的影响，进而梳理得出了政策、技术、管理与丰产之间的复杂关系。二是研究了丰产背景下港域生态变迁的原因及规律。探讨了在政策引导下，技术变革对现代大规模渔业生产模式的促进作用，以及渔业丰产时代的塑造。另外，也重点研究了传统敲鼓、大围缯等典型集体化时代捕鱼作业对海洋资源衰退的影响，并梳理得出了沙埕港从丰裕社会走向生态破碎的历史脉络。三是分析了地方性知识对内港渔业可持续发展的作用。分析了沙埕地区内港渔业资源衰退的内在原因以及外部性影响，并从人类学视角提出了地方知识体系，如铁枝展演等民俗活动对维持渔业社区与生计良性互动发展的重要性。归纳了沙埕地区近海捕捞渔业可持续发展所面临的挑战。

（4）第三章　生计转型。该章主要包括三方面的内容。一是探讨了海洋资源衰退背景下，渔民生计转型的必然趋势。剖析了渔民生计多样化的内涵，探索了渔民生计转型的路径和生态空间的演化。重点介绍了远洋捕捞产业的兴起与发展瓶颈，并提出了渔民生计转型的双面性，即生计工业化与产业化对区域海洋环境的污染。

二是探讨了沙埕港渔业养殖产业生态形成的机理与机制。分析了在经济利益驱动下，高密度养殖造成的内港地区海洋环境的破坏，进而分析了"过养"问题出现的原因。通过对鱼排养殖的时空演变分析，提出了解决"过养"问题的方案，同时也厘清了目前鱼排养殖从内港向外海转移的历史脉络和内在驱动力。三是分析了地方性海洋知识在应对海洋环境变化中的双面性。通过分析海洋社区中有关应对赤潮污染的巫术仪式，探索了渔民对生计转型带来的新、旧海洋使用秩序的体验与实践，并从人类学视角深描了巫术仪式各个环节背后所隐喻的当地海洋保护的传统思想意识框架，分析了其对海洋环境的双面性影响。

（5）第四章　工业化与污染。该章主要包括三方面的内容。一是分析了海岸带地区经济发展需求与环境保护之间的矛盾。在现代化进程中，海洋正在经历一个前所未有的工业化时期，并引发了日益严峻的海洋环境危机。围绕海岸带发生的填海项目、工业规划、养殖清退等工业化实践，对于海洋社会来说，已经构成了一种社会人类学意义上的"总体社会事实"。该书通过聚焦沙埕港的工业化历程，探索了因土地资源稀缺而推动的大范围填海项目对海洋环境、海洋社区结构、海洋族群生计的不可逆影响，并分析了沙埕经济发展对海洋环境保护提出的挑战。二是探索了海洋环境污染与海洋社区等级秩序之间的密切关系。分析了沙埕港由于承接区域外被淘汰的高污染产业所导致的海洋污染问题。探索了基于陆地思维而发生的海洋工业化行为与全球贸易网络、污染企业转移所呈现的环境污染等级秩序之间的密切关系。三是探索了不同类型规划对海洋环境保护的双面性影响。分析了在传统环境保护观念缺失的情况下，各类型规划编制与实施进一步加剧了区域海洋环境的破坏以及对区域海洋社区可持续发展的消极影响。提出了因工业发展而引发的污染应被视为一种社会建构，而不只是一种环境问题。

（6）第五章　生态重建与权力博弈。该章主要包括两方面的内容。一是分析了海洋环境保护过程中环境保护主义话语建构现实的能量。通过环保型塑胶渔排改造、郎当山开发、东港工业治污等生态重构事件的考察，深入分析了当地生态重建与权力博弈之间的关系。提出了不能仅仅将环境保护作为一场社会运动，还应注意环境保护主义话语建构现实的能量。二是从文化话语特点出发分析了多元主体产生权力博弈的原因。围绕生态治理问题分析了海洋社区内部多元主体的合作与竞争关系，重点研究了地方政府、污染企业和沙埕渔民在应对生态问题上的复杂面向。研究认为，渔民们信赖的是一种经验话语，企业遵循的是一种效益话语，政府所倡导的是一种科学话语，话语的不同是导致多元主体产生权力博弈的根本原因。

（7）结论。该部分提出了一种基于多元主体协同发展的"环境地方主义"理念。研究认为，海洋生态环境与区域经济之间的协调发展需要放置在地方系统中进行整体性理解，并需重点发挥地方传统性社会组织在协调生态重建与权力博弈中的积极作用，从而形成一种新的权力结构，达到一种稳定的博弈均衡状态。进而为海洋渔业环境治理政策的制定、实施与评价提供本土智慧。

### （二）重要观点

第一，提出了地方性知识在影响海洋环境变化方面具有双面性的观点。研究认为，地方生态知识是渔民在与海洋自然系统磨合过程中发展出来的一种朴素生态认知观念，并不能简单地将其美化成一种普遍性的地方生态道德系统。因此，在海洋生态环境保护过程中，不能简单地将渔民生态知识与生态保护实践画上等号。

第二，提出了将海洋"渔业—生态—社会"统一纳入海洋人类学研究视角的观点。受制于传统海洋人类学研究范式中自然与文化二分法的现状，使得目前海洋环境、渔民社会、渔民生计等研究内容存在彼此割裂的问题，因此需要对不同研究对象进行系统协同研究。

第三，提出了基于海洋人类学视角的"环境地方主义"理念。通过分析"地方性知识"与"高尚生态主义"的联系与矛盾，阐释了地方多元主体在生态环境认知上的复杂性与地方性的观点，并提出了海洋人类学在区域可持续发展政策制定中需要将地方性生态环境认知纳入考量的思路。

## 三 学术创新与贡献

该书的贡献是基于海洋强国战略和人海共生系统建设的理念，从"三生"（生产、生态和生活）融合的角度出发，开展渔民生计韧性提升、海洋环境保护与渔业社区可持续发展的实证研究，并提出一种基于多元主体协同发展的"环境地方主义"理念。

该成果的创新之处在于：（1）在思路创新上，将海洋"渔业—生态—社会"统一纳入海洋人类学研究视角，在分析其内在逻辑关系的基础上，尝试提出"海洋渔业—海洋生态—海洋社会"协同运行机制，有助于丰富海洋人类学的研究范畴。另外，针对目前海洋人类学领域中比较缺少有关海洋污染的民族志研究这一现状，该研究围绕沙埕港的生态退化与环境污染展开探讨，丰富了国际海洋人类学界有关海洋环境污染的研究案例。（2）在理论创新上，该研究提出必须重视海洋生态环境的"地方性"，并提炼出"环境地方主义"的核心概念。强调只有将"生态"置于一个完整的地方社会文化系统中加以理解，才能更深入地认识海洋社区所发生的海洋环境变化过程，展现了海洋生态环境问题与不同地域文化类型之间的复杂关系。(3) 在方法创新上，该研究应用了文献计量方法，对海量的海洋人类学文献进行了深度挖掘，定量分析了海洋人类学的研究趋势、研究聚类、文献共现等特征。为海洋人类学科的文献研究提供了一种新的工具与思路。

# 《窝阔台汗时代大蒙古国研究》概要

陈 希[*]

该书以窝阔台统治时期为断限，探讨了大蒙古国的制度建设和国家发展两方面问题。面对日益扩大的统治疆域，窝阔台如何实现对多民族、多文化地区的统一管理？在实现这一目的的过程中，初兴的大蒙古国又出现何种发展方向？这是该书要回答的关键问题。窝阔台统治时期是大蒙古国建制立法的关键时期，这一时期的制度建设奠定了元代国家行政管理体系的基础。同时，这一时期也是统治者家族关系发生变化的重要阶段，围绕与拖雷家族的关系，窝阔台采取的一系列处理家族关系的思路，被元代后继统治者继承。从制度建设和国家发展两方面来看，窝阔台统治时代都具有承前启后的重要作用，是理解元代"祖宗之法"的关键。该书采用文本分析法（对多语种史料的翻译、解读）、对比分析法（对比窝阔台对其子阔端和拖雷长子蒙哥的军事安排）、个案分析法（以呼罗珊地区行政体系的建立过程为例，分析行政官员、诸王、将帅等行政主体如何发挥作用）等研究方法。

该书的主要内容与观点：窝阔台在成吉思汗西征之前被确立为汗位继承人。成吉思汗在选择继承人时，面临术赤和察合台不可调和的矛盾，故他采取"以分封换效忠"的方式，令年长二子出镇他

---

[*] 陈希，北京大学历史学博士，现就职于中国人民大学。

处、各自经营，以换取他们对新汗的支持。成吉思汗出于稳定统治、顾全大局的现实考虑，最终选择窝阔台为继承人。但由于他未对幼子拖雷进行妥善安排，拖雷具有的显赫军功和监国经历反而对窝阔台的即位产生阻力。窝阔台即位需要通过忽里台的诸王推选制度。这一制度维持了窝阔台和拖雷双方的平衡局面，汗位更替得以平稳完成。窝阔台的即位法理依据和唯一权力来源都是其父成吉思汗的遗命。故他下令祭祀成吉思汗、维护后者颁布的一切札撒，巩固自己的统治合法性。对其父的军事规划、人员任用，窝阔台汗也未作变更、基本沿用，维持了即位之初的稳定局势。

  军队组建和军事安排是窝阔台继承其父遗志的主要方面。窝阔台以成吉思汗创设的千户制度为基础，扩建探马赤军、整编汉地诸军，将多民族、各地区的军事力量归并到同一军队体系之中。探马赤军将领多由大汗选任，有效增强了窝阔台对军队的控制力。在以千户制度整编的汉地诸军中，甲午年最终形成的"七万户"为基本组织，再根据各地战场实际情况，将作战万户、镇戍万户、匠军或水军万户等部分组合起来，形成了不同规模的汉军集团。在此基础上，汉地诸军与原有蒙古老千户、整编探马赤军等形成新的地区作战军团。这些军团统帅也由大汗任命，以确保军队指挥权的统一。

  窝阔台继承成吉思汗遗志，完成了灭金的军事任务，并吸纳金朝故地的丰富资源，支持攻宋的两路作战。拖雷去世后，窝阔台安排皇子阔出、阔端两路攻宋，积极扩大本家族的军事实力。阔端继承了拖雷攻金时所率的西路军，军中将领皆有丰富的作战经验，这为他驻守战地后方、建立自己的势力范围提供了条件。而拖雷的长子蒙哥被派往长子西征战场，所获战功和军事经验十分有限。忽必烈、旭烈兀甚至没有得到上阵杀敌的机会。通过这样的军事安排，拖雷家族对军队的控制力和影响力都被削弱了。

  大蒙古国的国家行政体系初建于窝阔台时期。在中央层级，窝阔台任用了来自多部族、多政权的重臣必阇赤，特别如畏兀儿人镇海和熟悉辽金制度的耶律楚材，为大蒙古国的制度建设带来了游牧和农耕政权两方面的既有经验。以大断事官和重臣必阇赤为核心的行政中枢，通过行省级别长官与地方相联系。窝阔台任命行省级别长官，并为其配备僚属，使这一群体成为处理金朝故地、河中地区和呼罗珊地区的最高行政组织，各地旧有各类机构都需听从行省长官的命令。这样，不同地区的行政制度都被快速整并入行省长官为首的管理体系之内。在行省级别之下，达鲁花赤与不同地区原有制度相结合，实现了大蒙古国对地方的直接管理。这一时期，诸王和军队统帅仍参与地方事务管理，有时仍具有较大权力。在实际事务的管理中，诸王、军队处的行政官员也要与行省长官及其下属相互配合。行省长官发挥了沟通和制衡其他行政主体的重要作用。

呼罗珊地区行政建制的过程不同于华北与河中。呼罗珊行省长官是从军队系统中分离而来的官职，依靠大汗支持而获得行政权力，故在官职设置之初就具有不稳定性。在阔儿吉思任职时期，此地形成了"行省长官—各级达鲁花赤"的二级行政架构。由于呼罗珊地区是成吉思汗四子家族共享权利之处，诸王势力，尤其是尤赤家族在该地行政管理中的优势地位十分明显。在地方行政体系建立的过程中，呼罗珊当地显贵也主动与大汗建立直接联系，逐渐参与地方行政管理。他们与汗廷联系增强的过程，也是蒙古统治逐步深入当地、行政管理不断完善的过程。

随着行政体系的建立，以赋役征发为主要内容的经济活动也全面展开。以阿勒班、忽卜赤儿税为核心的蒙古税制，与大蒙古国辖境内各地原有税收名目相结合，统治者借此将各地资源向汗廷集中，由地方到中央的财富通道被重新打通。同时，窝阔台仍然重视游牧政权通过商贸活动获得财富的传统做法。他鼓励斡脱商人进行远途贸易，将华北地区的财富转化为中亚宝物带到汗廷，跨地区的财富环流形成。新都城的营建创造了新的财富积累途径，通过建立汉式宫殿和大肆赏赐商人、农民，窝阔台将汇集到汗廷的财富"固定化"，并为都城吸引更多人口。地方贡献和驿道输送，也为大汗与和林城带来可观的财富。积累在和林城的这些财富，被窝阔台用于城市建设和赏赐显贵，维持了都城与国家的发展。还有一部分财富留给继任大汗。这些资源在贵由汗即位，乃至皇储失烈门反对蒙哥称汗时发挥了重要作用。通过给予免除差役的经济待遇，儒士被纳入大蒙古国的管理体系。

窝阔台已经注意到金朝故地深厚的经济潜力。一方面，他任用耶律楚材为首的故旧官吏，利用以往王朝的赋税制度从这一地区征收赋税，并在各地征发兵员，为皇子阔出、阔端的两路攻宋大军提供军备供应；另一方面，遵循蒙古传统，对灭金之战论功行赏，丙申、戊戌年两次分封食邑。通过给予探马赤军将领和行政长官封户，窝阔台意在吸引更多治国人才效力于大蒙古国。同时，对中原地区资源的充分利用，也是他削减拖雷家族经济权利的手段。财赋和兵员流向窝阔台二子阔出、阔端控制的攻宋战场，在丙申年分封的封户比例上，拖雷家族也不占绝对优势，他们能够获得的经济收益与拖雷在三峰山之战中的显赫军功难以匹配。

围绕汗位的继承，窝阔台对诸子做出安排。在对宋作战即将展开的背景下，窝阔台最终选择深得偏爱的阔出担任军事统帅，而获得耶律楚材支持、较早接触儒家文化的合失为储君。同时，窝阔台将三个蒙古千户分拨给阔端，令他率领攻宋西路军镇守陕甘、控制河西，与西北方面的畏兀儿地区、贵由分地叶密立相互支持。若阔出在江淮地区作战顺利，由叶密立到阔出所在的江淮地区，就可形成一道由窝阔台诸子封地组成的、拱卫和林的坚固防线。但阔出早亡，几年之后合失亦卒，窝阔台汗不得不再立新储君。他选择母族显赫的阔出之子失烈门为储君，由于失烈门年幼且无军功，窝阔台又令正后孛剌合真为储君提供庇护，并在临终前试图召回军功显赫的长子贵由辅佐新汗。

对内安排诸子的同时，窝阔台还致力于处理幼子势力的威胁。他利用军队指挥权、地区管理权和经济收益等多方面的权利划分，压制幼子势力的发展。拖雷去世、括左翼诸部女，都对幼子势力造成了严重打击。如前所述，窝阔台减少了拖雷诸子参加征战的机会、暗害或调离拖雷的亲旧将领，使拖雷家族对蒙古军队的影响力下降；增加黄金家族其他支系的战利品分配份额、营建新都城，使拖雷家族受到经济权利的实际损失，减少他们因占据政治中心而获得的贡赋收益。同时，窝阔台利用灵活手段和多样措施，一边规范宗亲效忠大汗，一边仍给予各支系家族适当发展机会，如朮赤家族通过长子西征和经略呼罗珊地区，获得了广阔的土地和丰富的经济收益。拖雷家族在这一情况下难以争取外援。窝阔台去世后，脱列哥那皇后的政治才能和贵由汗的显赫军功，使拖雷家族只得继续等待时机。即使贵由汗去世后，窝阔台家族在和林、叶密立及周边地区还拥有大量兵力，拖雷家族夺取汗位仍非易事。蒙哥得到拔都的大力支持，也要以黄金家族宗主之位作为交换条件。拖雷家族夺权的艰难历程，正体现出窝阔台对其采取的压制措施的长远成效。

与前代游牧政权相比，窝阔台时期建立的国家管理体制具有两个明显特征。第一是在各民族治国人才的协助下，直接建立起一套适用于所有地区的管理体系，包括组建地区军团、构建"行省长官—达鲁花赤"的行政架构、实行基本税种一致的赋役制度等具体措施。大蒙古国的统治者既未选择辽朝的二元结构制度框架，也未遵循金朝初年部族议事的游牧传统。第二是充分吸收更多样的治理经验。辽金两代获得的既有管理经验主要来自中原旧制，但大蒙古国的制度来源，除了已经融合辽金因素的中原旧制外，还有来自畏兀儿人的回鹘传统，中亚政权的统治经验等。这造就了大蒙古国管理体制的极大包容性，可以更好地适应版图持续扩大的国家发展需要。在既有认知中，大蒙古国的辽阔疆域是持续军事行动的胜利成果，而从该书的考察来看，窝阔台时代的制度建设，在这一结果的实现过程中，也起到十分重要的作用。

窝阔台通过压制拖雷家族等一系列措施，将亲属关系导向君臣关系，化内为外、化亲为疏，这一趋势继续发展的结果是宗亲远离政权核心，来自游牧传统的贵族参政观念对大蒙古国的影响持续削弱。同时，通过军事和行政方面的制度建设，窝阔台大量任用了非蒙古部族出身的治国人才。这一举动则是化外为内，继续发展出家臣政治的整体框架。

"宽和无事"的历史评价不能反映窝阔台的统治特征。他建制立法的历史贡献、处理家族关系时的强势特征，都与既有评价产生反差。他构建了大蒙古国的制度框架，推动了大蒙古国的持续发展，成功处理了幼子势力带来的威胁，维护了汗权独尊和中央集权。窝阔台为后继的蒙古大汗处理内外事务提供了丰富经验。

在史料使用上，该书大量利用以往未被充分注意的域外文献。深入利用国际学界尚无完整校勘本出版的抄本《五世系》等波斯文文献，突破以往研究中以波斯文史料汉译本对照英译本的方法，对汉译本有疑问处，直接参照波斯文史料抄本原文解决。此外还利用了相关主题研究中未被充分注意到的回鹘文史料、藏文史料等，在多语种史料的应用方面有明显推进。

在内容上，国内外学界尚无研究元太宗窝阔台及其统治时期的专著出版，该书将有效填补这一时段历史研究的空白。具体学术推进有以下几个方面。（1）利用波斯文史料、藏地史料和蒙古文史料对勘，指出成吉思汗解决立储问题的策略是安排术赤和察合台"以出镇换效忠"。辨明窝阔台的指定继承人只有合失、失烈门二人，阔出未曾被立为储君。（2）利用《五世系·蒙古世系》"窝阔台合罕异密"名录，梳理这一时期重要军事将领及相关事迹。确定学界仍存在争议的"七万户"形成时间及人选，厘清国内学界尚未涉及的巴达哈伤、也里地区两支蒙古驻军的将帅身份及其事迹。（3）利用《五世系》，补充如速罗海等既有史料中记述不明的太宗朝中枢官员，指出重臣必阇赤为大蒙古国带来的多样化管理经验。厘清这一时期以"重臣必阇赤—行省长官—达鲁花赤"为主干的整体行政架构。（4）厘清蒙古传统赋役制度与不同地区原有税制的结合方式，补充考证出《元史·食货志》中目前尚未确定身份的部分受赐人物，提出并论证哈拉和林并非黄金家族公有地，而是窝阔台为本家族营建的新分地，辨明这一时期对宗教教士经济优待的制度来源是中原旧制。(5) 结合军事、行政和经济方面的相关活动，分析窝阔台对拖雷家族的有效控制，重新审视对他"宽和无事"的历史评价，指出他对元代建制立法的开创性重要作用，和在处理幼子势力威胁时强势进取的个人特质。(6) 考证了窝阔台诸子情况，厘清现有研究仍存疑点的哈剌察儿事迹。以《五世系》为线索，补充既有史料未见或身份不明的窝阔台家族公主，指出该家族姻亲关系的多样化特点，提出传统姻亲部族（家族）并不能为黄金家族特定成员提供强大的政治助力，只是挑选配偶的合适范围。

# 《组织与技术：20世纪50年代浙江海洋渔业集体化研究》概要

叶君剑[*]

## 一 研究目的、意义及方法

### （一）研究目的

集体化是20世纪50年代中国基层社会发展演变的重要主题，农村、农民与农业三者是其中的核心要素。以往的研究也大多聚焦于此，类型上的差异并不显著。结合近年来水域社会与渔民群体研究的兴起，该书以浙江省档案馆以及温州、台州、宁波、舟山市档案馆的渔业档案为基础，探讨浙江海洋渔业集体化问题。该书围绕"组织"与"技术"两个关键要素展开，提出并试图解决一些重要问题。

其一"组织"。"组织"是考察农业集体化的基本切入点，有两层含义：一是动词意义上的，即通过各种策略手段将分散的个体农民组织起来，纳入集体之中；二是名词意义上的，即新政权在农村建立的各种组织，如农民协会、互助组、合作社、党支部、民兵队等。研究海洋渔业集体化，不可不注意"组织"的重要性。由于海

---

[*] 叶君剑，浙江大学中国近现代史专业博士，现就职于浙江大学。

洋渔业具有显著的商品化特征，"供—产—运—销"各个环节关联密切，并且劳动产品只有极少部分被渔民消费，绝大部分进入市场流通中，所以水产经营组织在海洋渔业研究中需要加以关注。在海洋渔业集体化过程中，私商如何退出水产经营领域，国家权力又如何介入其中？水产经营组织发生了怎样的变化？中国共产党的革命经验主要来自农村地区，不管是革命队伍内部的成员还是革命斗争中所形成的逻辑，都与农业经济有紧密的联系。然而沿海地区的社会经济体系不同于内陆农业地区，中国共产党在农村所获得的治理经验如划分阶级，将如何运用到沿海渔业社会？渔民的阶级成分有哪些，又是如何被发动与组织起来？在"土地"要素并不显著的情况下，又会有哪种生产要素凸显出来，成为集体化过程中渔民与政府博弈的焦点？

其二"技术"。"技术"之于集体化，可以从两个角度进行解读。一是权力的操作技术（通称权力技术），指基层政治运作中反复或经常出现的一些策略和手段（如诉苦、划分阶级等）。二是生产上的技术，在该书中涵盖范围较广，既包括运用于生产的技术、知识、经验等，又包括相关的能源材料、工具设备等。关于权力技术在"土改"以及农业集体化中的运用，学界已有充分的探讨。至于生产上的技术，学者大多关注人民公社建立以后，20世纪60年代开始政府在农业发展方面对现代技术投入的重视。在海洋渔业集体化过程中，权力技术的运用在本质上与农业集体化类似，且与"组织"问题相关联。该书讨论的"技术"，专指生产上的技术。虽然浙江沿海各地海洋渔业生产技术不尽相同，但在20世纪50年代敲𮈴与机帆船值得特别注意。两者分别是渔业生产组织变革前后传统技术与新技术的典型，都对浙江沿海渔区生产力的发展产生了深刻影响。渔业合作社的建立，究竟在敲𮈴技术传播扩散中起到了何种作用？地方政府面对敲𮈴渔业的发展，又采取了怎样的措施？新技术的推广往往借助于自上而下的组织体系，同时由集体经济组织承担相应的成本，机帆船即是一个显著的例子。但机帆化能否达到巩固集体经济组织的目标,抑或是在特定情形下阻碍了生产力的发展?

### (二)研究意义

该书所研究的海洋渔业集体化问题,可置于两个学术层面来理解其意义。

一是集体化研究的学术脉络。20世纪50年代中国共产党领导下的集体化,使中国基层社会发生了翻天覆地的变化,但中国区域社会经济结构复杂,其中情形很难一概而论。该书试图在已有的大量农业集体化研究之外,以差异化的类型来拓展、深化集体化研究的空间,在不同地域、不同人群中观察集体化的发生与演进。换言之,这是对集体化内涵的补充与丰富,有助于推进学界对集体化历史的整体认知。同时,该书特别关注海洋渔业领域的财政汲取与财政投入,促使我们进一步思考集体化在现代国家政权建设中的作用。

二是海洋史研究的学术脉络。大航海时代以来,"海洋"逐渐成为世界主要国家拓展和活动的重要空间,并影响至今。而从海洋角度看待中国历史,也越来越受到史学研究者的重视。海洋史研究的兴起是对传统陆地史观的一种补充,为我们深入理解历史发展进程提供了新的视角。进一步而言,海洋渔业背后所蕴藏的海洋人群和海洋经济,有着不同于农业人群和农业经济的特点,其在20世纪50年代的演变轨迹相对比较独特,无疑是新中国史研究中一个重要的学术增长点。该书的研究或可深化对新中国海洋经济发展与海洋人群变化的认识。

### (三)研究方法

在尽量搜集文献的基础上,对文献的整理、分析、比较和解读是该书最重要的方法。具体而言,该书主要采用了下列方法。

一是长时段考察。历史的演进是一个连续的过程,政权的更替固然是重要的分水岭,但不应成为限制学术研究视野的壁垒,学者早有强调20世纪中国整体研究的呼吁。1949年以后的海洋渔业集体化，实则是近代以来海洋渔业发展演变中的重要一环。以水产经营为例，明清以来私商所开设的鱼行长期占据主导地位，无论是民国时期还是新中国成立后，政府都尝试将水产经营事业部分或完全收归国有。在研究中，我们就不得不注意鱼行在水产经营中起到的作用。因此，该书的时间范围虽然主要限定在20世纪50年代，但在一些章节研究中对此前的海洋渔业情况会有所讨论。

二是对比分析。国共两党在国家治理能力与方式上存在着较大差异，所以看似名称相同的事物，在不同历史时期其内涵可能完全不一样。以鱼市场为例，国民政府创办的鱼市场是官商合办，且私商在其中具有重要地位，而新中国成立之后创办的鱼市场属国营性质。又如渔业合作社，民国时期的渔业合作社是一个经济合作组织，类型丰富，有生产、运销、产销、信用等；1949年之后的渔业合作社虽然也有供销、信用等类型，但主体是生产合作社，而且其不仅在渔业生产与收益分配中发挥作用，更成为权力网络构建和延伸的基本单元。不难发现，1949年前后存在着诸多"名同实异"现象，这就需要我们在研究中经常对比分析。

## 二 主要内容与重要观点

### （一）主要内容

第一章论述浙江海洋渔业集体化的背景，主要涉及民国海匪问题、国共对抗以及渔民的生存状态。海匪在中国由来已久，是近代海洋秩序的重要塑造力量，对海洋渔业生产影响甚巨。民国时期由于国家海上军事力量的欠缺，浙江沿海渔民不得不保持与海匪的密切关系，从而形成一种渔匪共存的局面。1949年浙江大陆解放后，国民党军队退守沿海岛屿，国共之间的军事对抗严重影响了渔民的生计，海匪的内涵也发生了变化。至于浙江沿海渔民的生存状态，长期以来泛化的描述遮蔽了渔民群体的内部差异，不同渔民在收入方面有着显著差别，由此产生了分化。

第二章讨论水产经营组织的变化。明清以来，私商开设的鱼行在水产经营中占据主导地位。新中国成立以后，政府通过设立鱼市场和改造鱼行，逐步掌握了水产经营权。水产经营权从私商转移到国家后，很快出现了不同经营组织间相互竞争的局面。因此，政府对水产经营组织进行整合。兼有市场管理与企业经营两种职能的鱼市场被定性为行政管理机构，后又下放交给地方政府管理。浙江水产运销公司地位上升，但由于陷入亏本之中而被撤销。在全国体制调整与统一的背景下，最终确立的经营组织形式是水产供销公司。水产经营领域集中统一体制的形成，推动了合作化的发展，是海洋渔业集体化不可或缺的一环。

第三章探讨渔业生产组织的变革。民国时期，政府推动建立渔会、渔业合作社，试图取代原有民间组织，重新整合渔民。新中国成立以后，在一定程度上沿袭了之前的组织形式。土改和渔改时，以阶级成分为基础，渔民的身份被重新建构，为大规模的海洋渔业合作化奠定了基础。在加入合作社时，渔民因阶级成分的差异有着不同的政治待遇，但基层实践与政策规定相比一度发生了较大偏差。生产工具折价以及入社后的所有权问题，则是海洋渔业合作化中各方博弈的焦点。作为渔业生产组织变革的方式，合作化不仅充分动员渔民并广泛建立集体经济组织，还促进了渔业技术的传播与改革。

第四章探究敲䑩的扩散与应对。敲䑩起源于广东，是一种传统海洋渔业生产技术，20世纪50年代自南往北地扩散到福建、浙江。1956年敲䑩传播到浙南沿海，在地方政府的支持下，与渔业合作社结合后获得了迅速发展。敲䑩渔业的高产增加了合作社的公共积累，调动了渔民的生产积极性，展现了集体生产的效率，但也引发了各种问题，如大黄鱼资源的破坏、渔场纠纷的频繁发生等。经过充分调查，1957年浙江最终决定停止发展，引导敲䑩渔民转业。从敲䑩的案例中可以看到，集体化虽然改变了渔民的生产组织方式，但不可能真正消除海洋渔业生产中的地域隔阂。

第五章考察机帆船的试验与推广。机帆船结合了自然力与机器动力，发展机帆船是新中国成立之初改进渔船动力的有效方案。舟山专区的机帆船试验得到了省级部门的支持，并在各种优等条件的组合下取得成功。机帆船既提高了生产效率，又为权力的扩张创造条件，推动海洋渔业合作化、渔区妇女动员等。机帆化的推进有赖于集体经济组织的公共积累和国家贷款，以及其他单位的技术支持。然而，由于缺乏合理规划，机帆化不断消耗公共积累，加之机帆船生产效益下降，导致不少集体经济组织陷入困境。机帆船的例子表明，虽然集体经济组织为新技术的推广创造了便利条件，但新技术本身并不必然会促进集体经济的发展。

**（二）重要观点**

该书从近代海洋渔业生产秩序的变化来通贯理解海洋渔业集体化问题。渔帮、渔业公所、鱼行等民间势力在近代浙江海洋渔业发展中扮演了重要角色，在不同环节发挥各自的作用，从而有效保障了渔民的生产。虽然海匪是一种破坏性力量，但其又是当时社会环境的产物，渔、匪之间有着千丝万缕的联系，长期以来形成了共生关系。民间组织的运作方式与内部结构有其特点，在现代国家政权建设中无法有效嵌入行政体系。民国时期，政府通过建立渔会、渔业合作社、鱼市场等，试图在海洋渔业领域实现国家权力的增长，但遭到了不同程度的抵制，进展并不顺利。新中国成立以后，中国共产党领导的新政权通过鱼行改造、渔区民主改革、海洋渔业合作化等，成功瓦解了民间力量，有效整合了渔民群体，从而强化了对海洋渔业的管理。随着水产经营体系、集体经济体系的建立，国家权力在海洋渔业领域获得了空前的增长。敲䑩、机帆船等技术的出现，虽然在渔区引起很大轰动，但其发展始终由政府主导，进一步体现出海洋渔业生产秩序的时代特征。

该书进一步从财政汲取角度探讨海洋渔业集体化的意义。新中国在海洋渔业领域所建立的财政汲取模式，既非明清王朝国家主要采取渔课定额化,依靠中间人收税来保证适当的财政收入,又非民国时期通过苛捐杂税,加重渔民负担来增加财政收入。其奥妙在于国家直接经营水产,实行水产品统购包销的政策,从某种程度上来说集体经济组织正是为此服务的。渔民加入渔业合作社后,渔业合作社便成为这一财政汲取模式的基本单元,渔业合作社干部变成了具体的执行者。同时,渔业合作社只有不断增产,才能使国家在水产品经营中获取更多的利润,从而增加财政收入。在海洋渔业集体化过程中,国家不仅一度不向渔民直接课税,并且还通过持续的财政投入来支持海洋渔业生产的发展。从海洋渔业的历史经验出发,真正的现代国家政权建设不只是国家权力扩张进行财政汲取的过程,至少还应包括国家权力扩张中的财政投入问题。唯有合理的财政汲取与有效的财政投入共同配合,方能为国家权力的深入运作创造持久的合法性资源,为现代国家的形成奠定坚实基础。

## 三 学术创新与贡献

一是从类型上丰富了集体化的相关研究。相较于农业来说,目前学界对1949年以后中共渔业政策及相关社会经济问题的讨论很少。该书围绕浙江海洋渔业集体化展开,探讨了水产经营组织的变革、渔区阶级成分的划分、渔业互助合作运动等,集中呈现了中共对沿海渔业社会的改造以及集体化过程中渔民的境遇。从研究视野上来说,这是跳出土地、农民等传统主题,将集体化研究拓展至水域、渔民等其他领域的尝试。

二是进一步凸显了集体化中的"技术"因素。以往学界较为忽视"技术"对集体化的意义,该书专辟两章分别探讨敲䑩和机帆船。大致来说,集体经济组织的建立为技术的扩散与推广创造了便利条件,但技术的发展在特定情形下又会阻碍生产力的发展。从这一时期海洋渔业的情况来看,敲䑩、机帆船等虽然一度巩固了集体经济组织，但发展到一定程度又削弱了集体化的成效。至少在海洋渔业集体化研究中，我们应该认真思考"技术"所扮演的角色。

三是从一个侧面揭示了1949年以后中共对水域社会与渔民群体的治理。水域社会与渔民群体是近年来的一个研究热点，但学界探讨的时间段主要集中在明清时期，对近代特别是1949年以后的关注不多。作为国家权力向下扩张的重要形式，海洋渔业集体化一定程度上反映了中共对水域社会与渔民群体的治理过程，内中牵涉到的一个重要问题便是财政汲取。该书在较长的历史脉络中讨论了新中国在海洋渔业领域所建立的财政汲取模式，发掘其中的历史经验。

# 《伊拉克库尔德问题研究（1958—2003）》概要

李睿恒[*]

## 一 研究目的、意义及方法

### （一）研究目的与意义

库尔德民族是中东地区的古老民族之一，也是继阿拉伯人、波斯人和土耳其人之后中东地区的第四大民族。其总人口数约3500万，集中分布于土耳其、叙利亚、伊拉克和伊朗四国的库尔德斯坦地区。基于历史的综合原因，库尔德人作为一个可识别民族未能建立自己独立的民族国家，而是在第一次世界大战后被划分到了前述的四国之内。长期以来，如何回应库尔德人对民族身份和权利的追求，一直是四国在其现代国家建构过程中面临的重大挑战之一。库尔德人与四国中央政府间由此形成的政治、社会与经济冲突，影响着这些国家的政治与社会稳定。更为重要的是，尽管从法理上看库尔德问题属于四国各自的内政问题，但库尔德人作为一个民族和库尔德斯坦作为一个自然地理与历史文化概念的现实决定了各国的库

---

[*] 李睿恒，北京大学外国语言文学博士，现就职于北京大学外国语学院阿拉伯语言文化系。

尔德人之间有着极强的跨界联动性，因此任何一国库尔德问题的激化与爆发都可能带来地区乃至国际性的影响。与其他三国的库尔德问题相比，伊拉克的库尔德问题在伊拉克内政、中东地缘政治与国际关系中发挥的作用更大且更为长期。这既是基于伊拉克库尔德斯坦地区连接伊拉克中央政府、土耳其、叙利亚和伊朗四方的地缘战略优势，同时也是基于中东现代民族国家形成以来伊拉克库尔德人所经历的特殊发展轨迹。尤其是近年来伊拉克库尔德人经历了打击极端组织"伊斯兰国"和举行独立公投间的地位沉浮后，伊拉克库尔德问题不断升温，成为国内外学界、政界和媒体共同热议的一个重要话题。基于此，该书深入全面地对伊拉克库尔德问题开展专门性的研究，有着多方面的学术目的与现实意义。

第一，该研究有助于进一步细化和深化我国的中东库尔德问题研究。目前，国内学界对中东库尔德问题的整体发展有着较为全面深入的把握，但就各国库尔德问题具体细致的研究还较为欠缺。库尔德人被划分到四个国家后，开始受到了各自所在国国情的结构性影响，库尔德问题也因此衍生出四种不同的发展路径。只有对每一国的库尔德问题做针对性的深入研究，才有可能进一步提升和深化我国学界对中东库尔德问题的整体性理解。

第二，该研究有助于推动对伊拉克国别研究的发展。库尔德人是伊拉克人口中的重要组成部分，库尔德地区在伊拉克的经济发展和军事战略层面都发挥着举足轻重的作用，库尔德问题因此也是伊拉克现代国家1921年成立至今政治生活中的一条重要线索。把握了伊拉克的库尔德问题，可以更好地考察和认知现代伊拉克的内政外交状况。例如，伊拉克库尔德问题曾在20世纪60年代深刻影响着伊拉克的军政关系，并于70—90年代在伊拉克和伊朗的关系发展中发挥着巨大的作用。

第三，该研究有助于加深学界对中东地缘政治与国际关系演变的理解。如前所述，伊拉克库尔德问题在中东地区有着极强的跨界性与穿透力，因此它多次被地区或域外大国利用，映射在中东地缘战略竞争与大国博弈之中。例如，埃及总统纳赛尔曾为同伊拉克复兴党抢夺阿拉伯民族主义领导权于1963年支持伊拉克库尔德人；美国也曾将伊拉克库尔德问题用作其在中东开展"冷战"的工具，于1974—1975年秘密支持库尔德人，以此把伊拉克的主要军力拖于北线，防止苏联扶持伊拉克南拓自身的势力范围。可见，伊拉克库尔德问题是照射中东战略格局与国际关系变化的一面镜子，是把握和深化对中东区域研究的一个重要抓手。

第四，该研究有助于在学理层面拓展对现代民族国家建构和政治体制发展两方面的研究。深层次来看，伊拉克库尔德问题所反映的，是有着多族群与多教派社会构成的中东现代民族国家该如何实现政治秩序的问题。因此不充分理解伊拉克的库尔德问题，就无法完全理解伊拉克现代民族国家的建构进程，更无法理解2003年战后伊拉克形成的教派—族群分权体制。基于此，可将研究成熟的伊拉克库尔德问题案例与地区其他相关国家和社会（如黎巴嫩与叙利亚）的类似案例进行比较，建构符合中东地区国家特色与国情的比较政治学，为设计与地区国家历史发展规律相匹配的政治体制和治理体系提供扎实的案例支持。

第五，该研究还对我国处理多民族关系有着一定的借鉴意义，为我国发展同中东国家间的关系提供必要的知识和决策支持。伊拉克在处理库尔德问题过程中的经验和教训，有助于我们深度思考该如何妥善处理多民族关系。更为重要的是，2003年后伊拉克库尔德人获得了合法的自治权，同伊拉克库尔德人打交道构成了发展中国与伊拉克关系中的一个有机组成部分。因此，厘清伊拉克库尔德问题本身，有助于中国在中东局势复杂的演变背景下更好地把握同伊拉克库尔德人关系的限度，在与其开展友好互利合作的同时，又能充分地维护中东地区的安全、秩序与稳定。此外，伊拉克是"一带一路"的共建国家，是连接亚欧交通的海陆联运关键节点，该研究可以深化对伊拉克的国别研究，同时为我国制定有关伊拉克的政策提供知识依据和智力支撑。

### (二) 研究方法

一是演绎归纳法。这是历史学最基本的研究方法，通过对大量的一手档案和二手文献进行整理、研读和分析，该研究尽可能全面、客观地展现该时期内伊拉克库尔德问题演变的背景、过程、特点和争论，探析其背后的动因和影响。基于此，该研究还对该时期的伊拉克库尔德问题做了四个阶段的历史定性分期，以让学界更好地把握该问题的历史演变进程。

二是文本比对法。通过对现有的中文、英文和阿拉伯文的学术成果进行脉络化的诠释和分析，将其与阿拉伯文及英文一手档案材料开展细致比对，发掘研究中存在的空白点与模糊点，从而对其进行增补、完善和厘清。

## 二 主要内容与重要观点

### (一) 主要内容

从1958年至2003年，伊拉克库尔德问题经历了重大且深刻的变化。第一，1958年伊拉克从君主制转向共和制，外交上从西方阵营转向苏联阵营，库尔德人的民族权利在宪法上首次得到承认，伊拉克库尔德问题演变的背景框架发生根本性的变化。第二，在新的历史条件下，从苏联回国的毛拉穆斯塔法·巴尔扎尼个人及伊拉克库尔德民主党政党架构，开始在伊拉克政局中施加巨大的影响。第三，1958年后伊拉克局势及其在中东战略格局中的地位发生变化，开启了库尔德问题向暴力化、复杂化、族裔化、国际化和长期化特征塑型和定型的历史进程，直到2003年伊拉克战争后库尔德人获得合法的自治地位，该问题的性质、发展框架与限度才有了更为深刻的改变。因此，将该问题集中地置于1958—2003年进行研究，具有客观上的合理性和时间跨度上的整体感。同时，这也是准确把握

2003年后该问题发展变化所必不可少的重要一环。

基于此，该书对该时期伊拉克库尔德问题的演变做历史性的研究，在对既有文献做批判性解读、史料梳理和与阿拉伯语一手档案《伊拉克阿拉伯复兴社会党档案》比对的基础上，以相关的重大时间节点和事件标志为线索对该问题开展史论结合的研究，重点考察伊拉克中央政府与库尔德民族主义运动在思想、组织和活动三个层次的互动过程，比照二者在核心争端议题上的视野分歧，并引入库尔德人内部的社会结构、政党政治和地区与域外大国等因素，分析其产生的影响。

该书正文部分按照时间线索分为五章。

第一章"库尔德人的历史、社会和文化"首先对库尔德人的背景情况做宏观性的考察，以期为更好地论述1958—2003年的伊拉克库尔德问题打下必要的基础。第一节介绍库尔德人的起源、人口和地理分布。第二节对奥斯曼帝国覆灭前库尔德人的历史演变进行回顾，主要探讨库尔德人与阿拉伯人、波斯人和土耳其人等帝国主体民族间的互动。第三节讨论库尔德人的部落社会结构、语言和宗教信仰情况，以及三者在库尔德人民族意识和身份形成过程中的作用。第四节论述奥斯曼帝国解体后库尔德问题的产生过程。考虑到1958年后伊拉克库尔德问题的演变基础与伊拉克王国时期（1921—1958）有着紧密的联系，因此第四节还在一定程度上考察伊拉克王国时期库尔德问题的发展。

第二章"伊拉克库尔德问题的塑型与发展期（1958—1968）"探究1958年伊拉克"七月革命"至1968年复兴党二次执政十年期间的库尔德问题演变。这一时期也是该问题的重要塑型期。第一节分析卡塞姆政府与库尔德人从1958年建立权宜联盟到1961年爆发第一次伊拉克库尔德战争的整体过程，以及战争对卡塞姆执政带来的影响。第二节和第三节探讨卡塞姆倒台后库尔德问题对伊拉克政局的作用和反作用。在泛阿拉伯民族主义风靡地区的背景下，库尔德战争成为激化伊拉克军政冲突和权力更迭的一个重要因素，而在剧烈的局势变动中，库尔德自治谈判被伊拉克中央政府工具化，用于满足巩固权力的短期需求，交战双方互信丧失，库尔德问题也因战争的延续逐渐向长期化和暴力化的方向演进。

第三章"伊拉克库尔德问题的高潮期（1968—1975）"考察复兴党 1968 年二次执政至 1975 年第二次伊拉克库尔德战争结束期间的库尔德问题发展。这一时期为库尔德问题发展的高潮期。第一节探讨复兴党为巩固权力根基和解决政权内部的军政分歧，允诺库尔德人民族自治的权利，双方签署《三月声明》，第一次伊拉克库尔德战争结束。第二节分析"冷战"因素对库尔德问题的影响。伊拉克中央政府与库尔德人在自治核心问题上产生分歧，美国对此加以利用，秘密支持库尔德运动反对伊拉克中央政府，以实现其在中东反苏的"冷战"诉求。第三节讨论库尔德人在美国的秘密支持下与伊拉克中央政府爆发第二次库尔德战争，但随着两伊签署《阿尔及尔协议》和伊苏关系的淡化，美国停止支持库尔德人，库尔德运动遭到重大溃败，陷入历史性低潮。

第四章"伊拉克库尔德问题的低潮与转折期（1975—1990）"考察 1975—1990 年海湾危机前的伊拉克库尔德问题的演变。该时期库尔德问题处于低潮阶段，并于 20 世纪 80 年代末期实现重要的历史性转折。第一节关注复兴党政府在库尔德运动衰败的背景下试图替代性地在库尔德社会中建构库尔德人对复兴党国家的政治认同。这主要是通过石油财富基础上的高福利政策和阿拉伯化与复兴党化的族际政治整合两条路径来展开。第二节分析两伊战争期间库尔德问题的发展。战争爆发后，库尔德地区成为主战场之一，两伊对库尔德人作战支持的需要，让库尔德运动获得复苏的空间。战争前中期，复兴党政权坚持对库尔德人采取细分的政策，推动库区的复兴党化进程，动员"我们的库尔德人民"参与作战，反对作为"破坏分子"的库尔德运动。第三节讨论复兴党政权在战争末期对库尔德问题政策的转变及其对库尔德民族主义带来的本质性变化。两伊战争长期的消耗和 1986 年国际油价的大幅下跌，让复兴党政权无力维系既有的细分政策，从而对库尔德地区发动了低成本的集体性惩罚政策"安法尔行动"。库尔德运动虽然因此再度面临低潮，但库尔德民族主义的外延也从而得到拓展，精英化的民族主义思想开始向库尔德社会大众层面普及。

第五章"伊拉克库尔德问题的定型期（1990—2003）"探讨1990年海湾危机至2003年伊拉克战争期间库尔德问题的变化。因北部禁飞区的设立和库尔德人的自治实践，这一时期的伊拉克库尔德问题开始经历定型的实质性转变。第一节关注伊拉克入侵科威特招致国际孤立的背景下库尔德问题地位的改变，讨论"安法尔行动"造成的集体性创伤在库尔德人1991年起义与顽强抵抗中发挥的作用，并分析国际社会设立库尔德禁飞区的人道主义考量和遏制伊拉克的政策诉求。第二节考察库尔德人在禁飞区庇护下开展的自治实践过程和1994—1998年库尔德两党内战对自治和美国遏制伊拉克议程造成的消极影响。第三节探讨在美国1998年确立对伊拉克政权更迭政策的新背景下伊拉克库尔德人地位的提升，分析小布什政府的外交政策理念和2001年的"9·11"恐袭事件，是如何促成2003年伊拉克战争后库尔德人获得合法的联邦自治地位。

**（二）重要观点**

（1）库尔德问题是该时期伊拉克政局不稳定性的主要来源之一，并同时与其他三个不稳定性来源（伊拉克共产党、军队政变和什叶派伊斯兰主义运动）密切联动，持续对伊拉克中央政府的权威和现代国家的建构进程形成挑战。

（2）该时期伊拉克中央政府处理库尔德问题的政策选择在很大程度上反向塑造和加剧了库尔德问题作为伊拉克政局不稳定性来源的局面。换言之，伊拉克库尔德人显著的民族意识和独立倾向的出现，并非一个不可避免的结果，它本质上是伊拉克国家能力的失效，以及随之带来的畸形的伊拉克现代国家建构进程的结果。

（3）库尔德问题的悬而未决及其在伊拉克政局中的重要性，在该时期中东地区局势与伊拉克外交政策的催化下，使其成为地区和域外大国实现战略诉求所争相利用的重要资源与抓手，加剧着该问题的烈度。

（4）该时期伊拉克库尔德问题的发展表明，从单一国别入手应是探析中东库尔德问题的基本前提和优先选项。自一战后库尔德人被划入四个不同的民族国家起，受各自所在国国情差异的结构性影响，库尔德问题的内涵也从诞生之初宽泛的"无国民族"属性，被逐步内化至四国的框架之下，发展出内政问题的属性，并按国别衍生出四种不同的演变路径。四国库尔德人的政治行为选择也首先依据各自所在国的现实需求而确定，进而才能对中东地区更为宽泛抽象的"库尔德民族"做出观照。

# 三 学术创新点与贡献

## （一）学术创新点

（1）研究材料的创新与突破。该研究大量开发运用了阿拉伯语一手档案《伊拉克阿拉伯复兴社会党档案》和英语一手档案《美国外交关系文件集》（FRUS）来开展研究，对国内学界主要依托于二手文献的研究局面实现了较为重要的突破，并且对国际学界尚未充分挖掘《伊拉克阿拉伯复兴社会党档案》的缺陷做出了相应弥补。材料占有的独创性保证了本研究的前沿性与创新度。

（2）研究空白的填补与观点修正。长期以来，学界多以实用主义来定性伊拉克复兴党政府的库尔德政策，但该研究通过挖掘《伊拉克阿拉伯复兴社会党档案》，首次从意识形态、组织动员和族际政治整合的层面分析了伊拉克复兴党解决库尔德问题的政策。这对国内外学界的既有研究做出了重要的空白填补与观点修正，并对学界从理论层面重新理解中东地区的民族国家建构和政治体制发展等问题提供了全新的案例。

（3）研究视野的创新与扩展。库尔德问题在中东地区有着重大的影响力，对其开展研究具有重要的理论和现实意义。但目前中文学界对该问题的研究还有待细化，该研究将该问题聚焦到伊拉克单一国家内部来研究，并着重分析了伊拉克国家体制与该问题之间的互动关系。这有效地细化和丰富了我国库尔德问题研究与地区民族问题研究的成果，填补了我国相关研究的空白。

### （二）主要贡献

（1）在学术意义层面，该研究有助力于细化与深化相关学理研究及其案例支撑。该研究通过对最具代表性和影响力的伊拉克库尔德问题做专门性的研究，有助于进一步细化和深化学界的中东库尔德问题研究、加深对中东地缘政治与国际关系演变的理解，并在学理层面拓展对国家建构与政治体制发展两方面的研究。

（2）在现实意义层面，服务国家战略需求。伊拉克是"一带一路"共建国家，是连接亚欧交通的海陆联运关键节点，该研究有助于深化伊拉克国别研究，同时为我国制定有关涉库尔德问题国家的政策提供知识依据和智力支撑，在与其开展友好互利合作的同时，又能充分地维护中东地区的安全、秩序与稳定，服务于我国的外交事业。

# 《"萨尔〈普遍史〉"与欧洲近代史学思想变迁》概要

张一博[*]

欧洲从中世纪史学向近代史学的转型是西方史学史研究中的一个重大问题，国内外研究成果颇为宏富，但这些成果大多从实现转型的背景、转型的内容及其影响等宏观层面予以分析，对于欧洲思想转型如何具体影响历史编纂，鲜有学者论述。该书以英国学者乔治·萨尔主编的多卷本《普遍史》（以下简称"萨尔《普遍史》"），这一部在18世纪风靡一时，却在传统史学史谱系中被边缘化的作品为例，将其放在近代欧洲思想转型和史学转型的大背景中讨论。一方面，随着新航路开辟大量异域知识传入欧洲，对欧洲思想界产生了冲击，在这一冲击下欧洲世界史书写的形式和结构都发生了变化，如何将异域知识纳入世界历史框架成为当时史学家所思考的问题，在这一背景下出现了一种百科全书式的世界历史书写。但随着史学职业化，这种百科全书式的书写方式遭受批判，并为新的世界历史书写所取代，在史学史中被边缘化。另一方面，该书希望以"萨尔《普遍史》"为个案探究近代世界观的形成，即在近代早期异域知识的冲击下，欧洲知识分子借助传统知识框架理解这些异域知识，但是随着一些新问题的出现，传统的知识并不能解决这些新问题，每次的小修小补最终导致传

---

[*] 张一博，北京大学历史学专业博士，现就职于中国社会科学院历史理论研究所。

统世界观的崩塌。但这种崩塌并不是一场转瞬之间的改天换地，而是一种长时段的不断调试融合的过程，即旧知识不断调试，新知与旧识融合成一种新的世界图景。

在全球化的今天，如何书写全球史成为学者们所关切的问题。20世纪上半叶，全球史从美国兴起，它从一种力图突破西方文明史叙事的课程设置发展为一股新的史学思潮席卷世界，至今方兴未艾。全球史给学者们打开了新的研究视野，在今天形形色色的全球史著作层出不穷。但是，全球史研究在受到赞誉的同时，在学界也存在一些批评声音，例如并未能真正突破西方中心论、未能处理好史料批判与整合历史之间的张力。如何解决这些问题，书写新的全球史成为当今学者所热议的话题。一些学者开始试图追溯全球史发展的起源，从近代早期的世界史书写中寻找思想资源，研究"萨尔《普遍史》"也可以为我们当下书写全球史提供借鉴。当今全球史书写所面临的困境，当年"萨尔《普遍史》"编写者也同样思考过类似问题。"萨尔《普遍史》"面面俱到，力图将已知世界诸文明的所有历史囊括其中。这使得萨尔《普遍史》甚至看上去有些杂乱无章，但是其也存在一个主线，那便是试图用基督教的世界观去收纳整合异域文明。在这一整合过程中，编者们也面对西方与异域、史料批判与整合历史、全球与地方之间的问题，通过研究"萨尔《普遍史》"及其命运浮沉可以使我们更好地认识全球史书写面临的困境和挑战，18世纪这部"全球史"或许可以为我们提供书写另一种全球史的可能性。

该书借助思想史的研究方法，采取思想史与史学史相结合的方法。近年来，思想史研究呈现出"两个动"的趋向，其一为关注思想背后的行动力，对于欧洲近代思想转型，传统研究多关注经典人物的经典作品，如霍布斯、洛克、伏尔泰等人是学者们研究的重点，在研究方法上也多是对经典作品进行文本分析。当下思想史研究更多关心思想背后的意图，关注思想产生的语境和思想文本背后的动机。史学史研究也受其影响，开始关注史学家书写的动机。研究者不仅关心作品写了什么，也关心作品为谁而写。以"萨尔《普遍史》"为例，

"萨尔《普遍史》"书写与当时英国的大众阅读风潮密切相关，这部书的预设读者是中等阶层，他们订阅此书希望能够通过阅读此书去了解世界。这一读者群的形成也影响了"萨尔《普遍史》"的编纂。这部书在德意志地区的传播也与商业目的密切相关。如何从读者与作者、出版商之间的互动中去展现近代早期历史书写的生成，是该书将要讨论的重点。

其二是关注思想的"流动"，这一流动不仅包括思想的跨国传播，也包括思想的下沉。传统思想史多关注一国内部的高层思想，对于思想的跨国和那些次级思想关注较少。当下的思想史研究则开始关注"降一格的思想文本"，不仅关注高峰，而且关注那些高峰思想被接受的过程。"萨尔《普遍史》"作为一个欧洲项目，它的跨国性自不必说。"萨尔《普遍史》"不仅在英国被广泛阅读，还被翻译成法语、德语、荷兰语、俄语等多国语言，畅销欧洲。"萨尔《普遍史》"在其他国家的传播并非简单是从英语翻译成其他语言，而是通过翻译参与到其他国家的学术讨论中，比如"萨尔《普遍史》"在德意志地区的命运沉浮与德意志地区的学术转型和民族意识的兴起密切相关。另外，这部书作为一部百科全书式的历史著作，具有包罗万象的特征，囊括了当时学者们对新知识的认识和讨论，通过阅读研究此书，我们可以窥探当时人的世界观。"萨尔《普遍史》"作为一部面向中等阶层的历史读物，其功用是从历史知识中获取教益，这一功用也使它成为思想从上向下流动的媒介，在这一媒介中我们可以看到那些新的高层思想如何被纳入人们熟悉的知识框架中，思想如何在下沉过程中发生转向。

该书侧重"萨尔《普遍史》"的主要内容、它的知识来源以及同时期的世界史著作，试图系统地阐述近代思想和史学转型的多元图景。基于这一目标该书分为三部分，第一部分为背景，即普遍史书写传统和"萨尔《普遍史》"的出版过程。该部分首先概述自古典至近代早期的普遍史书写传统，以及在近代早期所出现的一种百科全书式历史书写形式。其次讨论了"萨尔《普遍史》"的出版过程，并集中于人员构成、每卷的主要内容、编者出版商和读者之间的互动等几个方面展开讨论。18世纪正是大众阅读兴起的时代,"萨尔《普遍史》"的编纂也处于这一潮流之中,该书也以编年法的变更为例,从书籍史的角度揭示编者、出版商与读者的互动如何影响书的最终内容的确定。

第二部分以"萨尔《普遍史》"中关于中国、美洲人起源、近代西方和古代东方的论述为例,讨论新知识如何与旧知识框架相互冲突融合,最终形成新的世界图景。第二部分分为三章。第一章中国部分主要结合"萨尔《普遍史》"中有关中国的具体论述的变化及该书当时的出版背景展开讨论,关注"萨尔《普遍史》"如何协调中国古史与《圣经》编年,将中国历史纳入世界史框架之中,并揭示编者如何借助中国历史资源回应欧洲本土思想困境。第二章主要研究"萨尔《普遍史》"中的美洲人起源部分,通过梳理近代早期美洲人起源研究,并将这一问题放在史学史脉络中,以"萨尔《普遍史》"为中心,探讨这些研究成果如何为当时的历史书写所吸收,并进一步分析美洲历史如何被纳入世界历史框架之中。最后通过比较启蒙运动前后研究美洲人起源的方法之不同,折射近代学科方法的建立和历史意识的转型。第三章关注"萨尔《普遍史》"中的近代史与古代东方。本章结合"萨尔《普遍史》"中关于近代史和古代东方的论述,讨论在科学革命的影响下,人们如何认识西方的崛起,以及科学革命作为一种弥散性的文化运动如何塑造新的思维方式,这种思维方式又如何与传统《圣经》世界观相调适。

第三部分将视野放在德意志地区,讨论"萨尔《普遍史》"在德意志地区的接受史。该部分分为两章,第一章讨论"萨尔《普遍史》"在德意志地区的翻译和出版,将"萨尔《普遍史》"在德意志地区的传播放在德意志学术转型的背景下去讨论,从史实、史料与史观三个维度分析"萨尔《普遍史》"为代表的百科全书式世界史书写的衰落以及这一现象所反映的近代历史意识的转型。本章关注到当时德意志地区史学家尤其是哥廷根学派对"萨尔《普遍史》"的评价。以此为基础讨论 19 世纪初所兴起的书写世界历史的新尝试。这一过程出现两种不同的尝试，一派尝试用一种联系的视角将世界历史整合为一个整体，另一派则是从历史哲学出发，构建一种新的宏大叙事，前者以加特勒和施洛策尔为代表，后者则是以小施莱格尔为例。第二章关注史学专业化后的世界史书写。主要讨论在普遍史书写面临协调整合历史与史料批判的困境下，兰克和施洛塞尔如何解决这一矛盾，并基于不同的立场和方法，彼此相互攻讦争辩，塑造新的世界史叙事，为解决世界历史书写面临的困境提供不同的方案。通过研究兰克和施洛塞尔的世界史书写，讨论不同历史学家如何在共享史学专业化的基本理念基础上，根据不同的立场，做出的不同选择，以此来呈现多元化的竞争性历史书写图景。

该书以"萨尔《普遍史》"为切入点，讨论近代思想转型和史学变迁对历史书写的影响。以下对该书的创新点做一概述。

第一，从选题上，研究欧洲近代史学史多以"名家名作"为考察对象，该书则聚焦于一部 18 世纪"昙花一现"的鸿篇巨制"萨尔《普遍史》"上。该书并非只是发掘一部边缘史学作品，而是以"萨尔《普遍史》"为切入点窥探当时人们对世界的认识。作为一部面向中等阶级的历史读物，此书也成为思想从上向下流动的媒介。通过这一媒介可以看到那些高层思想如何被纳入人们熟悉的知识框架之中，思想如何在下沉过程中发生转型。通过研究"萨尔《普遍史》"有助于反思史学史叙述中的辉格叙事路径，展现近代早期不同于传统史学史叙述的一个面向。在全球化的今天，如何书写全球史成为学者们普遍关切的问题，这部 18 世纪的"全球史"为我们思考如何处理一元与多元、全球性与地方性、史料批判与整合历史之间的张力提供一些经验和教训，为书写全球史提供另一种可能性。

第二，从史料上，传统史学史多对史学著作做文本分析，探讨史学文本中的史学思想。该书不只探讨"萨尔《普遍史》"文本中的史学思想，而且关注到"萨尔《普遍史》"作为一个动态文本的生成过程。因此该书所采用的史料较为多元，除"萨尔《普遍史》"及其德译本之外，该书还主要关注到"萨尔《普遍史》"的知识来源，即此书所引用的著作与同时期对相关问题的研究。除此之外，该书还采用了当时历史学家们的书信、回忆录、传记等内容，以及刊登在报纸和当时史学史著作中时人对世界史书写的评价。除了文字史料外，该书也关注"萨尔《普遍史》"中的一些插图，图像证史阐释插图中所承载的历史意识。

第三，从方法上，该书除采用史学、思想史的研究方法，从近代思想转型和史学转型的背景下考察"萨尔《普遍史》"外，还借助书籍史的研究方法，将文本研究与书籍史研究相结合，不再将此书视为一个静态的文本，而是将其视为一部处于具体历史语境中应市场需求不断变化的动态作品。该书从编者、读者和出版商互动的角度理解版本内容的变化，展现该书出版过程中的复杂性，并且考察这一出版过程与当时思想环境之间的互动。该书还吸收了史源学的方法，传统史源学注重考稽史实，明辨真伪。在今天的学术背景下，史料不再完全透明，追溯史源不只为勘定正误，而且有助于描绘文本生成的动态过程。该书通过整理"萨尔《普遍史》"的知识来源，进一步探讨这些知识如何为"萨尔《普遍史》"的编者所使用。该书还吸收了跨国史的研究方法，探讨"萨尔《普遍史》"在德意志地区的翻译和传播。

# 《历史影响与外交政策：二战后日本对缅甸援助研究》概要

史 勤[*]

## 一 研究目的、意义及方法

### （一）研究目的

中日关系时常受到两国间历史问题的困扰，使得历史与国际关系、外交的关系成为重要的学术问题。在此背景下，该书从第二次世界大战后的日缅关系入手，通过综合考察日本援助缅甸的原因，揭示"二战"的历史影响因素在其中扮演的角色，厘清历史影响之有无与生成机制，进而探析战后日本的历史观与亚洲外交，在此基础上思考历史与人、国家的关系。

### （二）研究意义

就学术意义而言，该书兼具历史影响研究和战后日本外交史研究双重意义。从历史影响角度考察日本对缅甸援助政策，一方面可以观察"二战"对日本外交政策特别是亚洲政策的影响，厘清历史影响的作用与生成机制，揭示历史与外交的关系；另一方面通过分析日本对

---

[*] 史勤，厦门大学世界史专业博士，现就职于厦门大学马克思主义学院。

缅甸援助政策的动机与变迁，来辨析历史影响与其他援助动机的关系，深化对历史影响在整体援助动机中的地位与作用的认识。

关于战后日本外交史研究，已有研究更多注意到美国与"冷战"因素的影响，对"二战"历史影响的研究仍然十分薄弱。这部分源于"二战"史与"冷战"史研究断代划分之沉疴。跨越断代划分，沟通"二战"与战后的时空联系，不仅有助于我们探究战后的日本外交，还能增进对战后世界的认识。同时，国内学界在整体的日本外交史、日本对美国外交史、日本对中国外交史、日本对俄罗斯外交史等领域上有丰硕的研究成果，但在日本对东南亚外交的研究上稍显逊色。该书不仅研究了属于日本对东南亚外交议题的日本对缅甸援助，还从日本对东南亚外交的广域视野下审视日本援助缅甸问题，包括同日本对其他东南亚国家的援助、政策做比较，以及探究日本的缅甸政策与东南亚政策的联系，为国内的日本对东南亚外交史研究献出了绵薄之力。

从现实意义来看，该书在研究日本援助缅甸动机的基础上，考察战后日本的历史观与亚洲外交，试图辨析日本背负的历史包袱及其谋求走出战后、成为"正常国家"的企图，为今后中日间乃至亚洲国家间如何相处提供有益的启示与借鉴。

此外，历史学人们曾以"以史为鉴"的资治功能自诩，也以求真精神为傲。然而，时过境迁，历史的资治功能因为国家与社会日新月异而效果不彰。同时，我们又无法做到还原历史的原貌，只能无限趋近历史真相。在此背景下，历史学与历史的价值受到世人的质疑。该书希望通过思考历史与外交的关系，为历史的价值增添新的注脚，也为读者能更得好理解历史与当下、未来的关系，以及历史与人、国家的关系提供一点参考。

### （三）研究方法

第一，多元史料互证研究。该书综合地利用日本、美国、英国与缅甸等国家的档案、会议记录、报刊与访谈资料等多元史料。例如，日本外务省外交史料馆馆藏外交档案、日本外交开示文书、《日本外交蓝皮书》、《美国对外关系文件集》、英国国家档案馆馆藏外交档案、"日本国会议事录"、《朝日新闻》、日本缅甸协会会刊《缅甸情报》、厦门大学南洋研究院图书馆馆藏的缅甸华文报刊与日本前政府官员的访谈资料等，从而将日本对缅甸援助置于多方视角下加以考察。

第二，长时段视角。该研究起始于1945年第二次世界大战的结束，截至2020年日本首相安倍晋三辞职。在长时段视角下，该书考察了日本对缅甸的经济援助政策及其动机，不仅把握每一个重要事件或重要时间节点的特殊性，而且试图揭示变迁情况及其间的常量因素。

第三，国别政策与区域政策相结合。该书没有局限于日本对缅甸的国别政策，而是尽可能拓展横向方面的探讨，从日本对东南亚的区域政策视野下审视日本对缅甸的援助。由此，该书不但分析了日本对缅甸经济援助过程，还关注到日本对东南亚区域政策、对东南亚国家的经济援助情况，力求对日本援助缅甸原因问题作全面、深入的研究。

## 二　主要内容与重要观点

### （一）主要内容

第一章梳理了战后日本外交，揭示了历史影响的对象——外交决策者。本章从战后日本的外交决策体制、外交路线与外交手段三个方面出发，揭示战后日本外交的决策与运作概况，注意到日本在提供经济援助时会根据国家利益与亲疏关系甄选援助对象。在此基础上，本部分从时间维度、空间维度和日本决策机制维度阐释了日本外交的形成机理。

第二章考察历史影响的载体。本章从个人、集体与国家三个层面考察战后日缅两国间的联系，探究"二战"的历史遗产与战后日本对缅甸外交的基础。第一节关注了原缅甸战场的日本旧军人，特别是参与培训缅甸"三十志士"和创建缅甸独立军的日本特务组织南机关的成员。第二节从日军遗骸和《缅甸的竖琴》这部电影来讨论日本人对缅甸的认识。第三节介绍了两国政府层面的历史遗留问题——战争赔偿问题。

第三章至第七章分别探讨战后不同时期日本对缅甸外交，探究是否存在历史影响。本部分以时间顺序先后厘清日本政府在处理战争赔偿问题、赔偿再研究问题、日元贷款问题以及其他政府开发援助问题中的决策动机，并从中发现了历史影响的途径——历史遗留问题、历史亲历者、历史人际关系与历史认识，还注意到历史影响的生成需要有现实的条件。

第八章系统阐述历史影响衰退下日本对缅甸援助原因的变迁。随着第二次世界大战的远去，历史影响的载体会逐渐地退出历史的舞台，以致历史影响的衰退。20世纪80年代末，缅甸发生政治危机与转型，加速缅甸领导层的更新换代，与日本有历史联系的领导人告别权力舞台。在此情况下，昂山素季既凭借政治改革领袖的身份而拥有极高的国际威望，也因为其父与日本的历史渊源，成为日本最关心、尊敬的缅甸人，进而构成了日本援助的新动力。

在结论部分，该书从日本的国别政策、日本的区域外交与国际关系三个层面思考了历史与外交的关系。本部分首先总结了"二战"对于日本的缅甸外交与援助政策的历史影响及其生成机制；其次在亚洲外交范畴下探究了日本对"二战"的历史认识，阐明二战为何会产生这样的历史影响；最后讨论了历史与人、国家的关系，就构建良性的历史与国际关系的关系提出了建议。

### （二）重要观点

第一，日本对缅甸的援助是经济利益、政治目标与历史影响等多重因素作用的结果。日缅贸易规模小、缅甸资源开发的停滞以及石油资源的匮乏，使得日本在缅甸的经济利益相当有限。同时，缅甸长期奉行消极的中立主义外交方针，避免介入东西两大阵营的冲突，十分顾虑中国的存在，很难在国际冷战、地区冲突等领域为日本提供政治支持。因此，虽然经济利益和政治目的都在某一时段内推动过日本援助缅甸，但只有历史影响贯穿了从战争赔偿、准赔偿到政府开发援助的全过程，支撑着日本援助缅甸的信念，并塑造了援助的框架与机制。

第二，"二战"通过历史遗留问题、历史亲历者、历史人际关系与历史认识影响了日本外交，促使日本将缅甸视为友邦并给予大量的经济援助。

第三，从历史遗留问题来看，第二次世界大战期间，日本曾经入侵英属殖民地缅甸，不仅对缅甸造成了约38亿美元的经济损失和十几万缅人的死亡，还在缅甸土地上遗留下近二十万日本侵略军人遗骸。战后，在缅甸的索赔与《旧金山和约》的规定下，日本向缅甸履行了战争赔偿义务，分别在1954年与1963年解决了战争赔偿问题与赔偿再协商问题。战争赔偿问题的解决消除了双边关系的障碍，开启了日本对缅甸经济支援之路，为两国关系奠定了友好的基础。至1975年，在日缅关系友好的背景下，缅甸允许日本在其国内展开日军遗骸搜集活动。该历史遗留问题的解决进一步巩固了双边关系。

第四，就历史亲历者与历史人际关系而言，在以日本旧军人铃木敬司、奥田重元和缅甸"三十志士"成员奈温为代表的两国历史亲历者的协助下，战后日缅关系不仅没有受困于日本侵略历史的束缚，反而经由战争赔偿与经济援助形成了友好关系。尽管缅甸原战场的日本旧军人并未在战后日本政府里出任要职，但是部分旧军人在缅甸"独立"上的贡献，受到缅甸的认可，更容易与缅甸政府建立沟通管道，甚至担任缅甸政府官职或顾问，不但能影响缅甸的政策，还能掌握更多的缅甸信息。在奈温时期缅甸相对封闭的状态下，在两国间穿梭往来的原日本旧军人成为日本政府了解缅甸的重要信息源。而这些人也出于日缅友好的心愿，在与日本外务省亚洲局东南亚课、外相、首相的交流中，积极推动日缅关系的发展。

第五，在历史认识上，日本对于"二战"时期日缅关系的认识，选择性接受并构建南机关、反英与缅甸独立的叙事，遗忘了日军暴行、泰缅铁路下的累累白骨、缅甸独立的虚假性与缅甸反日起义等历史。缅甸奈温军政府也出于政权合法性需要部分肯定这一点。于是，日本在支援缅甸上萌生了令人可笑的责任感、使命感。这样错误的历史认识造成日本与亚洲邻国经常发生摩擦，导致日本的亚洲外交背上了沉重的历史包袱。不仅如此，受到"历史认识"塑造的缅甸观具有一定的稳定性与持续性。稳定性与持续性，既源于日本在认知上的惯性，还在很大程度上因为该"历史认识"仍对日本有意义，即帮助日本走出"二战"的历史阴影、重拾国家与民族自豪感、成为"正常国家"。只要日本未走出"战后"时代，日本对外政策就难以摆脱这段"历史关系"的影响。

第六，历史影响外交需要有现实的条件。关于历史遗留问题，由于有《旧金山和约》的规定，缅甸才有权就战争伤害要求日本必须履行战争赔偿责任。同样，若没有日本与缅甸的友好关系，日本也无法在缅甸展开日军遗骸的搜集。至于历史亲历者与历史人际关系，缅甸原战场的日本旧军人并未在奈温执政以前的日缅关系中起到较大的作用，而是在1962年奈温政权成立后逐渐发挥影响力，原因在于"二战"时期奈温曾获得日本的扶植，与部分日本旧军人建立了良好的人际关系。奈温政权的存在也增强了"历史认识"的历史依据与现实基础。奈温政权中，包括奈温在内的政府高官与中高级军官多有赴日留学或在缅甸接受过日本训练、教育的经历，这是日缅间的历史联系。在现实的两国交往中，奈温政权积极向日本展示了友好之意，并在同日本要人的会谈中直言缅甸的独立多亏了日本的"帮助"，卸去了日本外交上的历史包袱，大幅拉近了同日本的关系。由此可见，现实条件对于历史影响生成的重要意义。

## 三　学术创新与贡献

### （一）学术创新

1. 新史料

（1）该书立足相关国家的官方档案文献，包括日本外务省外交史料馆馆藏档案、日本外交开示文书、"日本国会议事录"、《美国对外关系文件集》和英国国家档案馆馆藏外交档案等材料。在日本外交史料馆的外交档案中，数个卷宗是在笔者的申请下解密，属于首次公开面世。

（2）该书还利用了《朝日新闻》、厦门大学南洋研究院图书馆馆藏的缅甸华文报刊、京都大学东南亚研究所图书室馆藏日本缅甸协会的刊物《缅甸情报》等新闻报刊资料。

（3）该书征引了日本学者、日本驻缅甸大使馆原官员与日本原政府大臣的访谈资料。

2. 新视角

（1）关于战后日本外交史研究，学界聚焦于美国因素和经济因素对日本外交的影响。但这没有全面体现出日本的外交，也没有反映出日本对"二战"历史的认识，乃至在一定程度上割裂了"二战"结束后与结束前的日本。例如日本如何处理同侵略过的亚洲邻国的关系，便部分超出了"美国因素和经济因素"的范畴。虽然战后日本外交起步于对战争目的的全面否定，朝着与战前完全不同的方向发展，但是事物的变迁具有一定的延续性，战后日本如何看待战时侵略及其遗产也是其制定对外政策的重要影响因素。因此，若要深入剖析战后日本外交，"二战"的历史影响是不容忽视的视角。

（2）关于日本援助缅甸的原因，已有研究多立足国家利益论，肯定日本援助缅甸源于自身利益的考量。但战后日本在缅甸的政治与经济利益有限，国家利益论不足以解释日本为何长期支援缅甸。该书从历史影响的视角出发来思考日本外交，有助于更全面解释日本援助缅甸的原因。

（二）学术贡献

第一，就日缅关系研究而言，长期以来，中国学界难以理解为什么缅甸对曾经的侵略者日本有较高的认可度，也不理解不与缅甸接壤的日本为何能在缅甸保持较高的政治影响力，该书较好地回答了这两个问题。

第二，在战后日本外交研究中，国内外学界更多注意到美国与经济因素的影响，对"二战"的历史影响的研究十分薄弱，该研究有助于填补后者的不足。

第三，从历史与人的关系来看，该书关注历史与外交关系，厘清了历史影响的作用途径与机制，进而试图阐释历史与人、国家的关系，有助于探究历史在当下社会中的地位与意义。

第四，关于日本右翼篡改历史问题，该书透过日缅关系研究发现了日本右翼更为隐蔽地篡改侵略历史的事实，有助于更为全面、深入地认识日本的历史观，进而促使有关方面早日推出应对措施，如加强日本对东南亚侵略史研究。

# 《罗马波斯战争研究（公元前66年至公元628年）》概要

龙 沛[*]

罗马波斯战争是公元前1世纪至公元7世纪罗马人和波斯人在西亚和东地中海地区双向对冲扩张的结果。罗马波斯双方均渴望完全继承亚历山大大帝留下的希腊化世界遗产，尤其是塞琉古王朝在西亚的政治遗产，因而双方冲突不可避免。因此，罗马人和帕提亚人都把征服塞琉古王朝的西亚属地作为复兴亚历山大帝国和波斯帝国的必要手段。因此，罗马波斯战争首先是双方争夺并维护塞琉古王朝西亚遗产的战争，塞琉古王朝也正是在罗马和帕提亚的东西夹击下走向衰亡。罗马和帕提亚在西亚和东地中海的扩张于公元前2世纪初开始，历时百余年，至公元前1世纪中叶双方在西亚正式接触。通过对东地中海和西亚地区的双向扩张，罗马共和国和帕提亚帝国最终将亚历山大大帝留下的希腊化世界基本瓜分完毕。最终罗马共和国/帝国控制小亚细亚、黎凡特和埃及，而帕提亚帝国控制两河流域和伊朗高原地区，近东地区形成罗马—帕提亚两极格局。此时双方若要继续原先的扩张方向，就必然与对方爆发冲突，这便是持续六百余年罗马波斯战争的开始。

公元前66年至公元628年，以地中海盆地为核心的罗马—拜占庭

---

[*] 龙沛，西北大学历史学博士，现就职于西北大学中东研究所。

帝国与以伊朗高原及美索不达米亚平原为核心的帕提亚—萨珊帝国之间发生了一系列周期性相互攻伐，即所谓的"罗马波斯战争"。罗马波斯战争从广义上延伸，可以指公元前1世纪至公元7世纪罗马人（晚期罗马共和国、罗马帝国和早期拜占庭帝国）与波斯人（帕提亚帝国和萨珊帝国）为争夺西亚地区进行的长达七个世纪的政治、军事、宗教和文化较量。双方交往的方式以战争为主，但战争背后牵涉东西方两大文明之间在各个领域和层次的全方位对抗。从欧亚草原游牧民族到高加索和阿拉伯沙漠诸王国、部落乃至非洲诸王国，两大帝国内外众多国家和族群在不同程度上参与罗马波斯战争，罗马波斯战争的行为体数量和交往复杂性远远超出罗马和波斯两大帝国本身。罗马波斯战争贯穿双方国家地缘安全战略、宗教意识形态、经济贸易利益、文化同化与抗拒的全方位博弈。罗马波斯战争成为古代持续时间最长、波及地域最广、涉及国家和族群最多的战争，造成了极为深远的历史影响。

罗马波斯战争总体根源为双方对西亚和东地中海地区霸权的争夺，但双方各自在不同时期的战略态势、文化秉性、意识形态和国家实力决定了双方在战争中战略目标、战术手段及交往方式的不同，但总体上具有连续性和继承性。罗马波斯战争既具有长时段、高烈度和长周期的特点，又具有间歇性、突发性和妥协性特征。双方长达7个世纪的较量对两大帝国内外各民族而言既是机遇也是挑战。欧亚草原和沙漠游牧部落通过深度参与罗马波斯战争加快了其文明化进程，并最终改写西亚和地中海地区文明秩序。但两国交界处的高加索和西亚诸小国由于处于两大帝国夹缝中均未逃脱被肢解和灭亡的命运。罗马波斯战争对两大帝国本身既是双方国运的生死较量，又是统治者个人野心和帝国理想的主观驱动。在罗马波斯战争期间，两国由于综合国力大体势均力敌且理想战略纵深重合，罗马与波斯任何一方建立绝对安全疆界的努力均从根本上损害对方的安全，导致双方在西亚长期形成二元对抗僵局和两极安全困境。

罗马波斯战争的第一阶段是晚期罗马共和国和帕提亚帝国的较

量。在这一阶段，帕提亚帝国由于米特里达梯二世死后的三十年内乱，错过了征服东地中海地区的最佳时机，使得罗马人相继击败本都和亚美尼亚并扩张至帕提亚边境。克拉苏东征惨败一度刺激起了帕提亚人的帝国雄心，但一度席卷东地中海诸省的帕提亚军队却迅速遭到罗马人的反击而失败。帕提亚人有效地利用了罗马内战带来的契机，但其缺乏征服东地中海的长期战略准备。因此，公元前40—前38年的战争是帕提亚帝国唯一一次大举进攻罗马在东地中海的领土，此后直至帕提亚王朝灭亡，未有相同规模的军事行动。随着沃罗吉西斯一世的去世，帕提亚帝国再未出现强有力的中兴统治者，而是陷入了王室不断内乱和平叛的恶性循环中。帕提亚帝国中央集权的先天性不足和罗马帝国对其王位继承的长期干涉，使晚期帕提亚帝国无力抵抗安东尼王朝时期罗马帝国的强力进攻，罗马波斯战争的天平在公元2世纪后开始完全倒向罗马一边。

罗马波斯战争的第二阶段是早期罗马帝国和帕提亚帝国的较量。在这一阶段中，早期罗马帝国在军事组织和综合国力上处于对帕提亚帝国的全面优势。在亚美尼亚问题上，罗马帝国以军事干预和扶持代理人手段有效反制了帕提亚帝国对亚美尼亚的多次控制企图，并以大规模的军事行动多次攻取帕提亚帝国在两河流域的统治中心，沉重打击其经济基础。但由于罗马帝国此时已经扩张到极限，无法深入伊朗高原扩大战果，即使对两河流域和亚美尼亚的占领也很快因为民心不稳而迅速放弃。公元116年、165年、198年，罗马军队分别在图拉真皇帝、阿维迪乌斯·卡西乌斯和塞维鲁皇帝的率领下三次东征帕提亚并洗劫其首都泰西封，沉重地打击了帕提亚帝国在两河流域的统治。但罗马帝国也连续错失三次征服帕提亚的机遇，反而在所耗不菲的军事行动后为自己创造了一个更强大的对手——波斯萨珊王朝。

罗马波斯战争的第三阶段是晚期罗马帝国和早期萨珊帝国的较量。此阶段罗马波斯战争的特点主要在于萨珊王朝利用罗马帝国"三世纪危机"成功崛起，在3世纪末之前取得了对罗马帝国在东方的战略优势，具体体现则是沙普尔一世对罗马人取得的一系列辉煌军事胜利。但随着沙普尔一世的去世（272年）和罗马帝国戴克里先即位，萨珊帝国再次遭遇一系列军事失败，甚至被迫放弃美索不达米亚北部地区。363年罗马皇帝尤里安东征是此阶段双方战事的转折点，萨珊一方利用尤里安阵亡、罗马皇位更迭之机收复了美索不达米亚北部（即所谓"外底格里斯河五省"）。此后直至7世纪初，罗马—拜占庭帝国再未对波斯核心地区采取大规模军事行动。而4世纪末两大帝国对亚美尼亚的瓜分极大地增加了双方直接接壤的疆界，为6世纪双方在南高加索地区的全面对抗埋下了更深的隐患。

罗马波斯战争的第四阶段是早期拜占庭帝国和萨珊帝国的较量。在公元5世纪，由于欧亚蛮族入侵同时对罗马波斯双方构成主要外部威胁（日耳曼人、匈人对罗马的威胁，以及嚈哒人对波斯的威胁），双方在这个世纪中虽有零星冲突，但没有爆发大规模的战事。进入6世纪，拜占庭帝国和萨珊帝国均进入中兴时期，双方围绕西亚地区的归属再次展开一系列大规模战争。公元502—506年、526—532年、540—562年、572—591年双方先后爆发"阿纳斯塔修斯战争""伊比利亚战争""拉齐卡战争"和"高加索战争"，并互有胜负。进入7世纪，罗马波斯战争迎来最后的高潮阶段，拜占庭帝国和萨珊帝国为摧毁对方在西亚的势力进行了全方位的努力，同时将当时欧亚草原主要的游牧帝国（南俄草原的阿瓦尔汗国和中亚的西突厥汗国）也卷入其中。在602—628年的最后一次罗马波斯战争期间，萨珊帝国先胜后败，所征服的拜占庭帝国领土得而复失，两大帝国的国力均濒临枯竭。拜占庭帝国表面上获得了最终的胜利，却付出了沉重的代价，其东地中海诸省一片残破。而此时阿拉伯半岛已经形成统一的伊斯兰国家，其扩张矛头直指已经两败俱伤的拜占庭帝国和萨珊帝国。历时六百余年的罗马波斯战争最终为阿拉伯帝国的扩张铺平了道路。

罗马波斯战争作为古代世界旷日持久、勾连东西文明的大战，对现代西方和东方文明对彼此的历史认知产生了许多潜在的深刻影响。在文明理想和统治者意志层面上，罗马人恢复亚历山大大帝事业的理想和波斯人恢复居鲁士大帝事业的宏愿在西亚和东地中海地区形成战略对冲，双方均不具备凌驾于对方的绝对政治和军事优势，仅在不同时期先后占据相对优势。双方综合国力对比在 7 个世纪内经历了此消彼长的复杂变化，但总体在西亚和东地中海保持战略均势，双方对对方领土的征服成果均不能持久。罗马波斯战争后期，随着两大帝国交界处的缓冲国和附庸国（亚美尼亚、加萨尼和莱赫米王国等）相继被瓜分和吞并，两国战争烈度在 7 世纪初达到最高峰，且均一度将对方逼至绝境。与此同时，阿拉伯沙漠各部落由于长期参与罗马波斯战争，其政治组织、军事技术和文明程度迅速提高，终于在各种内外因素的催化下诞生了中东地区最后一个一神教——伊斯兰教和阿拉伯人统一国家——麦地那乌玛政权。罗马人和波斯人在 7 世纪初的生死大战之后国家实力消耗殆尽，而西亚和东地中海地区因长期处于战争前线经济凋敝、民怨沸腾，两国在阿拉伯沙漠边缘构建的附庸国体系也于此时彻底瓦解，遂使得阿拉伯人大征服的门户洞开。罗马波斯战争是希腊罗马文明和波斯文明在古代的终极对决，见证了古代世界帝国的发展极限。罗马波斯战争和欧洲民族大迁徙、阿拉伯—伊斯兰文明兴起等重大历史事件相互影响，最终导致了古典时代的结束和中世纪的到来。

  该书首次结合古代史料和现代国际关系理论对以罗马波斯战争为代表的古代东西方文明交往冲突案例进行长时段的综合性研究，同时将罗马波斯战争背后的军事战争史、宗教文化史、经济贸易史、中东文明史等多维交叉议题作为相互关联的有机整体纳入罗马波斯战争的框架内进行考察。史料选用方面，该书突破以往以希腊罗马为核心来研究前伊斯兰时期西亚史和地中海史的传统范式，对犹太史料、亚美尼亚史料、阿拉伯史料和波斯史料等来自中东地区的各种非希腊罗马史料进行大范围的筛选、梳理和整合以补充希腊罗马史料之不足。

  该书是国内学界首部以罗马波斯战争为研究对象的历史学论著。该书在结合历史学、考古学、经济学、地缘政治学、国际关系学、文明理论等多种交叉学科及理论的基础上对罗马波斯战争展开研究。在史料选取和运用上，注重罗马—拜占庭史料与阿拉伯、波斯、亚美尼亚、犹太史料的结合互证，以在多元史料的基础上重建罗马波斯战争的历史叙事。理论建构方面，该书采用现代帝国结构理论中的"核心、外围和边缘"理论以及文明交往论作为理论基石，并在此基础上将其变化和扩展为"核心、中间和外围"三重国际体系结构。该书还使用文明交往论讨论罗马波斯时代中东文明的本位主义属性，并主要以战争冲突、经济贸易、宗教传播和政治意识形态作为罗马波斯文明交往冲突的核心分析框架。

罗马波斯时代中东的文明交往、冲突和变迁正是伊斯兰文明兴起的历史和逻辑根源。在中东文明史演进序列中，罗马—拜占庭帝国与帕提亚—萨珊帝国分治中东的"罗马波斯时代"构成联结中东历史上希腊化时代和古典伊斯兰时代的关键文明链条，具有极其重要的研究价值。罗马波斯战争构成了公元前1世纪至公元7世纪中东历史发展的主旋律，因此以"罗马波斯战争"作为研究这一时期中东历史的切入点具有"牵一发而动全身"的功效。罗马波斯战争是古代持续时间最长、波及地域最广、涉及国家和族群最多的战争，造成了极为深远的世界性历史影响。因此，罗马波斯战争的演进历程、动力机制和对后世中东乃至世界历史的深远影响都是研究罗马波斯战争必要的题中应有之义。罗马波斯战争作为古代世界旷日持久、勾连东西的文明大战，对现代西方和东方文明对彼此的历史认知产生了许多潜在的深刻影响。而研究罗马波斯战争可以从长时段的视角阐释当代中东许多复杂问题的根源，并为现代国际关系理论研究提供一个无法复制的"前现代"案例，尤其是为研究现代国际体系理论、国家间冲突理论乃至探索超越民族国家的治理模式提供历史借鉴。

# 《"神岳蒋蒋"：秦汉蓬莱信仰的神话考古》概要

庞 政[*]

## 一 研究目的、意义及方法

**（一）研究目的**

秦汉魏晋时期的宗教信仰和思想观念问题向来是学界关注的焦点，不仅仅受到历史学、宗教学、民族学的重视，而且随着近年来考古资料的日益增多和研究视角的转换，逐渐受到考古学、艺术史等学科的青睐。这一时期，外来的佛教开始传入中国，与本土的宗教文化和意识形态发生碰撞和纠缠，为了取得更好的发展，必须协调与中国本土宗教信仰和思想观念的关系，解决两者间的冲突与矛盾。另外本土的道教开宗立派，社会流行的宗教信仰和思想观念是其重要的根基和文化土壤。这两个重大的历史事件，促使这一时期成为我国宗教和信仰最为重要的变革阶段，在中国古代社会历史中的重要性不言而喻。这种变革转型的性质和详情如何？回答这个问题，十分关键的一点在于这些新兴宗教（如道教）与中国传统宗教信仰的关系如何？是继承与发展，还是裂变与创新？无论如何，在究明这些问题之前，有

---

[*] 庞政，四川大学历史学博士，现就职于四川大学考古文博学院。

必要先厘清中国本土的宗教信仰和思想观念的基本面貌，梳理有关的文献记载和考古资料，辨明其主要内容和表现形式，探索它的源起、演变的发展脉络，以及相关内容之间的内在联系，这是理解变革问题的基础。

这一时期最为重要的传统宗教信仰恐怕莫过于神仙信仰，从目前的资料来看，它的流行范围上至统治阶级的皇帝，下至社会底层的百姓，无一不深受其影响。汉晋时期的神仙信仰并非一枝独秀，而是两花争艳，顾颉刚先生很早便提出中国古代的神话可分为两大系统，一是昆仑系统，另一个是蓬莱系统。昆仑和蓬莱是古人向往的两座仙山，以它们为核心形成了昆仑神仙信仰和蓬莱神仙信仰。在昆仑神仙信仰中，昆仑山、西王母等元素是信仰的关键，是学界关注的热点，相关的研究可谓洋洋大观。蓬莱神仙信仰中，蓬莱、方丈、瀛洲是核心的三座神山，安期生、伯牙、巨鳌等神仙异兽是其中的关键内容，正是这些神山仙境、仙人异兽，通过方士们的奋力鼓吹，让秦皇汉武沉溺其中，不惜耗资巨大，入海求仙，痴迷的程度史无前例，背后究竟是怎样的信仰在推动？蓬莱信仰不仅在秦汉时期盛行，后世道教中也大量吸收了蓬莱信仰的元素，成为教义重要的组成部分。然而非常遗憾的是，如此重要的信仰系统并未得到应有的关注，缺乏相关的研究成果，与昆仑、西王母的研究硕果无法相提并论。有关蓬莱神仙信仰的研究，主要是神话学、民俗学的学者在推动，不仅数量较少，而且多以专题研究的形式出现，缺少系统性、综合性的讨论，并且往往忽视考古材料，研究成果无法在深度和广度上得到提升，结果使得我们目前还未能对蓬莱神仙信仰系统的基本面貌有一个全面的认识。

近年来考古学和艺术史的发展，为汉晋时期神仙信仰的研究提供了机遇。墓葬是古人实践神仙信仰的绝佳场所，墓葬中出土的大量器物、图像和文字，是我们探究神仙信仰最为直接、有效的资料，其重要性不容忽视。但传统考古学多以材质分门别类，以出土资料的质地和形态为依据，进行整理研究。如此做法的优点在于，可以清晰地看到某类器物自身的产生发展的脉络，不足之处在于，缺少与其他相关器物的联系和对比，容易忽视器物之间存在的一些内在关联，而这些关联恰恰是古人思想观念的集中体现。值得注意的是，近年来艺术史学界的相关研究已经注意到这一点，将器物、图像等材料之间的界限打破，全面系统地提取其中的内在关联，分析背后蕴藏的历史背景，取得了令人耳目一新的成果，值得我们借鉴学习。以既存研究为基础，以大量考古材料为依据，全面系统地提取相关信息，紧密结合文献记载，并且吸收借鉴艺术史、神话学、宗教学等学科的方法与成果，对秦汉时期蓬莱神仙信仰的研究将会有所推进。

**（二）研究意义**

该研究的意义主要有以下三点：

首先，以往对于蓬莱神仙信仰的关注度不够，现有的研究也主要是从文献记载出发，运用神话学、民俗学的理论进行剖析，既缺乏全面系统的梳理研究，又忽视了考古材料对于解决问题所能提供的重要支持。该研究试图从最为直接、形象的考古材料出发，以问题意识为导向，在既存研究的基础上，进行综合性的考古学研究，以期能够揭示秦汉时期蓬莱神仙信仰的基本面貌。

其次，中国古代存在两大神仙信仰系统，即昆仑系统和蓬莱系统，学界对于前者已经有了较为全面的理解和认知，通过该研究在对蓬莱信仰系统有了全面认识的基础上，将两大神仙信仰系统进行对比研究，考察两者的区别与联系，尝试寻找区分两者的特征。该书专辟一章，挑选一批时间序列较为完整，具有相关特征的考古材料，通过细致的梳理和分析，辨明其中包含的两大信仰元素，对比两个系统在不同历史时期流行势力的强弱，试图勾勒出两者地位的消长脉络。从而为后续的相关研究抛砖引玉。

最后，通过该研究的努力，对秦汉时期蓬莱神仙信仰有了较为全面的认识之后，并且对两大信仰系统的关系有了初步的了解，可以为其他一些材料和研究提供相应的支持，深化相关学科领域的研究，尤其对理解中国古代信仰及其与早期道教的关系等问题提供了帮助。

## (三) 研究方法

该书将研究时段限定在"秦汉"时期，苦秦时短，秦代的遗物数量较少，与该研究相关的材料少之又少，相比之下文献记载更为丰富。书中涉及的考古材料主要集中在两汉时期，是蓬莱信仰最为鼎盛的一个阶段，相关资料较为丰富。由于研究所需，一些材料会上溯到先秦，下延至魏晋之际。蓬莱神仙信仰并非是秦汉之际一时兴起，而自有其文化渊源，并且随着汉末魏晋的时代转型，亦会发生变迁，但这样的变化并非紧随朝代的更迭而变革。有关该研究的地域，尽管秦汉时期各个地域的文化传统依然存在，但大一统帝国的形成使得蓬莱神仙信仰成为凌驾于地域文化之上的普遍存在。虽然蓬莱神仙信仰得到社会的普遍认可，但地域文化因素依然发挥着影响，使得同样的信仰在不同地域存在不一样的表现形式，相同的信仰元素在不同区域的流行时间亦不相同，甚至一种信仰题材在不同时间、地域进行着传递和交流，这些共同信仰背景下的不同也是值得关注的。

与以往传统考古学研究所不同的是，该书以问题意识为导向，从众多的考古材料中提取和建构其中的信仰体系，建立在充分梳理材料的基础上，结合严密的解释逻辑，以达到自圆其说的目的。该书拟先对秦汉时期的海中仙山、东王公、海中仙人以及求仙实践的文物遗迹等相关资料进行细致全面的梳理，在此基础上以考古材料和文献记载为立足点，厘清性质、意义和发展脉络，揭示蓬莱神仙信仰的基本面貌。

在对海中仙山材料的梳理和研究中，首先梳理早期文献中的相关记载，在此基础上，爬梳考古文物中的仙山材料，解释材料的多样性，阐明海中仙山材料的分布地域、时间、流变特点及相关问题，进一步对比昆仑神山材料，探究两者的区别与联系。在对东王公材料的梳理和研究中，通过全面细致地收集梳理材料后，着重对东王公的产生、发展、分布地域、形象、侍从等基本问题加以说明，并进一步与西王母做对比，解释二者的关系，最后对东王公信仰及其与蓬莱的关联作一阐释。在对海中仙人与神兽材料的梳理和研究中，选取较为典型的四类材料，重点考察其在文物考古资料中的表现形式，究明其与蓬莱信仰的关系，揭示蓬莱神仙信仰的多样性和普遍性。最后对秦汉时期皇帝与方士的求仙实践相关的文物遗迹材料进行梳理和研究。在此基础上尝试展现一个以蓬莱仙山为中心，众多仙人、神兽为核心元素的蓬莱神仙信仰的基本面貌。

在明晰蓬莱信仰的基本面貌后，进一步对比昆仑神仙信仰，考察二者的联系与区别，并且整合相关资料，探究两大神仙信仰地位的消长变化。这是该书研究的主线脉络。

## 二 主要内容与重要观点

### （一）蓬莱神仙信仰的基本面貌

1. 蓬莱仙山的图像与模型

东海蓬莱神山模型与平面仙山图像在分布时间、地域、使用者地位等方面所反映的现象大致相同。首先，多数材料出现在西汉时期，东汉时期急剧减少，而且集中在东汉晚期。第二，从分布的地域来看，西汉时期的绝大多数材料均出现在我国东部、南部近海一带以及长安地区。到了东汉时期，在山东和四川地区有大量发现。其三，从材料所属墓葬的等级规模来看，西汉早中期多数均属中高级贵族阶层，很多是皇室贵族，从西汉晚期开始墓葬等级逐渐降低，到了东汉时期，墓主多为中下级官吏或富裕平民。第四，时代较早的器物或墓葬中所体现的蓬莱神仙信仰元素更为单纯，较晚期的材料与昆仑神仙信仰元素发生交融。

2. 两汉东王公图像与蓬莱神仙信仰

先秦文献中有关西王母的记载已经较为丰富，此时东王公尚未出现。西汉中期，蓬莱神仙信仰较为流行，东王公图像出现，但两者并未结合。与昆仑西王母相比，蓬莱缺乏一个主神，是其走向没落的重要因素之一。西汉末年以来，以西王母、昆仑为代表的神仙信仰成为社会主流，西王母图像已经成熟。直到东汉中期以来，东王公图像再次出现，与西王母形成固定组合关系。这次出现深受西王母影响，不仅在形象和图像组合上模仿西王母，而且在神格上也纳入西王母升仙信仰体系，成为其翻版。因此东王公并没有独立的神格，而是附属于西王母信仰，与蓬莱信仰尚未发生联系。汉末魏晋时期，东王公从西王母信仰中独立出来，通过道教等力量的构建，东王公与蓬莱的关系得到确立，成为蓬莱仙山的主要神仙，地位得到提高。有了主神的蓬莱神仙信仰，亦得到了较大的发展，利于其再度兴起，地位得到提升，二者相辅相成。

3. 皇帝与方士的求仙实践

从大量的文献记载来看，有关皇帝亲历或派遣方士向蓬莱求仙的事迹较为丰富，求仙实践可以分为两大类："走出去"和"引进来"。所谓"走出去"也可以再细分为皇帝亲历和派遣方士两部分，均是前往东部滨海地区，甚至是入海求仙，并且在这些地方建立行宫、高台等建筑用于求仙活动。所谓"引进来"，就是在"宫室被服非象神，神物不至"观念的影响下，在皇宫、园囿、墓葬甚至是都城的营造上加入东海蓬莱仙境的元素，一些池沼景观中甚至尽可能全面地复制东海仙境。

蓬莱神仙信仰最初是从社会上层兴起并达到巅峰的，统治阶级和其所代表的国家力量起到了关键作用。统治者的求仙行为声势浩大，蓬莱信仰的势力范围扩大，影响到中高层贵族和官员，甚至到了东汉时期，蓬莱已经失去统治者的青睐，但其影响依然下移至社会中下层。蓬莱神仙信仰经历了由上而下的传播发展轨迹，秦皇汉武等统治阶层的求仙行为对民间和后世都产生了很大的影响。

（二）秦汉时期两大神信仰的关系与地位的消长

蓬莱神仙信仰和昆仑神仙信仰地位在秦汉时期消长的历史进程：蓬莱神话的出现要晚于昆仑神话，二者是战国时期两大神话系统之一。西汉早中期，蓬莱神仙信仰的地位与日俱增，臻至巅峰，昆仑神话稍显没落；西汉晚期至东汉早期，昆仑升仙信仰再次崛起，蓬莱神话渐渐式微；东汉一代，蓬莱神话流入作为社会主流思潮的昆仑升仙信仰中，始终未被遗忘，至东汉晚期，尤其在四川、山东地区，蓬莱神仙信仰势力渐渐抬头，为后来魏晋之际再度复兴奠定了基础。总的来说，蓬莱神仙信仰具有阶层性和地域性，西汉时期由于帝王的热衷和国家力量的推动，使得其地位达到巅峰，但往往局限在社会上层，分布于帝都与滨海地区；此后蓬莱信仰衰落，在东汉时期的山东和四川地区虽有流行，但主要集中在东汉晚期和社会的中下层。显然与昆仑信仰相比，蓬莱信仰并没有完全成为一种全社会普遍崇拜的一般信仰，尽管有一些最初属于蓬莱信仰的元素（如博山炉、枣、持节方士）在后世得到了较为广泛的流行，但随着时间的推移，涉及阶层、范围的不断扩大，其原本的含义可能发生混淆、转移、替换甚至附于新的意义，它们的内涵往往不再指向蓬莱信仰，有些被昆仑信仰所吸收借用（如持节方士），有些泛化为一般神仙信仰的流行物（如博山炉、枣）。

## 三 学术创新与贡献

第一，以往学界对于蓬莱神仙信仰的关注度不够，现有的研究也主要是从文献记载出发，运用神话学、民俗学的理论进行剖析，既缺乏全面系统的梳理研究，又忽视了考古材料对于解决问题所能提供的重要支持。该书从最为直接、形象的考古材料出发，以问题为导向，在既存研究的基础上，进行综合性的考古学研究，揭示了秦汉时期蓬莱神仙信仰的基本面貌，完善了中国古代宗教信仰的图景。该书所初步构建的信仰体系弥补了秦汉考古与历史研究领域的空白。

第二，中国古代存在两大神仙信仰系统，即昆仑系统和蓬莱系统，学界对于前者已经有了较为全面的理解和认知，通过该研究在对蓬莱信仰系统有了全面认识的基础上，将两大神仙信仰系统进行对比研究，考察两者的区别与联系，尝试寻找区分两者的特征。该书挑选一批时间序列较为完整，具有相关特征的考古材料，通过细致的梳理和分析，辨明其中包含的两大信仰元素，对比两个系统在不同历史时期流行势力的强弱，勾勒出两者地位的消长脉络。

# 《以图释礼：宋代传世礼图所载礼器图研究》概要

李卿蔚[*]

## 一 研究目的、方法及意义

该书以宋代礼图文献中所载的礼器图作为主要研究对象，并选择以其中最具代表性的聂崇义《新定三礼图》作为主要研究对象，辅以其他宋代礼图文献，以三礼文献为主要参考资料，同时充分结合考古学、古文字学中对出土器物、古文字、上古史等方面既有研究成果，综合考释以《新定三礼图》为代表的宋代礼图中著录的部分器物图。成果以跨学科研究方式为主，注重礼图文献与其他相关学科的相互融合。该书虽以三礼为出发点，但并不局限于文献本身，考据过程中注重将"文献"与"器物"和"文字"三者互相结合，以更为立体、系统的角度对礼器图进行阐释。此外，对现行出土器物系统中定名、形制存疑的器物，均考释其定名正误，在确保"名"与"器"对应无误的前提下，再与礼图进行对照。

该书研究主体部分选取了最具代表性的几类礼器图：匏爵图、尊

---

[*] 李卿蔚，北京大学中国语言文学系中国古典文献学博士，现就职于清华大学出土文献研究与保护中心。

彝图、瓒器图、瑞玉图，对其中所含图释和文释进行逐条考证，考释重点为各类"礼器"在仪典、祭礼中的功能、器物形制、定名、材质等方面。并注重解读礼器本身所承载的"礼义"，以期最大程度地考证出三礼典籍中描述的礼器原貌。在此基础上分析宋人对三礼的理解，并论证宋人所著图释的可信性，纠正自宋代以来学界对礼图文献的偏见。

考释部分将《匏爵图类释》排在首位，《尊彝图类释》《瓒器图类释》《瑞玉图类释》依次列于其后。如此排序的原因在于，"匏爵（饮器）"的地位虽不及"尊彝"等器，却是各等级飨宴中必备的酒礼器，此类器物较为繁杂，在三礼中涉及的内容众多。再加上诸如"爵""斝"等器名由于金石学的定名讹误，导致今日学界对此类器物的研究仍存在概念上的错位现象。类似的讹误，对我们理解文献和出土器物资料都存在干扰，有必要先行梳理清楚，否则在后续研究中极易造成名实不副的情况。"尊彝"类和"瓒"类通常是各类宗庙祭礼中配套使用的器物，"瓒"可算作"尊彝"的辅助性器物，因此顺序进行讨论。

玉礼器图放在最后一类，一是由于宋代金石学的兴起对玉器的影响并不大，对于玉器的专门研究兴起较晚。所以相比起前面讨论的器物，这些玉器的图释除《三礼图》之外，还可以多方参考《礼书》《六经图考》等其他成书稍晚的礼图文献。二是因为玉器的地位虽然重要，但是它在无论对"人"还是对"神"，主要是作为象征性"符号"使用，借以区分贵族等级身份、祭祀礼神，玉器本身鲜有"匏爵""尊器"之类的实用价值。是以研究玉器的思路，当与上述其他类别的器物有所区别。

之所以选择"酒礼器"和"玉礼器"两大类作为研究对象，是因为此二者是各类祭礼中最重要且地位最高的礼器。食器类虽然也较为重要，但是大部分食器与出土实物的可对应性远高于酒器和玉器，且青铜食器大多带有自名，器物形制存疑较少。是以，酒、玉二类礼器图比食器图可考释的内容更多，值得探讨的空间也更大。

而选择聂崇义《新定三礼图》作为研究主体的原因主要有三：一是因为其中著录的礼器图类别最为全面；二是此书文释、图释兼备，分章、分条明确，易于进行考释；三是由于此为北宋时期著录最早的礼图，在金石学兴起之前便已面世。因此聂图完全以解经为本，尚未受到金石器物研究的干扰，这样的礼图性质更为纯粹，更能代表"以图释礼"的理念。南宋时期礼图中已经可见将出土器物图与聂本图释并列的情况，此类著作在一定程度上，已经和《考古图》之属的器物图录出现混淆，图释性质已经发生改变。是以，金石学兴起之后问世的礼图文献，有必要与北宋初期的礼图有所区别。但书中同时也会将参照陈祥道《礼书》、杨甲《六经图》等礼图中与之相关的图释，特别是当各书对同一器物的阐释差异过大的情况下，会着重进行对比研究，特别在玉礼器图研究部分。金石学少见针对玉礼器的专门研究，直至南宋时期，礼图中的玉器图仍以礼文描述为据，可知金石学主要对"器皿类"礼器的影响较大，对玉礼器的影响则几乎可以忽略。因此，该书在玉礼器部分，将注重参照陈图、杨图和《纂图互注周礼》中的图释，并将其与聂图对照，研究其中异同。

基于对上述诸多礼图的具体考释，该书进一步分析了宋人礼图文献中存在的问题，同时从"以图释礼"的角度，客观评价了聂氏《新定三礼图》的研究价值及其意义；该书对礼图与金石图因名图器、因器定名的"依义"与"依形"之别，进行了致思理路的辨析，并挖掘其"释礼"的思想内涵。在此基础上，论述了礼图文献对三礼文献学和礼学思想研究的意义等问题，证明了宋代礼图文献对于礼学发展所起到的重要作用。

## 二 主要内容与重要观点

该书主要研究内容有如下几方面。首先，绪论一章中考察了与"礼"和"礼器"有关的基本概念，并梳理宋代礼图和古器物等相关领域研究概况。"礼"字之本义可以从其古文字字形中找到线索，前代学者多认可"豊"为"礼"之本字。而"豊"的字形可以理解为祭祀使用的"玉"和"鼓"，即"礼"的本义是"祭祀仪典"。之后由"祭祀仪典"转为"制度"，又由"制度"升华为"思想"。"礼器"的本质是"礼"外化而来的物质外壳，因此不能等同于一般器物，也不能等同于出土"随葬器"。"礼"需要表达的"仪典""等级"以及"礼义"等概念，都会借由"礼器"的形制、纹饰或材质加以强调。"礼器"这一概念的范围，从先秦时期以来不断缩小，早期的"礼器"指所有与"礼"相关的事物；而今日则主要指"铜礼器"。宋代各种形式的礼图层出不穷，其中以聂本礼图著录内容最为完善，因此最具研究价值。自宋代金石学兴起之后，专研器物图录的著作日益增多，礼图中著录的图释则大多被认为是"未必尽如古昔"，逐渐不被学界接受。

其次，"匏爵图类释"一章中论述的多件礼器，在现行的器物定名系统中存在定名错位的现象。比如三礼记载的"爵"应是"五爵"中地位最高的饮器，象征使用者地位尊贵；而现称为"爵"的三足铜器应是温酒器。"玉爵"（斝）同样与"三足斝"无关，应是一种与"爵"形制接近的酒器，区别在于"玉爵"用于宗庙祭礼而不用于飨宴，因此地位高于"五爵"。又如"觥"虽同为饮器，但地位比"五爵"低，器物容量大，多不用于"正礼"，典籍记载其多用为"罚爵"。此定义与今日称作"觥"的青铜器不符，"青铜觥"应是一种高等级礼器。"觚""觯""角"等器也存在类似定名讹误的情况，文中均分别做出论证。

"尊彝"和"瓒"通常是各类宗庙祭礼中配套使用的器物，"瓒"可算作"尊彝"的辅助器。"六彝"是祼祭中等级最高的礼器，其中"鸡""鸟""斝""黄"四器对应不同季节的祼礼，"虎""蜼"则用于"禘祫"。聂图对于"六彝"的整体形制把握较为保守，均绘作"罐形盛酒器"。但根据今日出土器物分析，商周时期的"彝"制作得较为繁复，其中"鸡""鸟"二类，基本可对应为出土铜器中的"三足盉"和"三足爵"。"六尊"的地位低于"六彝",这类器物形制应比"六彝"简单,基本符合常见的"酉形盛酒器"的特点。聂图所绘的"六尊"比"六彝"更为可信,只是"六尊"上所绘的纹样大多值得商榷。聂图中对玉礼器形制的把握大体无误,值得商榷之处主要在于玉器的纹饰。聂氏多依照字面意义绘制纹饰,如"谷纹""蒲纹"等,说明当时礼学家对先秦时期的装饰风格了解不多。

宋代礼图是礼图文献发展过程中"承上启下"的重要阶段,明清时期的礼图研究大多承袭自宋人。而聂崇义《新定三礼图》是其中最具有研究价值的一本,研究发现,此书无论从著录形式、图文内容或是所据资料来源等方面均较为严谨,最大程度上还原了各类礼器的本质属性。书中对大部分器物的形制理解皆有所依凭,或以三礼经注疏为据,或以当时的宗庙礼器为据,更有个别器型参照了出土实物。因此,后世认为聂崇义作图全凭文献记载和主观想象,这种指责与事实不符。

此外,宋代礼图又与金石学之间的关系密不可分,前者为金石学的兴起提供了基础,早期金石学家对礼图中的论证内容多有参考。但由于金石学研究的冲击,聂图的价值始终未得到足够公正的评价。而由于金石学的影响,宋代后期产生的礼图中,大多存在将出土器物图直接收录其中,导致图释性质界定不清的问题。因此,北宋早期的礼图,更能体现出"释礼"的研究价值。

宋代礼图文献的研究价值及其中的图释性质,多年以来始终未得到准确评价,后世多以出土器物形制为据,认为礼图属于臆造产物,但此类观点有失公允。据对聂崇义《新定三礼图》的分析可知,书中礼器的形制来源大多有所依凭。通过对比金石器物与礼图的区别可知,针对礼器的研究不应忽略"礼",倘若"就器论器",便不再是具有特殊意义的"礼器"。而礼图与出土实物之间存在差异的根本原因,是由于"以图释礼"的本质属性所致。后人大多受到出土器物的影响,会先入为主地将出土铜器带入礼器的原型,由此认为礼图的阐释有误,但这种逻辑并不成立。先秦时期的随葬器与个人需求、身份、喜好密切相关，大多是带有特殊纪念意义的器物，这种器物的性质，不能等同于官方仪典使用的礼器。是以，三礼记载的礼器系统，与用于随葬的"私人礼器"之间存在差异，本就是必然现象。而以三礼为本的礼图文献，其创作目的在于还原规范化、标准化的礼器系统，所呈现的自然也是"标准器图"。后代学者多以图释正误与否来评判礼图的优劣，却经常忽略，创作礼图的核心目的在于解读三礼系统，并不在于复原三代随葬器。不同于出土器物研究，礼图只求切合典籍，重在"释礼"，而非考证三代用器的实际情况，这一点便是其与金石学之间的根本差异。

## 三　学术创新与贡献

该书对"礼"的概念、"礼器"的意义、"三礼图"研究中的问题及如何正确评价聂氏"三礼图"、礼与礼器在古代不同历史阶段中的演变情况等重点问题均做出论述。由于各方面原因造成的影响，学界对宋代礼图文献的研究，大多局限于文献版本源流等领域停留在文献版本等方面，对其中的具体内容，则鲜有关注。有些金石器物研究中虽然常引用礼图作为参照，但是对其是非判断大多存在偏差。该书在综合考据礼图和器物的同时，更正了诸多前人对礼图文献性质、内容的错误观念，也重新梳理了此类文献的价值。具体来说，该书主要的学术创新在于如下几点。

第一，在"匏爵图类释"和"尊彝图类释"两章中，对"爵""斝""觚""觯""角""觥"等器物的定名进行系统考释，证实自宋代以来所定器名多有讹误。如前人定名的"三足爵、斝"以及"兽首觥"等铜器均是"尊彝"类，而真正意义上的"五爵"应该均为体形较小的"杯"形饮酒器。这些错误的器物定名已经传承数百年，直至当代，仍然对考古学、古文字等学科研究有极大的误导性，对于我们研究、阅读三礼文献也会产生很大干扰，因此有必要重新审视现行的古器物定名系统，改订错误的器物定名。

第二，该书梳理了宋代礼图文献的生成及其意义，后世多认为聂崇义有"主观臆断"之嫌，事实证明这种评价有失公允。据研究，书中对大部分器物的形制理解皆有所依凭，并非仅凭想象。书中参考出土器物不多，主要是由于北宋初年，时人对古器物的收藏和研究十分匮乏。但这只能看作历史局限性，并不能因此认为聂崇义主观上不重视出土器物。

第三，该书进一步考察了礼图文献与出土实物之间存在差异的原因。证明其根本原因，是由于"以图释礼"的本质属性。研究证实，创作礼图的核心目的在于解读三礼系统，帮助后人更好地研读三礼文献，并不在于复原三代实际使用的器物。礼图的作用便如同注疏，是研究三礼的辅助性资料，属于经类文献，而非史类文献。因此，后代学者多以出土器物证礼图之正误，又以图释正误与否来评判礼图之优劣，这种思路是不正确的。

第四，目前考古学对"礼器"的分类方式，无法体现出"礼"的尊卑等级，以及各类仪典中，"组合礼器"的系统性。是以今日对"礼器"的研究，大多仅见"器"而不见"礼"。时至今日，我们在掌握了传世文献和出土器物两方面资料的情况下，还可以借助很多现代科技的辅助，可以在现有器物分类基础上，再按照三礼记载的"五礼"系统进行重组，综合分析各类礼器的具体功能和性质，建立起多学科、多角度分类模式。这样全面系统的分类方式，更有利于了解各类仪典的原貌。

# 《故都之氓：元代杭州的文学社会》概要

石勖言[*]

## 一 研究目的、意义与方法

在元代文学的地域版图中，杭州是毋庸置疑的关注焦点。杭州是元朝最大城市，也是南宋故都，长时期内的南方文坛中心，因此对杭州的充分研究是认识元代文学格局的关键环节。目前在元代地域文学方面，除若干综论型著作外，关于大都、吴中、松江、庆元、婺州等地的研究都已有专著出版，然而关于杭州的著作仍付之阙如，这与元代杭州文学的复杂性、文献的分散性有关，也与此地缺乏文坛领袖人物，难以开展由点及面、提纲挈领式的叙述不无关联。该书即尝试对元代杭州文学状况进行总体描述和研究，放弃了对"代表人物"的逐家叙述，而将视线对准整个文学群体以及文学所处的社会空间，从历史和社会角度考查文学现象，以还原13、14世纪生机盎然、充满喧嚣的杭州文学场，从而彰明其在文学史上的独特意义。讨论的核心议题包括：元代杭州文坛上有哪些最重要的人物；文学社会的结构如何；各类人物如何在杭州生存、进行文学活动、建立文学人际网；有哪些

---

[*] 石勖言，北京师范大学中国古典文献学专业博士，现就职于河北师范大学。

类型的文本被生产；作为一个文化空间的杭州，具有怎样的象征意义，并对文学生产造成何种影响；元代杭州文坛盛衰过程如何；杭州与其他地域文坛关系如何；元代杭州是否孕育了属于自身的文学传统；等等。就研究对象而言，该书存在填补元代地域文学研究之空缺的价值；就研究方法而言，由文学场、地域社会视角切入文学，在元代文学研究界尚具有一定探索性。

该书按各章节议题的不同，灵活运用多种研究方法。第一编主要使用社会史、文学社会学方法，考察元代杭州地域文学所处的社会空间、人际关系网络等。第二编采用了一些文学地理学方法（如景观研究），并借鉴了历史记忆相关理论及研究范式。第三编一方面继续采用文学社会学、文学地理学方法，将视野从杭州扩展到江南和全国；另一方面也使用传统的文学史研究方法，梳理元代中后期文学演变的路径。此外如文献考辨、史实勘证、文学作品解析等研究手段，则贯穿于所有章节之中。

## 二　主要内容与重要观点

全书分三编，第一编以至元至皇庆年间（1276—1314）作为横截面，研究元代杭州的文人结构。第二编研究元代杭州文学中的南宋记忆。第三编研究元代杭州文学场与其他地域文学场的联系，并从地域关系视角重新审视元代文学史的进程。

元代的杭州拥有前朝故都、全国最大经济都市、江南区域中心等属性，在文化版图中地位重要，文学社会活跃。以文学声望为尺度，该书第一编（第一、二章）将元代杭州的写作者区分为主流与周边两大圈层，进而分别对其进行社会史式的全面描写。其中，主流包括本地士族、来自江南各地的侨寓士人、来自北方的南下官员，周边包括中下层作者群、方外文人群乃至域外作者。各类作者的身份和文学行为，与阶层、传统、权力、宗教、人口流动等社会要素密切相关，因此每一章节的议题各有侧重。

对于本地士族而言,研究旨在揭示他们对前朝精英文化的继承。元初的故宋世家子弟坚持着雅正审美取向,贬斥晚唐体,显示出上层社会的文化优越感。他们通过家族、社团等有形载体,在政治秩序重整、文坛失重的时代,维系了杭州文学场的运转,并将一些精英文学传统(如格律派雅词)延续到了元朝前期。对于侨寓文人,该书主要讨论了他们以文化资本谋求生存的方式,以及获致声名的途径。侨寓文人的大量存在是元代杭州的独特性之所在,许多江南文人曾或长或短地来到杭州寓居。侨寓者以授徒、卖文、为官等手段在杭立足,参与文学社交活动,进而获得甚至超过本地文人的声名,并带来江南各地的文化与社会资源,因此杭州文坛在作为地方文坛的同时也具有中心文坛的性质。对于南下官员,因其携带着北方统治者的政治权威属性,该书侧重讨论了他们的文学活动与政治的关系。南下官员包括高级官员、低级官吏甚至幕客,他们同时以政治身份和私人身份与江南文人互动,高级官员在文学交际中表现出官员的属性较强,而低级官吏与幕客则更加灵活地融入杭州文学社会,有的在文化气质上彻底江南化,这些状况都表征了元代南北文化融合的进程,并折射出文人对政治的复杂态度。

对于中下层作者,该书讨论了声望资本的流动和雅俗文学分化等问题。中下层文人位居文学场边缘,或甘于隐逸,以文学自适;或积极争取声名;或退守于南北曲等俗文学领域。相反,一些主流文人(如方回)则利用与中下层文人的交际,大力传播上层的文艺观念,试图引导诗坛风气,其失败也显示出精英文人对于文学社会并不拥有绝对主导权。对于方外文人,该书主要讨论了宗教性文本在元代文学中的位置,以及佛道人物在文学社会中的地位。杭州宗教活动极为兴盛,二教之中不乏文名一流的人物。方外文人既为士民百姓提供信仰支撑,成为社会中不可或缺的分子,其文学世界也与世俗文学界混融难分。宗教文本被士人阅读,乃至被当作文学接受,方外人士也参与或主持知识界文学活动,与士人争胜,其创作实践同时归属于两种传统，并且寺观也是文学活动经常依托的场所。

通过对文坛结构的总体描述，研究总结出文学声望的三种来源途径，其一来自前朝，其二由新朝权力赋予，其三由民间社会赋予。第三种途径又包含两类机制：一是通过上层文人的提携，声望由高向低流动；二是通过结社、出版、传唱等低层文学活动而自主产生。三种不同的声望来源造就了元代前期杭州作者群内的三方势力，即前朝名士、新朝官僚和民间文人。到元代中后期，文学社会结构基本保持稳定，文学权力与声望来源则逐渐转移，文坛势力亦因之变化，比如南宋世家的衰亡导致了部分文学样态的衰落，但更重要的变化不是发生在杭州社会内部，而是发生在外部，即地域关系发生了变化，最终导致杭州文坛衰落。

南宋记忆是元代杭州稳定的符号所指，该书第二编（第三、四章）即主要探讨南宋的历史记忆如何在杭州社会中生产、传播和发生影响。

第三章首先指出在元代杭州这一时空范围叠加共存着三个记忆场，即杭州自然人文景观、客谈构造的言论空间以及书写构造的文本空间，三者共同使得杭州成为怀古意味浓厚的地域。同时，与杭州有关的各类笔记、野史作品（如《齐东野语》《钱塘遗事》《古杭杂记》《武林旧事》《梦粱录》等），分别被从精英至大众的各个文化阶层、群体生产、阅读。有的作品关注历史事件的整理和叙述，有的作品津津于讲述宋代士风与朝野逸闻，有的作品对承平年代的生活深致眷念，如是种种，显示出一个持续不衰的讲述南宋故事的潮流。

第四章研究记忆背后的社会心态。从文献中可以看到，多样的历史叙述反映出复杂的观念。人们寻找易代原因的解释，反思的矛头被指向权臣弄奸、士风不良、偏安一隅之风气、军事上的失误乃至天命气数等。人们建构对历史人物的褒贬定论，忠臣、贰臣之辨成为时代的热门话题，其中糅合了公众的道德评价、理性思索，乃至个人情感倾向等多重因素。随着时间的推移，元代中后期的南宋记忆趋于凝固、平淡，杭人通过文本衍生、纪念物重建等手段试图对抗遗忘。另外，前朝记忆缔造了记忆共同体，强化着江南人的地方意识，在杭州相关笔记叙事中，可以看到南北区隔的文化心理，南人始终自居为宋朝后裔，有较强的文化自信，此类社会观念深刻影响了元代关于正统的持续论争。本编小结还对"遗民"这一概念做出辨析，认为该词在元代的多数用例中不能解读为反抗性意义，宋遗民与明清遗民内涵的不同值得注意。

在元前期，杭州因其城市地位，仍居江南文学版图之中心位置，后期则明显衰落。第三编（第五至七章）即着眼于"地区中心"这一属性，讨论杭州文学社会与全国文学场的互动。

第五章研究杭州与江南各地的关系。杭州拥有较多政治资源、社会资源、文化资源，从而对江南各地文人产生吸引力，使之因干禄、政事、考试、交游、治生、求学、购买文化产品、游览、宗教参访等动机向杭州聚集，与杭州士人社会建立联络，参与杭州文学活动。此外，学官网络、诗社网络也促进了文人的流动及文本的跨区域传播。杭州文坛的高度流动性，是其长期繁荣的保证。另外，杭州文学文化向外的辐射力，也可从地理上分出几个圈层，太湖流域和宁绍平原地区与杭州文化联系最为紧密，其次是浙东的丘陵地带，再次为福建、饶信等江浙省边缘地区，最次为毗邻江浙省的淮东、江西地区。杭州在如此广袤的范围内曾经长期是文学活动的中心。

第六章研究杭州与大都的关系。泰定年间，出现了黄清老的"两浙无诗"说，标志着杭州文坛出现了衰落的迹象，一些文学作品也暗示出杭州附属于大都的意味。究其缘由，是因为皇庆、延祐年间后，大都馆阁文人崛起，在政治权威的加持，和尊崇馆阁的社会心理的共同作用下，占据了文学话语权，于是形成自上而下整合起来的新文学格局。与之相对，杭州文坛此时主要由地方文人构成，在南北竞争中落于下风，其内部代际传承出现断层，产生的文坛名家、进士、馆阁文人的数量都较少，退化为地方性为主的文学圈。

第七章研究顺帝年间文坛格局的变化，并叙述元代杭州文学史的结局。此时期馆阁文坛盛极而衰，连年战争更阻碍了南北文化交流，于是文学重心复向江南回归，文学权力重新下移至地方与民间，各地绅商阶层与战争中的各方群雄、幕府，充当了支持文坛的主要力量。但在文坛重心南归的过程中，杭州虽然也曾出现《西湖竹枝词》同题集咏这样规模可观的文学事件，但是并未能够再次成为江南最大文学中心，而是与苏松、金华、江西、福建等地构成了并立的多个文人群落。在元末明初的政治格局中，杭州地位亦有所下降，于是明初杭州诗坛竟不列于"五派"之数。总之，通过地域关系、地域格局视角，可对元代文学的发展脉络有更透彻的理解，而杭州正是表征文坛格局变迁的重要标识。

余论探讨了元代杭州的地域特性，并延伸涉及"地域传统"这一普遍性问题。结论认为，元代杭州的文学生态容纳了多元的风貌，是不同身份的文人、不同等级的文体的集合，从地域上看，其特征是由杭州、江南与元王朝所共同形塑的。就纯文学而言，它并无清晰的同一性的"地域传统"，也难称为地域流派，但就文学社会而言，却繁盛喧哗，是元代文学史的缩影。

书后附录有元代杭籍文人存世作品表、元代杭州大事年表。

## 三　学术创新与贡献

"元代杭州"这一课题本身具有重要价值。该书是在此领域第一部较为系统的研究著作。相对于传统地域文学研究多采用的"作家作品"叙述法，该书有意识地借鉴社会史研究范式，探讨文学背后的社会结构，将"地域文学"具象为"地域文学社会"。该书力求使用前人所忽略的研究视角，例如用主流—周边结构分析元代杭州的作者构成，分析记忆书写与传播的社会阶层性等，并且借鉴文学地理学范式，用地域圈层结构分析以杭州为中心的江南文学圈，并在地域关系视角下，以杭州文学的地位升降为线索，重新审视了元代文学史的生成过程。这些尝试对传统的文学史研究而言，都是有益的补充。

该书在细节考证上，也有若干新发现，例如宋元之际杭越格律派词人内部的亲属关系，元代文字禁忌问题背后的社会心态，留梦炎形象变迁及其背后的原因，释文珦与贾似道交恶的原因，杭州岳庙修复之役的始末梳理，等等，皆前人所未彰明者。

关于元代杭州文学社会的文献散见于各类典籍，该书经过几年爬梳，积累了丰富史料。在前期工作中，统计出曾在杭州居住或留下印迹的文人400多名，尽可能地进行了考察。虽然不免仍有遗漏，但大体呈现了元代杭州文坛的全貌，对于社会结构、历史记忆、地域关系等最重要的问题，也都尽力涉及，可俾后来研究者用作资料参考。

# 《抵抗东方主义话语：萨义德的拯救思想研究》概要

李 盛[*]

## 一 研究目的、意义及方法

### （一）研究目的

该书旨在立足萨义德的批评内容探究萨义德批评的意义和方法，以萨义德的批评方法论难题为基础和起点，以萨义德的拯救思想为旨归，依次讨论了"作为拯救的批评"在萨义德政治批评、文学批评、音乐批评中的不同呈现，最终落点萨义德的人文主义思想。围绕其代表性的批评著作，对萨义德批评的内涵、特点、意图与方法作了细致的分析，以"人的拯救"为线索提炼并论证了萨义德批评所具有的反抗权威与相信希望的双重面向，对深化国内学界有关萨义德批评思想与实践特色的系统性研究具有参考价值。

### （二）研究意义

把萨义德的整体批评定位于"作为拯救的批评"不仅让我们发掘出其思想与批评的基底，从而重新发现萨义德的全貌。同时，萨义德

---

[*] 李盛，复旦大学比较文学与世界文学专业博士，现就职于南京师范大学文学院。

的批评方法及其意义为我们认知世界提供了新视角，他的笔如剑、如刀，警醒我们对现世中少数和边缘群体遭受的苦难和压迫常怀感同身受之心。在"一切坚固的东西都烟消云散"之际，他凭借自身批评文字及其对意义和希望的坚信，让我们得以赎回未遭异化的整体生命，从"被抛"的苦涩境地收获安慰。该书因而不再把自身局限于一部萨义德批评的一般性研究，更希望通过重述萨义德的所写、所思、所行，为我们以新的视角看视世界、审视自我、同情他者提供一个驻留的机会。

### （三）研究方法

文献研究。围绕"萨义德的拯救思想"议题搜集、整理、细读相关文献。

个案研究。重点分析萨义德批评的重要概念与文本，比如萨义德的批评观、他的"晚期风格"阐发等。

比较研究。通过追溯萨义德的思想资源，比较其与维柯、福柯、葛兰西、德里达等人的理论。

## 二 主要内容与重要观点

### （一）主要内容

绪论首先对该书两个关键概念"批评"与"拯救"给出了界定。在萨义德的认知中，批评最初是作为对体制性力量的反抗和语言维度的抵抗观念而存在的。然而，萨义德笔下的批评不仅仅是一种否定性的思维方式和实践行动，在其施行否定性批判的瞬间爆裂出一种肯定性力量，那就是对意义的确信和对希望的追寻。批评作为反抗权威与相信希望的双重辩证，其对真、善、美的肯定与追寻恰是在它对现世之假、恶、丑的否定与唾弃中被反证出来的。批评对假、恶、丑的反抗使得真、善、美作为一种意欲和渴念以"不在场之在场"的悖论姿态维持了在场，批评的二重性顺理成章地导引出该书第二个关键概念，即"拯救"。萨义德界分了两种拯救，即从外部给定的拯救与从内部获得的拯救。在他看来，前一种拯救因为承认了既定的"拯救者"，从而把拯救降格成可以随时给予和收回的施舍，唯有经由不断奋斗从内部获得的那种拯救才能真正实现人的获救。

对于两种拯救的界分，彰显了萨义德处理特殊性与普遍性关系的态度和方法：肯定从特殊性到普遍性的归纳，拒斥从普遍性到特殊性的演绎。在这里，萨义德的拯救思想及其批评践行某种程度上被转换为"如何触碰普遍性"这一追问。扼要而言，萨义德的政治批评直接处理了特殊性与普遍性的关系并试图借助"解释的共同体"沟通二者；他的文学批评则经由自我与他者的关系侧面逼近了上述追问；他的音乐批评则借助音乐沟通表象世界和形而上学存在的神奇作用以"极端"的方式给出了回应。明确了"批评"与"拯救"的意涵以及萨义德的拯救思想在其政治、文学、音乐等批评领域的不同呈现之后，该书具体分为以下四个章节展开论述。

第一章讨论萨义德的批评观。面对多数主流研究者对萨义德"驳杂的"思想来源和"矛盾的"批评风格的指责，萨义德在《开端》《世界·文本·批评家》等著作中，首先阐释了他的"开端"思想。与单数、神圣的起源相比，萨义德的"开端"是复数的、世俗的，总是在"权威"与其"干扰"的彼此"授予"过程中不断经历"开端"和"再开端"。在"开端"思想的统摄下，萨义德同时对（后）结构主义与传统现实主义的文本观表达了不满，进而强调了文本的现世性，以及面对文本的知识分子的位置和角色。在他看来，知识分子应讲求开端性的"所属"而拒斥起源性的"源属"，抵抗封闭的身份与过度专业化的理论，把自己认知为一个流亡性业余者。经由萨义德的回应，我们发现主流萨义德研究对萨义德批评方法论难题的指责实际上未能切中肯綮，反而暴露出自身的诸多问题：无意间落入"起源"逻辑的陷阱而忽视了"开端"的现世行动能力，把文本的文本性视为固定不变的"物"而未从根本上把捉到文本与世界的动态"缠结"过程，自恋于专业化、过度理性化的批评而失掉了批评"实现人的拯救"这一初心。

第二章讨论萨义德的政治批评。萨义德与后殖民批评的紧密联结为他赢得了世界性声誉，但多数学者（在国内学界）却对于后殖民批评的一些基本概念的理解都混沌不清。因此，笔者紧扣"后殖民""真实""再现""表征""身份/认同"等概念揭示内在于萨义德政治批评的丰富性。在萨义德那里，"后殖民"不再作为静态的时期划分转而成了一种思维方式和批评方法。《东方学》中"原初真实"和"再现真实"这两种"真实"的共存，暗示了萨义德及其《东方学》秉有表征（使他者出场）的姿态时刻抵抗东方学家和《东方学》研究对他者封闭、反经验的再现观。与此同时，借助萨义德自身复杂的宗教身份和他对具体宗教和隐喻性"宗教"的迥异态度，我们可以看到"identity"在萨义德眼中兼有"身份"与"认同"的双重特质，它所指涉的个体和群体"之间"的居间性最终把我们导引至萨义德政治批评的基底——萨义德的"解释"观和"共同体"思想。在《东方学》《巴勒斯坦问题》《报道/遮蔽伊斯兰》"三部曲"中，萨义德首先对传统东方学当代形变（即新闻媒体）的运作机制给出了鞭辟入里的揭露。在此基础上，他借助"解释"和"解释的共同体"对西方新闻媒体简化"伊斯兰—阿拉伯"的遮蔽实施了祛蔽，展现了他在个体与群体、特殊与普遍、非同一性与同一性、有限的存在者与无限的存在等一系列"两难"中沟通联结的努力。

第三章讨论萨义德的文学批评。萨义德首先着眼于长篇小说的开端性，在史诗的衰落和小说的诞生这一历史变迁中把小说定位为一种新的认知装置。小说对"读者"或曰"阅读主体"乃至"现实"本身及其主义的发现彰显了小说深切的历史性，这种历史性正是萨义德看重长篇小说的原因。除了历史性、制度性更为显见的长篇小说，萨义德也未抹杀短篇小说或者说虚构的意义，因为虚构在我们熟稔的当下世界之外赋予了作者另行创建一套话语体系的"权威"。置身历史性与虚构性的辩证关系之中，萨义德语境中的小说首先成了一种开端的意图和方法，唯有理解这一点，我们才能真正厘清萨义德所谓"文化（小说）与帝国主义"的起源和展开逻辑。萨义德经由"19世纪西欧主流小说—帝国的扩张—他者"与"现代主义小说—帝国的幻灭—自我"这一正一反两方面的论述，呈现了他把拯救思想内置于文学批评的意图与方法，一面揭示他者的被隐匿和被简化，一面呼吁自我对于他者负有的伦理责任，最终同时获致他者与自我的拯救。

第四章讨论萨义德的音乐批评。在主流萨义德研究的惯常模式中，他的音乐批评历来处于被无视的位置，但正因为音乐非直接语义性和自反性的独特品质，使它在与萨义德的批评发生碰撞、争持、融合之际，迸发出惊人的丰富性和多元性。也就在最能彰显其批评诗性特质的音乐批评当中，萨义德的拯救思想得到了"极端"呈现。就看视音乐的一般原则而言，萨义德秉有一种动态经典观，试图在看似固定不变的静态经典中发现权力的动态运作。在言说音乐的特殊方法方面，萨义德操用的是深具开端性的"阐发"和政治与美学交互混杂的对位阅读。秉有上述言说音乐的一般原则和特殊方法，萨义德具体讨论了音乐表演和晚期风格。借助对当下日益走向专业化封闭（"极端"）之音乐表演重新"开端"的思考，以及身处"晚期"和"晚年"之间的晚期风格的论述，萨义德最终把音乐批评定位于"人的获救"这一核心关切上。在剔除了西方传统人文主义思想的静态西方性，进而以不断生成的态度赋予其一种动态特质之后，萨义德重新发现了人文主义的现世价值。

萨义德希冀通过兼为反抗与希望的批评，一面肯定意义，一面施行批判，在相信自由、平等、解放等普遍性意义的基础之上，为现世中每一个特殊的受压迫之人的获救，拿回被褫夺之物，恢复其完满的整体生命，过上真正属于自己的生活而不断努力和尝试。换言之，萨义德在政治领域、文学领域和音乐领域中施行的"作为拯救的批评"实现了反抗权威与相信希望的双重辩证。与此同时，我们也必须看到，萨义德的批评凭借强烈的现世特质使自身能够面对不同境况、人群和目标展开灵活的批判。批评的现世性和灵活性与哲学形式逻辑的静态推演格格不入，因此，就拯救所关涉之"如何触碰普遍性"这一追问而言，萨义德也终于没能给出逻辑自洽的回答。最后，萨义德笔下"作为拯救的批评"成了一项永远未竟的事业，时刻以敞开的姿态和动态的方法对自己，也对每一个人提出拷问。

### (二) 重要观点

第一，作为理解萨义德的关键词，"批评"和"拯救"具有两重性，批评兼有反抗权威与相信希望两个面向，拯救同样被萨义德界分为从外部给定的拯救与从内部获得的拯救。萨义德要做的，就是凭借"双重"的批评使人类从自身内部寻获拯救，赎回自己的生活以及未曾遭受异化的完满的整体生命，拯救因而成了批评的意义之所在，其也是为萨义德开展批评最为基底性的意图和方法。

第二，萨义德的政治批评可以分为两个层次或两种模式，其一是显性的，比如《东方学》等，它们直面并试图处理现实的政治问题，并且都有一个具体的核心关切：巴勒斯坦—阿拉伯—伊斯兰—东方；其二是相对隐性的，比如《开端》《音乐阐发》等，它们有时并未涉及具体政治议题，却在更一般甚至"非政治"的层面悖论地获得了深刻的政治性。该书从前者出发并落点于后者，希望从根本上把捉萨义德的总体原则：解构主义时代的宏大叙事，在坚执于非同一性的基础上触碰某种同一性。

第三，如果说萨义德的政治批评直接处理了特殊性与普遍性的关系并试图借助"解释的共同体"沟通二者，文学批评则经由自我与他者的关系从侧面逼近了上述追问。通过对萨义德笔下"19 世纪西欧主流小说—帝国的扩张—他者"与"现代主义小说—帝国的幻灭—自我"这一正反两方面的探究，萨义德的文学批评一面揭示他者的被隐匿和被简化，一面呼吁自我对他者负有的伦理责任，从而同时获致他者与自我的拯救。

第四，考虑到音乐非直接语义性、自反性和解释的歧义性等特殊品质，它一面接受萨义德的言说，一面又抵抗着他的批评，从而把

"音乐—批评—拯救"之间的关系推向"极端"。当一切由语言字符组构的形而上学轰然倒塌,音乐作为一种未被破译的语言字符,为我们保留了最后一条通向形而上学的通道。萨义德显然意识到音乐的形而上学特质,但他又始终在具体的境况和现世情境中聆听音乐、谈论音乐、发掘音乐的开端性和人为性。借助音乐的丰富性和萨义德看视音乐的双重目光,即音乐的形而上学意义和音乐作为人类文化史上的创造,思索萨义德触碰普遍性的"极端"尝试。

## 三 学术创新与贡献

首先,谈到萨义德,学界一般把目光聚焦在"后殖民批评""东方学"和"文化与帝国主义"等关键词。尤其是国内学界,因为带有不同的意识形态立场,总是把萨义德后殖民批评对"西方文本化东方之行径"的解构式批判改换为"反西方"的意图,这无疑违背了萨义德的本义,同时坠入了萨义德所批判的"东方学家式"的思维逻辑:秉有非黑即白的二元思维看视他者,并赋予这一二元项高下之别,"我们"是文明的,"他们"是野蛮的,后者需要前者的拯救。如果我们仅仅把萨义德的后殖民批评异化为"反西方",那无疑只是另一面的,颠倒的,从所谓"东方"视角出发的"西方学"(本质上属于一种反向的"东方学")。在萨义德看来,这种简单的"主奴颠倒"并没有斩断东方学极权主义的运作逻辑。对那些遭遇殖民经历的国家而言,推翻殖民者的政治革命只是第一步,文化、思想以及社会革命才更重要,抵抗殖民主义胜利的标志绝非换一个本国人做领导人,而是彻底颠覆"东方学家式"的思维逻辑。该书一个主要出发点就是清理上述看视萨义德及其后殖民批评的谬见。

其次,当萨义德的后殖民批评被视作解构主义理论在种族论域的简化应用,该书从他的政治、文学和音乐批评中读出他对某些"宏大叙事"及其价值的坚持。在萨义德批评意图(人文主义观念)与批评方法（解构方法）之间组构了颇具意味的张力关系，然而大多数研究者从贬义的角度看待这一关系，认为这是萨义德批评内在悖谬的外在表征。该书却反其道而行之，认为这恰然是萨义德反体系、反宗教式批评活力的体现，笔者试图重新发现不一样的萨义德，不再简单地将其理解为解构主义者，而是一位解构主义时代的宏大叙事者。

再次，大多数已然涉及萨义德批评意义的研究，它们追问到萨义德的人文主义思想就已停止。该书试图更进一步，在萨义德人文主义思想之下，他的拯救思想更能凸显他的批评意图。萨义德更看重从内部获致的拯救，而拯救的获得离不开"批评"的践行，萨义德的"批评"同时作为反抗权威和相信希望的双重辩证，它表明了不存在"毕其功于一役"的拯救承诺，只有在一次次批评、阅读、解释等历史性的、极具能量的"开端"行动中，才可能一步步逼近人的拯救。

最后，国内学界尚未意识到萨义德音乐批评的价值，相关研究还不充分，该书第四章对萨义德关于音乐表演、"晚期风格"等论述的研究值得肯定，尤其把音乐言说最终定位在人文主义思想和拯救议题之上，从而呼应了全书的主题。

# 《六朝"异物志"与文学》概要

郁冲聪[*]

## 一 研究目的、意义及方法

中古时期的汉文明正在不断向外辐射其影响。其中,物质层面的流通是不同文明类型交融过程中最为基本的一种形态。殊方异物作为联结"汉文明中心"与"新知边地"的纽带而不断内传,成了文明中心观照边地的媒介,彼时的"物"就摆脱了单纯的"自然物"的形象,而成为时间流动和普遍关联中的整体。"异物志"就是当时所诞生的一类专门志录异物产地、物性、功效等相关信息的特殊地记,担当了传播知识、借广见闻的历史使命。文学是个人情志的语言表达,世界观与知识储备则是影响语言表达的最基本的内在因素。迅速变化的外部世界,以及呈井喷式爆发的地理知识,都对汉魏六朝士人的文学创作产生了深远影响。异物书写成为当时文学写作的一种新的兴趣与时代风尚。目前学界对"异物志"的文本状态、内容解读以及它们与文学创作之间的复杂关系等问题,仍留存有诸多疑问,该研究正是基于上述考虑进行的。

该研究主要在文献学研究、史学研究和文学研究三种主要方法的

---

[*] 郁冲聪,山东大学文学博士,现就职于浙江财经大学人文与传播学院。

支撑下，逐步深入递进地展开。

首先，利用文献学方法，对汉魏六朝期间已佚"异物志"进行佚文钩沉工作。考虑到文章结构的合理性，这一部分成果会在文末的附录一中进行展示。另外，文章选取了五种佚文保存相对完整、对后世影响较大的"异物志"，进行专门的文献厘定工作，考订其作者信息、成书年代、同书异名等基本问题，对前人相关研究或辨正，或指瑕，旨在为全书研究提供可靠的依据文本。

其次，利用史学研究方法，主要是历史地理学与中外交通史两大史学分支，进行六朝"异物志"的佚文内容释读工作，考察汉魏六朝时期汉文明的边地拓殖情况，以及区域之间的物质文明传播情形。六朝"异物志"既是地理著作，也是科技著作，它的著述内容中涉及大量历史地理、中外交通方面的学科知识，还涉及许多自然科学知识，要读懂这些佚文并非易事。该书将以六朝"异物志"的相关文本为研究基础，同时结合其他相关文献，从历史地理学及中西交通史的学科路径，对"异物志"的内容进行解读。

最后，用文学研究的方法，探讨六朝异物知识在文学创作中所产生的浸润性影响。例如，如何理解六朝"异物志"中的志怪化写作手法；如何理解六朝志怪小说中的异物文学形象；异物输入如何拓宽辞赋写作题材；异物知识不断积累，对熔炼知识性与趣味性相谐的语言有何推进作用；等等问题。史学研究的着力点在于阐明基本事实问题，追寻的是历史真实性的问题；文学研究的着力点在于研究内在知识储备落实到语言修辞层面上的技巧问题，追求的是语言审美性的问题。

## 二　主要内容与重要观点

该研究分成了具有逻辑递进关系的上、下两编进行。上编是基于文献学、历史学和地理学的研究，对各家"异物志"进行文献厘定和内容解读，也是下编研究的基础；下编是六朝"异物志"与文学，尤其是与辞赋、志怪小说两种文学类型之间的关系研究，从"考证"到"义理"的深入性研究。

上编共分四章。第一章首先由小学路径进入研究，指出"异物"二字在先秦时期已经形成固定词语，在文献中的核心词义训释为"殊方珍异物产"，这种稳定的语言习惯让"异物志"在汉魏之际逐渐凝固成为一种著作类型。接着探讨"异物志"的文本属性。通过检索历代公私目录中"异物志"的分类，可以梳理出"隋唐时统一纳入史部地理类""宋时细划入史部地理类方物小类""清时退出方物类而划入史部地理杂记类"三个清晰的阶段，也可以发现"异物志"始终未退出"地理"这一大类，可以观察到其文本属性带有鲜明的地理色彩，以及它与方物类著作和地理杂记之间的密切关联。

第二章就五种重要的"异物志"（除一种东汉著作外，其余皆为六朝著作）进行文献厘定工作，考订其成书时间、同书异名、作者生平以及部分佚文的真伪问题，并在材料支持的基础上指出前人辑佚的讹误。对前人悬而未决的问题，则综合文献深入探讨、提出新见。这一章的附带性工作成果，便是呈现在附录一中的六朝"异物志"佚文辑录内容。每一种"异物志"下还有专门的考证性题记，旨在呈现汉魏六朝"异物志"的文本面貌，为阅读全文提供相关的基础文本。

第三章按照"南海""岭南""西南""西域"四大边地空间板块、分四节进行论述。本章将细致解读"异物志"的佚文内容，在考察汉魏六朝时期汉文明中心对新知边远地区的认知程度和认知状态这一大前提之下，逐条解读"异物志"中所反映的边地物产、地理、民俗等各类信息，旨在描绘当时处于急速变化中的外部世界，同时为下编的文学研究阐明相关历史背景。

第四章是时间轴上的延续性研究。本章首先对学界"唐后'异物志'式微甚至消亡"这一观点提出异议，指出"异物志"作为中古物产专志的主要撰述类型，在唐后拥有了更为多元的写作方式，流变为了"地理杂记""物产谱录"和"物产志"三支清晰的脉络，三者都绍继了六朝"异物志"的写作精神和写作内容。宋后地方志体例成熟,其中"物产门"常以"条目"和"注释"相结合的方式撰写,以更大的容载量和官方修纂的手段,分担了一部分单行私撰物产专志的功能。

下编进行六朝"异物志"与文学关系的研究。为了避免文章陷入琐碎和无重点的研究状态,该书着重选取了"辞赋"和"志怪小说"两种与"异物志"关系密切的文体进行重点考察,辅以关注其他相近文体。该编一共分为四个章节,分属前后两个平行的版块,每一版块的前一章均为理论阐发性质的文字,后一章则是典型个案研究,相关拓展性研究则以附记的形式置于章末。

第五章首先进行"异物志"与异物古赋关系的研究。首先,文章罗列了"献贡思维""政治角力思维"和"边地摹想思维"三种最为常见的观物方式,观照不同观物方式下形成的不同的异物形象和书写方式。其次,考察"人"与"物"的互动关系,察看当时士人的异物知识储存水平,以及知识结构改变之后对其语言表达所产生的影响。再次,指出后世类书编纂者甄选六朝异物古赋的三种文本取舍标准,以及这种二次编纂工作对异物古赋文本面貌形成的冲击。最后三个小节,则是以时代为轴线,梳理六朝异物辞赋的演进轨迹。

第六章选择了"安石榴""槟榔果""鹦鹉鸟"三物为典型个案。六朝时期围绕此三物进行的辞赋写作时间跨度绵长,产生的相关作品数量最多。本章的附记则是空间拓展研究,从平安朝日本国家自高文官选拔考试"秀才科"中,都良香策问藤原佐世"辨异物"一题,考察平安朝日本对中国汉魏六朝地理博物知识的接受、理解和运用。

第七章进入六朝"异物志"与志怪小说之间关系的研究。首先指出"异物志"记纂异物的学术之风来自《山海经》,而平易求实的行文风格则是受到了两汉正史民族志的影响。其次,六朝志怪小说中的"异物"是沟通"冥想世界"和"现实世界"的桥梁,其形象凝聚了人们对远方世界的摹想。它们告别了"异物志"中单纯土产的形象,是一种"真实"与"想象"的杂糅。随着异物知识在志怪小说中的不断渗透，对志怪小说的情节建构起到了推动作用，了解异物的物性特征是解读故事旨趣的关隘。

第八章安排了"大尾羊""通天犀""火浣布""切玉刀"四个典型个案，通过以点带面的方式，具体展示六朝志怪小说中杂糅了"文学想象"与"地理真实"两种不同色彩的异物形象，从中既能看到中古时期"天人合一"思想统摄下的"自然之物"与"灵异之物"不分的特殊识物方式，又能看到以六朝"异物志"为先驱的科学辨物精神，开启了宋人"格物穷理"之思想的先河。

文章提出的主要观点如下。

第一，就六朝"异物志"的文本问题而言，该书的意见有：（1）明人欧大任《百越先贤志》中的《杨孚传》系伪作，缪启愉辑本"龙眼"条则系误辑；（2）《扶南异物志》并非有目无文，而是《吴时外国传》的唐前本名；（3）《南州异物志》成书于东吴后期而非前期；（4）《南中八郡异物志》成书于太安二年稍后而非之前，第八郡当为晋时新置的"晋宁郡"；（5）《凉州异物志》的具体成书时间只能限定在五凉时期，尚不能精确至前凉，张澍辑本内容多出自《南州异物志》；（6）《临海水土异物志》并非成书于东吴时期，而是入晋之后。

第二，"异物志"在唐后并未消失，至少在明清史料中又检得两种。"异物志"作为中古物产专志的主要撰述形式，其写作传统在唐后发生了流变，至少分流为了地理杂记、物产志和物产谱录三支脉络。宋后地方志《物产志》承担了部分物产专志的功能。

第三，六朝"异物志"与志怪小说内容重叠的部分，是属于当时的公共知识。"异物志"绍继了两汉正史民族志平易求实的写作精神，在观物方式上开启了宋人"穷理"之思想曙光；志怪小说中的"异物"则是"文学想象"与"地理真实"的杂糅，也是时人摹想边地世界的管道。

第四，魏晋时期辞赋写作在异物知识的浸润下发生了新变，异物辞赋从"尚博"走向了"尚精"，脱离了汉大赋中的镶嵌地位，成为独立拟写的对象。单篇异物赋作往往是该物类的知识汇总，作品语言追求知识性与趣味性相谐。南朝时又衍生出了以物喻人、亦庄亦谐的异物俳谐文。

## 三　学术创新与贡献

该研究的成果学术创新点主要有以下三点。

第一，辑佚著录的创新。该书在充分研读前人辑本与考证性论文的基础上，再次全面检索传世文献与出土数据，并结合现代学术数据库引擎，全面钩沉"异物志"的相关佚文，所以在辑佚范围上有所突破。在佚文考订的精准度上，该书利用了文献学、历史地理学等相关学科的综合知识，对诸多前人含而未决、悬而未定的问题，都提出了新见。

第二，内容释读的创新。六朝"异物志"虽有辑本，但缺乏质量上佳的注本。虽有缪启愉、张崇根先生等老一辈农学家的相关辑注本，但他们的关注点主要在于与自身学科领域关系紧密的范围内，"异物志"中大量动物学、矿物学、地理学、民族学、民俗学等相关内容的释读仍未清洗。该书对六朝"异物志"所记内容进行了相对全面释读。

第三，研究范围的创新。通观学术史，之前对"异物志"与异物文学的研究分属于两大领域，考察两者关联的研究成果其实并不多。该书下编进行"异物志"与文学关系的研究，着重选取"辞赋"与"志怪小说"两种与"异物志"关系密切的文体，并穿插涉及"诗""诏""启""表""颂""序""论"等其他相关文体，通过理论与个案相结合的方式，探讨外部物质世界发生变革之后，对文学写作所产生的相关影响。

在上述研究路径的导引之下，该书是迄今为止学界第一部对六朝"异物志"的文本属性、相关佚文、书写内容、学术史地位及其与文学创作之间的关系，进行系统考述的专著。其主要学术贡献在于以下五点。

第一，在佚文辑录和文献考订方面，该研究进行了广泛搜集与全面评述，一一指陈前人错辑、漏辑、误辑之处。对"南中八郡"的具体指代，《扶南异物志》是否真的有目无文，《扶南异物志》与《吴时外国传》两种著述之间的关系，《临海水土物志》的具体成书时间等诸多疑难问题均有正面响应，是对六朝"异物志"文本研究的一次全面总结和全新开拓。

第二，该书利用历史地理学、中外交通史学及植物学、动物学、矿物学等自然学科知识，并充分吸收前人成果，对六朝"异物志"的内容进行了释读，阐述了汉魏六朝时期在南海、岭南、西南、西域等四个方向的拓殖，察看当时人对边远地区的地理认知情况。

第三，该书回答了困扰学界已久的"盛极一时的六朝'异物志'缘何在唐后式微"的问题。该书指出六朝"异物志"的文本属性，认为它是物产知识积累到一定程度而出现的专著，也是中古时期物产专著的主要撰述形式，是彼时边地物产知识激增、分类细化的自然产物。唐后物产类地理著作的撰写形式开始走向多元化，各类命名形式多样的地理杂记和物产谱录，都绍继了六朝"异物志"的写作精神，实则也是六朝"异物志"的发展延续。

第四，六朝"异物志"中有部分内容是与六朝志怪小说相重合的，但是不能以简单的"六朝'异物志'具有志怪色彩"来解释和涵盖。该书认为，中古时期体察万物具有普遍的"自然之物"与"灵异之物"不加区分的思维特点。志怪小说的行文方式乃是通过殊方异物来摹想新知边地，其中所出现的异物形象，乃是裹挟了时人地理、宗教、民俗等多种观念的综合体。六朝"异物志"在志录万物之时，则更多地保留了科学观察的方式。

第五，该书一共搜集了110余篇六朝异物古赋的相关佚文，首次系统、完整地梳理了从汉代一直到南朝时期的异物辞赋产生、发展与流变的演进轨迹。该书立足文学现象的研究，但又不局限于现象研究，旨在将六朝异物文学置于咏物文学史上的大背景中，研究其对这一题材写作的贡献。

# 《当代英美文艺伦理思想研究》概要

韩存远[*]

## 一 研究目的、意义及方法

该书以问题意识为导向,着力勾勒出"文艺与伦理道德的关系"这个经典美学命题在当代英美学界的研究状况与崭新样态,并从中进一步提炼出核心论题加以细绎。这即构成该书的主要研究对象。

该书的研究目的和意义主要有二。

其一,理论还原与阐发。自20世纪80年代以降,英美文艺伦理研究摆脱了先前半个多世纪的不振局面而重获新生。伴随绵延向前的理论论争和实践探索,该研究在当代英美学界持续生发、扩张,已然覆盖了诸如审美价值与伦理价值的关系,文艺伦理批评的合法性与实现路径等数个重要的次级论题。据此,"当代英美文艺伦理思想"作为一个理论对象足以成立,其丰赡的理论内涵也亟待充分地予以整合、澄清。再考虑到文艺伦理思想在中西方文艺理论和美学史上的显赫地位,探究其前沿形态的工作无疑也是颇有价值的。国内学界关于英美文艺伦理思想的研究在系统性和全面性上仍有提升空间,而该书也致力于在这个领域为我国的西学研究做些填充。

---

[*] 韩存远,山东大学文艺学专业博士,现就职于山东师范大学文学院。

其二，理论镜鉴与对话。文艺伦理研究并非英美学界的专利，我国晚近三十年间同样涌现出大量相关学术成果。从"文学伦理学批评"到"叙事伦理"与"伦理叙事"之争等，无不凝结着我国学者在文艺伦理领域的理论新创。从这个意义上讲，引域外文艺伦理思想为本土所用便不失为可行之策。而这种镜鉴的可能性也就意味着，在"文艺伦理"这个论题上存在着中西学术对话的必要性，这也为彰显我国人文科学话语的主体性提供了一种方案。

该书是一项典型的人文科学研究成果，多采用思辨的方法，如原典细读、理论阐释等，必要时也兼及少量文艺批评实践。

## 二 主要内容与重要观点

全书主体共分为导论、正文（四章）、结语几部分，共计约 30 万字。现将各部分的主要内容概要如下。

导论分为三部分。第一部分分析了英美文艺伦理研究在当代蓬勃发展的缘由和机理。20 世纪八九十年代，英美人文科学界出现了两种学术转向：其一为"伦理转向"，其二是"叙事转向"。这二者的汇并极大地推动和充实了当代英美文艺伦理研究的发展。第二部分审视并分析了国内外相关研究现状。一方面，历经了起步、勃兴、稳步发展的三个阶段，当代英美文艺伦理思想已然较为充盈，可供研究的话题较多；另一方面，我国学者虽然也积极促成着文艺伦理研究的繁荣，但相对疏于系统地审视英美的相关研究成果。这种比对也进一步凸显了该研究的必要性。第三部分阐发了该书的研究思路、方法、关键词等问题。笔者经过综合考虑，放弃时间分期和概念推演的路径，转而采用一种以问题为导向的思路：根据英美研究现状，从"文艺伦理"这个元命题中抽离出四个核心次级命题，在着重还原的基础上尽力加以阐发和延伸。此外，该书还对数个关键词的使用和表述给予了预先说明与规设。

第一章分为三节，基于当代英美学界关于"审美价值与伦理价值之关系"的论争，专事提炼其中最具影响力的三个派别之核心论证。第一节分析"道德主义"（moralism）一派。其核心主张是艺术品的审美价值会受到伦理价值的正相关影响。根据"适度道德主义"立场，叙事艺术的审美价值极大地依赖于该作品在道德层面所展现出的恰当性。按照"伦理主义"立场，任何艺术品的任何一处伦理缺陷就其本身而言都将构成一处审美缺陷。第二节分析"背德主义"（immoralism）一派。其基本立场是艺术作品的审美价值会受到伦理价值的负相关影响。其中，"认知超越说"主张艺术品的道德缺陷会因提升主体道德认知而获得艺术价值。"情感突破说"认为，艺术品的道德瑕疵会因帮助主体突破情感上的拒斥而升格其审美价值。"价值整一说"则宣称，艺术品的审美价值与伦理缺陷不可分割，前者有时正是寓于后者中。"反理论"视角的加入也进一步加深了"背德主义"观的本体特质。第三节分析"适度自律主义"（moderate autonmism）一派。该派别强调审美价值与伦理价值的相对无关性。对此，"价值两分说""批评主体两分说""审美结构连贯说"分别基于审美价值与伦理价值的区隔、审美判断与伦理判断的独立、艺术作品审美结构的自洽性这三个主张加以论证。

第二章分为三节，着力审视和分析当代英美学界关于审美想象力与伦理道德之关系的研究。第一节聚焦"想象性抗拒"（imaginative resistance）这一概念。它从学术史上可以追溯到大卫·休谟那里。综合当代学者的阐释和表述，它所指涉的乃是一种主要由道德因素触发的，审美主体拒绝介入想象性活动的心理现象。关于这一现象的心理根由主要有两条解释路径：侧重客观限制的"认知说"；侧重主观意愿的"情感说"。第二节探索审美想象力的伦理限度。相关主张可概括、提炼为三：其中，"极端有限说"坚称，即便在虚构语境下，审美想象也绝对不可逾越日常伦理规范；"适度有限说"认为，虚构性想象需确保想象对象的准确性及想象动机的合理性；"适度无限说"主张，虚构性想象根本不存在道德禁忌，除非它有可能被带入现实世界。第三节分析审美想象力在道德方面的功用，主要有二：它既能促使道德主体转换思维模式，凭借"道德想象力"来编织叙事，以形象直观的视角来审度伦理事项，又可以帮助道德主体拓展道德知识，通过置身于想象性的情境来深化道德理解。

第三章分为三节，从理论和实践两个维度切入，审视当代英美文学伦理批评研究的发展状况。第一节聚焦 20 世纪 90 年代末的一场以文学伦理批评合法与否为辩题的小范围论争。论争双方的分歧主要有二：文学伦理批评是否契合文学本体属性，以及是否具备现实性道德意义。该论争终因概念含混等原因而并未证实或证伪那道辩题，但其本身所牵涉和衍生出的观点依旧为文学伦理批评的发展提供了启迪。第二节梳理当代英美文学伦理批评在理论层面的新变。首先是关于文学伦理批评的整体性重释，包括反思传统道德批评的积弊，厘清"伦理"的内涵，宽泛地为新式伦理批评界定宗旨与策略。其次是文学伦理批评对象理论的多元趋向。理论家们不再拘囿于文学作品的道德主题、道德立场等单一对象。诸如"作品显现的伦理态度""文学文本本体"等文学内部要素都被纳入考量，并植入了崭新的意涵。最后是文学伦理批评范式理论的立体架构。伦理批评的操作不再是单线挺进式的，作品的伦理影响，以及对于伦理事项的发掘深度等多个向度都可供其参照。第三节分析当代英美文学伦理批评的实践样态。在勾勒出数个基本征候的同时，借助三个伦理批评实例加以佐证，揭示出这种批评实践在统合伦理内质与审美形式之基础上所具有的"间性"质地。

第四章分为三节，将伦理批评的视域从文学延展到其他艺术门类，着力探索当代英美艺术伦理批评研究的晚近格局。第一节的探究重心在于艺术伦理批评的应然性理据问题，相关研究主要关涉三个维度。其一，就近代美学史而言，无论是英国经验主义美学还是德国古典美学，都不曾驱逐艺术伦理批评，某些核心要旨还暗合着道德方面的追求。其二，就艺术伦理批评本体来说，它绝然不会扭曲或阉割艺术品的审美特质。其适用范围合宜，理论形态也足以同艺术活动相契。其三，从艺术经验层面来看，艺术伦理批评有助于彰显一些被遮蔽了的艺术细节，进而抬升或恢复其审美价值。第二节聚焦于伦理批评同四种艺术式样、活动的联结。在伦理批评家看来，音乐构成主体间的情感纽带，充当着人类日常生活中的隐喻性的伦理符号；表演牵扯到身体间的交互，其中浮现着诸如依赖、信任等常见的伦理事项；摄影活动所内蕴的侵略性、冒犯性、虚幻性亟待道德深思；艺术展览也应当在策展与布展等环节上受到伦理方面的制约。第三节以相对浓缩简约的形式总览艺术伦理批评的风貌。在归置本章上述内容的同时，还从理论层面为艺术伦理批评大致厘定了边界、特征、合理性，并进一步阐明将伦理视域同艺术实践相黏合的必然性。

结语是对该书的提炼与拓展。一方面，总括式地重审上述章节的研究内容，考察它们之间所展现出的共相性因素，并概述出以下结论。其一，当代英美文艺伦理研究基本放弃了抽象艰涩的路径，转而立足人类日常生活中的具体问题，表征出微观性、主体性、现实性这三大倾向。其二，当代英美文艺伦理思潮的最显要征候，乃是研究对象之发散与集中的统一。上述四个核心问题之间既交叉呼应，又各自具备较为澄明的界限。由此看来，当代英美文艺伦理思想的宏观形态乃是一个有机的系统性存在。其三，相关研究暴露了两项殊为明晰的弊端：核心概念的模糊以及实证精神的相对匮乏。另一方面，结语部分也在承认和吸取域外研究成果的基础上主张，广义上的文艺伦理研究拥有深邃的学术史意义和现实意义，其本身的理论关联性与收缩性也极强，这些都足以构成这项研究在我国持续推进的有力理据。

要而言之，该书的主要观点可以概述如下。

其一，文艺伦理研究在中西方均有深厚的理论谱系，应当受到重视。

其二，当代英美文艺伦理研究呈现出复兴的趋势，这主要是"伦理转向"和"叙事转向"交汇的产物。

其三，当代英美文艺伦理研究已形成如下主要论题：审美价值与伦理价值的关系、审美想象力的伦理维度、文学和艺术伦理批评。

其四，当代英美文学伦理批评发生了新变，与传统道德伦理批评相比，在理论和实践两个维度上均有了很大的突破。而在理论史上历来遇冷的艺术伦理批评也开始备受关注。

其五，当代英美文艺伦理思想从宏观上看是一种有机的系统性的存在，已具备成形的问题域，但在概念阐释和研究范式等方面仍有缺陷。

## 三　学术创新与贡献

该书的学术创新总体上可见于学术观点和学术视野两个维度。

从学术观点来看，该书提出了如下具有原创性的论断。

其一，按照问题导向，而非时间分期或概念推演的逻辑，将当代英美文艺伦理思想这个元命题，提炼为审美价值与伦理价值的关系、审美想象力的伦理边沿、文学伦理批评、艺术伦理批评四大次级命题。作为一项底蕴深厚的命题，文艺伦理在当代英美学界的知识生产速度与频率极高，这也催生了林林总总的理论范畴、论题等。国内既有的研究多从某个理论细节出发予以细解，但无从在宏观上梳理其理论脉络。从这个意义上看，该书这种问题划分的做法相当于勾勒出了当代英美文艺伦理研究的核心面向，同时也为国内学界对相关理论的把握与拣选提供了一些便利。

其二，将当代英美文艺伦理研究勃兴的内在机理总括为"伦理转向"与"叙事转向"及其汇并。这是国内首次基于跨学科的视角探究当代英美文艺伦理研究的发生缘由。过往研究多从文艺理论和文学本体出发，将20世纪80年代中期以来的"伦理转向"作为后续文艺伦理研究的话语背景。而该书则拓展了既有的致思理路，不仅仅观照文艺实践复归德性思维的内部需求，还从外部，亦即从当代英美道德哲学发展的困境与突围这个问题上切入寻找理据，这也促成了该书"叙事转向"理论的提出与阐释。鉴于文艺伦理研究本就纵跨文艺理论、美学、道德哲学等多个学科，上述研究方式显然也契合着该书和该研究的内在质地。

其三，指出了当代英美文学伦理批评在路径和形态等方面的新变，并将其与传统道德批评区隔开来。国内现有研究大都倾向于将当代英美文学伦理批评仅仅当作我国文学伦理学批评的西方资源，但较少回到西方理论现场回应其本体学术问题。该书则从20世纪末关于文学伦理批评的合法性论争中发现，英美文学伦理批评已然在事实上发生了两重裂变：从理论上看，传统的道德批评渐趋退场，文学训教功能日益让位并依附于文学的审美属性；从实践上看，文学伦理批评也在对象域和方法论层面上多有充实。

从学术视野来看，该书扩充了先前的文艺伦理研究范围：其一，译介并细究了"想象性抗拒""道德想象力"这两个在国内鲜见的文艺伦理概念；其二，研究了音乐、摄影、舞蹈等国内关注较少的其他艺术门类的伦理批评。

# 《清嘉道时期的文献样态与文人表达》概要

尧育飞[*]

## 一 研究目的、意义及方法

大量清代文献陆续影印出版，给研究者带来欣喜的同时，也增添难题。处理巨量文献，以整体把握较长时段的清代文学，须从方法和视角上进行突围。该书试图从文献样态与文人表达的互动关系出发，化繁为简，观测嘉道文坛的文学史意义。考察这一时段的文学，有诸多手段，如从政治史、社会史、教育史、学术史、文章史、观念史等角度切入考察。诸多研究视角与方法为切入这一时段的研究提供重要参考。然而，一个与文学更为紧密的基于文献的视角，在这时段的文学考察中尚未得到有效运用。

嘉道时期的"文献样态"十分丰富，该书通过对其中具有代表性者加以考察，揭示嘉道时期文人在学术、文学、思想及政治方面的新动向。所择取的"文献样态"大致分三部分：一是以桐城圈点本（秘本）为中心的纸本文献样态，二是以梁祠、顾祠、震川书院为代表的建筑及空间文献样态，三是以印心石屋为代表的石刻文献样态。这种

---

[*] 尧育飞，南京大学中国语言文学专业博士，现就职于湖南大学中国语言文学学院。

选择出于以下理由：一、桐城派是清代最大文学流派，嘉道时期是桐城派发展壮大的关键阶段，这一时期桐城派古文秘本与秘传受到关注，并不断被言说。桐城派对于书籍的精耕细作，成绩卓著，是考察纸本文献样态在嘉道时期发生变化的重要案例。二、嘉道时期兴起建祠与书院建设风潮，这种类型的建筑及其内部空间成为此期文人活动的活跃场所。考察嘉道时期的文学活动，祠堂、书院等建筑及其内部空间，不应被忽视。江南与京师是嘉道时期学术、思想与政治领域令人瞩目的两个地域。吴中的梁祠得建祠风气之先，而京师的顾祠则昭示时代学术风气、士人理想的转移，是这波建祠风潮中的代表，且蕴含江南与京师的文化交流关系。至于震川书院，则可细致考察这一时期文坛出现"归有光现象"的"地方"表达，有助于理解晚清文学的地域性起源。

该书在写作过程中，多借鉴文化研究的方法，注重从知识史、书籍史等角度，考察嘉道时期具有代表性的文献样态的特点。通过阐明这些文献样态所处的学术、文学、思想与政治的环境，揭示嘉道时期的文献样态的基本特征，即植根传统，反映群体声音，受时代与环境影响，呈现隐喻特点，表现出政治化倾向，最终影响晚清历史进程。由文献样态出发，可见嘉道时期的文人表达具有隐喻性、群体性、家族性、地方性、政治性等特点。嘉道时期文人通过诸种文献样态，表达对政治、文学、理想、道德事务的热情，鼓舞了许多人，为嘉道以后文人更为广泛地参与政治和社会事务做了必要的准备。

## 二　主要内容与重要观点

该书选取嘉道时期有意味的文献样态，进而考察这一时期文人如何表达。研究致力于突破文献学研究"就文献言文献"的传统范式，针对嘉道时期文献的形态及特点，提出"文献样态"概念。通过对具有代表性的"文献样态"的考察，揭示嘉道时期文人在学术、文学、思想及政治方面的新动向。通过阐明这些文献样态所处的学术、文学、思想与政治的环境，揭示嘉道时期的文献样态具有如下特征：植根传统，反映群体声音，受时代与环境影响，呈现隐喻特点，表现出政治化倾向，最终影响晚清历史进程。由文献样态出发，可见嘉道时期的文人表达具有隐喻性、群体性、家族性、地方性、政治性等特点。该书主体部分共分为五章，各章所涉内容及思路如下。

第一章"秘本文献样态与桐城古文传衍"。本章主要论述以圈点为核心的桐城古文秘传文献与桐城派传衍的关系，揭示嘉道时期纸本文献样态之于文人表达的重要意义。乾隆末年姚鼐立派，道咸以后桐城派成为弥漫天下的文学流派。桐城派在嘉道时期的发展壮大历程，有赖于师友、姻娅、家族等一系列关系的稳步推进，也得益于书院、京师等诸多空间和地域的精心经营。在这种显性传衍的内容、路径及展开方式外，桐城派古文传衍有其秘传一面。圈点、谈话与掌故等桐城派古文秘传文献样态，揭示桐城派的秘密传衍。这些关于"圈点""秘本""古文秘传""家法"的言说，揭示桐城派发展壮大的另类面向。桐城古文秘传植根于桐城文化传统中，是明代遗风的自然延续，受八股时文的深刻影响。在"文字狱"等高压文化政策稍显松弛的嘉道时期，以卫道与弘道为己任的士人急于表达自我，桐城古文秘传为此提供有效的表达方式。桐城派在文献领域，利用圈点不断扩大派别的古典资源，最终在事实层面造成"无声的"复古潮流。以秘传为号召，桐城派的秘本风行天下。围绕秘本，全国各地形成大大小小的桐城古文学习群体。最终在一种古文至上主义的号召下，桐城派成为晚清文章领域统摄性的力量。感知桐城派在嘉道以后的弥漫性影响，不仅从桐城派公开性的言说入手，更需复活并拼接桐城派"未成文的学说"，以便勾勒桐城派崛起更为完善的历史背景，挖掘桐城派潜藏的能量。如此，有助于理解嘉道时期，文人们究竟如何利用文学和文献去实现政治抱负和文化理想。

第二章"梁鸿祠：梁章钜风雅理想的一次实践"。本章主要讨论梁鸿祠，以见嘉道建祠风气，并管窥文人如何借祠堂表达家族理想与个人志趣。嘉道时期的文献体式充满隐喻，但并非所有的隐喻都指向政治。道光八年，梁章钜在苏州以为纪念梁鸿的名义修建梁鸿祠，以东汉高士梁鸿为纪念对象，体现梁章钜的家族情怀。作为翁方纲的"苏斋诗弟子"，梁章钜此举得嘉道时期建祠风气之先，间接影响苏州苏轼祠及京师顾炎武祠的建设。梁祠落成后，梁章钜编辑《梁祠辑略》，为这座新修祠堂增添必要的纸本文献。通过举行各类吟咏活动，征集诗作，梁祠成为苏州地区文人新的活动空间。在追溯梁鸿故事中，梁章钜触及吴中文学"微结构"。梁鸿究竟是逸民还是孝子，在吴中文学传统中存在分歧。梁章钜迎合清代正统理解，认为梁鸿乃是孝子。梁章钜对家族和忠孝的片面颂赞，令梁鸿祠意义较为单一，故此后虽有仿效者，但梁章钜在吴中地区的这次风雅举措并不成功。然而，梁祠表征嘉道时期文人对出处和品行的关注，对家族事业的支持，是这一时期文人家族理想和风雅活动的写照。

  第三章"顾祠空间与道光文坛"。本章承接建筑及其内部空间文献样态的话题，着重讨论京师的顾炎武祠与道光朝的文人、文献与文学的关系。顾祠在道光年间落成之后，迅速成为京师学术、思想与文学交流的重要场所，跃升为京师重要的人文景观。顾祠重要性的凸显，是顾炎武在学术、思想诸方面重要性的外化。顾祠在各个领域发生作用，与文人对这一文献样态的各类建构性运作关联密切。从《顾亭林先生年谱》到顾祠，表明顾炎武这一学术思想资源完成年谱文献的物质化转变，从而在物质及思想等方面具备多种可能性的走向。与顾祠相关图卷的大量涌现，则不断激活顾祠同人圈，给予诗文以重要的表现机会。在以顾祠为中心的诗文创作中，一些共识被不断强化，并融入顾祠同人的生命历程。作为建筑物的顾祠，在一定程度上也作为何绍基的产业，被细心经营。宴饮、雅集、寓居、丧葬等事情均在顾祠发生，而在顾祠完成的《宋元学案》更成为一种物质性的学术象征，顾祠由此成为意蕴丰富的文人活动空间。以顾祠为场所的会祭等活动，还对彼时文人群体进行圈层与区隔化处理。通过顾祠的活动，文人群体的分化加速，不同文人圈子的地域性、保守性等诸多特点得以进一步凸显。顾炎武在嘉道年间的崛起，还在文学领域产生令人惊异的"溢出效应"。随着顾炎武崇拜的升温，顾炎武在文学史上的地位逐步提高。文学领域的顾炎武升格运动在诗歌中表现最为明显。一些人将顾炎武视作清代诗歌开山人物加以推崇。道光末年，顾炎武甚至成为顾祠同人圈中衡评诗歌的标尺和话语。此外，顾祠在桐城派传衍和宗宋诗歌风起的进程中也发挥重要作用。以顾祠这一场所为中心，道光以降思想、学术、文学领域的顾炎武冲击波持续发力，波澜不已，影响深远。

第四章"震川书院与归有光的'地方'表达"。本章将对建筑及其空间文献的讨论转移到江南的震川书院，通过震川书院的营建，揭示嘉道时期"地方"文人如何表达。作为明清时期的地方文化与文统根源的归有光，由于嘉定在鼎革之际的悲惨遭遇，不幸作为共同的记忆而潜伏于嘉定人文传统中，只有借助外来官员和文人的提倡，这段共同的记忆才得以复苏。这一段共同的文化记忆的复苏，得益于震川书院和太仆祠的触发。作为窥探嘉定地方文化变迁的观测点，震川书院与太仆祠可以照见嘉定乃至吴中地区的文化连续性及历史演变，从中也可见嘉定文人与士绅不断变化的身份认同，这种地方身份认同的变化影响地方和官员的互动。震川书院和太仆祠的落成与经营最终是各方合力的共同行为，这对考察地方文化行为的发动模式及地方人文话语的重塑仍有相当意义。内在于地方的书院，因而可以作为研读地方的一种途径，一种可能的方法。

第五章"印心石屋：'嘉道守文'的文献表征"。本章以嘉道时期意蕴最为丰富的印心石屋为例，揭示这一文献样态如何表征时代。道光十五年（1835），道光皇帝两度御笔书写"印心石屋"，颁赐两江总督陶澍。陶澍将御书印心石屋在湖南、江苏、江西湖北等地摩崖勒石数十处，并绘制《印心石屋山水图》数百份广泛分赠朝廷内外官员。在陶澍主持下，短短两年间，包括军机大臣穆彰阿、潘世恩等200余人参与吟咏御书印心石屋的诗文活动。这些诗文作品在道光十七年（1837）由魏源编成十卷本《御书印心石屋诗文荟》，众体兼备，蔚为大观。在道光皇帝御书颁赐以前，陶澍已将印心石屋视作个性化的文化符号倾心经营。陶澍的文集、书斋、文房用具等均以印心石屋命名，表达对故乡与父亲的深深怀念，体现浓厚的文人趣味。道光皇帝御书以后，印心石屋发生"移孝作忠"的变化。关于印心石屋的叙说也增添漕运、盐务、河工等大政因素。而御书颁赐的恩遇，则为陶澍及其友人修改为皇帝对陶澍改革支持的宣示。印心石屋在各地的树立，成为陶澍利用皇权宣示个人威信，压制反对声音的文献表演。诸种因素叠加，使印心石屋系列文献成为"嘉道守文"的文献表征。"印心石"三个字的丰富文化意蕴及文人们对"御笔"传统的建构与发挥，使印心石屋被解释为沟通古今、君臣、官民等结构关系的桥梁。而相关诗文的叙说则充分展示诗文如何表征时代的历程。通过印心石屋系列文献的文学参与、文献竞争、文化控制，陶澍展示了他操控文献与文学的能力。经由诗文活动，陶澍和文人们在具体事务上，形成一定合力，推进改革事业。陶澍逝世之后，印心石屋褪去政治色彩，成为公共人文景观。在民国初年，印心石屋曾被遗老视作缅想嘉道盛世的寄托物。从陶澍掀起的一系列诗文活动看，他在文学史的地位被低估。陶澍的诗文创作可能代表嘉道时期重要的思想趋势、文学趋势，是一个象征。通过对印心石屋这一特殊文献样态的考察，不仅有助于认识嘉道时期文献的隐喻特征，发掘文人如何利用文献进行政治和文学表达，也有助于重新评估嘉道时期陶澍式人物的文学史地位，有助于认识乾隆年间兴起、嘉道时期趋于极盛的文人热衷营造"身外之物"的文化现象。

## 三　学术创新与贡献

总的来说，该书试图在以下四个方面有所创新。

第一，将嘉庆、道光两朝合并观照，凸显嘉道时期在清代文学与文献史上的重要地位。受"乾嘉学术"与"道咸以降之学新"等重要学术话题影响，嘉道时期常被割裂对待，然嘉道两朝实当作一体进行考察。孟森《清史讲义》"嘉道守文"、张宗祥《清代文学源流》等清代早期文史研究传统，均将嘉道两朝并观。该书重续孟森、张宗祥等前辈研究，试图打破学术史分期影响下的乾嘉、道咸组合，确立文学史与文献史视野下的嘉道时期的地位，以彰显清代文学与文献的"嘉道之变"。

第二，为整体观照一时代文学变迁提供一种"文献学的"方法。"文献样态"揭示文献的流动性存在状态，既可从外部切入文学研究，又天然蕴藏内部研究文学的理路。例如，对桐城派圈点本这一文献样态的发掘，表明圈点本作为一种文献样态，是桐城派古文秘传的秘本。秘本传授有一系列规则，对桐城派的传衍方式产生影响。圈点秘本属性的构成，与承载"义法"奥秘及过录方式有关，关涉桐城派的古文研习。圈点本文献样态传播中，还包括桐城派口头言说及其他碎片式文献，构成桐城派"未成文的学说"，有助于拓宽桐城派研究的范围。

第三，拓展理解清代文学的视野和材料。建筑及其内部空间的文献样态和石刻文献样态，应当被纳入清代文学研究范畴。梁鸿祠在苏州建立，很快撬动吴中文学"微结构"，引发吴中文人对梁鸿的讨论。至于京师的顾祠，更因表征学术，举行多次雅集，与桐城派在京师的传衍及诗坛的宗宋风气有关，而文坛的"顾炎武之风"也因之掀起。这些文献样态并非仅仅是文学研究的材料，而可能拓展新的研究课题。对印心石屋文献样态的考察，有助于重估陶澍在嘉道文坛的影响。通过考察，可审慎认为陶澍在道光年间在文坛的影响力不亚于阮元。

第四，通过把握文献样态的隐喻特质，有助于重新理解嘉道时期文人理想与文学表达。嘉道时期文人的理想与文学表达虽较为隐微，然已跃跃欲出。通过对桐城派秘传文献的考察，初步揭示桐城派的政治关怀不绝如缕。姚鼐晚年对陈用光的遗命，更表达其介入当下政治权力的强烈愿望。至于顾炎武祠等祠堂和书院的经营，所选择的文献既是文人风雅活动的题中之义,又充满隐喻。如顾炎武祠中的《宋元学案》编刊活动,即可视作何绍基沟通汉宋学术的有意行为。至于陶澍利用道光皇帝的御书印心石屋,通过规模宏大的诗文活动,将风雅活动转变为支持改革事业的权威展演,更表明文献样态与文人表达已越出乾隆时期文人趣味的苑囿,染上时世和政治的色彩。

# 《身份与修辞：宋代骈文批评研究》概要

陶 熠[*]

宋代不仅是骈文写作风格嬗变的时代，也是骈文批评转向专门文体批评的时代。宋人沿袭晚唐余习称骈体文为"四六"，而随着"古文运动"在宋代的深入，骈俪四六成为专用于行政交酬的公牍文书，宋代的骈文批评也因此尤其关注四六的文体功能和公共属性。

宋代骈文批评家的身份深刻地影响着他们的批评趣味。宋代热衷于骈文批评的文人通常是需要日常撰写四六文书的骈文作手，针对不同文体的丰富写作实践使他们在批评上也存在着不同的侧重。拟代王言的两制词臣习惯强调制诰王言鸣国家之盛的政治功效，飞书走檄的幕职文人则关心表启文书在上下交通时传情达意的有效性。

笔记、诗话、文集序跋和类书等体裁都承载着宋人对骈文的丰富认识，不同的体裁之间也存在着各异的批评特点。宋代的笔记和早期四六话延续"论诗及事"和"以资闲谈"的批评传统，特别重视四六文章产生的具体语境和公共效应。文集序跋以揄扬文集作者为主要目的，因此在宋代"尚统"观念的影响下，往往会梳理骈体文章的"文统"。南宋流行的四六类书虽然缺乏直接的文学批评，却可以体现晚宋四六程式化的具体表征。

---

[*] 陶熠，复旦大学古代文学专业博士，现就职于四川大学。

宋代的骈文批评缺少《文心雕龙》般高度理论化的著作，但这并不意味着宋代骈文批评不存在理论框架。宋人对四六的本质有着不同的认识，有些批评家强调四六与诗赋间的亲缘关系，有些则强调四六作为应用文体的本质属性。而最为主流的认识则体现在批评术语的隐喻系统中，他们将四六看作一种可以被雕镂纂组的"工艺品"。宋人在归纳本朝作家的四六风格时，习惯使用"奇与正""朴与丽""清与重"的风格范畴。不同身份的批评家之间存在着不同的骈文文体观，高级士大夫更加重视四六规范与功能，而底层士人则停留在对文书含义的解释之上。

宋代的骈文批评使用了丰富的批评语汇，其中一些也见于散体文或诗赋批评之中，并在骈文批评中获得了独特的含义，另一些则为骈文批评所独有。不同于宋代诗古文"文气论"中对作家修养的强调，骈文文气论更注重文章舂容正大的风格。"敏速""精切"与"得体"则是宋人评价骈文写作的独特标准，宋人标举这些要求，与四六公牍文书的功能属性紧密相关。

宋四六与前代骈文一样都重视属对和用事，但在具体趣味上则有不小差异。宋四六偏好使用"天然属对"和经典"成语"，前者指以人名、地名等日常语言中的固有词汇作对，后者则是在徽宗朝尊经黜史背景下形成的，以使用经书成句作四六的独特风潮。

宋人同样重视骈文的整体效果，他们要求四六能善于"叙事"，要以准确的用典真实地描述文书当事人的境遇；他们同时也强调四六应当具有"感动人心"的公共效果，以便在特殊时期实现四六作为政府公文的宣示功能。

宋人还提出了一些创作骈文时应当避忌的文病。在骈俪四六中阿谀皇帝或长官、使用流丽或伧俗的词句都会被称为"类俳"；使用冒犯性的语句、典故，或者过分贴切地使用典故，则被称为"语忌"和"时忌"，这不仅关系到四六作为公牍文书的礼仪功能，也与宋代严密的文网有关。此外，还存在着一些共见于骈散诗赋等文体的文病，如属对的偏枯与行篇的冗长，这些文病虽然不单独用于骈文批评，但也是宋代骈文批评语汇系统的一部分。

# 《〈埃涅阿斯纪〉中秩序图景的塑造与反思》概要

丁 瑶[*]

## 一 研究目的、意义及方法

### (一) 研究目的

当下全球秩序面临挑战与冲击，亟待治理。实际上，这一时代议题早在古罗马时期就已被提出和思考。奥古斯都通过内战终结了罗马共和末期的失序和纷争，随着帝国的建立，秩序的治理需适应罗马转型变革时期的过渡与多元特征，这让创作于其间的《埃涅阿斯纪》在描绘罗马秩序图景时既解构又建构。20世纪70年代初，帝国体系分析作为一种新的社会性视角在现代全球化的语境下兴起。文学话语开始将意识形态、民族文化和身份认同等多元社会关系联结在一起，不同的阶级文化在求同存异中推动着世界文学向时代的多元性前进。对本属于精英文化的经典文学进行重构也成为大众文化的趣味倾向，这就为回归荷马时代及奥古斯都时代提供了时代的必要性。该书以史诗《埃涅阿斯纪》中的多维秩序图景为研究对象，从政治、道德规范、文化、信仰和情感等层面，考察帝国道德理性与诗人精神理想在该史

---

[*] 丁瑶，华东师范大学比较文学与世界文学博士，现就职于上海交通大学。

诗中的碰撞与交渗，关切《埃涅阿斯纪》这部作品对罗马帝国秩序的审思与塑造。

### （二）研究意义

西方学界对《埃涅阿斯纪》的考察较为成熟，多聚焦于语义学层面的文本细读和符号性阐释，产生了诸多适应本土文化发展需求的实践性研究，如以由罗伯特·A. 布鲁克斯（Robert A. Brooks）、亚当·帕里（Adam Parry）和迈克尔·普特南（Michael Putnam）为代表的反思性研究和以多梅尼科·康帕雷蒂（Domenico Comparetti）为代表的解经研究等。相较而言，国内研究在深度与广度上尚有不足。虽有高峰枫先生著有《维吉尔史诗中的历史与政治》以及王承教先生主持了国家社科基金项目"维吉尔作品翻译、注释与研究"，但国内学界对维吉尔以及史诗《埃涅阿斯纪》的关注程度仍较低，而且更多地集中在史学、政治学领域，文学领域的研究较为贫乏。该书关注到《埃涅阿斯纪》作为文学作品，对罗马秩序治理的重要意义，为当下秩序治理议题提供开放式讨论空间以及历史性启示。

### （三）研究方法

首先，该书以多个平行视角来考察《埃涅阿斯纪》中的秩序图景建构，结合德国古典语文学（klassischephilologie）研究范式，将人文精神的典范作用建立在历史文化基础上，探讨文本的现实意义。其次，该书借助《牛津拉丁语词典》以及拉丁语文化史料，对原典文本中的核心概念和高频词汇进行词源分析，最后厘清关键概念的词型词性变化在文本中的语境意义，以更为朴素和科学的方式进入文本。除此之外，该书以掌握原始材料为核心，包括文本、图像和铭文等，辨析古典评注与原典内容的关系，并结合神话学、宗教学、社会学和风俗学等其他跨学科理论对《埃涅阿斯纪》中的传统主题和元素加以阐释。最后，该书围绕秩序的文化历史学研究，将经典史诗中的秩序结构和治理模式纳入沃格林的经典政治科学与历史科学框架中探讨，运用文化历史学方法论对西方古典文本中的诸多现象与问题进行历史的、功能的描述与阐释。概言之，该书从《埃涅阿斯纪》建构秩序的路径中找出一条兼具主观个人理想和客观政治参照、当代传统守卫和历时文化审思的辩证性特征主线，这条特征主线在当下文学交流实践中也有体现，对于我们应对转型变革时期的文化碰撞、信仰失范、价值认同缺失等问题具有历史性的启发意义。

## 二 主要内容和重要观点

### （一）主要内容

该书以史诗《埃涅阿斯纪》中的秩序图景为研究对象，采取多角度全景阐述的方法，考察罗马共和制向帝制转型时期，帝国道德理性与诗人精神理想在该史诗中的碰撞与交渗，进而挖掘《埃涅阿斯纪》在秩序治理方面的时代与历史意义。总体而言，维吉尔在描绘罗马转型时期的秩序图景时既解构又建构，并以多种叙写方式在文本中构建不同维度的世界秩序：以政治寓言的方式描述宇宙物质世界，将罗马帝国统治合法化；以神性论之观考察冥府世界，神化罗马起源；以冒险流亡的传奇之笔划分地理空间边界，塑成帝国文化记忆；以逃离文本、反思审美反映功能来构建诗人自我精神世界，从而与现实和历史保持距离。多维秩序图景的层加与互动让史诗《埃涅阿斯纪》在历史发展中历久弥新。

该书全篇包括导论和六章正文。导论梳理了 19 世纪末 21 世纪初，西方古典学界对《埃涅阿斯纪》的研究状况，涵纳神学论传统、哈佛派传统和帝国论传统等支脉，并在此基础上阐明本论文的具体研究问题和方法。除此之外，该部分追溯并辨析了"帝国"的概念。第一章以古希腊神话宇宙论和万物有灵论为线索，剥离出维吉尔对先辈自然哲学观的继承与反思。探索宇宙力量是包括柏拉图派、斯多葛学派、伊壁鸠鲁派在内所有哲学流派的共同目标，将自然和物理现象视为宇宙力量的产物。《埃涅阿斯纪》中对"虚空与混沌""载体与造物主""物质与灵魂"的科学性阐述是维吉尔对早期神话宇宙论的再思考。作为宗教最早形式的思想，万物有灵论讨论梦境与死亡、灵魂与肉体，对古罗马诗人产生深远影响。可以说，本章书写维吉尔宇宙自然观的形成是讨论第三章物质世界秩序和第四章神性世界秩序的前提背景。第二章首先以论述古希腊城邦秩序为开端，认为荷马的城邦秩序来自荷马社会中的家庭，然后由家庭这个基本单元投射到了整个宇宙。作为城邦重要元素的人，城邦中领土的划分和秩序的构建都是由城邦中的人来完成，即"哲人治国""贤能治国"的概念。接着以早期罗马的城邦治理术、公民身份观念以及诗人与统治者的关系为借鉴，梳理维吉尔城邦秩序观的形成。此处提出罗马人与意大利人共同体本质的两种模式。一种是西塞罗式的模式。西塞罗认为意大利人无法通过共享血统，甚至共享习俗道德观来实现统一，意大利要在地理上多样化。这种模式虽然符合爱国主义在现代话语体系下的要求，但是无法解决新兴罗马城邦的现实生活问题。另一种模式就是维吉尔式的，这种模式以维吉尔自己的意识形态和倡导指向为主要内容，以他的资助人奥古斯都的言行为核心。维吉尔所做的不仅仅是将意大利标记为拥有单一气候的区域，他还坚持意大利人民的团结统一，这与西塞罗的观点背道而驰，并且在《埃涅阿斯纪》中重塑了罗马人和意大利人的身份起源。这为第五章讨论身份认同和民族归属问题奠定了基础。第三章以维吉尔对卢克莱修自然观改写为引，阐释《埃涅阿斯纪》中人与自然的关系。维吉尔用卢克莱修的语言呈现出了世界中可能存在的威胁，这种威胁必须通过神圣统治者的艰苦努力来规避，并且他在史诗中对卢克莱修的神学理论也进行了大量的修正，构建了一个神与人共存的宇宙环境。接下来，本章以菲利普·哈迪（Philip Hardie）的"宇宙—帝国"观为理论模型，描画《埃涅阿斯纪》中"宇宙"秩序图景，继而诉说一种有别于希腊式自然宇宙观的帝国道德与理性。《埃涅阿斯纪》所强调和彰显的政治意识形态被哈迪看作帝国与宇宙的秩序交替，自然世界与人类世界在时间上、空间上都建立了秩序的连续性，这种连续性有效地表述了罗马秩序与宇宙秩序之间的密切关系。与此同时，反思以哈迪为代表的欧洲学派对罗马帝国的理想化构设，挖掘《埃涅阿斯纪》建构宇宙帝国之外的人类情感与诗意表达，与作者和学者皆形成有效对话，提出维吉尔继承了希腊人的传统灵魂观，将现实世界的理念植入神话冥府，在构建科学世界的同时也搭起了理念世界，既而引出第四章。第四章聚焦《埃涅阿斯纪》的神性秩序建构。维吉尔作为一个时代解构者，试图打破与旧世界的情感和宗教联系。本章以维吉尔的另一部作品《牧歌》为引，指出《牧歌》卷四是维吉尔作品中最早出现的弥赛亚预言，包含了维吉尔对奥古斯都新纪元的期盼，后来被普罗巴塑造为基督教的世界观。接下来，参考塞维乌斯对《埃涅阿斯纪》的评注，选取维吉尔质疑神明预言的段落，探讨众神权威被弱化的现象。《埃涅阿斯纪》中的许多段落向维吉尔的读者展现了埃涅阿斯预言中所传达的罗马历史。其中最伟大的预言是尤比特向维纳斯展示的时至奥古斯都和平时期的整个罗马未来史，然而塞维乌斯发现，尤比特对阿斯卡尼乌斯的暗示与安奇塞斯对西尔维乌斯的描述并不一致。《埃涅阿斯纪》让读者接受虚假但乐观的预言，正如维吉尔创造并摧毁对尤比特预言的期望。另外，本章讨论史诗中的救世主诞生（奥古斯都神化）、情感与死亡的关系（罗马血统荣耀）等主题，归纳出罗马虔敬对象由多神转向单一精神模型的发展规律。最后综合这种超越性和政治性为《埃涅阿斯纪》的神性秩序。《埃涅阿斯纪》是一部为基督教出现带来历史性革命的作品，这一观点一直持续到 19 世纪。它孕育了普遍意义上西方现代世界联结奥古斯都时代的纽带。第五章着眼于《埃涅阿斯纪》中的空间边界与位移，考察空间秩序承载的多种社会关系。这里的空间既非古希腊数学语言中的几何概念，也非西方哲学语言中的认识论概念，而是与社会历史文化发展中意识形态相关的符号化概念。本章关注到由史诗地理边界划分以及族群位移带来的文化思考，走进诗人建构的外部空间与内部空间，呈现多个空间和地点之间的对话互动以及由此带来的民族融合、身份认同和文化转型。作为空间的生产者，维吉尔在《埃涅阿斯纪》中将帝国的"自然""政治""宇宙""神学""空间""历史"等各个要素整合起来，确立为情感、文化和审美等多元体系服务的空间规范，使得诗人能够在其中叙说帝国理想，表达个人愿景。第六章用埃里克·沃格林（Eric Voegelin）的秩序观念去讨论《埃涅阿斯纪》中超越文本层面的个人生存问题、暴力边界问题和历史连续性问题，其中包含维吉尔对战争暴行的思考、对新旧秩序更迭的回应以及对人类境遇的同情。这让读者看到经典诗人维吉尔的文化时代性，也让沃格林的历史创生论以古典学的讨论方式被重新解读。最后，第六章阐明《埃涅阿斯纪》中的秩序图景是一种"世界化"（cosmopolitanization）的多维进程，它启发人们在其生活世界内部实现兼容并蓄，让多元文化进入有界之地，进而相互协调，适应"悖论世界"。

**（二）重要观点**

该书从"秩序"这个宏大的概念出发，将其分化为"自然""政治""宇宙""神学""空间""历史"等几个方面，以此论述《埃涅阿斯纪》中的帝国治理模式。该书的核心观点是，《埃涅阿斯纪》建构的世界社会并不是一套只关涉政治与道德的单一规范系统，而是一种以情感、文化和审美等多元系统为基础框架的规范性整合。史诗所蕴含的多重张力与多元关系，让其在西方文学的发展历程中被不断解构与重构，成为读者们常读常新的文学经典。

奥古斯都用阿克提乌姆海战结束了罗马共和末期的混乱秩序，建立帝国。作为帝国史诗，《埃涅阿斯纪》兼顾转型时代的特殊性，立足秩序的全方位重建。多维秩序体系在史诗中的分化与整合，是诗人叙说帝国理想，表达个人愿景的独有方式，这也让史诗在政治系统之外，建构了包含人性、信仰与理性的情感系统，具有了跨越时代的经典意义。

## 三　学术创新与贡献

**（一）学术创新**

该书认为，史诗《埃涅阿斯纪》在其传统意义系统之外，还有一个与原有的政治或道德系统同样重要的情感系统，彰显着诗人的信仰理想与人文精神。多重意义体系在史诗中的交互为其带来时代性与历史性的张力。这是学术论点新。另外，该书抛弃了原有的经验式、历史性研究，转而采用文本实证研究，即以原典材料分析、语韵语义把握和文化历史学研究为主要研究方法，这是研究方法上的重点与难点突破。该书摒弃了仅从政治或社会层面考察《埃涅阿斯纪》秩序问题的单一视角，在叙事梳理的基础上深入分化文本中的秩序建构元素，包括自然哲学元素、宗教神学元素以及空间能指结构等，以更全面且更宏观的视角观察维吉尔对秩序的解构与重建，研究视角较为全面。最后，该书试图重构一个多层面的文学交流空间，一方面拓展具体研究内容，即研究文本不止于原典材料，还包括古典评注、传记手稿、福音经文等大量衍生材料。另一方面，该书也历时（从古希腊到后维吉尔时期）与共时（从贺拉斯到奥维德）地辨析了《埃涅阿斯纪》中的多维秩序关系，研究层次丰富。

**（二）学术贡献**

首先，该书立足大量原典文本史料的搜集和整理，比如在诸多传记材料中挖掘诗人与统治者的真实关系，以及在古典研究者的评注中考察诗人的社会历史影响等。这些原始史料的梳理和挖掘对中国的西方古典学研究者具有基础铺陈性的学术意义。其次，该书揭示了《埃涅阿斯纪》视野和政治立场上的多元性，为国内学界对诗人维吉尔做出较为全面公正的评价提供参考，也纠正了国内部分研究成果中对史诗《埃涅阿斯纪》历史意义的片面说法，为本学科提供学理价值。最后，关于《埃涅阿斯纪》中的秩序治理以及相关的哲学命题探讨，是国外学界持续关注的问题，但在国内研究领域中则相对薄弱。作者关注到《埃涅阿斯纪》中不同秩序系统碰撞和作用之后产生的诸多话题，填补了我国学界在西方经典关系辨析和历时性发展方面的学术空白。

# 《非洲英语流散文学中的主体性重构》概要

袁俊卿[*]

## 一 研究目的、意义及方法

(一) 研究目的

第一,全面梳理"流散"的源流嬗变以及"非洲流散"这一概念的发展脉络、独特内涵,拓宽中国非洲文学研究的疆界;

第二,深入阐释非洲流散文学的主题内涵和文化表征,概括非洲流散文学中的主体性特征及其存在的困境,并为主体性的重构找寻可能存在的解决办法;

第三,努力均衡长期以来我国外国文学研究和教学中的不平衡状况,为高校中非洲文学研究课程的开设奠定基础,拓展学生的阅读边界;

第四,深刻把握非洲英语文学中的"人"的问题,为中国与非洲之间的人文交流建言献策。

---

[*] 袁俊卿,上海师范大学比较文学与世界文学专业博士,现就职于上海师范大学人文学院。

## （二）研究意义

第一，能够深入了解非洲英语流散文学的主题内涵和文化表征，强化中非人文交流；

第二，消解我国外国文学研究中的西方中心主义意识形态，从本土视角出发，构建中国特色的学术话语体系；

第三，构建中国非洲文学学，推动流散诗学的发展完善；

第四，探析非洲文学与西方文学之间的内在关联，把握欧洲的殖民侵略与殖民统治对非洲文学的发展所产生的影响，以全球性的眼光审视非洲英语流散文学；

第五，从本土视角出发，思考中国如何介入"非洲—西方"这个已经形成深度纠葛关系的对立统一体系。

## （三）研究方法

第一，脚踏实地，实事求是。以马克思主义的历史唯物主义和辩证唯物主义为指导思想，坚持艺术源于生活又反作用于生活的历史唯物主义观点，对非洲英语流散文学中的主体性问题进行深入探究。

第二，博观约取，厚积薄发。从爬梳、整理一手文献资料入手，反复阅读原文文本，并在此基础上遴选代表性作家作品。

第三，文史互鉴，中外融通。运用跨学科思维，打通学科壁垒，研读与流散有关的政治、哲学、文化等方面的著作，征用相关理论资源，为相关论点服务。

第四，博学笃志，切问近思。积极请教国内外有关专家，就相关问题进行求教，确保研究进程的有序开展，力争产出高质量的研究成果。

第五，以我为主，为我所用。立足本土，放眼世界，坚持学术研究的主体性自觉。

## 二 主要内容与重要观点

### （一）主要内容

第一，重新构建非洲流散文学的内涵与外延。通常意义上所理解的流散文学是那些有着跨国界和跨文化生存经历的作家创作的关涉家园、种族、身份、性别和边缘化体验等流散征候的文学作品。但在撒哈拉以南的非洲，情况有所不同。由于欧洲的殖民侵略、殖民统治以及外来宗教的渗透与西式教育的推广，相当一部分非洲原住民失去了土地，被迫离开家园，在自己的国土上徙移与流亡；他们的本土宗教受到外来宗教的冲击，本土语言遭到殖民语言的挤压；他们受到欧风美雨的侵扰，但又深深扎根于本土文化的土壤，从而在面对本土文化与外来文化时进退维谷，徘徊不定，在心灵深处，无法获得使人身心安定的归属感，再加上殖民者依据各自的势力范围强行划定非洲各民族国家的地理疆界，使得非洲原住民在种族身份、民族身份和国家身份认同上呈现出混杂矛盾与犹豫纠结的状态，从而呈现出深度流散的特征。所以，非洲流散不一定非得跨越国界，那些非洲作家在施行流散这一具体行为之前创作的作品和流散之后写就的与移居国无关而与母国密切相关的文学同样可以划归到流散文学的行列。

第二，深度揭示非洲原住民的主体性困境。非洲流散不一定非得跨越国界，因为非洲本土民众的主体性遭到瓦解。非洲原住民在家园、语言、宗教、身份、阶级和性别等方面所遭遇的困境使得他们的主体性呈现为一种破碎的、不完整的状态。非洲原住民没有跨国界以及紧随而来的跨文化生存体验，但西方的殖民侵略和殖民统治客观上造成了跨国界和跨文化所带来的效果。他们在外来文化和本土文化的双重塑造下同样呈现出流散的特点，即"本土流散"。

第三，系统论述"本土流散"这个概念本身所包含的极大张力。这种张力恰是非洲英语文学中"对立统一性"特点的鲜明体现。"流散"概念的原意就是"离开""此地",前往"异乡",但"本土"又强烈地束缚着流散主体的"徙移","本土"与"流散"之间彰显出巨大的张力。这种张力恰恰是非洲英语文学的鲜明特征。

第四,创造性地将非洲流散文学划分为"本土流散文学""殖民流散文学"和"异邦流散文学"三大谱系,并分别阐释三大流散谱系中的主体性特征。

(1)"本土流散文学"中的主体性呈现为破碎的、不完整的状态。流散主体在自己的国家面临着两种并非势均力敌的异质文化的夹击,纠结徘徊、不知所措,"是"其所"不是"。

(2)"异邦流散文学"中的主体性遭到严重的压制与扭曲。流散主体融不进移居地,回不去初始国,没有归属,漂泊无依。

(3)"殖民流散文学"中的主体性具有更多的殖民性和侵略性。在非洲各民族国家独立以后,这种殖民性和侵略性虽有弱化,但并没有消失;白人流散主体在欧美国家同样有异乡之感,但又与黑人流散主体有着深层隔阂。

综上,这三大流散文学谱系中的主体性都必须进行重构。实际上,非洲英语流散文学中的主体性正在重构的过程中。非洲英语流散作家的"抵抗性"书写就是主体性重构的标志。

第五,总结概括非洲英语流散文学中的抵抗性特征。由于有着共同的历史遭遇、相似的发展进程以及在全球化的国际权力关系格局中的类似处境,非洲本土流散文学和异邦流散文学在创作主题、人物形象、国民心理和美学特色等方面呈现出相似的抵抗性书写特征,具体表现在如下几个方面。

(1)流散主体的家园找寻:赶走侵略者,夺回被侵占的土地,重建家园,以使身心有安放之所。

(2)流散主体的语言抗争:使用民族语言或被改造了的殖民语言进行创作,既达到了保护、拯救民族语言的目的,也摆出了消解帝国语言一统天下的局面的姿态。

(3)流散主体的身份构建:找寻迷失的身份,确认自我,从

"是"其所"不是"到"是"其"所是"。

（4）女性流散主体的意识觉醒：非洲的"娜拉"走出家门、国门以及国外的家门去寻求独立和未来，这种"娜拉出走"本身就是对专制独裁、父权和夫权的反抗。

第六，非洲英语流散文学中的抵抗性书写是重构完整的主体性的必由之路。这种抵抗性书写就是为了消解西方中心主义话语，走出后殖民话语的圈套，重建人的完整的主体性。非洲英语流散文学中的主体性重构是恢复人的尊严的一种努力，是探索个人之路、民族之路、国家之路甚至是非洲之路的一种努力。

第七，非洲英语流散文学中的主体性重构是构建全球流散诗学的重要尝试，是加深"中—非"人文交流的努力探索，也是消解流散文学研究中的西方中心主义话语，拓展我国外国文学研究疆域的努力尝试。

### （二）重要观点

第一，非洲英语流散文学包括"本土流散文学""殖民流散文学"和"异邦流散文学"三大谱系。"本土流散文学"中的主体性遭到外来文化的强力瓦解，并按照殖民者的意志被重新形塑；"殖民流散文学"中的主体性在殖民开拓时期具有强烈的侵略性和扩张性，在非洲各民族国家独立以后，这种侵略性和扩张性变弱，但并没有消失；"异邦流散文学"中的主体性受到更多压制，自由度较低。

第二，殖民教育使得非洲本土民众剥离了自身的传统与"本源"，失去了对自身历史文化的记忆，进而被殖民者灌输了一整套与宗主国的历史、理念和审美相关的知识，主体性遭到瓦解与重构，从而变成了俯首帖耳的臣民。国家独立以后，部分被殖民主体在精神和心理层面仍摆脱不了对西方的依附地位，依然是"黑皮肤，白面具"。

第三，欧洲国家通过语言殖民将本土人民与本土语言分离，形成独特的殖民文化政治现象——精神殖民，被殖民主体的精神与身体互相分裂，两种不同的语言占据了同一个主体不同的精神领域，从而导致了特殊的本土流散现象。这个被殖民主体在两种语言之间徘徊不定，无法确立清晰的文化归属与身份认同。

第四，非洲英语流散作家的写作介于两种或两种以上的民族文化之间，他们的民族和文化身份认同并不是单一的，而是分裂的和多重的。总体来看，非洲英语流散文学中的身份认同经历了三重嬗变：

一是殖民者入侵之前，非洲原住民自有其初的身份归属，殖民者到来之后，非洲原住民固有的身份认同遭到瓦解，在"我是谁?"这个问题上纠结徘徊，犹疑不决；

二是地方民族主义者为寻求确定的身份认同，意欲构建单一的民族文化身份；

三是流散到海外之后，在异国他乡的衬托下，流散者的身份又面临三种变化。

(1) 完全融入移居国，认同他者生活方式和价值观；

(2) 完全拒斥移居国的文化习俗，无法适应异国的生活而返回祖国；

(3) 受两种文化影响而在脑海中形成了一种"双重意识"，既不属于"此"也不属于"彼"，在其间徘徊，无法认同任何一方。这种状况更具普遍性。

第五，非洲英语流散文学中的女性不再处于单一的文化语境中，而是受到外来文化和传统文化的双重塑造。为了寻求独立自主，探索自我的主体性建构之路，她们先是走出家门，继而走出国门，然后再跨出异国的家门。她们尚未摆脱"父权""夫权"的制约，短时期内也无法克服种族、性别、阶级和身份等方面的困境，追求人格之独立与自由之意志任重而道远。但是越来越多的觉醒者给人带来希望。

第六，全球化的语境中，非洲英语流散文学中的个体不仅仅代表着自身，它还是本民族、国家甚至是非洲的象征。所以，个体的主体性与民族/国家的主体性和非洲的主体性密切相关，它们构成一种相辅相成的关系。面对西方这个强大的主体，"非洲"只有作为一个"整体"才能在未来形成与"西方"平等对话的基础和实力。

## 三 学术创新与贡献

### （一）学术创新

第一，从"主体性"这一核心概念入手，创造性地归纳出非洲英语流散文学中的"本土流散"现象。非洲英语流散文学中的主人公之"主体性"遭到外来强势文化的瓦解，尽管他们没有"跨国界"，但其精神内核呈现出犹疑徘徊、不知所措的"流散"状态。

第二，根据非洲流散的实情，把非洲流散划分为"本土流散""殖民流散"和"异邦流散"三大谱系。它们之间异中有同，同中有异，共同构成了非洲流散的复杂内涵。

第三，提出"流散"对"国家"认同具有积极的建构作用。在自我与他者的双重互动中，流散主体的身份归属往往以"肤色""国籍"为标识，而不再是一国之内的某个民族，这样就弱化了民族属性，强化了国家属性和非洲属性。

第四，非洲流散作家们的创作不再单一地强调作品中的"非洲性"，而是既呈现"非洲性"又彰显普遍人性。非洲英语流散文学中的"流散性"和"跨文化性"是当今世界文学发展潮流的鲜明展现。

第五，中国应该摆脱对非洲的"工具化"认知倾向，而应真正深入非洲文化的深层，把握好非洲英语文学中的"人"的问题，只有这样才能长久地处理好与非洲的关系。

### （二）学术贡献

第一，消解国内外流散文学研究中的西方中心主义与话语霸权。我们的研究就是要从我们自己的视角重新思考、构建流散文学的内涵与外延，积极参与到全球流散诗学的建构之中。

第二，平衡国内流散文学研究中的不均衡现象，拓宽国内外国文学研究的疆域。目前国内对流散文学的研究主要是那些生活在英美国家、获得英语世界主流奖项的作家，而忽视了许多生活在特殊历史语境中的非洲流散作家。

第三，丰富我国外国文学研究中的学术话语资源。通过创造性地总结概括非洲流散文学中的"本土流散""殖民流散""异邦流散"及其主体性特点与困境，可以供国内外的专家学者批评指正，共同推动全球流散诗学的建构，促进国内非洲文学研究的繁荣。

第四，加深中国人对"非洲—西方"这对复杂关系的认识，促使我们思考"中国"如何认识"非洲"。

第五，提出"本土流散""殖民流散""异邦流散"等学术话语，推动中国的非洲文学学的构建。

# 《布莱恩·理查森非自然叙事理论研究》概要

李亚飞[*]

## 一 研究目的、意义及方法

21世纪以来，叙事学持续发展，呈现出继20世纪90年代之后的再次繁荣。在种种"终结"和"死亡"的论调笼罩文学理论的背景之下，叙事学似乎经历着一种"另类"的历史，它在这一时期非但没有走向衰落，反而取得了更为长足的发展。在步履维艰的人文学科理论建设之路上，叙事理论家之所以能够成功突围，主要得益于他们从两个方面作出了卓有成效的推进：一是通过拓展研究对象的范畴，把叙事分析对象从有限的经典化西方文学文本扩展至跨历史时期、跨文类、跨媒介及跨文化的多样化文本形态，为叙事理论的生成提供了更为广阔的土壤；二是通过从认知科学、性别批评、后殖民批评、伦理批评、可能世界哲学、数字媒介研究等其他学科领域汲取思想资源，以跨学科路径探究叙事，不断开拓新的理论模式。

非自然叙事学正是在这一时期涌现出的一大叙事研究范式。虽然非自然叙事学至今仍是一个较为年轻的叙事学派，但它"发展势头猛

---

[*] 李亚飞，上海交通大学外国语言文学博士，现就职于电子科技大学外国语学院。

进",被称为近年来叙事学领域"最突出的新发展"和"最激动人心的新范式",并在国内外学界产生了较大影响。作为非自然叙事学的创始人,布莱恩·理查森(Brian Richardson)的非自然叙事理论极具代表性。著名刊物《文体》(Style)在 2016 年第 4 期以论坛的形式,隆重推出了关于理查森非自然叙事理论的专题讨论,吸引了当今叙事学界最具影响力的叙事学家就其叙事诗学展开激烈的学术争鸣。该书选择理查森的非自然叙事理论为研究对象,尝试较为全面系统地考察其理论思想。理查森以质疑现有叙事理论的普遍实用性及其所携带的"模仿偏见"为思考起点,"反模仿叙事"则是他自始至终关注的主要对象,其叙事理论研究涉及的主要命题涵盖时间、情节、叙述者等叙事学基本范畴问题。

该书从非自然叙事观、非自然时间、非自然情节和非自然叙述者四大范畴来系统而批判性地呈现理查森的非自然叙事理论体系。在考察过程中,该书一方面追溯了传统叙事理论的相关论述,以期发现理查森的叙事理论在何种程度上发展或超越了传统的叙事诗学;另一方面,该书在论述中同样参照了其他非自然叙事学家的理论及其他后经典叙事学派的相关理论学说,目的是要捕捉它们与理查森非自然叙事理论之间的关联性和差异性,由此揭示理查森非自然叙事诗学的独特性。该书既从微观层面批判性考察理查森在非自然叙事观、非自然时间、非自然情节和非自然叙述者四个具体方面的理论创建,呈现其非自然叙事理论体系,又从宏观层面以"元批评"的形式去探究理查森非自然叙事理论的相关系统性问题,力图通过阐述理查森非自然叙事理论的基本特征和研究思路来对其理论思想加以诗学定位,并以此为基础去洞悉其理论深处的核心逻辑,回答"理查森非自然叙事理论究竟何以成为理氏非自然叙事理论?"这一根本问题。该书最后将系统论述理查森非自然叙事理论启发价值,探讨其叙事理论的意义。

该书采取的主要研究方法为以下几种。(1)文本细读。该研究立足关于理查森叙事理论的一手文献,对其叙事理论展开批判性阐发,探索其非自然叙事学的整体脉络,揭示其叙事理论的建构机制和基本特征。(2) 概念史批评。该研究把对理查森叙事理论中的关键概念的讨论置于西方叙事学发展和流变的整体语境中，详细追溯相关概念的历史演进轨迹，并透过概念史去审视叙事学整体事业在新世纪发展中的结构性问题。(3) 比较分析。该研究并不只是对理查森个人的叙事理论进行扁平化的阐发，而是在研究过程中诉诸一种比较视野，既在纵向上把理查森的非自然叙事理论与传统叙事理论进行比较，又在横向上将其与其他后经典叙事学加以对比，揭示其叙事诗学的发展性和独特性。

## 二　主要内容与重要观点

该书共分六章。第一章为绪论。本章首先论证了该书的选题缘由。本章指出，非自然叙事学在过去10来年间所产生的广泛影响及其引发的种种争议是该研究聚焦非自然叙事学的主要出发点，而理查森个人理论研究所具有的代表性及其在非自然叙事学领域所作出的特有贡献是本研究选择其理论思想作为考察对象的主要原因。该章追溯了国内外理查森研究现状，指出虽然国内外理查森研究已取得不错成绩，但依然存在问题，诸如研究范畴窄化，拘泥于对个别具体概念的阐发和应用；研究方法上缺乏全面而深入的比较分析，导致难以洞悉理查森非自然叙事理论的独特性；研究过程中存在误读，并缺少对理查森非自然叙事理论所产生的学术影响的合理评价；等等。该书试图弥补上述研究的缺憾与不足。

第二章论述理查森的非自然叙事观，目的是为后文具体论述理查森在时间、情节和叙述者三大范畴内的理论建构确定一个基本的理论立场。为清晰论述理查森的非自然叙事观，本章不但追溯了非自然叙事的概念渊源，阐述了理查森非自然叙事学的理论指向，还比较了不同非自然叙事学家在非自然叙事的概念界定和研究方法层面的交集与差异。本章指出，"反模仿性"构成理查森非自然叙事观的核心，且其非自然叙事观呈现出两个重要特征：一是强调非自然叙事的叙事越界特质，重点关注的是非自然叙事作为一种越界叙事形态的本体问题；二是认为非自然叙事的判定标准具有统一性和稳定性，只要叙事文本违背模仿的规约就构成非自然叙事。本章通过详细探查理查森的非自然叙事观，发现了隐藏于其观点深处的思想资源。本章认为，俄国形式主义者和巴赫金的文艺思想对理查森的理论思索产生了较为明显的影响，这种影响主要体现在方法论和思维方式层面，而吕克·赫尔曼（Luc Herman）和巴特·凡瓦克（Bart Vervaeck）、布莱恩·麦克黑尔（Brian McHale）、莫妮卡·弗鲁德尼克（Monika Fludernik）等同辈叙事学家对实验文本的研究则给理查森提供了直接的理论滋养。在充分借鉴上述思想资源的基础之上，理查森以反模仿叙事为对象，从时间、情节和叙述者三个方面开启了其理论探究之旅。

第三章到第五章以时间、情节和叙述者三大叙事学基本命题穿针引线，批判性地呈现理查森的非自然叙事理论体系。第三章讨论理查森的非自然时间理论。反模仿文本中的时间结构给热奈特式的叙事时间理论带来阐释的难题。这些超越传统叙事诗学的时间形式亟须新的理论模式来加以解释。理查森通过分析大量反模仿叙事中的时间，提出二律背反时间、假定时间、矛盾时间、多重时间、解叙述时间等非自然时间模式。在他看来，非自然的时间模式打破了叙事中的故事与话语相互对应的稳定性，挑战了故事与话语之分这一传统叙事学的根基。本章认为，与传统叙事时间理论关注故事时间与话语时间之间的关系不同，理查森把研究的重心放在了故事这一层面。他的目的并不是要提出某种普遍性的解释模式来涵盖所有时间形式，其时间理论是一种描述性的诗学。同时，本章认为理查森称非自然时间挑战了故事与话语之分这一论断略显激进，原因有二：（1）故事与话语之分具有历史性，它是结构主义叙事学家在特定历史语境中提出的研究原则，故应该以历史的眼光去公允地看待故事与话语之分在叙事学创立初期所起的作用；（2）故事与话语之分的提出并不意味着它是指导所有叙事分析的唯一固定纲领，这并非结构主义叙事学家的初衷，其提出是为了将叙事的讲述内容与讲述方式区分开来，从而为研究二者之间的关系带来可能，为叙事理论的生产提供广阔空间。因而，把故事与话语之分视为一种灵活的"解释性框架"而非某种僵化的"固定性原则"或许更为妥当。

第四章论述理查森的非自然情节理论。理查森在情节方面的理论思索立足叙事开端、叙事中段、叙事结尾三个基点。理查森从话语开端、故事开端和作者前文本三种形式入手，探讨现代小说中的非自然开端。其核心论点是，现代小说在开端方式上持续推陈出新，建构了多种形式的非自然开端，这不但打破了开端在形式上的确定性，还解构了开端能够建立叙事不稳定性并开启叙事进程的功能。就叙事中段而言，理查森着重探讨了反模仿的叙事进程推进机制，他认为在标准的前因后果式情节推进模式之外，还存在多种不同的叙事进程运作模式，如视觉事件生成元、文字事件生成元、字母组合、连续组合、拼贴组合、随机组合等。理查森对反模仿叙事中的结尾形式作了系统分类，并强调非自然结尾形式与意识形态再现之间存在联系。本章认为，理查森对非自然情节的研究具有系统性，他关注的问题是叙事在开端、中段和结尾各个环节如何呈现出反模仿性，其研究方法仍然是以具体文本为基础的自下而上的归纳法。反模仿的情节推进机制并不以不同事件之间的直接因果关系为主要动力，其目的也并不是呈现某个完整而统一的故事，因而这些机制构成"反情节"的策略。理查森对叙事在开端、中段、结尾各个环节的"反情节"策略的理论化有效拓展了情节理论本身，使得传统叙事理论无法囊括的情节形式得到充分阐释，同时也为读者分析实验性叙事文本提供了有效的批评工具，有助于深化读者对陌生化叙事文本中复杂难辨的情节形式的理解。

第五章阐释理查森的非自然叙述者理论。理查森在这方面的理论探讨主要集中在第二人称叙事、第一人称复数叙述及其他形式的极端化叙述。理查森把第二人称叙事分为标准型、假设型和自成目的型三种类型，并认为这种叙述形式不但能将文本的整体叙述行为陌生化，营造一种经验生活中不存在的独特讲述情境，还能从多个维度在读者与主人公之间建立更为紧密的联系，拥有独特的修辞效果。在理查森看来，第一人称复数叙述的非自然性源于其具体所指的模糊性及复数叙述者"我们"能够再现其他人物的意识状态，且这种叙述形式能够有效表达集体意识和整体情感。问话者和解叙述是理查森独有的概念发明，它们有效描述了超越传统叙事理论体系的讲述形式，丰富了用于叙事研究的批评术语。本章认为，理查森把第二人称叙事、第一人称复数叙述和其他形式的极端化叙述行为以较为集中的形式呈现，并对之展开了原创性的理论探讨，意义不容忽视。不过，理查森在这方面的研究同样存在缺陷，这主要体现在，他只是关注到了第一人称复数叙述在表达集体意识方面的重要作用，而忽略了第一人称复数叙述群体内部各种力量之间的拉锯较量及其中可能存在矛盾和冲突。同时，理查森运用"反模仿"这一笼统的概念来论证第一人称复数叙述者再现其他人物意识的合法性同样缺乏说服力。第一人称复数叙述者之所以能够再现其他人物的意识状态是因为叙述者"我们"的"集体主体性"，以及"我们"群体内部固然存在的信息流通。因此，如何在"反模仿"的框架之下去发现更具细节性的论证支持构成进一步完善和丰富非自然叙述者理论的一个重要方向。

第六章为结论。该书从非自然叙事观、非自然时间、非自然情节、非自然叙述者四个方面来阐发理查森的理论思想，初步绘制了有关理查森非自然叙事理论的整体图像。该书提出，理查森的非自然叙事理论建构呈现出"四大范畴+一条主线"的基本模式。理查森在非自然叙事观、非自然时间、非自然情节和非自然叙述者四个方面展开理论探索，而贯穿其研究始终的一条主线是其对传统叙事理论的根基——故事与话语之分的质疑。从整体特征来说，理查森的非自然叙事理论基本上做到了诗学建构与批评实践相结合，同时兼具较强的对话性、灵活性与开放性。此外，虽然理查森强调非自然叙事作为一种"形式越界"的优先地位，但他同时敏锐地注意到非自然的叙事形式与意识形态再现之间的关联性。这意味着他不仅仅只是将非自然叙事视为一种技术美学加以纯形式的描述，还将之作为叙事行为和叙事策略来考察，关注其在意义生成层面的重要作用，有效深化了把叙事形式研究与意义指涉研究相结合的批评路径，同时为形式批评和文化批评贡献了新颖的视野。"反本质主义"则构成理查森非自然叙事理论的核心逻辑。不执迷于既有理论定律的权威，并充分意识到虚构叙事的复杂性，敢于通过发现新材料和援引新方法来挑战现有理论的有效性，构成理查森非自然叙事研究的总体指导思想。虽然理查森的非自然叙事理论有其自身的局限，也已经或将继续引发不少争议，但其理论思想背后的这一深层逻辑恰好构成一种意义深远的理论遗产，能够为后续叙事理论的开掘提供方法论的指引。

## 三 学术创新与贡献

该书是国内第一部系统研究理查森非自然叙事理论的学术专著。该书基于对理查森非自然叙事理论中的关键问题和范畴的批判性阐发，呈现了其诗学体系，原创性地提出其叙事诗学的"反本质主义"核心逻辑，并通过对相关经典和前沿叙事理论的整体观照，客观评价了理查森非自然叙事理论的局限，确定了其叙事理论的当代价值。

该书的学术贡献体现在如下三个方面。（1）丰富叙事诗学。该书以理查森的非自然叙事学为核心，辐射西方叙事学整体，把相关讨论拉入当代叙事学发展的学术史中，能够丰富国内的叙事诗学。（2）拓展研究范式。该书通过研究理查森的非自然叙事学，探究其叙事诗学建构与其他叙事学派之间的联系和差异，有助于拓宽学界现存的叙事理论研究范式。（3）获取创新经验。该书把理查森个人的非自然叙事理论研究视为一种学术现象，探究他质疑既有叙事研究模式，建立完整诗学体系的路径，能为我国叙事理论建设提供方法论启迪。

# 《先秦汉语形容词的句法语义研究》概要

雷瑭洵*

## 一 研究目的、意义及方法

在词的语法分类中,形容词一般指用来规定名词属性的实词词类。跨语言的调查表明,属性义与形容词词类并不呈现一种普遍的稳定对应关系,属性义可以部分甚至全部由名词或者动词等词类来承担。在先秦汉语中,形容词与动词间的联系很密切,是否需要设立形容词存在争议,形容词的词类地位成为影响古汉语词类格局乃至语法体系的基础问题。

该书以先秦传世文献中的形容词为研究对象。在文献语言研究缺乏内省手段的前提下,提出具有操作性的形容词的判定标准,讨论形容词及其使动、意动用法的性质,对形容词的次范畴进行重新分类,逐类描述形容词的句法语义,最后通过计量的方式呈现形容词与动词的兼类关系,对先秦汉语形容词的词类地位做出论断。

---

\* 雷瑭洵,北京大学中文系汉语史专业博士,现就职于北京大学中国语言文学系。

## 二 主要内容与重要观点

全书共分为八章。

序章交代形容词词类地位研究的背景，古汉语形容词句法语义研究的基本情况，以及当前研究中尚未解决的问题。重点分析了先秦汉语形容词研究中形容词与动词纠葛的原因，指出问题症结之所在。引入形容词类型学的研究思路和田野描写语言学的方法，论述该方法的必要性和可行性。

第一章提出先秦汉语形容词的判定方法并加以论证。在结合既有研究和观察典型属性词的句法功能的基础上，选取"谓词再分类"作为划分形容词与动词的研究思路，以谓词充当修饰语（定语和状语）的能力作为划类原则，比较了谓词充当定语、状语时的差别，提出判定先秦汉语形容词的判定原则是形容词在修饰语和谓语位置上的交互性（主谓结构和偏正结构的语义平行性），也即形容词能够在修饰语（定语或状语）和谓语位置上对其主体进行陈述。可表示如下：

$$A+XP（定中/状中）\iff XP+A（主谓）$$

第二章分析形容词带"宾语"的情形、类型及其性质。排除定中结构充当描写句谓语和形容词带宾语后发生音变这两种似是而非的情况，首先讨论形容词带准宾语的情况，分别是：（1）具有对待关系的二价形容词（如"忠""惠"），带对象论元作宾语；（2）表示"异同"义的形容词，带表示比较领域的名词作宾语。紧接着分析形容词用于使动和意动的情形，又可细分为临时升价、词义构词两种情况。这两种情况都不具有周遍性，即使在反义词中也存在不对称。形容词带上使动宾语或意动宾语，属于句法升价，需要一定的条件，比如骈偶和排比是一种特殊的升价环境，构成骈偶或排比的分句之间，句式具有对应关系，语义相互补充，在表层看是一种类似互文的现象，在深层看可能是一种在线的构式压制。当形容词长期用于使动或意动义后，临时功能逐渐固定，或通过引申滋生出新的语言单位，变为动词。因此，形容词用于使动和意动并非真正的形容词带宾语的现象。

第三章分析形容词无标记自指和转指的特点，先秦汉语的形容词用于自指和转指比较自由。形容词发生转指后一般指向形容词的主体，形容词转指的范围与形容词的句法语义类别有关。述生形容词在转指时常会发生语义迁移现象（转喻），由描述人在某方面的特征转而指向人。根据主体论元的类型以及句法表现差异，该书将形容词划分为述谓形容词、述体形容词两大类，述体形容词又分为述物形容词、述生形容词和关系形容词三类。

第四章描述述谓形容词的句法语义。述体和述谓是两种不同的句法功能，音变构词也印证了述体性和述谓性的差别。述谓形容词主要描述动作事件的状态，典型的特征是能够处在 VP 的前后（状语位和谓语位）对谓词短语进行陈述。而且，由于先秦汉语实义副词类相对匮乏，形容词具有部分修饰谓词性短语的功能，这也反映出先秦汉语有一个相对柔性的词类系统。述谓形容词可分为速度、时间、频次、方式、程度、情态、难度等七种类别，通过逐类逐词描写，揭示出不同类别的句法个性。

第五、六章分别描述述物形容词和述生形容词的句法语义，概括了两类形容词的基本特点和句法共性，进一步将述物形容词分为色彩、维度、位置、性状、评价、数量等六种类别，将述生形容词分为年龄、生理、能力、品行、人际和境况等六种类别，通过逐类逐词描写，刻画出不同类别的句法个性。

第七章是该书的结论，通过计量的方式呈现出形容词与动词的兼类关系，从词类的角度系统地讨论了先秦汉语形容词的划类依据，对先秦汉语形容词的词类地位做出论断。该书认为，先秦汉语的形容词是兼具饰词和谓词功能的词类。其中色彩、年龄、品行和人际义是形容词的核心语义，奠定了形容词的词类基础。形容词与动词之间存在较为普遍的兼类现象（60%左右），这可能与当时的语言环境有关。因此，先秦汉语的形容词是有一定的句法语义基础，但仍处在发展早期的一个独立词类。

该书的主要观点可以提炼如下。

第一，先秦汉语中存在独立的形容词词类，回应学界争议。有一些学者认为古汉语中不必设立形容词，传统上的形容词都可分析为动词。该书认为，尽管先秦汉语中形容词与动词存在很深的纠葛，兼类现象普遍，但形容词中最典型的色彩、年龄、品行和人际义这四个语义类的兼类现象少，这几类词构成形容词词类独立的基础，不能被划入动词之中。总的来说，先秦汉语的形容词是兼具饰词和谓词功能的独立词类，是有一定的句法语义基础、仍处在发展壮大过程中的一个独立词类。

第二，先秦汉语形容词的判断标准为：形容词能够在修饰语（定语或状语）和谓语位置上对其主体进行陈述。这一标准充分考虑到文献语言研究无法进行内省，在判定词类时应选取简单、常见、具有可操作性的鉴定标准。鉴于形容词的核心语义是属性义，充当修饰语是形容词重要的能力，在谓词再分类的思路之下，该书将能够充当谓词的词分为两类，其中一类作修饰语和作谓语时具有交互性（主谓结构和偏正结构的语义平行性），具有这个特征的词也多数具有属性义，因此可以作为判定形容词的可操作性的形式标准，也符合形容词的表述功能和对形容词的心理预期。

第三，动词和形容词在充当定语、状语时的句法差别明显。以充当定语为例，既有研究中动词充当定语、构成VN型定中结构的情况，多数实为名词作定语却被误解为动词作定语的情况，以及实为并列短语而被误分析为定中短语的情况。先秦汉语中动词直接作定语主要包括两种类型：（1）动词定语表示内容或功用，属于命名行为；（2）特殊的无标记关系化，有语境条件。这揭示出形容词和动词作定语时的差别，并进一步论证了利用交互性作为先秦汉语形容词判定标准的可靠性和可行性。

第四，依据形容词主体论元的类型以及句法表现，先秦汉语形容词可以分为述谓形容词、述体形容词两大类，述谓形容词分为速度、时间、频次、方式、程度、情态、难度等七种语义类别，述体形容词分为述物形容词、述生形容词、关系形容词等三类，其中述物形容词又分为色彩、维度、位置、性状、评价、数量等六种语义类别，将述生形容词分为年龄、生理、能力、品行、人际和境况等六种语义类别。通过词类类型学的视角，从理论上进一步解释了先秦汉语形容词具有述谓功能的原因。

第五，先秦汉语中存在二价形容词，主要有两类：（1）具有对待关系的形容词，其对象论元可以直接接在形容词之后；（2）表示异同关系义的形容词，可以后接异同比较的领域。这两种情况下的形容词宾语都应分析为准宾语。

第六，形容词带使动宾语和意动宾语的现象比较复杂，一般所说的包括两种情况：（1）发生词义构词；（2）在特定句法或者语用环境下升价。其中骈偶和排比是一种特殊的升价机制。这类格式中的不同句之间要求呈现对应关系，因此语义能够得以在不同句之间迁移，通过互相对应互相补充语义。这种现象在表层接近互文现象，在深层或许是一种在线的构式压制。即在语境临时生成一个构式，并依此来协调词语和构式之间的关系。因为这类临时的构式会伴随言语活动地进行不断创建又不断消失，并不是在语言历史演变中的构式化，而是伴随交际（话语生成）过程的构式化，因此称之为在线的构式化。骈偶、排比这一类修辞手法，具有特殊的构式压制的作用。

## 三　学术创新与贡献

该书在研究方法、研究结论上都有重要创新，有很高的学术价值，具体表现如下。

在研究理念上，该书全面系统地引入语言类型学的视角和田野描写语言学的方法来观察、描写先秦汉语的形容词，方法巧妙，拓展了语言类型学的视角和田野描写语言学的思路在古汉语研究中的运用面，推动了具体语言研究与语言类型学研究的接轨，也是吕叔湘先生《中国文法要略》"以语法意义为纲，说明所赖以表达的语法形式"这一思路在古汉语中的实践，在对语言事实观察和描写的深度方面和理论认识的高度方面，都取得了重要的突破，对上古汉语词类研究和句法研究具有方法论意义的推进，为描写和研究古汉语其他词类和语法范畴、梳理词类演变史搭建了具有示范性作用的基本框架。

在研究方法和结论上：第一，深入系统论证先秦汉语中存在独立的形容词词类，指出先秦汉语的形容词是兼具饰词和谓词功能的词类，是有一定的句法语义基础，仍处在发展壮大过程中的一个独立词类，在共时和历时两个维度深化了对古汉语形容词词类地位的认识。第二，在充分考虑到文献语言不能内省的条件下，提出应选用简单、分布普遍的句法特征作为词类鉴定标准，也提出了先秦汉语形容词次范畴划分的新角度和新结论。第三，将音义关系研究和语法研究结合起来，揭示出音变所区分的语义造成的句法影响，比如"三"的平去音变造成了由述体性到述谓性的改变，加深了对音义关系理论的认识。第四，引入价的理论描述形容词的句法表现，揭示出古汉语中存在二价形容词的语言事实，解释了形容词带宾语的特殊现象。引入变价理论观察古汉语形容词用于使动、意动的现象，方法新颖，结论有说服力，可为今后的研究提供借鉴。第五，将构式的研究思路与语法、修辞的研究相结合，提出骈偶、排比等现象具有在线构式化和构式压制的作用，解释了形容词乃至其他词类在骈偶、排比环境中的活用现象，揭示背后的动因，为进一步理解汉语这一类特殊的修辞现象乃至汉语的特性提供了参考。

# 《现代汉语警告范畴研究》概要

刘晨阳[*]

## 一 研究目的、意义及方法

### （一）研究目的

　　警告是人们日常生活中常见的互动交际行为。当警告对象正在持续或即将实施的行为违反了警告者的心理预期时，警告者往往会通过一系列语言或非语言的方式，依靠一定的惩罚手段作为保障，促使警告对象对其当前行为做出调整或改变。各类语言或非语言的警告行为经过人们主观认知的抽象概括后就形成了警告范畴，其语言实现方式一直为汉语学界所广泛关注，尤其集中在现代汉语警告言语行为研究、警告义构式研究、警告话语分析等领域。但是这些警告研究的成果相较于汉语的抱怨、批评、命令、建议、指责等其他言语行为研究在数量上明显不足，方法上很多警告研究仍遵循"从形式到意义"的研究路径，从语言的表层形式上去归纳现代汉语警告言语行为的判定标准、句法特征，因此经常会遇到一些形式上难以解释、界定上模糊含混的问题，例如，有些言语行为虽然在语言表层形式上使用了警告

---

　　[*] 刘晨阳，复旦大学中国语言文学系汉语言文字学专业博士，现就职于上海师范大学对外汉语学院。

的表现手段，但实际上表达了提醒或威胁的交际意图；相反，有些言语行为虽然表层形式上看起来并非实施了警告，但实际的话语功能传递了警告语力。此外，由于很多从言语行为理论出发的警告研究往往是静态的、内省的，过于关注行为本身的内在结构而忽视了行为主体及交际语境的动态作用，而警告行为本身是一种交互性的动态社会行为，需要我们把交际双方及相关的语境因素也作为行为本身的必要组件，纳入警告行为的研究范围，以发现这些要素对警告行为的界定、实施和取效有何影响。由此可知，警告行为在现代汉语中的实现方式、语力来源、调控手段究竟如何并不是一个仅仅依靠传统句法学及言语行为理论就可以完全解决的问题，而是一个涉及言者的交际意图和语境因素如何关联、言者表达和听者理解如何互动的语用范畴问题；我们的研究就是要从"句法—语义—语用"接口的角度入手，全面扩展以往关于现代汉语警告现象的研究，深入考察、描写现代汉语警告范畴所对应的语音、词汇、句法等表现形式，并结合各类语用制约因素对警告言语行为的形成、交互、取效过程进行全面解释，构建起完备的现代汉语警告范畴理论体系。

### (二) 研究意义

第一，从理论和方法上补充、丰富了现代汉语语用范畴的研究。从语用范畴视角出发对现代汉语警告现象展开研究一定程度上是对更大外延范围的指令范畴研究的重要补充，对建构现代汉语语用范畴体系、扩展语用范畴研究的广度和深度都有着重要的作用，同时也可以为其他现代汉语语用范畴研究提供一定的方法借鉴，加强对功能主义语言观的认识和验证。

第二，有利于深化对现代汉语中警告问题的认识。该研究从警告行为的范畴化过程入手，先对现代汉语警告范畴进行理论建构，从意义和功能出发对其加以界定、分类，而后再对其语言表现手段进行系统描写，对相应的语力取效过程进行多维解释，有利于避免以往从形式入手、跳过理论分析而导致的判定标准混乱、分类重叠、界定不一等各种问题，加深对现代汉语警告语言事实的认识。

第三，进一步满足实践应用领域的需要。针对警告范畴的研究在完成理论建构任务的同时，也可以为汉语的母语教学、二语教学提供一定程度的帮助和指导，有利于本族人及留学生在使用汉语表达警告时更好地根据不同的交际情景选用更为适当的表达方式，提升交际能力；同时，该研究的成果也可以为中文信息处理、人工智能系统识别现代汉语警告言语行为提供一定的参考。

### （三）研究方法

该研究基于大量的语料收集和整理，遵循理论研究与语言事实分析相结合的方式，重点使用三种研究方法。

第一，与归纳综合分析法。我们先通过对警告范畴深层语义框架的分析演绎推理出警告范畴的属性特征及界定标准，而后根据语料梳理、总结出现代汉语警告言语行为的各种对应表现手段，寻求意义与形式、演绎与归纳的双向验证。

第二，与历时综合分析法。该研究既从共时层面出发对现代汉语警告范畴的语言形式特征进行整体描写，也从历时角度出发对警告语力的形成过程和推理机制进行分析解释。

第三，统计分析法。该研究通过对大量语料进行定量统计，以更客观、科学的手段验证我们对现代汉语警告范畴表现手段的归纳结果，尤其通过 SPSS 的共线性分析、二元逻辑回归模型等方式进一步定量考察社会调控因素与警告范畴语言形式之间的相关关系。

## 二 主要内容与重要观点

### （一）主要内容

该研究在语义结构和语用功能层面详尽厘析了现代汉语警告范畴的范畴化过程、性质特征、界定标准和内部类型，在句法形式层面细致考察了现代汉语警告范畴的各种直接和间接表现手段，揭示了间接警告言语行为的语力来源及相应的推理机制，完成对现代汉语警告范畴的理论建构；同时，在专题探究方面，该研究针对特殊的规约性间接警告言语行为进行了个案讨论，构拟了部分典型警告义构式的历时演化过程，并从行为主体及交际语境的角度上明确了警告者与警告对象在动态交互过程中的重要作用，阐释了作为语用调控手段的社会因素对警告施行与回应行为的关键影响，多维度、全方位地展现了现代汉语警告范畴的完整面貌，深入、系统地建构了现代汉语警告范畴的框架体系及研究范式。

### （二）重要观点

第一，警告作为一个重要的语用范畴，范畴要素所组构的语义框架规定了范畴成员的属性特征，进而明确了警告范畴的性质和边界。

客观世界中的警告行为经过人们主观心智的抽象压制形成一定的认知行为范畴，而后投射到语言系统中进行重新编码并转化为一系列表征警告认知框架的规约性命题及定识，就产生了警告的语义框架、稳固为特定的警告语用范畴（以下简称警告范畴）。警告范畴由警告主体（包括警告者和警告对象）、警告原因、警告内容（包括指令内容和保证内容）三个要素构成，范畴成员的实现方式即表现为交际过程中一系列的警告言语行为。警告语义框架是现代汉语警告范畴的核心，也是警告范畴区别于其他邻近范畴的属性集束；警告语义框架一定程度上对应表现为制约警告言语行为的一系列构成性规则，各项构成性规则是判定所有警告范畴成员类属所必须满足的充要条件。依据警告指令任务的允准或制止可以将警告言语行为分为命令型和禁止型两种内容类型；而依据字面意义与会话含义之间的一致与否也可以将警告言语行为分为直接警告和间接警告两种形式类型。

第二，现代汉语警告范畴的直接表现手段是对警告语义框架的表层句法反映，其话语结构模式和语言形式特征都是对相应构成性规则的遵循。

现代汉语警告范畴的直接表现形式即体现为一系列直接警告言语行为。直接警告言语行为中最典型的话语结构模式是警示语、指示语、告知语三个部分全部共现，字面意义上完全反映出警告语义框架的内在结构；但是受制于语言经济性、礼貌原则等因素，直接警告言语行为也可以通过告知语独用、警示语和指示语并用、指示语和告知语并用、警示语和告知语并用四种话语结构模式实现警告语力的传递。

警示语部分主要表现为固定形式的行事成分"第一人称代词+施为动词+第二人称代词"，字面意义上对警告语力起到一定的提示作用，一定程度上可以将警示语部分作为区别直接的一致与否也可以将警告言语行为分为直接警告和间接警告两种形式类型。

第二，现代汉语警告范畴的直接表现手段是对行为与间接警告言语行为的形式标记。此外，警告者也会使用更为弱化的"告诉""劝""（跟你）说"等言说动词替代"警告"作为施为动词以减轻对警告对象的面子威胁程度。指示语部分在句类上主要通过祈使句和感叹句传递指令意图，同时谓语部分往往会被准备规则强制赋予一定的时体范畴特征和意外范畴特征。另外，警告者也会通过使用一系列否定标记词和强调标记词明示指令意图、强化主观情态。告知语部分主要通过选择复句、条件复句及其紧缩复句的形式加以表达，而不能通过其他陈述语气的单复句形式加以呈现，否则可能会造成间接警告言语行为的产生。

第三，间接警告言语行为的语力解读离不开警告对象对完整警告语义框架的语用推理，规约性间接警告言语行为的语用推理过程与其规约化过程互逆。

现代汉语警告范畴的间接表现形式即体现为一系列间接警告言语行为。间接警告语力的传递和识解离不开交际双方的"明示—推理"模式，间接警告言语行为在字面意义往往指涉着特定的构成性规则，以引导警告对象激活、还原出完整的构成性规则及警告语义框架。

间接警告言语行为内部根据字面意义与会话含义之间的规约化程度又可以进一步分为规约性间接警告与非规约性间接警告，前者对语境的依赖度相对较弱，而后者对语境的依赖度相对较强。间接警告言语行为的话语结构模式往往表现为指示语独用、告知语独用、指示语和告知语共现三种模式，词汇层面上较为特殊的是可以通过称谓词、叹词独立构成话轮等非规约手段表达间接警告，句类上突出表现为可以通过各类反问句来传递警告意图。

规约性间接警告言语行为因表现出一定的框架能产性，往往会形成一定的"形式和意义/功能"结合体的警告义构式。警告义的规约化过程与语用推理过程互逆：规约性间接警告言语行为的语用推理过程就是句法形式上从独立的分句扩充为完整假设复句、语义结构上从明示的假设条件或结果还原出完整假设关系的过程；而规约化过程则相反，句法上表现为假设复句的分句地位不断提升、复句形式不断简省，语义上表现为完整假设关系不断压缩的过程。整个规约化过程与共时层面的高频使用及认知框架的凸显激活密切相关。

第四，行为主体及交际情境的互动关系对现代汉语警告范畴的确立、警告言语行为的交互过程都具有重要影响，行为主体之间的相对权势关系、指令内容的绝对强加度等社会因素构成了警告者实施警告与警告对象回应警告的重要调控手段。

从警告者的视角出发，警告者可以根据具体语境的需要通过一系列基本性与调和性语用交际策略实施警告言语行为。对于核心行为来说，警告者通过对交际双方社会背景信息及特定文化背景下指令任务难度的估算，即可选择相应的直接或间接策略适当地表达警告。对于辅助语步来说，当警告者需要弱化对警告对象的面子威胁、增强礼貌程度时，往往会伴随使用解释原因等阐述类言语行为缓解双方立场之间的对立与冲突；而当警告者需要强化对警告对象的面子威胁、减弱礼貌程度时，往往就会伴随使用表态类及指令类言语行为凸显警告言语行为本身的指令和表态功能。

从警告对象的视角出发，警告回应行为是构成完整警告会话序列的必要组成部分。警告回应语既是警告对象对自己接受或拒绝警告内容的主观性表达，蕴含着对警告指令合理性的主观评价；同时也体现了警告对象对交际活动的参与过程及对警告者的立场设置过程，是交际过程中交互主观性的重要表现。其中，交际双方之间的相对权势和警告指令本身的绝对强加度都会对警告回应方式的选择表现出一定的倾向性。

## 三 学术创新与贡献

### （一）明晰了现代汉语警告范畴的性质与边界

目前学界对"警告"本身的界定并不明确，很多研究者基于通行辞书对言说动词"警告"的定义去理解作为言语行为的"警告"，很容易陷入定义含混等逻辑问题。此外，目前很多警告言语行为的研究完全依照 Searle 的理论框架去仿拟警告言语行为的构成性规则，但 Searle 从哲学层面出发制定的这样一套构成性规则本身具有一定缺陷，没有很好地结合自然语言尤其是汉语事实对警告言语行为的属性特征、形式表现加以限定。该研究从语用范畴的视角出发，以深层的警告语义框架为核心，在细致解析警告行为内部结构的基础上充分考虑行为发生的外部情境与场域，创新性地引入动态语境因素作为基本构成性规则的补充，进而归总出警告范畴区别于其他邻近范畴的属性特征集束，概括出警告范畴形式化的界定标准，对现有的研究进行修正性、实践性的完善与支撑。

### （二）建构了现代汉语警告范畴的研究范式

目前学界对警告范畴的研究相对分化，缺乏一个完整、统一的语用范畴研究体系：国外在言语行为理论的传统影响下，研究的侧重点集中在"行为"上，着重从功能出发在逻辑结构上对警告言语行为加以分析；而国内研究在传统句法学影响下多偏重"言语"，在语言形式上着力对警告行为的表现手段进行描写。这从国外警告范畴的研究成果多偏重理论构建、国内主要集中在警告句式的个案研究上即可看出。两种研究范式均缺少理论建构与语言事实的紧密结合，从方法上难以对警告范畴本身做出形式与功能相匹配的系统梳理，因此，该研究在系统功能语言学、认知语言学、语用学、社会语言学等相关理论的基础上，结合传统句法学对大量语言事实进行细致考察的方式，将逻辑思辨与实践探索、理论建构与语言分析、解释与描写紧密结合，意义、功能与形式并重，深入探讨语言形式、功能与语境之间的互动关系，为现代汉语警告范畴及其他语用范畴的语义、语用和句法接口研究提供完备的、系统的研究范式与思路。

### （三）深化了现代汉语警告事实的语用研究

由于文化和思维的不同，语言系统的差异会给范畴研究的适用性带来不少问题，以英语为研究对象的一些结论和成果对现代汉语警告范畴的借鉴价值可能会比较有限。比如，语言形式上英语有较完备的形态变化及词类标记，因此英语的规约化间接警告言语行为可以较为规整地加以系统描写；而汉语因为自身的特性，即便是规约化间接警告言语行为也难以做到穷尽性考察。更为重要的是，因为文化习惯上的差异，影响英语和汉语警告言语行为的社会调控变量会有很大的不同，进而导致汉语警告的交际策略和交际原则也会与其他语言有不小的差异。因此，该研究基于大量现代汉语的语言事实和思维方式，对现代汉语警告言语行为尤其是间接警告言语行为的语力来源、演化路径、规约化程度、规约化机制等问题展开全面考察，基于面子威胁理论对制约警告者警告方式、警告对象回应方式的语用调控手段进行详细探究，进而总结出相关的语用交际策略以提升警告交际的效度与力度，丰富了现代汉语警告言语行为的语用研究成果。

# 《现代汉语二重有标三分句嵌套研究》概要

储小静[*]

## 一　研究目的、意义及方法

  汉语复句信息处理是中文信息处理的重要方向之一，任务是深化计算机复句理解及生成能力，实现汉语复句研究从基础层面向应用层面的融合与转变。其中，嵌套复句由于机制复杂，与诸多句法、语用因素产生互动，备受语言学专家和计算机专家的关注。表达中最常见、形式上最"简单"的嵌套复句是二重有标三分句，其句式多端且表义丰富，囊括句法规则、语义结构、语用分析、知识文化背景、语音韵律等基础性知识，牵涉分句识别、关联标记识别与标注、知识库构建、复句本体建模、陈述性规则语言制定等一系列问题，同时也是分析更为复杂的嵌套复句格式的前提与基础，故具有特殊研究价值。

  "嵌套分析"蕴含丰富的理论意义，提供特定视角观察现代汉语特点甚至语言共性。宏观来看，"嵌套分析"与现代汉语语法体系七大语法实体密切相关；微观来看，"嵌套分析"涉及虚词、实词、书读短语、音节、韵律、话语标记、语体、心智模型、话题链等信息。

---

[*] 储小静，华中师范大学语言学及应用语言学博士，现就职于常州大学。

二重有标三分句嵌套研究，无疑是对汉语复句"嵌套分析"的一大补充。

语言智能技术是科技创新、经济发展的重要动力与源泉，是保障国家安全的关键，其快速发展亦离不开探索语言内部规律、揭示语言理解奥秘的基础性理论研究。对二重有标三分句开展定性分析、定量排序和智能识别，在应用层面上能够推动汉语复句信息工程向纵深发展，并进一步促进对外汉语复句教学及汉语国际推广。

该研究依循语言数据与语言规则"双轮驱动"原则，遵循"形式和意义、描写和解释、动态和静态"三结合理念，运用理论与事实相结合、定量与定性相结合、多学科相结合等研究方法，聚焦于现代汉语二重有标三分句，探寻其嵌套识解制约机制，并综合多种机器学习算法开展嵌套因素重要性研究，以提升复句自动分析系统的性能。

## 二　主要内容与重要观点

该研究在前人时贤研究基础上，运用语言单位关联理论、小句中枢理论、复句三分理论以及认知语言学等相关理论，审视现代汉语二重有标三分句式的嵌套情况。在此基础上，开展基于机器学习的嵌套因素重要性分析和句法关联模式智能识别研究，实现多种算法分类识别优势的综合，提高分类模型的适应性和泛化能力，回应国家提倡机器学习及大数据挖掘与应用的时代要求。具体安排如下：

第一章是绪论。对现代汉语二重有标三分句进行了界定，并介绍了研究现状、研究视角、研究方法和研究素材等。

第二章至第八章是正文内容，分为五个部分。

第一部分（正文第二章）是二重有标三分句关联标记和嵌套情况研究。表征嵌套复句表层嵌套现象，是识解嵌套复句层次语义类型的前提。本章主要从三个方面予以讨论。（1）"二重有标三分句关联标记类型和成员"介绍了作为重要形式标记、出现于现代汉语二重有标三分句中的关联标记的诸多类型及其主要成员，指出不同关联标记在句法配位、与主语的相对位置、与句法语义环境的关系、搭配照应情况和词性特征等方面各具特点，12 种语义类别的关联标记共计收录478 个。(2)"二重有标三分句嵌套方式和关联模式"考察了四组概念（即同类嵌套和异类嵌套，前辖嵌套和后辖嵌套，顺置式嵌套和逆置式嵌套，扩展式嵌套、连用式嵌套、省略式嵌套和复用式嵌套），分别从关联标记的关系类别、管辖方向、排列位序和配位方式等角度观察二重有标三分句嵌套方式；在此基础上，构建了一个现代汉语平衡语料库，收录 12168 个句子，已发现 3 大类 43 种三句式句法关联模式，并邀请了 8 名专家或一线教师根据语感和规则表述法核验各句法关联模式的典型形式特征，为嵌套规律的发现铺垫语言事实根基。(3)"二重有标三分句判别干扰因素"探求了常见的识别干扰因素，干扰因素的出现会降低对象筛选的准确值。通过文献整合和语料分析，该研究从关联标记因素、分句因素和复句因素三个方面进行筛选。

第二部分（正文第三章至第五章）是二重有标三分句嵌套影响因素分析。嵌套影响因素决定嵌套复句的句法层次和语义关系类型，是嵌套复句识解的重要抓手，选择并提取契合语言事实的嵌套因素有利于后期提升嵌套识别模型的健壮性。

第三章是二重有标三分句嵌套影响因素之一：关联标记嵌套力。本章聚焦于复句关联标记这一重要语法标记，从六个方面予以讨论：(1)"关联标记的音节"将收录的现代汉语关联标记分为单音节、双音节、三音节、四音节、五音节和六音节等形式，并分析对嵌套结果影响显著的音节形式；(2)"关联标记的位置"着眼于三个方面，一是关联标记所处分句的位次，二是关联标记与主语的相对位置，三是连用的关联标记相互位置；(3)"关联标记的词性特征"描写了六大类关联标记的数量、结构形式和区别特征，重点比较连词与副词的嵌套力；(4)"关联标记的语义特征"侧重描写 [+已然性] [+未然性] 与 [±已然性]、[+自由性] 与 [+特定性]、[+确定性] 与 [+选择性]、[+一致性] 与 [+对立性]、概念语义距离较近与概念语义距离较远这五组影响关联标记嵌套力的语义特征;(5)"关联标记的数量"揭示了关联标记数量和省略关联标记层次归属对关联标记嵌套力的影响;(6)"传承关联标记"论述了汉语关联标记的发展演变,及其与二重有标三分句嵌套结果的关系。

第四章是二重有标三分句嵌套影响因素之二:分句关联。重点探讨了句法成分和分句类型这两大关联手段:(1)"句法成分"依托主语、谓语、宾语、定语、状语和补语六大分句构件,将分句句法成分间的语里关系归纳为相同、相关和同现三种,并总结出三种句法成分变换方式,即省略、照应、替换;(2)"分句类型"分为语气功能类型和结构模式类型两大类,即句类和句型。句类研究着眼于三个分句语气类型异同与句法关联模式之间的选择制约关系,句型研究着眼于相邻分句句法结构平行、相似或具有共现关系时的关联倾向。

第五章是二重有标三分句嵌套影响因素之三:话题链。复句的连接既依赖自下而上的形式衔接,又不可脱离自上而下的话题连贯。本研究将二重有标三分句放置语篇中,从话题链维度关注嵌套复句的塑造。语篇层面,二重有标三分句话题链模式有串联式、接续式、相关式、终止式和孤立式五种;句子层面,有初始—中位—末尾分句话题链、初始—中位分句话题链、中位—末尾分句话题链三种。基于话题链内部组构特点,搭建了操作性较强的二重有标三分句话题链结构树模型,帮助实现句法关联模式的判定。

第三部分(正文第六章)是二重有标三分句嵌套影响因素排序。本研究邀请 26 名语言学专业研究生运用嵌套因素判定嵌套复句,测试结果呈现个体差异。事实上,不论人脑还是机器,调用嵌套影响因素时都会面临规则效用重要性问题,各嵌套因素的影响概率与影响程度并不均等,嵌套因素排序是提升知识体系性能的关键。基于前文分析,本章构建了嵌套因素分析语料库的标注体系,并完成嵌套因素分析语料库的标注。而后引入了信息量模型、K-means 聚类算法和 CART 算法等技术方法,借用信息量模型完成样本信息处理,在此基础上建立 K-means 聚类模型和 CART 模型用于嵌套因素重要性分析,并运用

Scikit-learn 机器学习库中的因素重要性指数工具进行直接分析。最后综合三种方法分析的结果,运用赋值打分的方式,得到嵌套因素的综合重要性排名。基于此,进一步提出嵌套因素重要性变化系数,以评价不同方法下各嵌套因素重要性排名的稳定性。

第四部分(正文第七章)是基于集成机器学习算法的二重有标三分句识别。集成机器学习算法可综合各单一机器学习算法的优势,助力实现二重有标三分句的稳定识解。该研究历经数据集划分、输入因子筛选、算法超参数寻优等流程分别训练基于 Stacking 集成框架的基模型和二层模型。其中,基模型采用 K 近邻分类(KNC)、支持向量分类(SVC)和分类回归树(CART)算法;二层模型采用简单的逻辑回归(LR)算法。实验具体步骤是:开展模型训练前,完成样本信息数值化处理,通过分层随机抽样方法将全体语料划分为训练集(用于模型训练和交叉验证)和预测集(用于对比模型分类识别表现);接着,对模型的输出(即人工判定的嵌套复句类型)和输入(即数值化处理后的嵌套因素)进行相关性分析和共线性检验,进而筛选输入因子;最后,开展基于集成机器学习算法的二重有标三分句分类识别建模,并综合多参数评价各模型分类识别精度。

第五部分(正文第八章)是二重有标三分句跨类关联标记知识库的建设。本章关注二重有标三分句关联标记自动识别过程中,跨类关联标记的正确界定与标识问题:(1)"面向信息处理的跨类关联标记"提出跨类关联标记的三大特征,即稳定性、非常规性和复杂性,并引入互信息值(MI 值)帮助筛选;(2)"复句跨类关联标记知识库的构建"拟定知识库编写的技术规范,论述该库构建的现实意义、整体架构、基本原则和评价指标;(3)"知识库建设基本成果"围绕跨类关联标记词性分布、语义类别所属、句法语义标记功能差异、充足条件挖掘、其他成果介绍等方面展示知识库中收录的 120 条跨类关联标记。

第九章是"结语"。梳理该书结论,总结创新之处,提出不足和未来研究展望。

主要得到以下结论:

第一，二重有标三分句的句法关联模式共三大类、四十三种具体表现，嵌套影响因素分属关联标记嵌套力、句法成分、分句类型和话题链四大类，涉二十三种具体手段。

第二，基于机器学习的嵌套因素重要性分析，一定程度上保证各影响因素的系统性和有效性。整合三种算法的结果，经赋值打分得到综合重要性得分，排名前四的为：同现关系之心智模型、相邻分句句法成分具有横聚合关系、关联标记的音节和话题链模式。

第三，基于 Stacking 集成算法框架建立的二重有标三分句句法关联模式识别模型，能够综合各单一算法的分类识别优势，与其他单一算法模型或集成算法模型相比，实现了最为准确的识别。

第四，120 条跨类关联标记句法语义标记功能各异。典型跨类关联标记本身兼标几种语义关系，须结合搭配对象、前后景信息多种因素综合判定；非典型跨类关联标记，自身语义关系明确，仅在与个别且特定的关联标记组配时才属跨类。因而，挖掘判定复句类别的充足条件能够显著提升自动分析效率，是知识库建设的重中之重。

## 三 学术创新与贡献

学术思想上，适应以机器学习算法为核心的新兴技术发展，传统复句研究正发生一系列新变化。该研究在描述、解释表层结构特征（语法手段、词汇手段等）与深层结构特征（语义关联、逻辑关联等），寻求嵌套内在规律的基础上，运用机器学习算法量化复句嵌套能力，探索高效、稳定的复句识别流程，提高嵌套复句识别准确率，拓展传统理论空间，具有一定的创新性。

学术观点上，该研究在动态、真实的语篇环境中，回溯最为常见、覆盖各种语体场合的二重有标三分句在分句层面的激活、选择过程，充分挖掘其嵌套特征，关注不同语法范畴和语法手段的地位与作用。既有表里值的观察，又是历时动态考究。此外，"数据+规则"双轮驱动下的集成算法是突破单一算法局限性的优化举措，综合多种算法优势可提升算法稳定应用潜力，一定程度上解决二重有标三分句嵌套分析规则间相互冲突的问题。

研究方法上，将嵌套复句研究与信息学的熵理论、心理学的心智模型及工作记忆、统计学的信息量模型、哲学的矛盾关系属性、计算机科学的数据挖掘技术等相结合，注重跨学科知识的交融运用。

# 《以沙为媒：对阿左旗荒漠化治理运动的传播民族志研究》概要

阿希塔[*]

## 一 研究目的、意义及方法

现代性伴生的环境问题已成为全人类发展过程中不得不面对的严峻挑战。不仅如此，环境问题还裹挟着一系列复杂社会议题对现实社会秩序、生态文化和国际格局产生深刻影响。荒漠化作为我国西北地区典型的环境问题，其引发的沙尘暴肆虐现象一度成为全社会关于环境问题讨论的焦点。在这些讨论中，"是什么导致了荒漠化"、"怎样能解决荒漠化"是最被关注的两个根本问题。阿拉善左旗是全国荒漠化程度最为严重的地区之一，也是最早开始荒漠化治理运动的地区之一。20世纪80年代以来，阿拉善左旗地区的荒漠化治理逐渐摸索出一条良性发展之路，当地生态环境得到大幅改善，被誉为全国荒漠化治理的典型案例。然而，这一阶段性成果还有很长的路要走，甚至一些根本性问题还未得到解决。从目前参与荒漠化治理的社会主体看，其对于荒漠化治理的认知、阐释及行动还存在着一定分歧和矛盾，更遑论形成对于荒漠化治理的合力，而社会

---

[*] 阿希塔，中国传媒大学传播学博士，现就职于复旦大学新闻学院（博士后在站）。

大众参与荒漠化治理的热情还远未被动员起来。因此该书认为，基于话语进行社会动员是目前当地荒漠化治理最为关键的问题。

该书主要以环境传播的社会建构主义为基本思路，以阿拉善左旗荒漠化治理运动中的话语主体为研究对象，聚焦于其话语模式和社会动员结果展开分析。在具体研究中，运用"符号化—语境生产—话语接合"的分析框架，通过考察不同话语主体形成的话语和文本，理解他们是如何围绕荒漠化议题，根据自己的价值观和利益进行社会动员的，从而去探寻荒漠化治理运动背后的意义争夺实践。

该书采用了传播民族志的方法，超越了以往环境传播研究中常见的依赖文本的研究模式，让研究者走出书斋，到田野中获得大量关于话语生产的一手资料。传播民族志方法也为研究者带来了地方性知识等具有文化色彩的理论概念，另外，还搜寻了相关档案文献、媒体报道和政策文件等其他环境话语文本。这些对于把握"环境"背后的社会问题和传播生态具有重要意义。

## 二　主要内容与重要观点

第一章"瀚海媒介：理论与实践"。该章主要运用环境传播视域的话语理论和媒介理论阐释我国环境运动的内涵与机制。该章首先对国内外环境传播研究做了相关的文献梳理，阐明了学术史中环境传播如何作为一个学术概念在"建构性"与"实用性"中被确立下来；同时也重点讨论了在中国语境下，环境传播如何从"关注文本"走向"连接现实"的研究取向。该章第二节从环境运动概念出发，回顾了作为一项社会运动，环境运动在中西方研究视野的共同点与差异性，强调环境议题具有的个案特殊性，以及与社会整体文化背景的同构性；在此基础上，通过"环境建构范式""环境媒介范式""环境社会范式"梳理对中国语境下环境运动研究的主要脉络。最后回顾和反思了将环境运动作为影响集体意识的"符号化运动"的一种"新社会运动"的合法性,并与该研究关心的荒漠化治理议题相结合,提出依靠民众的基层治理观与传播观。该章第三节从话语、修辞与权力的研究路径出发,提出在环境运动动员阶段,行动者通过修辞与话语实现环境权力的内涵与机制;并将20世纪后半叶,中国追求现代化作为历史语境,示例了政府在发展语境中将具有环境成本的企业向西迁移,虽然带来西部经济社会发展的"意义胜利",却压制了地方多种环境话语,也引发环境正义相关问题。这种关于通过环境话语进行意义生产与权力斗争的路径成为该书重要的研究逻辑。该章第四节将环境运动引入更加哲学化的思考,以海德格尔、拉图尔关于环境哲学为起点,借用彼得斯、亚当斯等学者观点,将话语实践的过程视为一种媒介,试图引证"瀚海媒介"如何被生产,又如何形成一种意义巨大却消失无形的自然媒介。

第二章"田野概貌：绿色时代轨迹"。该章通过历史文献、访谈材料、媒体文本等资料,对该书的研究对象——"阿左旗荒漠化治理运动"发展与建构的漫长历程进行阐释。此章第一节以研究者视角,勾勒田野地点（阿左旗）社会历史发展与荒漠化之间的关系,提出阿左旗的荒漠化问题是一项系统性、复杂性、不确定性等多种特性兼具的自然问题,同时也是一项在社会现代化发展和经济生产转型调整过程中衍生出的社会问题;该节还论证了阿左旗荒漠化治理运动如何通过话语与修辞实现"公共利益"的招募与生产,从而影响人们的物质实践和世界秩序。该章第二至五节,以阿左旗荒漠化治理与现代化发展的同构逻辑为主线,以阿左旗地方出现的重要环境话语力量节点为辅线,从中华人民共和国成立以来,将阿左旗荒漠化治理运动的进程划分为四个阶段。这一方面使得该研究可以深入地洞察实践过程中复杂的利益格局以及话语生态;另一方面也可以使研究突破环境问题本身,在一个更加宏观的社会文化背景中思考环境。最后,该章阐述了目前阿左旗荒漠化治理运动的现状与成果,提出"五位一体"治沙格局的形成,正在促成新时代生态文明切实在阿左旗落地。

第三章"治理主体：政治话语指导下的政府力量"。该章主要论述了政府在理解、阐释荒漠化治理中进行的符号化实践，以及其选取的话语框架与动员过程。研究认为，政府始终是这场环境治理运动中的主导者。在不同历史阶段，受限于当时主流意识形态影响，当地政府在治沙方面的动力展现出多元流变特征。政府为了实现其"复杂的"治沙目的，采用了行政理性话语作为其主要环境话语，这种话语将荒漠化看作问题，而问题显然需要解决。在这一思路下，行政理性话语又与国家政治话语强力接合，使其在当地形成了一种理所当然的文化存在，这也使得政府的政策和实践拥有了合法的化身。从政府具体的荒漠化治理行动来看，从"实行生态移民政策"到"寻求科学技术"，再到"动员各方力量"，经过实践的检验，地方政府逐渐意识到单靠政策进行管控治沙显然不能应对业已恶化的生态状况，而新时代的政策不仅需要制定更加完善的基层动员策略，更重要的是要制定能够更加符合当地实际情况、更加有利于多方力量共同参与的"公共政策"。

第四章"环境主体：民众的环境抗争"。该章认为民众作为环境问题的第一现场者，他们虽然与环境保持着最亲密的接触，享受着自然环境所赋予人类生活的最直接普惠，但也经历着现代性所引发环境问题的隐患、爆发与恶果。然而，环境的第一现场者未必具有第一发言权，这是因为民众对于环境的话语往往被严重的外部性影响。也就是说，在政府长期使用行政理性话语所建构的主导话语空间中，农牧民的盲目开垦和扩大养殖量行为被认为是荒漠化加剧的直接原因，农牧民原本拥有的环境话语空间被极大程度地挤压，这也使得富含在民族文化中的环保观念随着现代化发展逐渐远去，而生活实用主义与经济理性主义逐渐成为民众参与荒漠化治理的主要动因，为了实现这些目的，作者发现农牧民采用了丰富的话语策略和行动实践进行相关动员。分析发现，这些动员具有以下特点：一是动员内容具有实用性与经济性；二是动员形式较为传统，动员能力有限；三是动员目标以身边民众为主，兼对体制内的相关力量进行动员；四是动员话语以悲情化修辞为主，以情感动员和理性"白描"兼备为主要策略。另外，虽然现在社会各界已经充分认识到要让在地农牧民参与到荒漠化治理的必要性，但在具体调研中，作者发现农牧民自身进行的大部分动员实践展现出的特征并非以环境观念的转变为首要任务，而是基于个体经济上的改善与利益维护。这也印证了为何其他社会力量一直在试图动员农牧民，进而改变整体社会的环境观念的思路。所以这里可以得出一个阶段性的结论：受制于长期外部性影响，农牧民群体并不是发动这场新社会运动的主体力量。目前，农牧民虽然通过各种动员方式在客观上形成了荒漠化治理的良好效果，但如果要将这一良好状况发展下去，农牧民仍需要从观念上形成一种对于环境保护的持续动力。

第五章"民间的旗帜：环保民间组织的行动与动员"。环保民间组织是阿拉善左旗荒漠化治理运动中一面鲜艳的旗帜，之所以这样说，是因为他们虽然不比政府对于环境问题方面的投入量级，但一些先进的环保理念、方式和文化正在成为各类环保力量进行环境动员的资源库。不仅如此，作者在调研中发现，参与荒漠化治理的环保民间组织并不以推动公共议题为要务来建构对当前制度的挑战，而是在学习借鉴西方社会理论的基础上，积极从社区整体发展的实际情况出发，将民众治理环境的积极性激发出来。与此同时，他们又在中国特殊的政治生态中，始终保持清醒的政治站位，将与地方政府合作作为其行动的出发点。基于此，环保民间组织常常使用生态保育作为自身环境话语，他们希望对自然资源的明智使用而不是滥用，也就可以一直有充足的自然资源支撑当地的发展。为了实现这一目的，环保民间组织采取了一种"观念与行动"互激的动员策略。即对地方内部，环保民间组织充分考虑了当地特殊的社会语境，通过与地方政府积极协作，以"行胜于言"的方式将生态保育观念传播给民众，以实际利益带动农牧民进行环保民主式参与。当这种观念一旦在基层社会中养成，便会形成一种"有机的发展"，而这种发展又会刺激环保观念不断更新，激发出更加理想的治理方略，最终形成了一种内部观念与行动的互激；对地方外部，环保民间组织充分意识到了中国环保最大的问题是相对缺乏社会化参与，而如何动员更广大的民众参与荒漠化治理，媒体（尤其是社交媒体和互联网平台）成为他们有效的动员工具。他们依靠着丰富且具有差异性的媒体动员策略，使公众在接受环保知识、了解环保项目的过程中逐渐对环保民间组织的环保观念产生认同，进而对该议题产生多级传播效应，达到了良好的动员效果。但网络上点击行动主义式环保仍无法为环境动员带来最大效用，环保民间组织便以各种方式组织体验式"有毒旅行"，这些粉丝、媒体、大学生等群体在获得了第一手经验后，又成为一个个动员热点，他们回归到社会空间后形成了环保文化的再次输出。经此，环保民间组织通过线上与线下观念和行动联动最终达成了互激式效应，实现了环境保护传播的新塑形。这样一来，对区域内外共同进行的这种传播策略，形成了动员更广泛公众参与荒漠化治理的核心脉络。

  第六章"可持续动力的提供者：企业的多重参与"。企业正在成为当下荒漠化治理运动中日益重要的角色，从环境的污染者到环境的治理者，这一身份的"华丽转身"背后其实具有经济利益和社会责任的双重目的。从改革开放后国家对于企业绿色行动的态度变迁中，我们发现政府与企业的关系流变成为企业践行何种社会责任的关键因素。随着政府从管理型治理模式向服务型管理模式的转变，企业参与荒漠化治理不仅仅是一种市场化行为，其具有的"企业公民"意识是践行社会责任，参与社会公共事务的重要动力来源。基于以上动力，生态现代化和绿色消费主义是企业最常使用的环境话语。在企业（家）看来，科技和经济是可持续治沙的基本条件，这样一来，其实自然并不被认为是中心事务，以人类为中心进行经济发展以带动环境保护，这才是各个企业所奉行的从属关系，从而印证了田野调查过程中为何许多沙产业企业竟然并不了解荒漠化的事实。"进步""让人安心"等隐喻是沙产业企业和非沙产业企业共同的修辞手段，企业通过绿色营销、绿色公共、绿色争夺等行为进行相关传播活动，以实现自身的环保目的。值得警醒的是，当地政府近年来将沙产业视为带动经济发展和生态改善的一举两得之计，部分商业资本也纷纷开始瞄准荒漠化治理这一公益事业。而当这些力量涌进后，农牧民虽然获得了一定的经济与物质报酬，荒凉戈壁也在经济力量的鼓吹下渐现绿意，但与此同时，农牧民在资本所营造的消费逻辑下也被削弱了对环境的历史主体性地位。

第七章"围绕政府的共意动员：媒体角色再探析"。该章论述了在中国语境下，传统媒体承载着传播国家意识形态、加强环境警示教育、提升公民的环境意识、协助国家多元环境管理转变的任务。大众媒介承担起了搭建社会公众与政府合作平台的角色。在阿拉善左旗荒漠化治理运动中，中央级媒体是最早关注该议题的媒体力量，其凭借着较高政治站位和国家政治话语的强大影响力，对地方环境议程进行了强有力的"舆论监督"和"议程设置"。而从当地的媒体环境看，当地传统媒体最主要的角色是充当了政策的解读者或者说成为政府进行管理的工具。在调研中，我们发现地方传统媒体为配合政府相关环境治理政策的落实，保持着与地方利益高度的一致性，这种一致性也使得政府所使用的行政理性话语成为地方媒体所经常挪用的修辞资源。虽然一些媒体工作者清晰地意识到媒体应当充当反映民意、协调上下的通道角色，然而这种观念显然也是在政府为主体时"需要交流"的产物，从而很难在民众间产生信任，这也是为何当地民众较少利用媒体进行环境抗争的主要原因。事实上，这种行政导向色彩浓重的媒体结构长时间垄断了当地媒体话语的整体环境。这样的媒体环境很难形成对于制度内部的理性反思，也无法以民众的视角去争取公共利益，从而也很难激发起当地公众参与荒漠化治理的意愿与责任；对公众而言，这样的媒体虽然让公众时刻感受到政府进行生态治理的行动与成就，但也强化了公众对生态治理应为政府分内之事的认知习惯。网络新媒体在中产阶层发起的环境毗邻运动中被视为重要的舆论空间，而在阿拉善左旗荒漠治理运动中，作为环境抗争一线的农牧民受限于公民意识匮乏、媒介使用能力有限、社会资源掌握困难等原因，在新媒体上往往只能看到一些零星的农牧民相关环境话语，这也使得网络新媒体并没有成为农牧民进行环境抗争与动员的便捷工具，反而是具有较强公共意识的环保民间组织和现代商业资本力量借助互联网新媒体平台,对中产阶层进行规模浩大的环境动员。因此我们可以认为,如果将媒体作为环境传播多元主体话语交锋场域,是否成为考克斯所言的绿色公共领域,还得决定于媒介环境与媒介素养的具体特征。另外,如果将媒体作为话语主体,显然在阿拉善左旗荒漠化治理运动中,媒体并没有成为真正具有主体性的环境话语主体。这便是为何这里的"媒体"并没有像环境毗邻运动中成为推动环境运动进程的有效力量的原因。

第八章"从话语到动员"。该章主要将前叙章节中通过民族志方法收集到的丰富话语材料进行批判性分析,并进一步阐明该研究不奉行媒体中心主义的理论预设,而是以在荒漠化治理的社会实践中存在的真实问题为导向。因此,该研究关注的并不仅仅是话语对于环境编制的意义之网,而是要努力揭示各种社会话语主体对于环境话语的生产与再生产,进而探究荒漠化治理背后的权利互动过程。通过批判话语分析发现,各主体的话语对象及关键词在不同程度上均指向了政府,这意味着政府在长期话语垄断过程中已经形成了对于传播网络节点的深度影响。而对话语主题和叙述方式的考察发现,话语主题虽然存在巨大差异性,但均采用了名词化、隐喻等相似的修辞手段。另外,这些环境话语实践在水平向度和垂直向度两个时空维度实现了对于社会的深刻影响,并最终形成了关于荒漠化治理的社会记忆。基于对话语实践的不断深挖,该书认为荒漠化治理的最终意义不仅仅是对于现实世界的改造,也是通过环境话语的竞争形成了对于社会议题的根本挑战。那么,该如何解决现实环境问题带来的利益失衡?作者提出了一种话语动员模式,这一社会化动员模式是基于话语理论基础上,以凝聚共识为基本目的,通过现代化传播手段加强社会认同,并最终引导社会公众将环保观念转化为具体的环境行动。

在该书的结语部分,作者重新回述了开篇时社会舆论中对荒漠化治理广泛存在的两个问题:一,是什么导致了荒漠化;二,如何治理好荒漠化。为了回答好上述问题,该研究通过传播民族志方法,在环境话语等理论基础上得出的结论是:(1) 荒漠化治理运动的实质是不同话语主体针对荒漠化现象所赋予的不同意义之间的话语竞争和对于社会议题的根本挑战。在社会舆论中，农牧民的盲目开垦和扩大养殖规模行为一直被认为是荒漠化加剧的主要原因。而从话语场域看，政府长时间对环境主导话语的垄断，挤压了原本蕴含在民族文化中的环境话语空间，这是长期被忽视的重要原因之一。（2）近些年，随着政府社会治理观念的转变，以往由政府垄断的环境话语空间得到了释放，这使得在公共话语空间中其他主体主导的环境话语逐渐开始活跃，这大大激发了各主体环境动员的意愿和效果，其中最常使用的策略是"接合"其他话语体系对环保行为进行重新界定与赋予意义，以带动更多社会群体参与荒漠化治理的议题讨论与实践行动。事实上，这种动员行动一方面在实践维度上形成了对荒漠化治理进程的有效推进和社会关注，另一方面在理论维度上实现了加强社会认同和对荒漠意义的重新界定。因此，该研究认为各主体的话语实践是这场以意义界定实践为标志的新社会运动的主要方式，而通过话语动员将是实现荒漠化治理目标的重要途径。当然，就目前的趋势看，如果动员更多社会力量参与到该传播网络中，势必会收到更好的效果。

## 三 学术创新与贡献

在目前众多环境传播的研究中，基于媒介中心主义而进行的议题建构、框架修辞、媒体动员的研究数量最多，这些研究往往沿着"修辞资源、框架形态、话语形式、修辞实践、接合机制、阶层批判"的修辞学路径研究环境文本。而环境传播的实用性功能往往与"环境传播观"相联系。这并不是说经由媒介传播环境新闻没有实用性，而是指"环境传播观"视域下的环境传播研究，已经不单单基于环境问题本身，还包括在一个更宏观的社会文化背景下思考环境问题，以及人与环境的关系，进而尝试以"环境"为支点来接近和把握现实的传播生态与意义世界。对于该研究来说，研究者不仅关心荒漠化议题是如何经由媒体发酵引起社会舆论,更重要的是走进参与荒漠化治理的各个话语主体,分析他们的环保认知、话语实践与意义再造,进而考察他们对荒漠化问题而展开的议题建构和意义界定实践,最终试图描绘一个荒漠化治理背后深处的复杂社会权力结构。

荒漠化治理作为一项深入社会发展现实语境,小到与民众日常生活,大至与国家发展战略均息息相关的社会议题,显然具有突出的现实研究价值。但这一主题在新闻传播学领域还鲜有研究,更毋宁说将其作为博士学位论文的选题。该书致力于运用传播学民族志,以历史的视野,关注长期被主流新闻传播学研究忽视的西部大地,希望以"地方实践与全球议题"的田野调查为抓手,构建出一部接地气、懂历史、有站位、告别媒介中心主义与城市中心主义的新闻传播史。

# 《创业团队权力层级与新创企业绩效关系研究：基于结构权变的视角》概要

冯 雯[*]

是层级化还是扁平化的创业团队权力结构更有利于新创企业绩效？关于这一问题，实践界的创业者和投资人以及学界的研究者长期持有截然相反的两种观点。他们认为，权力层级会对创业团队运行以及新创企业绩效带来积极与消极的影响：一方面，它有利于促进团队协作，并调和不同成员之间分歧的观点；另一方面，它会抑制低权力成员异质性观点的表达，阻碍多样化信息的整合。通过整合结构权变理论以及权力层级的功能主义和功能障碍主义视角，该研究发现以往关于创业团队权力层级与新创企业绩效关系的研究在以下几个方面存在不足：第一，通常探讨创业团队权力层级的主效应，而忽略了潜在的权变因素，尤其是多种权变因素之间的复合作用对创业团队权力层级与新创企业绩效关系的影响；第二，没有打开创业团队权力层级作用于新创企业绩效的"黑箱"，忽略了创业团队权力层级的权变作用与新创企业绩效之间的过程机制；第三，仅探讨层级强度的效应，默认创业团队权力层级结构通常表现为金字塔形，忽略了不同的创业团队权力层级构型可能对战略决策及新创

---

[*] 冯雯，浙江大学管理学院企业管理专业博士，现就职于中国人民大学劳动人事学院。

企业绩效带来的影响。

从上述现实背景和理论问题出发，该研究基于结构权变理论与权力层级相关文献构建了一个以创业团队权力层级与新创企业绩效关系为核心的整合性权变理论框架，并开展了三个系列实证研究进行检验。

子研究一探究了创业团队权力层级何时促进或抑制新创企业绩效。为此，作者基于结构权变理论构建了一个创业团队权力层级与新创企业绩效关系的复合权变机制概念模型，并以来自全国中小企业股份转让系统（新三板）中的 285 家互联网新创企业 5 年的面板数据（共计 460 个观测值）及 16 场针对样本企业创业团队成员的半结构化访谈数据来检验模型中的假设关系，结果显示所有假设均得到了支持。更具体地说，该研究提出并发现当创业团队同质性（职能背景同质性与共同团队经历）低时，创业团队权力层级对新创企业绩效有积极影响；当创业团队同质性高时，创业团队权力层级对新创企业绩效有消极影响。并且，在一个异质（同质）的创业团队中，当权力持有者拥有更多的创业经历时，创业团队权力层级对新创企业绩效的积极（消极）影响会更加强烈。

子研究二探讨了创业团队权力层级的权变作用通过何种过程机制影响新创企业绩效。基于结构权变理论、权力层级和双元学习相关文献，作者发展了一个创业团队权力层级与新创企业绩效关系的学习过程机制模型。以来自杭州的 86 家新创企业的 248 位创业团队成员的问卷调查数据为样本，采用轮转法及多来源设计来检验模型中的假设关系，作者发现新冠疫情事件强度调节了创业团队权力层级与探索式学习、利用式学习以及与新创企业绩效之间的关系。当新冠疫情事件强度高时，创业团队权力层级对探索式学习、利用式学习以及新创企业绩效有积极影响；当新冠疫情事件强度低时，创业团队权力层级对探索式学习、利用式学习以及新创企业绩效的影响均不显著。此外，该研究发现探索式学习和利用式学习均积极影响新创企业绩效，但是没有证实探索式学习和利用式学习在创业团队权力层级和新冠疫情事件强度的交互与新创企业绩效的关系中起中介作用。

子研究三考察了创业团队权力层级构型如何通过影响新创企业战略决策进而影响新创企业绩效。以结构权变理论和权力层级相关文献作为理论基础，该研究构建了一个创业团队权力层级构型与新创企业绩效关系的战略决策机制概念模型。以来自中国深圳证券交易所创业板上市的 363 家新创企业 9 年的面板数据（共计 1277 个观测值）为样本，该研究发现相比于倒金字塔形的权力层级，金字塔形的创业团队权力层级会积极影响新创企业的研发投资决策。并且，这种积极效应会随着层级稳定性和组织冗余的降低而更加强烈。此外，研发投资决策在金字塔形的创业团队权力层级与新创企业绩效之间的关系中起中介作用。

基于上述发现，该研究有若干理论意义。第一，创新性地将权力层级研究引入创业团队情境，促进了创业团队研究与权力层级研究领域的相互融合与发展。相比于传统工作团队，创业团队情境具有以下几点特殊性。在激烈的竞争下抓住稍纵即逝的市场机遇要求创业团队有高效协作的能力，因此层级化的权力结构能够更好地满足这一需求。然而，瞬息万变的创业环境同时要求创业团队成员群策群力，集思广益，时刻保持充分的信息交换，从而做出最利于新创企业发展的战略决策。从这一角度出发，平等的创业团队权力结构似乎比层级化的权力结构更有优势。由此可见，创业团队面临的特殊情境凸显了层级功能主义与功能障碍主义视角之间的张力，因而为研究创业团队权力层级对新创企业的作用带来了挑战和机遇。此外，与高管团队等成熟组织中的工作团队相比，创业团队处于一种弱情境（weak situation）之中，即团队成员之间的互动较少受到组织中既定的制度、文化因素的影响。因此，创业团队的互动和行为会对新创企业后果带来更加直接的影响，从而更有利于观测创业团队权力层级与新创企业绩效之间的关系。

第二，基于结构权变理论，该研究为理解创业团队权力层级与新创企业绩效之间的关系提供了新的视角，揭示了权力持有者的过往创业经历（powerholder's prior founding experience）、创业团队同质性（NVT homogeneity）、层级稳定性（hierarchy stability）以及组织冗余（organizational slack）、新冠疫情事件强度（strength of COVID-19 event）等内外部权变因素所起到的关键性作用。虽然缺乏直接的检验，但以往研究已有一些证据表明，创业团队权力层级与新创企业绩效之间可能存在权变的关系。例如，虽然权力通常在创业团队成员中不均等分布或集中在一位核心创业者手中，但是所有创业团队成员平分股权或共享领导职位会更好地整合集体智慧。Breugst 等发现了创业团队股权差异的双刃剑效应：创业团队不均等的股权分配会降低公平感知进而消极影响团队互动，但会提高集体决策效率。根据结构权变理论和权力层级文献，该研究贡献于创业团队权力层级的利弊之间的论争。作者认为不存在一种适用于所有创业团队的最佳权力结构，创业团队权力层级对新创企业绩效的影响取决于权力结构与内外部情境因素之间的匹配。该研究识别出了权力持有者的过往创业经历、创业团队同质性、层级稳定性以及组织冗余、新冠疫情事件强度这一系列内外部权变因素，提出由于不同水平的权变因素对创业团队提出了不同的情境需求并影响着团队成员对权力层级的接受程度，因而会使得创业团队权力层级对新创企业绩效产生截然不同的效应。

第三，该研究打开了创业团队权力层级的权变作用与新创企业绩效关系之间的"黑箱"，揭示了探索式学习、利用式学习两种学习过程机制以及研发投资决策这一战略决策机制在其中发挥的作用。如前所述，以往关于创业团队的研究大多从高阶梯队视角出发，直接把创业团队特征与新创企业后果相关联，而并未揭示这一因果关系之间的作用机制。然而，要获得更加具有理论和实践意义的研究结论以反哺创业管理实践，研究者们不应仅停留在探究创业团队特征与新创企业后果之间的直接效应（input-to-output relationships），而要进一步通过 Inputs-Mediators-Outcomes（IMO）框架充分揭示这一效应之中的潜在机制和情境因素。基于结构权变理论和权力层级相关文献，该研究设计刻画并实际检验了创业团队权力层级的权变作用如何通过影响团队互动的双元学习和战略决策过程作用于新创企业绩效，有望为创业团队研究领域从探索直接效应走向打开过程机制提供一定程度的证据支持。

此外，作者在探索权力层级强度效应的基础之上，比较了不同的创业团队层级构型（金字塔形与倒金字塔形）对战略决策及新创企业绩效的影响，推动了权力层级相关文献的发展。子研究一和子研究二均聚焦于创业团队权力层级的强度，采用以往研究最普遍的操作化定义集中度（centralization）水平来刻画权力层级。在此基础之上，子研究三进一步探索创业团队权力层级的构型对创业团队权力层级与新创企业绩效的权变过程机制带来的影响。以往创业团队权力层级研究主要聚焦于对比平等和不平等的权力结构之间的差异，通常用二分的哑变量（平等或不平等的权力分布）来简单地刻画创业团队权力层级，因而未能深入区分探讨权力层级的具体构型。此外，传统的权力层级研究和结构权变理论通常假定团队权力层级的结构表现为集中式的金字塔形，其中有价值的资源集中在一个或少数几个成员身上。借鉴前沿的权力层级研究文献，我们指出创业团队中可能存在除金字塔形之外的其他权力层级构型。例如，在某些创业团队中，权力层级表现为倒金字塔形，即大多数成员拥有较高或中等权力，而只有少数成员拥有较低的权力。进一步地，该研究对比了金字塔形和倒金字塔形的权力层级对创业团队研发投资决策和新创企业绩效的不同影响，并发现了层级稳定性和组织冗余对这一影响关系的权变作用。

该研究发现对于创业管理实践，特别是如何更好地设计创业团队权力结构并从中收获最大效益具有重要的意义。首先，就创业团队股权结构的设计而言，集中的权力结构对创业团队既有利也有弊。在层级分明的权力结构中，创业团队成员非常明确在发生冲突时应听从谁的意见，从而确保集体决策的效率，但这样的权力结构无法充分汇聚来自所有团队成员的多样化观点。为新创企业制定重大战略决策时，集权的创业团队可能会过度依赖权力持有者。创业者在采用层级化的权力结构时应考虑到这一问题。例如，虽然季琦对创业团队拥有绝对的控制权，但在制定重大决策时会通过与团队中的每位成员进行一对一交流来集思广益。

其次，根据结构权变理论，该研究表明，对于所有创业团队来说，没有哪种权力结构是最佳结构；只有当创业团队的权力结构与权变因素相匹配时，新创企业才会达到最佳绩效。如前所述，许多创业者和投资人认为集中的权力结构可以有效解决不同团队成员之间的冲突意见，因此有利于创业团队运行。但是，根据该研究的发现，上述观点仅在创业团队成员的观点极其异质化（例如，职能背景同质性或共同团队经历较低）的情况下才成立。相反，当创业团队成员的职能背景或特定知识趋向同质化（例如，职能背景同质性或共同团队经历较高）时，创业团队取得成功的主要障碍是缺乏多样化的观点而非快速解决冲突，此时平等的权力结构可以更好地解决这一问题。因此，在设计垂直维度的创业团队权力分配时，创业者还应考虑水平维度的团队构成因素，从而确保采用最合适的权力结构。

此外，该研究还表明，不同的创业团队权力结构适用于不同事件强度水平下的外部情境。具体而言，在平稳、可预测的环境中，平等的创业团队权力结构更有利于新创企业的学习和发展；相反，在外部事件的高度冲击下，充满不确定性的环境更需要创业团队采取集中式的权力结构，从而有效促进团队的探索式与利用式学习过程。因此，创业团队在设计权力结构时应考虑外部突发性事件的影响，设计适用的权力分配方案。

该研究结果对于在创业团队中担任权力持有者的连续创业者也具有重要的启示。他们应该认识到过往创业经历的双刃剑影响，合理利用过往创业经历所积累的相关知识，在复杂而动荡的创业环境中，审慎地评估过往经验是否适用于当下新创企业的管理。具体地说，当连续创业者在异质化的创业团队中担任权力持有者时，他/她可以利用过往知识来有效地协调团队中冲突的观点；在同质化的创业团队中，他/她应该鼓励其他创业团队成员充分表达自己的独特观点，从而避免过分依赖自己的过往创业经历。

该研究从结构权变理论视角来深入研究创业团队权力层级对新创企业绩效的影响。研究表明，考虑在创业团队成员之间集中还是平等分配权力时，创业团队应考虑到权力持有者的能力（例如，过往创业经历）、创业团队同质性（例如，职能背景同质性和共同团队经历）、层级稳定性以及组织冗余、新冠疫情事件强度等内外部权变因素所起到的关键性作用。其次，该研究还揭示了探索式学习、利用式学习两种学习过程机制以及研发投资决策这一战略决策机制在创业团队权力层级的权变作用与新创企业绩效关系之间起到的中介作用。此外，该研究还发现相比于倒金字塔形的权力层级，金字塔形的权力层级会对创业团队研发投资进行决策进而对新创企业绩效产生积极影响，并且这种积极效应会随着层级稳定性和组织冗余的降低而增强。该研究为创业团队、权力层级及结构权变理论的发展提供了启示，并为创业者、投资者和利益相关者管理和评价新创企业提供了有价值的建议。

# 《工作狂热的"双刃剑"效应研究》概要

佘卓霖[*]

在现代企业中,领导者"工作狂热"现象屡见不鲜。一方面,面对日趋激烈的社会竞争以及快速变化的市场需求,许多领导者不得不在工作中投入更多时间和精力以应对组织内外的管理挑战。在这种情况下,许多企业内部,尤其是金融或互联网企业,领导者们加班加点拼命工作,甚至放弃家庭生活和社交活动。另一方面,网络技术(如笔记本电脑、智能手机等)的不断发展和办公手段(如钉钉、腾讯会议等)的进步为领导者随时随地开展工作提供了诸多便利。许多领导者因此摆脱了传统办公方式的限制,即使下班在家依然处理大量的工作任务,导致工作家庭的边界越来越模糊化。伴随"996工作制"(朝九晚九,一周工作六天)的热议,领导者"工作狂热"现象正在引起学界与实践界的广泛关注。

在管理实践中,领导者工作狂热的有效性一直存在争议。一方观点认为,工作狂热领导者加班加点,超出组织要求投入工作等行为是敬业奋斗的体现。他们能够在组织中树立良好榜样,激发员工努力工作,实现组织目标。因此,组织应当推崇工作狂热领导者。相反,另一方观点则认为,工作狂热领导者会极大增加他人负担,

---

[*] 佘卓霖,清华大学工商管理专业博士,现就职于中国人民大学公共管理学院。

引发管理问题。在工作狂热领导者的影响下，员工像机器一样超负荷运转，这会使得他们的身心健康受到损害，不利于完成复杂、具有创造性的工作任务。因此，工作狂热领导者的工作方式不应当在组织内部提倡。

然而，对于领导工作狂热的有效性，不仅管理实践界争议不断，学界对此也尚未达成一致。在学术研究中，工作狂热被定义为"强迫自身过度努力的工作倾向"，包含过度投入和工作执念两个维度。其中过度投入是指，个体将大量时间精力投入工作，远超出组织的正式要求；工作执念是指痴迷于工作，在工作时间外沉迷思考工作相关问题。有学者发现，工作狂热领导者会带来一些积极影响，例如提升下属工作绩效，增加角色外行为和促进组织绩效；但也有学者发现工作狂热领导者不仅会导致下属工作过载和情绪耗竭，也会抑制团队边界跨越行为，阻碍团队心理脱离。那么工作狂热领导者对下属、团队而言究竟是利是弊，利弊背后的原因是什么，在不同情境下会有何差异？这一系列的问题亟待研究。

此外，领导力的本质是领导者对被领导者施加影响力的过程。因此，作为施动者的领导者和作为接受者的下属或团队共同构成了领导过程。随着领导力研究发展脉络的演进，学者们逐渐从关注领导者对他人（团队、下属）的影响，转向对领导者自身影响效果的考察。但现有领导者工作狂热研究大多聚焦于对下属的作用效果，如绩效表现、角色外行为、非正式学习行为等，缺少对工作狂热领导者自身结果的关注。对于工作狂热领导者而言，他们废寝忘食地投入工作，付出远超于常人的努力是否会给自身带来积极影响，同时这些积极影响背后是否会带来与之相伴的代价？这些问题也亟须研究者进行有力回应。

有鉴于此，该书立足下属、团队、领导者个人三个层次，系统性地研究领导者工作狂热对不同作用对象（下属、团队、领导者自身）的双刃剑效应。在下属层次，该书重点分析领导工作者狂热对下属的双刃剑作用、影响机制以及边界条件。基于社会学习理论和情绪认知评价理论,该书提出领导者工作狂热会通过影响下属的行为和情绪,进而对其职业晋升机会和睡眠质量产生不同的影响,同时,下属自身的特质(核心自我评价)会调节领导者工作狂热的双刃剑效应。为检验理论模型,该书开展了一项情景实验和一项多时点、多数据来源的问卷调查。情景实验以 260 名 MBA 学员为被试,采用单因素被试间设计,考察被试作为下属在面对不同程度领导者工作狂热时的情绪、认知反应。问卷调查以一家金融企业的 96 对团队领导者—成员配对数据(包含 96 名团队领导者和 449 名团队成员)为样本,检验领导者工作狂热对下属职业晋升和睡眠质量的双刃剑效应。研究发现,一方面,工作狂热领导者以身作则,忘我工作的行为在一定程度上能引发下属的学习模仿,使得下属增加其工作努力程度,从而获得潜在的职业晋升机会;另一方面,工作狂热领导者高强度的工作节奏,会使得下属经常满负荷工作,引发工作焦虑,进而导致下属睡眠质量下降。此外,下属核心自我评价调节了以上两条中介路径。当下属核心自我评价较高时,下属乐观自信,且愿意像工作狂热领导者一样努力工作,迎接挑战,从而使领导者工作狂热通过工作努力对职业晋升的正向影响变强,通过工作焦虑对睡眠质量的负向影响变弱;相反,当下属核心自我评价较低时,他们通常消极看待自己,对工作任务缺乏足够的信心和热情。这将导致工作狂热领导者对下属的消极影响被放大,积极影响被减弱。

在团队层次,该书重点探讨了领导工作狂热对团队绩效的双刃剑作用、影响机制以及边界条件。通过整合社会学习理论和情绪认知评价理论,该书从团队行为和团队情绪两个角度分析了工作狂热领导者对团队绩效的正负效应,同时指出工作意义作为反映团队对工作价值的基本评价,将是影响领导工作狂热有效性的重要调节因素。为检验理论模型,该书开展了一项情景实验和一项多时点、多数据来源的问卷调查。情景实验以 272 名 MBA 学员为被试,采用双因素被试间设计,考察被试作为团队成员在面对不同程度领导工作狂热时的情绪、认知反应。问卷调查以一家物业公司的 105 个团队

（包括 105 名团队领导和 512 名团队成员）为样本，检验领导工作狂热对团队绩效的双刃剑效应。研究发现，一方面，工作狂热领导者全力以赴投入工作的行为表现会给团队树立榜样，激励团队成员增加其工作参与程度，提高团队整体工作卷入程度，最终带来团队绩效的整体提升；另一方面，工作狂热领导者高标准、严要求的工作方式也会使团队不得不超负荷工作，增加团队消极情绪，进而负面影响团队绩效。此外，工作意义调节了两条中介路径。当工作意义较高时，团队成员极其认可工作的价值，这会使得团队愿意学习工作狂热领导者，努力投入工作，导致工作狂热领导者通过团队工作卷入对团队绩效的正向影响会变强，通过团队消极情绪对团队绩效的负向影响变弱；相反，当工作意义较低时，团队成员对自己所从事的工作持否定态度，甚至质疑当前工作所创造的价值，不愿意响应工作狂热领导者过度工作的要求与安排。在这种情况下，工作狂热领导者对团队的消极影响被增强，积极影响被削弱。

在领导者个人层次，该书主要探究了领导者工作狂热对自身的双刃剑作用、影响机制以及边界条件。基于持续性认知理论，该书提出领导者工作狂热会通过影响自身的持续性认知，进而对其后续的工作绩效和身心健康产生不同的影响，同时，领导者自身的性格特征（调节焦点）会影响工作狂热领导者持续性认知的内容。为检验理论模型，该书作者开展了两项多时点、多数据来源的问卷调查。第一项问卷调查以 212 名 MBA 学员为样本，考察问题解决沉思与情感反刍的中介作用。第二项问卷调查以一家互联网公司的 128 名团队领导者为样本，检验领导者工作狂热对自身工作绩效与身心健康的双刃剑效应。研究发现，一方面，工作狂热领导者出于对工作的重视与热情，会全力以赴投入工作，在非工作时间思考工作改进与提升方法，产生问题解决沉思，最终带来自身工作绩效的整体提升；另一方面，由于对工作存在高标准与高期望，工作狂热领导者也可能遭遇工作挫折与失败，使自身反复陷入消极情绪之中，经历情感反刍，不断损耗心理资源，最终对身心健康造成负面影响。此外，领导者调节焦点调节了两条中介路径。当领导者具有促进型调节焦点时，领导者渴望收获与成功，对未来抱有积极的预期。这会使得他们积极探索工作难题的解决方案，不沉溺于负面情绪的损耗之中。在这种情况下，领导者工作狂热通过问题解决沉思对工作绩效的正向影响会变强，通过情感反刍对身心健康的负向影响会变弱。相反，当领导者具有防御型调节焦点时，领导者关注风险和损失，较为保守和悲观，对外部情境中的负向信息线索更加敏感，这使得他们更容易将精力放在规避工作困难与挑战上，放大沮丧、焦虑等消极情绪。受此影响，工作狂热领导者对自身的消极影响被强化，积极影响被减弱。

该书通过以上三个相互关联的实证研究，系统探讨了组织情境下领导者工作狂热对下属、团队以及自身的影响，揭示了领导者工作狂热的双刃剑作用机制与边界条件。这些研究发现有助于加深对领导者工作狂热有效性的认识，为识别、选拔和培养管理人才提供有益参考。具体而言，该书研究发现的意义体现在以下几个方面。首先，该书扩展了领导者工作狂热领域的研究层次与研究范围，推动了相关理论发展。随着"996工作制"的盛行，企业中的工作狂热现象越来越普遍，引起了学者们的普遍关注。作为新兴的研究领域，学者们主要聚焦于员工工作狂热对员工自身与配偶的影响，少有研究探讨领导者工作狂热对他人与自身的影响。然而考虑到领导者在组织内所担任的重要管理角色，其工作方式与偏好势必会对被领导者（下属、团队）与自身产生深远影响。该书通过分析领导工作狂热在下属、团队以及领导自身三个层次上的双刃剑效应，不仅突破了现有单一层次研究的局限，更有助于全面认识工作狂热领导者在组织中的影响效果。

其次，该书通过三项实证研究有力回应了关于领导者工作狂热有效性的争议。学界目前对领导者工作狂热有效性的认识还有待加强。有学者通过研究证实了工作狂热领导者在组织中的积极影响，如提升下属工作绩效，增加角色外行为和促进组织绩效；但同时也有学者指出工作狂热领导者会诱发不良后果，如降低下属幸福感，抑制非正式学习，增加下属离职意愿。这些不一致研究发现背后的原因可能在于，现有研究大多单方面地聚焦于领导工作狂热的积极面或消极面，缺乏对领导工作狂热作用效果的辩证考量。有鉴于此，该书在全面、系统梳理领导者工作狂热相关研究的基础上，提出工作狂热领导者是一把"双刃剑"，在下属、团队、领导者个人三个层次兼有积极和消极两方面的影响。通过细致分析领导者工作狂热对下属、团队以及自身带来的"益处"与"代价"，该书有助于加深对领导者工作狂热有效性的认识，推动研究者对于领导者工作狂热作用效果的全面、系统分析。

再次，该书系统分析了领导工作狂热双刃剑影响效果背后的作用机制与边界条件。基于社会学习理论、情绪认知评价理论以及持续性认知理论，该书在下属、团队、领导者个人三个层次分别构建了两个功效相反的核心作用机制（下属层次：工作努力与工作焦虑；团队层次：团队工作卷入与消极情绪；领导者个人层次：问题解决沉思与情感反刍），系统揭示了领导者工作狂热双刃剑效应的产生过程，打开了工作狂热领导者影响下属、团队、自身的作用"黑箱"，为领导者工作狂热有效性相关研究提供了崭新的理论视角与研究思路。此外，鉴于领导者工作狂热存在消极的一面，该书也尝试从调节变量着手，寻找缓解工作狂热领导者负面影响效应的边界条件，挖掘领导工作狂热双刃剑效应转换的复杂机理。具体而言，该书在下属、团队、领导者个人三个层次双路径模型的基础上，分别引入了下属核心自我评价、团队工作意义、领导者调节焦点作为调节变量，系统揭示了双路径模型中一正一负两条路径在不同边界条件下作用强度的差异与转换。这些探究不但有效解释了为何领导者工作狂热会产生差异化的影响效果，而且深化了现有研究对于领导者工作狂热影响过程的认识，为探索缓解领导者工作狂热负面作用的途径提供了有益参考。

最后，该书通过研究领导工作狂热的双刃剑效应、影响机制以及边界条件，为领导者、被领导者和组织提供了重要管理启示。对领导者而言，该书的研究发现有助于引起领导者对自身工作狂热倾向的重视，帮助领导者采取适当措施平衡利弊。该书证实了虽然工作狂热领导者能够激励下属努力工作，带领团队实现工作目标，但是他们也可能因过度工作而导致自身和下属健康受损，阻碍团队持续发展。这些研究发现能够有效提醒领导者重视、警惕工作狂热的不良后果，争取劳逸结合，从"拼命工作"向"健康工作"转变。对被领导者而言，该书的研究发现能够帮助员工找到与工作狂热领导者共事的方法，为员工适应领导者的工作风格提供建议。该书研究发现，尽管工作狂热领导者能够激励员工奋发进取，但他们同样也会加重员工负担，诱发不良情绪，其中高核心自我评价的员工更善于与工作狂热领导者相处，做到趋利避害。因此，当面对工作狂热领导者时，员工可以主动提升自信心和抗压能力，与领导者保持密切沟通，以积极正面的态度回应领导者的工作要求。对于组织而言，该书的研究发现能够为组织规避领导工作狂热的潜在风险提供借鉴参考，实现组织的健康可持续发展。随着市场竞争的不断加剧，工作狂热领导者在现代组织中越发常见。通过下属、团队、领导者个人三个层次的实证研究，该书证实了尽管工作狂领导者存在积极的一面，但也兼有消极的一面。因此，该书的研究发现提醒组织不要盲目地推崇或者抵制工作狂热领导者，而是应当从更加全面、辩证的视角看待领导者工作狂热的有效性，进而通过工作设计、人员搭配、培训建设等方式合理引导工作狂热领导者，最大限度地发挥其积极效应，避免其不良后果。

# 《社交行为与模糊偏好视角的大规模群决策》概要

武 彤[*]

## 一 研究目的、意义及方法

新一代信息技术的飞速发展和高度互联互通的社会网络促使决策环境和决策模式发生了深刻变化。决策成员不再局限于少数专家，决策信息多源异构以及决策行为不确定等复杂情境开始出现。大型工程前期决策、重大突发事件应急管理、大型企业战略决策、面向大规模用户的智能商务推荐等问题面临的复杂不确定大规模群决策需求不断攀升，大规模群决策研究正在得到越来越多的关注。目前，众多学者已经从决策偏好、决策者聚类、共识达成过程等方面对大规模群决策做了广泛而深入的研究，取得了丰富的研究成果，极大地促进了大规模群决策理论与方法的发展与壮大。

但是，在大数据和社会网络背景下，决策信息高度不确定，决策行为极为复杂，决策群体化和需求个性化相矛盾，合作与冲突共存等问题尤为突出。大规模群决策仍然面临严峻的偏好不确定、不

---

[*] 武彤，东南大学管理科学与工程专业博士，现就职于南京航空航天大学经济与管理学院。

完全、异质性问题，以及决策活动社交化、决策行为非理性、共识交互复杂性等挑战。针对上述问题，该书主要研究社交行为与模糊偏好视角下的大规模群决策问题。

**（一）研究目的**

该书的主要目的是面向新时期广泛存在和大量涌现的一般复杂不确定协同群决策需求，解决决策信息高度不确定和协同决策共识优化复杂性瓶颈，提出社交行为与模糊偏好视角下的大规模群决策方法，并将其应用到社会化商务决策与群推荐问题中，为复杂情境下的科学决策提供依据。具体研究目的如下：

第一，社交行为视角：通过构建社交行为视角下的大规模群决策框架，揭示群体共识演化规律。包括基于社交关系识别大规模群决策者中潜在的社区结构，从新的视角对大规模群决策进行降维分析；通过构建共识演化网络提出动态聚类分析方法，从优化共识调整路径视角对大规模群决策者进行降维分析；通过构建"信任—共识"多层网络揭示社交信任行为视角下群体共识演化规律，为大规模群决策共识达成机制设计提供指导。

第二，模糊偏好视角：通过二型模糊集理论深化不确定偏好分析模型，降低信息丢失风险，提升决策信息处理精度，保障决策过程的科学性与合理性。包括基于二型模糊集理论提出不确定大规模群决策信息集成方法；通过深化异质不确定偏好处理方法，实现定性信息的定量化表征与标准化处理；通过考虑群体极化行为，确定非理性行为下的子群体偏好。

第三，大规模群决策应用层面：通过分析社会化商务管理与决策过程中蕴含的大规模群决策问题特征，推进大规模群决策理论与方法在社会化商务决策和群推荐领域的应用，为群体个性化购物提供决策支持，促进社会化商务模式的推广。此外，也为一般复杂决策情境下的其他管理决策问题提供理论基础。

## （二）研究意义

该书以多学科交叉理论与方法为基础，研究社交行为与模糊偏好视角的大规模群决策理论、方法及其在社会化商务决策与群推荐中的应用，其理论与现实意义总结如下。

理论意义：该书通过二型模糊、行为决策、复杂网络、群决策等多学科融合理论与方法，深化和完善不确定决策偏好与行为分析模型；以社交网络结构为载体，提出新的大规模群决策研究视角，识别社交关系（信任）与共识行为之间的交互影响，揭示大规模群共识演化规律，对复杂不确定认知情境下的协同决策研究具有重要的理论意义。

现实意义：该书基于社会化商务决策与群推荐特征，研究不确定情境下的社会化商务决策模型与信任行为视角下的群推荐算法，研究成果为改善在线购物体验提供支撑，为优化在线客户管理流程提供决策支持，对提升客户满意度和忠诚度具有重要价值。该书提出的社交行为与模糊偏好视角下的大规模群决策方法对新时期广泛存在的复杂不确定管理决策问题研究也具有普适性意义。

## （三）研究方法

该书主要以决策科学与信息科学、行为科学、网络科学等多学科理论与方法融合为支撑，通过二型模糊决策、群决策、社交网络分析等理论与方法、技术与工具开展社交行为与模糊偏好视角下的大规模群决策理论研究，为复杂不确定情境下的社会化商务决策与推荐问题研究提供新的思路和解决方案。主要方法介绍如下：

第一，二型模糊决策：利用呈现出三维结构的二型模糊集灵活处理决策信息和社交关系的不确定性，如偏好信息与社交关系强度的表征与集成、专家权重计算以及方案优选等。该书基于二型模糊集理论构造了电商购物场景下的语言变量编码本，改进多个常用信息集成算子，并对常用多属性决策方法 ANP、TOPSIS 进行拓展分析。

第二，群决策共识方法：针对多专家参与、涉及信息较广、影响因素较多的决策问题，结合成本、报酬或社交行为来促进群体达成共识而提出的决策方法与模型。该书通过群共识最小调整成本模型说明信任对共识达成的积极作用，并通过考虑决策者偏好单位调整成本提出新的聚类分析方法。

第三，行为决策理论：行为决策针对人们"如何做决策"以及"为什么这样决策"进行描述与解释，其研究广泛采用了经济学、心理学和管理学等多学科交叉概念与方法。该书基于前景理论分析风险态度影响下的非理性决策行为，并通过考虑群体极化行为确定子群体偏好，为现实决策提供指导。

第四，社交网络分析：基于数学、社会学、管理学、心理学、计算机科学等多学科理论与方法，为理解人类各种社交关系的形成、行为特点分析以及信息传播规律提供的一种可计算的分析方法。该书利用社会网络分析软件 Pajek 辅助求解决策者在网络中的重要性与影响力，通过 Louvain 方法识别社区，达到对大规模群体进行降维分析的目的。

## 二　主要内容与重要观点

基于上述分析，该书在已有大规模群决策相关研究的基础上，根据决策科学与信息科学、心理科学、行为科学、网络科学等多学科交叉融合思想，引入二型模糊集决策理论、复杂网络理论以及社会网络分析技术，介绍大规模群决策偏好不确定性、行为非理性以及社交行为影响下的共识交互等理论模型及其在社会化商务决策和群推荐中的应用。该书的主要内容如下。

第一，通过分析经济、环境、社会等外部因素和决策者偏好、认知、心理行为等内部因素，总结大规模群决策的偏好信息模糊不确定、不完全、异质性和非对称性，决策者关联关系多样性和动态性，决策行为主观性和非理性以及共识交互非合作性等复杂特征，给出信息化和大数据时代的大规模群决策定义。介绍目前大规模群决策研究现状，分析当前大规模群决策理论与应用方面的局限性，提出新的解决思路，系统整理该思路下的二型模糊集理论、多属性决策方法、社会网络分析技术等大规模群决策研究相关的基础知识。

第二，针对决策者表达的不确定性，利用二型模糊语言变量表征并处理决策偏好，介绍区间二型模糊多属性决策方法和模糊信任量化方法，提出二型模糊大规模群决策方法。首先，针对电商应用情境创建了区间二型模糊语言变量编码本，克服不同应用情境下决策者对同一语言变量感知差异引起的表达歧义。其次，为对大规模群决策进行降维，提出区间二型模糊等价关系聚类算法，该算法可以根据聚类水平的不同产生动态聚类结果，为现实中复杂问题之处理提供较大灵活性。最后，针对决策属性的大规模特性，提出区间二型模糊主成分分析法，将重复、类似的决策属性以合理的比重合并成为新的成分并为其命名，有效避免属性降维过程中的信息丢失问题。

第三，考虑社交媒体时代决策者之间的社交关系对其决策行为的影响，为大规模群决策降维分析提供新的视角。首先，从一般社交关系入手，利用社区发现算法对大规模群决策者进行降维分析，并通过社会网络中心性计算决策个体和社区权重。其次，考虑到社交关系强弱以及偏好关系对聚类分析的影响，利用区间二型模糊语言变量表述社交关系强度，提出综合考虑内部偏好关系与外部社交关系的区间二型模糊大规模群决策方法。最后，针对偏好不完全问题，提出考虑风险态度的大规模群决策方法，包括基于不完全偏好信息的相似性度量、用户潜在社交网络构建与社区识别、社区内观点极化行为分析以及少数观点的识别与管理等。

第四，聚焦大群体共识达成问题，深入剖析大规模群决策聚类分析与共识观点形成之间的关系。首先，受社交网络分析启发，提出共识演化网络概念，通过网络结构的变化直观展示群体共识形成过程，基于社会网络分析工具提出新的共识测度方法。其次，基于共识演化网络结构提出动态聚类分析方法，有效解决大规模群决策聚类分析与共识达成过程的矛盾问题。最后，考虑到差异较大的偏好调整成本对子群体共识交互的不利影响，提出基于偏好及其调整成本的聚类分析算法，在偏好和调整成本之间寻找平衡点，将偏好和调整成本均相似的决策个体归为一类，大大降低社群内部协商难度，节约决策时间。

第五，探索社交信任视角下的大群体共识达成现象，分析其在社会化商务决策与群推荐中的应用。首先，信任关系对群共识具有促进作用的前提假设，利用隐性信任关系改进传统最小成本共识模型并讨论其经济意义。其次，考虑到偏好相似性与社交关系形成之间的关联性，基于共识演化网络研究社交关系与共识关系的交互影响，并基于多层网络结构探索信任关系与共识关系的交互影响。最后，基于信任关系对在线购物的影响，介绍考虑信任行为的大规模群决策模型在社会化商务决策和群推荐中的应用，辅助解决社会化商务管理与决策问题。

该书的重要观点如下。

第一，该书构建的区间二型模糊语言变量编码本能够有效量化在线评论关键信息，改进的传统聚类分析算法能够灵活识别不确定偏好信息下的大规模决策子群，拓展的多属性决策方法能够辅助大规模群决策模型应对不确定情境下的复杂决策问题。

第二，大规模决策者之间的社交关系对于决策行为尤其是共识行为具有重要影响，社会网络分析方法为大规模群决策研究提供了有力工具，根据社交信任与共识交互研究成果，社交信任成为探索群共识达成本质的重要影响因素。

第三，需要系统化考虑大规模群决策的各关键环节，综合考虑不确定偏好与聚类分析解决了模糊偏好下的大规模群决策降维问题，综合考虑共识达成与聚类分析有效缓解了大规模群决策问题解决过程中的矛盾问题，为大规模群决策降维分析提供了新的解决思路。

第四，深入挖掘大规模群决策理论模型与社会化商务实际应用之间的共通之处，将大规模群决策理论模型服务于社会化商务实际决策场景，为社会化商务决策与群推荐提供量化模型支撑，为促进在线商务的发展提供理论参照。

## 三　学术创新与贡献

该书的学术创新点主要体现在以下几个方面。

第一，利用参数更多、表征更灵活的二型模糊集处理偏好信息不确定性，基于电商评价数据构造语义信息与二型模糊集可自由转换的编码本，使得输出的决策结果符合人类决策习惯；改进传统聚类分析算法对复杂大规模决策问题进行降维分析，拓展传统多属性决策方法，为以语言评价为主的电商用户决策行为研究提供了理论参考。

第二，将社交关系（尤其是信任关系）考虑进大规模群决策中，分析社交关系对群决策行为的影响，利用社交网络分析技术与工具计算决策者影响力；基于社区结构对大规模决策者进行聚类分析，为复杂大规模群决策提供新的研究视角。

第三，受社会网络分析启发，提出共识演化网络概念，基于共识演化网络研究动态聚类分析与共识达成过程之间的矛盾问题；通过社交信任关系与共识关系的交互影响研究共识达成本质；在最小调整成本共识模型的启发下，提出考虑偏好调整成本的大规模群决策聚类方法，有效避免子群体内部的决策矛盾，深化大规模群决策共识研究。

第四，剖析社会化商务决策与群推荐问题的大群体决策本质，系统研究决策者社交信任行为，提出面向信任网络结构的社区发现方法，构建考虑信任行为的社会化商务决策模型，提出基于信任关系的个性化群体推荐算法，使大规模群决策模型在实际应用中发挥真正作用。

　　总之，该书的贡献主要体现在对于不确定、不完全、社会化、大规模等复杂情境下的大规模群决策信息处理、聚类分析、共识达成、方案优选等问题进行了系统梳理与有效解决，对于解决复杂情境下的大规模群决策问题具有重要的理论意义，对于有效识别电商潜在用户、提升推荐精度具有重要现实意义，对新时期广泛存在的其他复杂不确定管理决策问题研究也具有普适性意义。

# 《中国自由贸易区战略实施的农产品贸易效应研究》概要

曾华盛[*]

## 一 研究目的、意义及方法

自多哈回合在农业领域谈判失败以来，各国为进一步实现农产品贸易自由化纷纷与不同国家建立自由贸易区，中国更是在党的十七大之后将自由贸易区建设上升为国家战略。在农业对外开放新格局下，中国农产品贸易形势和格局在不断发生变化，农产品贸易分工格局也发生深刻演变。在 WTO 多边体制与区域性体制"一冷一热"的发展态势下，自由贸易区建设作为农产品贸易自由化的重要手段，其对农产品贸易发展的直接影响和间接影响越来越大。因此，探讨自由贸易区农产品贸易效应形成机制，并综合评估自由贸易区对农产品贸易的影响，有助于我们把握自由贸易区建立与农产品贸易发展的关联，对于丰富现有的自由贸易区贸易效应理论，促进中国自由贸易区战略的实施，有效应对中美贸易关系不确定常态化带来的影响，增强中国利用国际农业资源和市场的能力都具有较大的理论意义和实践价值。

---

[*] 曾华盛，华南农业大学农业经济管理专业博士，现就职于扬州大学。

然而，现有研究主要关注的是自由贸易区对制造业或服务业的影响，对农业的关注较为不足，而且往往局限于对贸易静态效应的考察，忽略对农业国际分工格局和农产品质量的影响，也未对农产品贸易效应生成机理和异质性影响机制进行充分的探讨。因此，该书按照"贸易成本—国际分工—贸易效应"的理论逻辑框架进行数理模型的构建，探讨了自由贸易区农产品贸易静态效应、农产品贸易效应异质性、出口农产品质量效应以及农产品贸易分工效应的生成机理。在理论分析的基础上，该书利用采用PSM-渐进DID、DDD以及合成控制等方法从实证角度研究了中国自由贸易区战略实施对农产品贸易的影响。在上述研究的基础上，该书对中国自由贸易区战略实施路径的调整提出了具有针对性和可操作性的建议。

## 二 主要内容与重要观点

该书在详细梳理了中国自由贸易区战略实施历程，并对现有自由贸易区协定主要条款、开放水平以及中国与自由贸易区伙伴国农产品贸易现状进行分析的基础上，探讨自由贸易区战略实施对农产品贸易影响不同渠道的作用机制。理论推导结果表明，农产品贸易静态效应方面，自由贸易区建立之后，随着贸易自由化的不断提升，成员国间农产品贸易将大幅增长，增长主要来自贸易创造效应和贸易转移效应等渠道。由于贸易创造效应大于贸易转移效应，自由贸易区建立之后，成员国福利会上升。农产品贸易效应异质性方面，该书结合贸易自由化、比较优势、辐条与轮轴自由贸易区等理论，发现农产品贸易效应会在协定条款、时间窗口、产品类别和网络位置上存在异质性。其中，由于轮轴国与辐条国网络位置不对称，轮轴国能获得更大的收益。出口农产品质量效应方面，降低农业企业进入出口市场的生产效率门槛和扩大对中低收入国家的低质量农产品出口是中国出口农产品质量下降的重要机制，浅层条款会使得中国出口农产品质量有所下降，而深层条款有利于中国出口农产品质量升级。同时，不同深度的协定条款的间接效应大小也存在差异。农产品贸易分工效应方面，自由贸易区建立之后，随着贸易自由化和投资便利化水平的提升，贸易成本和跨国协调成本的快速下降，使得原先受到成本约束不愿参与到农业全球价值链分工的企业转而参与到农业全球价值链分工，从而带来成员国农业全球价值链分工参与程度的提升。另外，由于现阶段各国签署自由贸易区协定，主要放开的是农业全球价值链分工低端环节，贸易自由化和投资便利化水平提升之后，生产和加工环节会不断向生产成本更低的国家转移，从而有效实现成员国农业全球价值链分工地位的提升。

第二，研究中国自由贸易区战略实施的农产品贸易静态效应。该书使用1995—2020年中国与其他国家农产品贸易数据，先是用PSM方法对选择性偏差问题进行处理并匹配合适的对照组，然后采用渐进DID方法估计出自由贸易区战略实施的农产品贸易促进效应，并采用安慰剂检验和三重差分等方法对估计结果进行稳健性检验，最后对贸易促进效应进行分解并判断成员国福利变化。实证结果表明，中国自由贸易区战略实施之后，有效促进了中国与自由贸易区伙伴国农产品贸易的增长。由于中国农业比较优势在不断下降，相对于出口，中国从伙伴国农产品进口增长更快。另外，从农产品贸易效应来源看，农产品贸易创造效应发挥了主要作用，因而改善了中国和自由贸易区伙伴国的社会福利。

第三，研究中国—东盟自由贸易区的农产品贸易静态效应。该书使用1995—2020年中国与各国农产品贸易数据，包括东盟成员国以及其他133个控制组国家，运用合成控制方法对中国—东盟自由贸易区的农产品贸易效应进行了综合分析。研究表明，中国—东盟自由贸易区的实施给中国与东盟带来显著的农产品贸易创造效应，而非贸易转移效应。随着中国与东盟双边关税的逐步削减，中国与东盟农产品贸易的进口效应和出口效应都呈现逐步扩张的态势。这期间，中国—东盟自由贸易区对东盟不同国家与中国的农产品贸易效应产生了异质性的影响，互补性越强、开放程度越大，则双边农产品贸易创造效应更大。

第四，研究中国自由贸易区战略实施的农产品贸易效应异质性。该书利用 1995—2020 年中国与各国农产品贸易数据，利用渐进 DID 和合成控制等方法分析了中国自由贸易区战略实施的农产品贸易效应异质性。研究发现，由于中国采取的是"逐步开放""一国一策"和"构建网络"的自由贸易区实施策略，农产品贸易效应存在多维度的异质性。协定条款上，中国谈判的自由贸易区协议内容覆盖面越广、深度越高，自由贸易区农产品贸易效应越大；时间窗口上，中国自由贸易区战略实施的农产品贸易效应会随着时间的推移而逐步扩大；产品类别上，中国主要是扩大了对于伙伴国初级农产品和半加工农产品的进口，增加了对伙伴国园艺农产品和加工农产品的出口；网络位置上，中国作为轮轴国，其农产品贸易效应要大于伙伴国农产品贸易效应。

第五，研究中国自由贸易区战略实施的出口农产品质量效应。该书以中国自由贸易区战略实施作为准自然实验，使用 PSM-渐进 DID 等方法，利用 1995—2020 年中国农产品贸易等数据，并基于协定条款异质性视角分析了自由贸易区建立对中国出口农产品质量的影响及其作用机制。研究表明，自由贸易区建立总体上降低了中国向自由贸易区伙伴国出口农产品的质量；自由贸易区战略深入推进有利于中国出口农产品质量的提升；降低农业企业进入出口市场的生产效率门槛和扩大对中低收入国家低质量农产品出口，是中国出口农产品质量下降的重要机制。从协定条款的间接效应来看，以农产品关税削减和非关税壁垒取消为重点的浅层条款导致了中国出口农产品质量下降，而以投资便利化、技术合作和农业合作等为重点的深层条款有利于中国出口农产品质量升级。

第六，研究中国自由贸易区战略实施的农产品贸易分工效应。该书先是基于 2000—2014 年世界各国投入产出数据，对中国农业全球价值链分工参与程度和分工地位进行测算和分析，并与世界其他国家进行比较，然后采用合成控制等方法研究中国自由贸易区战略实施对其农业全球价值链分工的影响，最后运用中介效应模型对影响机制进行检验。研究发现，中国农业全球价值链分工参与程度尽管逐年增长但参与程度较低，还存在较大增长空间，而且中国农业全球价值链分工位置逐步向"上游"移动。中国自由贸易区战略实施之后有效提升了其农业全球价值链分工位置和参与程度。从影响渠道来看，贸易自由化和投资便利化是中国自由贸易区战略实施农产品贸易分工效应产生的渠道，并且投资便利化的作用大于贸易自由化。

第七，该书在考虑中国自由贸易区战略实施情况及其带来影响的基础上，结合新时期加快构建开放型经济新体制的要求提出一系列配套的政策建议。为更好地促进中国农业对外开放以及利用两种资源和两个市场来保障国内粮食安全，中国应该加快构筑自身主导的自由贸易区网络；合理选择伙伴国、开放协议以及开放方式；推动农产品贸易从"贸易导向"转变为"价值链导向"；加大对农业跨国企业的培育；加快推进自由贸易区提升战略；等等。

## 三 学术创新与贡献

第一，厘清了贸易促进效应、贸易创造效应、贸易转移效应和福利效应之间的内在关联，丰富了自由贸易区理论。在诸多文献研究中，考察的是自由贸易区贸易静态效应中的贸易促进效应，而且并未深入探讨贸易促进效应的来源机制。该研究深入挖掘了自由贸易区贸易静态效应的深层次逻辑，构建数理模型推导了自由贸易区贸易静态效应的生成机制，并厘清贸易静态效应相关概念之间的内在关联，具有一定的创新性。

第二，从分工深化视角探究自由贸易区贸易效应的生成机制，在理论上具有一定的创新。在现有文献中，关于自由贸易区贸易效应的研究仅仅局限于 Viner 提出的贸易静态效应的考察，缺乏自由贸易区长期运行之后对分工方式影响进行理论探讨和实证检验的研究。因此，该研究对 Melitz 和 Chaney 的企业异质性模型进行扩展，推导自由贸易区建立之后不同生产率水平的企业如何选择不同的分工方式和分工地位，以及贸易自由化和投资便利化在自由贸易区贸易分工效应当中的中介作用，从而丰富和发展了自由贸易区贸易效应理论。

第三，将因果推断方法运用到自由贸易区贸易效应评估领域，在方法应用上具有创新。现有文献往往使用虚拟变量来表示自由贸易区的建立，但自由贸易区与农产品贸易之间具有较强的内生性。为此，该研究构建了层次递进的实证研究方法体系，在考虑到中国与不同国家协定生效的时点不同，先是使用 PSM 方法解决选择性偏差问题，然后采用渐进 DID 方法予以因果推断，最后利用匹配方法的改变、安慰剂检验和 DDD 估计进行稳健性分析，这在相关研究中也是非常少见的。另外，在农产品贸易分工效应和农产品贸易效应网络位置异质性考察中，该研究使用基于"反事实"框架下的合成控制法，在方法的运用上区别于以往研究，提供了更为可信的经验证据。

第四，厘清了自由贸易区建立影响出口农产品质量的机理，分析了浅层条款和深层条款在自由贸易区建立对出口农产品质量影响中的作用及其差异，进一步丰富了自由贸易区贸易效应研究。现有文献通常将自由贸易区视为同质化政策，较少关注自由贸易区协定条款的异质性，也少有文献分析浅层条款和深层条款在自由贸易区建立对出口农产品质量影响中的作用及其差异。有鉴于此，该书基于协定条款异质性视角探究自由贸易区建立对中国出口农产品质量的影响及其内在机制。

# 《多重压力、公共价值冲突与地方政府环境治理》概要

关 斌[*]

## 一 研究目的与意义

近年来，我国生态环境质量持续改善，幅度之大、速度之快、效果之好前所未有，人与自然和谐共生的美丽中国新时代已经开启。尽管我国生态文明建设取得了举世瞩目的巨大成就，但生态环境保护的结构性、根源性、趋势性压力尚未根本缓解。第一轮、第二轮中央环保督察反馈意见也多次指出，部分地方政府仍存在"重发展、轻保护""胡作为、乱作为""环保一刀切""表面整改、敷衍整改""打折扣、搞变通"等问题。究其原因，是地方政府承受的多重压力激化了公共价值冲突，诱导地方政府环境治理中出现了偏差行为并进而影响了其环境治理效率。因此，随着我国环境治理逐步进入压力叠加、负重前行的深水区，我们在看治理成效的同时，地方政府的一系列偏差行为及其背后的原因也值得关注、警惕和反思。如何协调我国地方政府在环境治理中面临的公共价值冲突，破解地方政府环境治理困境，对指导我国地方政府环境治理实践，规范地方政

---

[*] 关斌，兰州大学公共管理专业博士，现就职于兰州大学管理学院。

府行为逻辑，推动我国生态文明建设迈上新台阶具有重要的理论和现实意义。

公共价值是关于权利、义务和规范所形成的共识，是公共政策制定和公共服务供给中应该遵守的原则和规范，政府要围绕公共价值的实现来配置公共资源和权力。但公共价值多元化及其不可通约性（incommensurable）所导致的公共价值冲突会向地方政府发出相互矛盾的信号。因为公共价值冲突让地方政府陷入了一个矛盾对立且难以取舍的"公共价值困境"中，被迫在相互竞争的、不可调和的公共价值之间进行平衡和选择会让环境治理变成一个棘手问题（Wicked Problem），相比于那些可以通过"理性—技术"途径找到明确解决方案的驯良问题（Tame Problem），公共价值冲突制造的棘手问题没有明确清晰的解决方案，其复杂、争议、相悖的特性会让公共管理者备感挫折和焦虑，当公共价值冲突被激化时，"该做什么、不该做什么""该怎么做、不该怎么做"对于公共管理者而言是矛盾的、模糊的、冲突和迷惑的，公共管理者不仅要被"该追求什么公共价值"的准则困扰，还会陷入令人厌恶的道德困境中。在公共价值冲突的影响下，地方政府容易作出一系列盲目、矛盾和缺乏理性的偏差行为。由于公共价值冲突会诱导地方政府出现一系列偏差行为并减损其环境治理绩效，因此为了有效实现"美丽中国"建设目标，必须突破和解决该问题。

公共价值冲突为分析地方政府面临的"棘手问题"以及出现的行为偏差提供了有力视角。任何公共政策的设计中都可能面临公共价值之间的冲突问题，一方面，时代的变迁导致公共治理环境发生了巨大变化，地方政府面临的公共决策问题日益复杂化。另一方面，在多元、不确定的现代社会中，地方政府有时缺乏清晰、连贯和稳定的价值目标。受个体认知、价值偏好等因素的影响，在各类政策目标庞杂纷繁、快速更迭的作用下，地方政府经常遭遇来自各方面的挑战，因此公共价值冲突的存在有其必然性和合理性。传统的政策分析视域通常将公共政策执行阻碍归咎于不同主体间的利益冲突问题，但实际上公共价值冲突也是导致诸多政策失败问题的重要因素。在价值多元主义时代，公共价值理论丰富了对于政府行为和动机的理解，对其前因和后果的深入研究也能获得有趣且有价值的推论。

该研究从"压力型体制"的分析框架入手，以公共价值理论（Public Value Theory）、价值多元论（Value Pluralism Theory）和认知失调论（Cognitive Dissonance Theory）为理论基础，实证研究了我国地方政府在多重压力的作用下，公共价值冲突对于其环境治理效率的影响。具体研究内容包括如下五个紧密联系的关键问题：（1）地方政府承受的多重压力对其环境治理效率有何影响；（2）地方政府承受的多重压力是否会激化公共价值冲突？具体会激化哪些公共价值冲突；（3）公共价值冲突对于地方政府环境治理效率有何影响；（4）公共价值冲突在多重压力下与地方政府环境治理效率间扮演了什么样的角色；（5）针对地方政府环境治理中公共价值冲突，有哪些协调路径。

该研究为分析地方政府环境治理问题提供了一个全新的理论视角，有助于人们理解和把握地方政府一系列偏差行为背后的深层次原因。现有研究多分析了地方政府环境治理"该怎么为"的方向，却忽略了地方政府"很难为"的困境。该书从公共价值冲突视角分析地方政府环境治理中面临的"棘手问题"和"两难处境"，为环境治理研究提供一个全新的视角。公共价值理论对于分析地方政府行为逻辑具有极强的解释力和启发意义，从公共价值冲突视角分析地方政府环境治理中面临的关键瓶颈问题，有助于找到地方政府一系列偏差行为出现的深层次原因，并可以形成有针对性的突破瓶颈问题的治理策略。

## 二 主要内容与观点

该研究选取我国 216 个地市级作为研究样本，基于 2012—2017

年的面板数据，综合使用了数据包络方法（Data Envelopment Analysis）、Python 网络爬虫技术、计算机辅助文本分析方法（Computer-Aided Text Analysis）、基于机器学习的情感分析（Sentiment Analysis）技术、冲突关系模型（Conflicting Relations Model）、非线性中介和调节模型、面板数据多变量统计分析等方法，实证分析了多重压力、公共价值冲突与地方政府环境治理效率间的关系。针对所提研究假设，该书首先检验了地方政府承受的财政压力、绩效压力、竞争压力及公共舆论压力对于其环境治理效率的影响；其次检验了多重压力对于公共价值冲突的激化作用；再次采用中介效应模型、非线性中介效应模型检验了公共价值冲突在多重压力与环境治理效率间扮演的作用机制；最后，该研究结合调节效应模型、被调节的中介模型、基于 Bootstraping 方法分别从环保垂直管理、公众参与、绿色技术创新、声誉威胁四个方面检验了地方政府环境治理中公共价值冲突的协调路径，最终共得出了五方面的研究发现。

其一，地方政府承受的多重压力会影响其环境治理效率，不同类型的压力对于地方政府环境治理效率的影响不同。首先，财政压力会显著负向影响地方政府的环境治理效率；其次，绩效压力对于环境治理效率具有"双刃剑"效应，适当的绩效压力具有显著提升地方政府环境治理效率的作用，但是当绩效压力过大时，将会对地方政府环境治理效率产生负向影响；再次，竞争压力对于地方政府的环境治理效率存在"U"型影响，即在一定范围内，随着竞争压力的增大，地方政府会为了获得竞争优势而开展"逐底竞争"行为，进而对于其环境治理效率产生负面影响，但是当地方政府承受的竞争压力过大时，反而会出现"退赛效应"，弱化了其通过"逐底竞争"而实现经济赶超的意愿，进而缓解了对环境治理效率的不利影响；最后，研究发现公共舆论压力对于地方政府的环境治理效率具有显著的积极影响。

其二，地方政府承受的多重压力是激化地方政府公共价值冲突的重要因素。首先，财政压力会激化"生态环境类"公共价值集与

"经济发展类"公共价值集之间的冲突，该研究称之为第一类公共价值冲突；其次，绩效压力会激化地方政府面临的"长期绩效类"公共价值集与"短期绩效类"公共价值集之间的冲突，该研究称之为第二类公共价值冲突，而且二者之间呈现出了非线性的"U"型关系；再次，研究发现竞争压力会显著激化第三类公共价值冲突，即"法治公正类"公共价值集与"灵活变通类"公共价值集之间的冲突问题，且二者之间同样呈现出非线性关系；最后，公共舆论压力会显著激化"公民本位类"公共价值集与"政府本位类"公共价值集之间的冲突，该书称之为第四类公共价值冲突。

其三，公共价值冲突会影响地方政府的环境治理效率。其中第一类、第二类、第三类公共价值冲突都会对地方政府环境治理效率产生显著的负向影响，因为公共价值冲突的发生让地方政府陷入了一种两难境地，让环境治理变成了一个棘手问题，进而容易出现一系列偏差行为，诸如"重经济发展、轻环境保护"、环保"一刀切""一律关停""开口子、开绿灯"等行为，因此会对环境治理效率产生负向影响。但是该研究同时发现，第四类公共价值冲突对于地方政府环境治理效率的提高具有显著的促进作用。

其四，公共价值冲突是多重压力影响地方政府环境治理效率的中介机制。首先，财政压力是以第一类公共价值冲突作为传导机制进而负向影响地方政府环境治理效率的；其次，绩效压力以第二类公共价值冲突作为传导机制进而发挥其"双刃剑"效应；再次，竞争压力与地方政府环境治理效率间的非线性关系是以第三类公共价值冲突作为中介机制的，第三类公共价值冲突是竞争压力诱发地方政府出现"退赛效应"的关键节点；最后，公共舆论压力之所以会正向积极影响地方政府的环境治理效率，第四类公共价值冲突起到了部分中介的作用。

其五，该研究发现了地方政府环境治理中公共价值冲突的四个协调路径。首先，环保垂直管理可以对第一类公共价值冲突所扮演的中介作用起到负向调节效应，即当地方政府实施环保垂直管理，可以有效弱化第一类公共价值冲突在财政压力与环境治理效率间的中介作用；其次，公众参与具有对地方政府行为的监督、约束和纠偏作用，可以显著负向调节第二类公共价值冲突与地方政府环境治理效率间的负向关系，即当公众参与环境治理的程度较高时，可以有效缓解第二类公共价值冲突对地方政府环境治理效率的负面影响；再次，绿色技术创新负向调节了第三类公共价值冲突对于环境治理效率的影响，当一个城市绿色技术创新水平较高时，可以有效缓解第三类公共价值冲突的不利影响；最后，当地方政府声誉受到威胁时，可以显著强化公共舆论压力对于第四类公共价值冲突的激化作用，进而有效提升环境治理效率。

## 三 学术创新与贡献

该研究的学术创新和贡献主要表现在以下三个方面。首先是研究视角的创新。尽管政府环境治理是近年来公共管理领域的热点研究问题，但尚未有研究关注到地方政府环境治理中的公共价值冲突问题，也少有研究从公共价值的角度讨论政府的环境规制行为。已有研究大都从财政分权、政治激励、政治动员视角分析了地方政府环境治理的行为逻辑，或是从产业升级、能源转型、技术突破、市场交易等视角指出了地方政府的治理方向，但忽略了地方政府的现实困境。对深层次的公共价值层面的矛盾体察不足，也没能定位到地方政府环境治理中面临的真正痛点。公共价值冲突不仅是分析我国环境治理中诸多矛盾和棘手处境的一个全新的且强有力的视角，同时也是一个为现有研究所忽略的视角。传统视角下，多元主体间的利益冲突通常被认为是政策执行阻碍或者治理行动失效的根本原因，但其实多元化公共价值之间的冲突问题更能有力解释和分析政府行为偏差或政策失效。公共价值冲突可以描绘地方政府环境治理中"棘手问题"和"两难困境"形成的深层次原因，有助于人们更为准确地理解地方政府环境治理实践中面临的痛点问题。

其次是理论框架的创新。该研究建构了一个全新的理论解释框架，创新性地探明了地方政府环境治理中公共价值冲突的诱发因素、作用影响及消解路径。不仅展示了公共价值冲突从"何以发生"到"有何影响"，再到"如何治理"的逻辑全貌，还可以帮助人们全方位地认识公共价值冲突。已有研究对于公共价值冲突的概念阐述抽象且模糊，缺乏对于其来龙去脉的剖析。其不仅没有结合具体公共管理问题阐释公共价值冲突的内涵，也没有揭示公共价值冲突的发生背景，更缺乏对于公共价值冲突的影响效应及其消解策略的科学分析。该研究通过深入回答环境治理中公共价值冲突何以发生、有何影响、如何消解三个科学问题，可以打开公共价值冲突"黑箱"，帮助人们更为清晰地理解公共价值冲突。

最后是研究方法的创新。该研究突破了传统理论思辨的规范研究路径，将 CATA 文本分析方法、Python 网络爬虫技术和冲突反应模型（CRM）结合起来，创新性地解决了地方政府环境治理中公共价值偏好及公共价值冲突的测量问题，推动了公共价值冲突从"概念思辨"到"实证分析"的发展。通过采用多种前沿技术和方法，不仅可以将公共价值的内涵具体化、形象化并增强其实证基础，还有利于改变公共价值理论话题体系抽象模糊的现状，为进一步分析二元或多元化公共价值之间的冲突问题奠定了基础。长期以来，受传统政治哲学思辨研究的影响，学界对于公共价值冲突的讨论一直停留在概念思辨范畴，缺乏对于公共价值冲突前因后果的定量分析。该研究创新性地解决了公共价值冲突的测量问题，有力回应了学界对于公共价值理论体系的批评和质疑。此外，该研究在分析公共价值冲突的发生机理、作用机制及协调路径时，也融合了多种前沿分析技术与方法，如，Super-SBM 模型、非线性中介模型、情感分析（Sentiment Analysis）方法、被调节的中介效应模型、Bootstraping 方法等。研究方法的多样性和科学性有助于提升研究结论的科学性和稳健性。

# 《二战后美国联邦政府国际学生流动政策变迁研究》概要

安亚伦[*]

国际学生流动是经济全球化时代的必然趋势，也是知识经济时代知识传播和扩散的主要途径。21世纪以来，以美国为首的留学发达国家争相发展留学生教育，通过实施个性化的国际学生流动政策吸引全球各地的学生前往就读。本研究选取《富布赖特法》、《国防教育法》第六章、《国际教育法》和《美国爱国者法案》第四章等为案例，结合公共政策学中的间断—均衡理论和倡议联盟分析框架，综合运用文献研究法和案例研究法，研究第二次世界大战后美国联邦政府国际学生流动政策的产生背景、演变过程、实施效果及其影响与反馈，并在此基础上分析国际学生流动政策变迁中的相对稳定变量、外部事件变量、政策子系统内的联盟信念体系、以政策为导向的博弈与学习过程，以及政策变迁机制，探讨政策变迁中的经验与问题，为新时代中国推进来华留学生教育改革提供政策路径与建议。

## 一 研究目的、意义及方法

该研究以高等教育国际化为宏观背景，选取美国高等教育国际

---

[*] 安亚伦，北京师范大学比较教育学专业博士，现就职于北京体育大学教育学院。

化进程中最为显著的一个方面，即国际学生流动为研究对象，对第二次世界大战后美国联邦政府国际学生流动政策的变迁进行研究。

### （一）研究目的

具体而言，该研究涉及以下三个研究目的。

第一，梳理第二次世界大战后美国联邦政府国际学生流动政策的发展动因、政策内容和演变过程、政策的实施效果及政策反馈，探究美国开展国际学生流动的理论、政策与实践的关系。

第二，分析美国国际学生流动政策子系统外相对稳定变量、外部事件变量、政策子系统内不同倡议联盟的信念构成、联盟间以政策为导向的学习与博弈对政策变迁的影响，在此基础上总结美国国际学生流动政策的变迁机制。

第三，通过对美国联邦政府国际学生流动政策的研究，反思中国现阶段来华留学生教育的政策与实践，为来华留学生教育政策的改革服务。

### （二）研究意义

第一，现实意义。20 世纪 80 年代以来，关于全球学生流动的研究不断发展，针对美国等西方发达国家的留学生教育政策研究成果不断涌现，成为高等教育国际化和比较教育领域中的一个重要研究领域，且研究方法和角度多样，为理解国际学生流动奠定了理论基础。中国在教育国际化进程中一直扮演着追赶者的角色，以学习和借鉴发达国家留学生教育经验为主，研究对象多聚焦于发达国家国际学生流动政策与战略、学生流动的历史动因、影响学生流动的因素等方面，鲜有理论上的创新与改革。可以说，中国的国际学生流动政策研究尚处于起步阶段，在理论阐释和政策分析研究上存在不足与滞后性。基于此，该研究瞄准比较教育研究中的学术前沿领域，选题既反映了世界高等教育国际化的大趋势，又结合了中国教育对外开放政策的现实需要。

第二，理论意义。该研究结合间断—均衡理论和倡议联盟分析框架，通过对第二次世界大战后美国联邦政府国际学生流动政策的产生背景与动因、政策内容、政策实施效果与反馈的梳理，对相对稳定变量、外部事件变量、倡议联盟信念凝聚与输出、以政策为导向的学习和博弈对国际学生流动政策变迁的影响进行分析，透视美国联邦政府国际学生流动政策的变迁机制，总结政策变迁中的经验与问题，既能丰富教育政策的分析框架，又能拓展比较教育学科的研究内容和领域。

第三，实践意义。从实践的角度看，近几年来，中国"一带一路"倡议和"双循环"新发展格局的相继提出，带动了国内学界对"一带一路"背景下高等教育国际化路径及发展模式、中外合作办学与国际化人才培养、世界一流大学和一流学科建设方面的关注。然而，由于对留学发达国家的留学生政策缺乏深入的了解与研究，加之政策文本分析与案例研究相结合的综合性研究成果相对缺乏，中国在国际人才竞争中缺乏策略与经验。作为新兴留学目的地国家，我们应当充分认识到，机遇与挑战并存，如果不了解当前国际学生流动政策的产生动因与发展规律，不加限制地扩大来华留学生规模，中国就会面临国际学生良莠不齐、教学资源分配不均、国际学生管理与服务质量无法保障等问题。因此，深入理解发达国家的国际学生流动政策，在借鉴发达国家促进国际学生流动的经验和问题上，探索出一条能够彰显自身文化和价值观以吸纳海外优秀人才的路径，既能够顺应世界高等教育国际化的发展趋势，又能够推动形成新时代扩大教育对外开放的新格局。该研究的选题，正是从他国出台的国际学生流动相关政策与实践中汲取经验，对探索新时代中国来华留学生教育政策的路径、推动来华留学生教育事业的发展、强化现代化建设人才支撑具有重要的实践意义。

### （三）研究方法与设计

1. 研究方法

该研究主要以定性研究方法为基础展开，综合运用文献研究法和案例研究法,对美国国际学生流动政策变迁进行研究。

(1) 文献研究法。所谓论从史出,掌握充分的原始文献,并对这些文献进行梳理和比较,是了解一国教育政策史的重要研究方法。文献研究法贯穿本研究始终,对美国联邦政府国际学生流动政策的研究主要依据美国各个时期的政策法律文本,力求在文献资料的基础上进行客观的分析。

(2) 案例研究法。案例研究法是通过选取一个或多个案例对某一学科领域进行详尽分析的方法,具有代表性、具体性和深刻性的特征。由于美国是实行地方分权制的国家,联邦政府主要通过立法对国际学生流动进行宏观调控,具体的政策实施由各州政府负责,高等教育机构基本上是自治机构,在接收国际学生方面拥有较充分的自主权。因此,为了更好地回答关于州政府和大学与联邦政府在国际学生流动政策方面是如何互动或博弈的问题,本研究以俄亥俄州为案例,分析了州政府如何通过制定留学生教育战略规划和财政预算对公立大学的留学生教育进行管理。以纽约大学为案例,分析了美国高校如何通过制定具有自身特色的留学生奖学金政策和留学生服务政策吸引国际学生。此外,在分析非营利性组织在国际学生流动政策发展中的作用时,本研究选取了福特基金会、美国教育理事会、全国外国学生事务联合会等若干案例,力争生动鲜活地呈现它们与联邦政府之间的政策互动或博弈,以便佐证观点的合理性。

2. 研究思路与路线

该研究以间断—均衡理论为理论基础,结合倡议联盟分析框架,构建出该研究的分析框架,研究美国联邦政府国际学生流动政策的变迁逻辑和变迁机制。该研究第一章回溯第二次世界大战后美国联邦政府最具代表性的国际学生流动政策,梳理其制定、演变、实施和反馈过程。第二、三、四章对美国国际学生流动政策变迁过程中的相对稳定变量、外部事件变量、政策子系统内的联盟构成、信念体系和以政策为导向的博弈与学习过程进行分析,归纳美国联邦政府国际学生流动政策的变迁逻辑。综上所述，间断—均衡理论构成了该研究的主要理论基础，倡议联盟分析框架提供了具体的分析路径与分析工具，由此从不同角度和层面为该研究提供理论支撑。

## 二　主要内容与重要观点

该研究共七个部分，除导论和结论外，正文共五个部分。

### （一）主要内容

第一章"二战后美国联邦政府国际学生流动政策的发展历程"，聚焦政策子系统内《富布赖特法》、《国防教育法》第六章、《国际教育法》和《美国爱国者法案》第四章的制定与变迁过程，下设四个子研究，分别为：美国国际学生流动政策发展动因研究；美国国际学生流动政策内容研究；美国国际学生流动政策实施与管理研究；美国国际学生流动政策影响与反馈研究。

第二章"影响美国国际学生流动政策变迁的相对稳定变量"，分析美国根本的文化价值观、多元化的社会结构、基本的法律框架对国际学生流动政策系统内联盟深层核心信念的影响。

第三章"影响美国国际学生流动政策变迁的外部事件变量"，分析第二次世界大战后不断变化的社会经济条件、公共舆论、占统治地位联盟、外交战略变化对联盟政策核心信念的影响。

第四章"美国国际学生流动政策的变迁"，分析政策子系统内的倡议联盟构成、联盟信念体系的凝聚与输出、联盟间的博弈对政策变迁的影响。

第五章"美国国际学生流动政策变迁中的经验与问题"，在之前四章研究成果的基础上，总结美国国际学生流动政策发展中的经验与问题，并对拜登政府的国际学生流动政策发展趋势进行预测。

### （二）重要观点

该研究主要发现六点核心结论。

第一，美国国际学生流动政策的变迁是在渐进式模式和间断—均衡模式下交替进行的。符合不同时期的国家核心利益是政策变迁的出发点与归宿。总统的参与增加了国际学生流动政策快速变迁的可能性。第二，相对稳定变量通过制约政策参与者的资源和深层核心信念，引导美国国际学生流动政策的渐进式变迁。其中，根本的文化价值观为联盟内核心信念的形成奠定了基础，联邦体制决定了联邦政府与州政府和高校的分散型权力分配模式，为长期联盟机构的政策诉求提供了制度保障。第三，外部环境的变化是动摇美国国际学生流动政策核心信念、促使政策发生重大变迁的关键因素。首先，社会背景的变化为政策的重大变迁提供了直接动力，经济条件为政策的变迁提供了物质保障。其次，公共舆论可以改变政策决策者对国际学生流动政策图景的判断，政策制定者可以利用公共舆论推行或阻碍政策行动。再次，只要提起政策的子系统倡议联盟仍然掌握权力，国际学生流动政策的核心就不会发生重大改变。第四，美国国际学生流动政策的变迁是通过不同联盟间以政策为导向的博弈与学习过程实现的。首先，国际学生流动政策联盟的参与者对政策核心问题的立场有着基本共识，但在信念体系的次要方面共识度较低。其次，以政策为导向的学习是引发国际学生流动政策变迁的重要机制，可以发生在联盟内部，也可以发生在跨联盟间，但通常只能改变政策的次要方面。此外，相对于外部事件，国际学生流动政策变迁的失败主要源于政策子系统内部。第五，在美国国际学生流动政策的变迁过程中，联邦政府始终强调对留学生教育的领导权，注重发挥各州政府和高校的自主调节作用，重视与非营利性组织的政策协同关系。第六，美国国际学生流动政策的发展由于受到政策子系统内外因素的制约暴露出诸多问题。其一，国际学生流动政策的发展难以克服孤立主义的基因缺陷。其二，在国家层面缺乏统一的国际学生流动政策指导各州和各高校的国际学生流动政策。

其三，国际学生流动政策变迁中始终未能设立一个机构全面管理和协调来自各部门的资金，导致联邦资金无法得到最大限度的利用。

## 三　学术创新与贡献

该研究主要有以下三个方面的创新与贡献。

第一，选题创新。该研究的选题创新在于响应"一带一路"倡议和"双一流"建设的提出，从美国联邦政府出台的国际学生流动相关政策与实践入手，深入探究发达国家的国际学生流动政策发展与变迁机理和规律，以期为我国扩大来华留学的政策建设、推动来华留学教育事业的发展和参与国际创新人才竞争提供参考。选题既顺应了世界高等教育国际化的发展趋势，又符合我国探索出通过彰显自身文化和价值观优势吸纳海外优秀人才的路径的现实需要。

第二，理论创新。该研究的理论创新在于创造性地结合了倡议联盟框架、动因理论和间断—均衡理论，对美国联邦政府国际学生流动政策的变迁进行全面研究。在分析美国国际学生流动政策产生背景、演变过程、政策内容、政策影响与反馈时，将动因理论融入原有的教育政策分析框架，从而构建出一个更加完善的教育政策分析框架，透视美国联邦政府国际学生流动政策的变迁机制，总结政策变迁中的经验与问题，既丰富了教育政策的分析框架，又拓展了比较教育学科的研究内容和领域。

第三，内容创新。该研究的内容创新在于选取《富布赖特法》、《国防教育法》第六章、《国际教育法》和《美国爱国者法案》第四章等四项具有代表性的国际学生流动政策，对第二次世界大战后美国国际学生流动政策变迁进行纵向梳理。同时，该研究还对这些法案的相关演变内容进行了横向梳理，这样更有利于找出贯穿美国国际学生流动政策发展过程中的逻辑，总结政策发展中的经验与问题，预测未来的政策发展动向。

# 《教育戏剧：迈向未来的高校价值教育教学模式》概要

洪瑞祥[*]

## 一 研究目的、意义及方法

在充满易变性、不确定性、复杂性和模糊性的时代下，在高等教育改革不断推进的浪潮中，高校应当如何进行价值教育？该研究旨在探索一种新的高校价值教育模式，一方面回应时代的需求，另一方面弥合传统价值教育模式的不足，从而为高校价值教育的发展、为高校人才的培养助力。

在这个根本目的之下，本研究的直接目的是，以教育戏剧作为切入点，探索如何通过教育戏剧来开展高校价值教育。教育戏剧（educational drama）起源于20世纪初的欧美，最开始被称作"戏剧教学法"，后来逐渐发展成为一种成熟的教学理论。在当下学界，无论是国内还是国外，教育戏剧的相关研究大都集中于幼儿教育或中小学教育阶段，极少涉及高等教育，有关高校通过教育戏剧开展价值教育的系统研究几乎可以说是空白。该研究立足课堂教学的微观层面，尝试将教育戏剧引入高校价值教育领域，探索一种面向高校

---

[*] 洪瑞祥，清华大学教育学博士，现就职于国家教育行政学院。

价值教育的新型教学模式。

该研究构建的面向高校价值教育的教育戏剧模式对前人提出的课堂教学中的价值教育模式进行了弥合、继承与发展；还以"从观念的实践到实践的观念""从空洞的情境到实际的情境""从已知的应对到未知的应对"对当今的时代进行了回应，探索了高校价值教育实践的一种新的可能性。在此基础上，该研究还进一步挖掘了教育戏剧背后所蕴含的教育理念："体验即学习""即兴即真实""集体即课堂""表演即行动""无评判即鼓励"。该研究填补了高校通过教育戏剧开展价值教育系统研究的空白，丰富了高校价值教育和教育戏剧的相关理论，同时在实践过程中形成的一套教学案例也能给未来教师的教学实践提供参考和借鉴。

从模式构建的逻辑思路出发，该研究选择了"基于设计的研究法"（Design-based Research）作为基础。在"基于设计的研究法"中，该研究主要化用了麦克肯尼（McKenney）和里弗斯（Reeves）提出的设计流程框架，以"构建—实施—评价—反思"的流程对面向高校价值教育的教育戏剧模式进行探索。其中，在"构建"环节，该研究融入了概念分析法对"高校价值教育"和"教育戏剧"两个重要概念进行分析；在"评价"环节，融入了质性访谈法对面向高校价值教育的教育戏剧模式的成效进行评价。该研究的实施流程框架如下。

在"构建"阶段，研究旨在设计出一个可供实践使用的"模式框架"，研究先采用概念分析法对"高校价值教育"和"教育戏剧"两个核心概念进行分析和界定，然后对通过教育戏剧开展高校价值教育的可行性进行了论证，再从"模式"的要素出发，对教育戏剧理论和高校价值教育相关理论进行融合，提出了面向高校价值教育的教育戏剧模式原型。

在"应用"阶段，主要是把面向高校价值教育的教育戏剧模式原型具身化，将该模式原型放在具体的课堂情境中，通过该模式对具体的课堂教学进行"干预"。这一阶段一方面希望能够通过实施来对抽象的模式进行精进和优化，另一方面也是在实际的实施的过程中探索如何通过教育戏剧模式来开展高校价值教育。研究以清华大学文化素质核心课程"大学精神之源流"和"学术之道"的小班研讨课为载体进行落地应用。该模式的课程教学一共进行了三轮，每轮持续一个学期，研究也通过这种迭代过程不断地对面向高校价值教育的教育戏剧模式原型进行优化。

在"评价"阶段，主要是对教育戏剧模式实施的效果进行一个整体评价。研究共进行了三轮的教学实施，每轮教学结束以后，研究都会对参加的学生和若干教学观察者进行访谈，方式涉及群体访谈和个体访谈。每轮教学结束后的访谈都会为下一次教学的实施提供模式优化的依据。通过对三轮访谈的资料进行整体分析，研究对"面向高校价值教育的教育戏剧模式带来了怎样的成效"这一研究问题进行了回应。

在"反思"阶段，经过了前期的"实践"和"评价"，对面向高校价值教育的教育戏剧模式的原型进行了优化。此外，通过整体实施的反思，该研究尝试抽象出面向高校价值教育的教育戏剧模式的运行机制。同时也反思了面向高校价值教育的教育戏剧模式如何推广的问题。

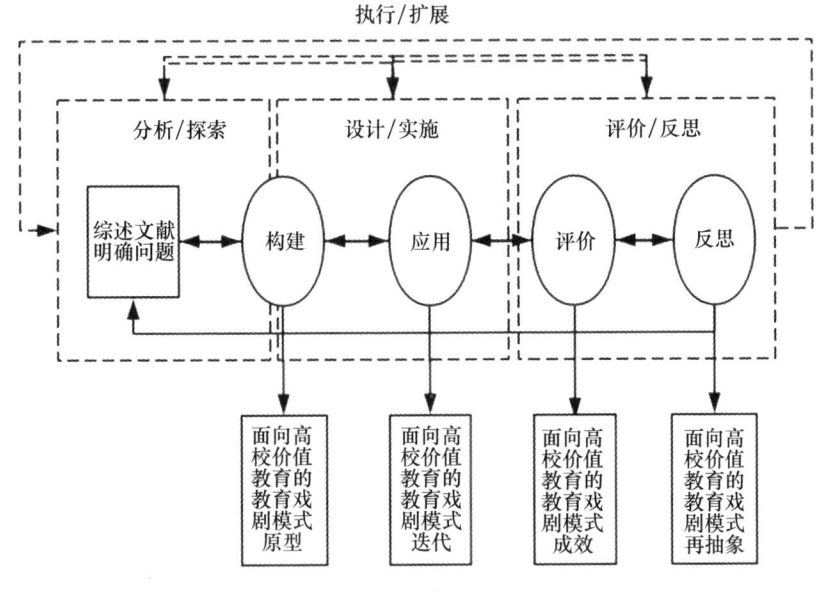

图 1　研究框架

## 二 主要内容与重要观点

1. 为什么可以并应该通过教育戏剧开展高校价值教育？

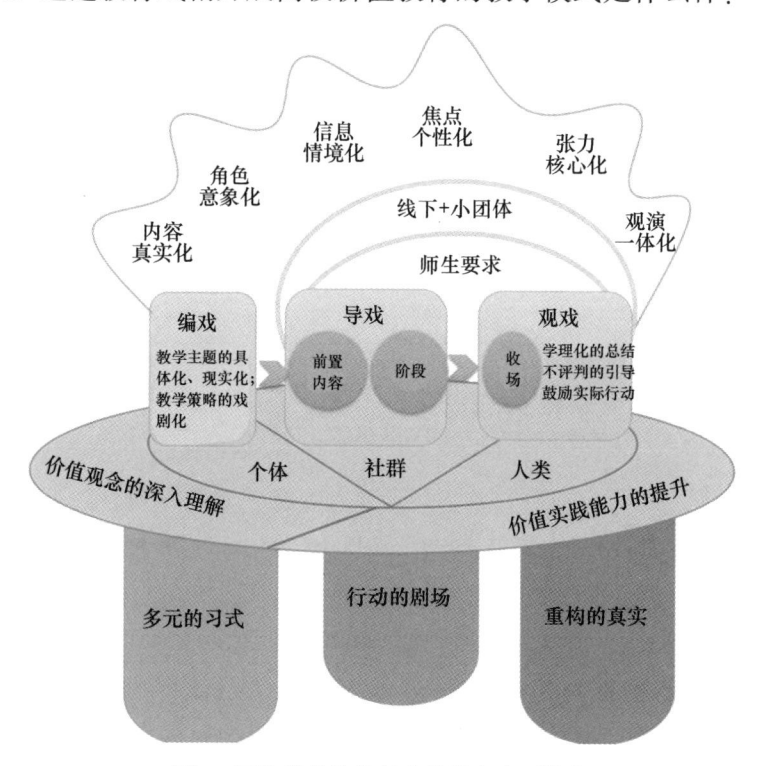

面向高校价值教育的教育戏剧模式构建的可行性主要有三：一是教育戏剧的特点契合高校价值教育"知行合一"的本质要求；二是教育戏剧的功能契合高校价值教育对象"成年初期"的特征；三是教育戏剧的教育形式顺应了"价值变迁"的趋势。

2. 通过教育戏剧开展高校价值教育的教学模式是什么样？

图 2　面向高校价值教育的教育戏剧模式

3. 怎样通过教育戏剧开展高校价值教育？

通过教育戏剧开展高校价值教育的路径有三：一是"多元的习

式",即将前人已总结的各种教育戏剧习式有针对性地融入教学实践当中;二是"行动的剧场",即论坛剧场形式的融入,将课堂变成剧场,让学生们在课堂教学过程中进行价值行动;三是"重构的真实",即学生在虚拟的情境中真实行动或让虚拟的情境变成真实的生活。当然,我们需要看到,通过教育戏剧开展高校价值教育的路径并不仅仅局限于此,这三种路径只是本研究探索的结果,笔者相信,随着未来相关研究的不断发展,通过教育戏剧开展高校价值教育的路径也会越来越丰富。

4. 通过教育戏剧开展高校价值教育的效果如何?

通过教育戏剧模式开展的高校价值教育效果如下:面向高校价值教育的教育戏剧模式在价值观念层面,可以帮助学生明晰价值观念、意识价值误区、开拓价值视野;在价值实践层面,可以帮助学生表达价值观点、丰富价值经验、增强价值意愿。在实际操作上,该模式的优越性主要体现在其有利于课堂氛围的营造、学生注意力的吸引、主题的深度探讨。这一模式的局限性则体现在时间不易把握、课前准备工作繁重、需要教学者引导。

5. 如何解释教育戏剧在高校价值教育方面的效果?或者说,如何从理论上说明教育戏剧在促进高校学生价值学习与价值成长方面的机制?

面向高校价值教育的教育戏剧模式主要是通过"体验—想象—融合"的机制来促进学生的价值学习和价值成长。

6. 该研究还以"从观念的实践到实践的观念""从空洞的情境到实际的情境""从已知的应对到未知的应对"对当今的时代环境进行了回应,探索了高校价值教育实践的一种新的可能性。在此基础上,研究还进一步挖掘了教育戏剧背后所蕴含的教育理念:"体验即学习""即兴即真实""集体即课堂""表演即行动""无评判即鼓励"。

## 三　学术创新与贡献

### （一）研究理论上的丰富与创新

该研究基于对既往价值教育模式的分析，将价值教育与教育戏剧融合在一起，尝试构建面向高校价值教育的教育戏剧模式。该模式从高校学生的特点出发，既关注价值观念层面的深入理解，又关注价值实践层面的能力提升。其特色在于戏剧结构的融入，强调内容真实化、角色意象化、信息情境化、焦点个性化、张力核心化和观演一体化。该模式继承了现在受学界关注的价值教育实践模式的特点，也弥合了传统价值教育实践模式的不足，为高校价值教育的实践提供了一种新的可能性。教育戏剧模式还对当今充满变幻与不确定的时代进行了回应，体现在"从观念的实践到实践的观念""从空洞的情境到实际的情境""从已知的应对到未知的应对"三种高校价值教育实践思路的变化上。这丰富了价值教育的相关理论。

当下学界教育戏剧的相关研究普遍集中在学前教育和基础教育阶段，极少涉及高等教育，有关高校通过教育戏剧开展价值教育的系统研究几乎可以说是空白。该研究尝试将教育戏剧引入高校价值教育领域，丰富了教育戏剧的相关理论。

此外，该研究还从教育戏剧所蕴含的理念出发，从价值教育实践拓展到教育实践，提出"体验即学习""即兴即真实""集体即课堂""角色即行动""无评判即鼓励"的观点，笔者认为这是教育戏剧对教育一般理论的贡献。

### （二）将基于设计的研究法应用到高校价值教育领域

教育研究通常有"人文"（humanities）"科学"（scientific）和"工程"（engineering）三种导向。人文导向强调通过批判的评论而产生深刻的新见解；科学导向则强调实证，通过对现象进行分析来理解世界运行的规律；工程导向不同于前两者，其既要求理解现状，也尝试着在现有知识的基础上探索"实际问题的高质量解法"，基于设计的研究就属于第三种导向的研究。

通过前文的文献综述，可以知道学界现在有关价值教育的相关文献大都集中在理论和比较方面；相关的实践研究则多以实证为主，关注理论的直接应用和现象的分析。这就使得价值教育的相关研究普遍都是"人文导向"或"科学导向"，该研究采用基于设计的研究法来探索面向高校价值教育的新型教学模式，在"人文"和"科学"导向为主的价值教育领域开展"工程"导向的研究，这是一种研究设计上的创新。

基于设计的研究既强调理念生成，也强调实践干预物的产生，该研究除了致力于理论上的丰富，在实践层面也形成了一套以教育戏剧来开展高校价值教育的课程案例，期许能够为未来教师的实践提供参考。

# 《希望的力量——当代农家子弟留守历程的教育叙事探究》概要

许程姝[*]

## 一 研究目的、意义及方法

农村留守儿童是我国城乡二元关系开放化和全国劳动力市场统一化的产物,他们的生存境遇与成长发展引起社会广泛关注。留守儿童发展质量不仅关乎他们自身前途命运,还关涉我国未来人口素质、社会结构形态及社会和谐目标的实现。"问题"视角以及对"留守"的总体观呈现了基本事实,然而,以"问题"为导向的研究存在潜在风险,仅把农村留守儿童视为问题化的、需要关怀的弱势群体,忽视了他们富有创造力、能动性的另一面,这可能无法形成农村留守儿童群体丰富化的客观形象,也在一定程度上使农村留守儿童研究框架变得过于刚性,导致我们不能从成功的"留守儿童"身上发现具有积极意义的可供他人借鉴的维度。最新研究显示,抱持"韧性""抗逆"等信念的个体也可以在越发多样化、富有挑战性或逆境翻涌的现代社会中生存与顺利发展。结合生命历程研究走

---

[*] 许程姝,东北师范大学教育学博士,现就职于东北师范大学中国农村教育发展研究院。

向理论应用分析发展趋向，以叙事视角介入农村儿童留守历程并探察深藏个体向上力量源泉与发生机制，对解决转型中国的社会结构重塑、促进弱势群体脱贫攻坚与乡村振兴有效衔接、深入推进留守研究学理性认识具有重要战略意义和学术价值。

如何最好地捕捉农家子弟"留守历程"以及深入阐释个体发展的过程性机理是一个方法性挑战。作为一种新的质性研究方法，基于叙事民族志的自传社会学日益引起学界关注，更为该研究提供坚实的方法基础。一方面，叙事嵌入话语之中并与自我紧密相连，使研究者得以深层识别群体自我连续性的主观意识；另一方面，在既往"留守"研究中，关涉私人的事件总是被屏蔽掉，而自传不仅能够成为一种收集资料的方式，更通过叙事让公众理解群体体验与发展进程，推进实质问题发现、理论纵深以及为创新政策干预策略提供渠道。基于前期国内外文献研究基础，结合个案研究方法，该研究面向全国9所精英高校招募，筛选典型样本作为研究对象。研究资料具体包括研究对象书写的教育自传、文学创作以及日记等文本性资料。通过两年的焦点小组讨论和自传采集，辅之以一年的深度访谈，三年间形成40万字的自传资料和访谈记录。

## 二 主要内容与重要观点

研究整体将过程、个体行动（包含"理念"行动）和结构相结合，构成理解农村留守儿童发展问题的三个重要共变量。第一，从历时性角度认识留守问题。从留守历程轨迹、教育发展计划以及社会变迁进程挖掘留守历程具体特性，探究农家子弟在长期与父母分离过程中面临的真实处境及风险遭遇。第二，以个体"希望"意识（和行动）嵌入生命轨迹为研究脉络，发掘"向上"留守群体编织"意义之网"的过程性机理。一是探察留守日常生活中群体"希望思维"的作用机制；二是探索他们在教育生活中将"读书"这一希望微观实践内化于身及寻求自我发展的进程。第三，关注社会结构转化层面。从留守生活（乡村生活）到教育生活，农家子弟必然会经历从"实践性把握"到"知识性学习"社会化过程，关注"社会—教育"到"教育—社会"的结构性衔接，基于更为外在的空间视域，揭示出乡村社会充满"希望特质"的文化基因与农家子弟奋进的文化生产过程。

伴随现代社会制度从传统社会秩序中分离进程，农村留守儿童面临一系列由社会转型与城镇化浪潮带来的挑战，现代性"断裂"所导致的认同迷思、孤独传导以及无所依从的农村生活处境将为儿童健康成长套上枷锁。作者认为，个体从经验上走出他自身可以成为他自身的研究对象，突破传统问题研究以及社会支持依赖性方法、关注弱势群体自我赋能的转化路径成为学术增长点。

第一，在社会转型与乡村振兴中，重新理解农村儿童面临的复杂境遇。传统研究以功能主义的概念视角将农村留守儿童群体整体地理解为"一直留守"或始终保持稳定的"留守"状态，过于简化或静态化的处理具有潜在概念风险，部分地消解留守群体的实在困境及其情感体验，并面临政策立场上的抽象治理困局。生活旅程不确定性、教育地点反复变化以及家庭成员交替轮现演绎着农家子弟"动态留守"复杂成长过程，"忧伤与孤独"的情感律动隐匿在"归属与分离"的动态成长轨迹之中，"交替式监护"营造的亲子关系演化为"陌生人"、缺失情境的"家"观念被构造为"不团圆"等亲子风险；教育历程中频繁"转学"成为既定事实并激发高学业成就农家子弟的主动融入策略。生命历程视角下的"动态留守"发现及其实践反思成为理解留守命题的一种新范式，留守儿童关爱体系建设亟须深化基于动态情境的教育政策理解，考虑留守历程中形成、维持或加剧问题的教育事件，提高对变化情境中政策主体情感体验的关注并施加有针对性的教育支持。

第二，"希望"分析视角揭示出个体奋进的过程性机理。"希望"作为建设性力量蕴藏在内个体与个体行动中。在对农家子弟的教育自传进行叙事分析后发现，作为精神向度的"希望"力量蕴藏在农家子弟的自我叙事之中,"希望"的精神向度被表征为乐观、接纳、信仰及期盼的具体内容意涵,农家子弟个体意志不断增强以实现对其留守历程中所遭遇困境的自我化解并实现了对社会结构性矛盾的群体性突破。农家子弟的叙事揭开了一个基于"现实性"和"可能性"概念意义上的乌托邦精神施展的过程,即个体可以凭借"希望"的力量去摆脱情感陷阱、底层境遇以及"动态留守"所构建的"黑暗的"生存境况。因而,一种探索农村儿童主动成长路径与有效社会支持的改革方案在于,构建出一种新型的希望教育观并创设出清晰的教育实践策略与多元主体支持路径,以"儿童中心"本位、"充满希望"的新关爱视角突破"悲情帮扶"与"弱者关怀"的传统关爱氛围,为农村留守儿童群体赋能创造空间。

第三,农村地区作为"希望"的外在场域释放出优秀人文教育价值潜力。"场域"也是重要的希望场所,基于文化多样性的文化资本理解为差异化城乡社会中的个体发展开辟了"差别优势"的话语进路。在城乡分野的文化生产场,文化资本并非均质化存在,农村儿童以不同于城市儿童的文化资本实现着文化生产。即便"留守"造成农村儿童缺乏家庭教育经验支撑,但农家子弟在文化生产过程中,依旧凭借自然心性、人伦传统、亲密关系等农村文化资本促使他们从中汲取"担当""尊重""乐观""回馈"等向上的文化品质,进而为取得高学业成就带来精神力量。因而,一种重新挖掘农村丰厚文化资本意蕴与教育功用的改革方案在于,构建一种具有"文化优势"的农村地区"希望发展观"。不断深入推进对农村优秀文化、农村教育资源的系统性研究,将农村地区的优秀人文教育价值潜力释放出来;增强多元文化表达,促使农村文化价值在学校教育中得到认可。

## 三 学术创新与贡献

在中国社会转型与时代变革的背景下,成果通过深入挖掘农家子弟留守历程和发展过程中的能动力量——"希望"意识的建构机制，进一步拓展个人发展理论、生命历程理论，也为农村留守儿童健康成长、人力资本优势积累提供教育启示，具体来看包括以下几个方面。

第一，聚焦"积极""优势""个体社会学"新社会科学研究趋向，实现留守研究从"问题研究"到"积极研究"的视角转换。研究以通过个体努力并进入一流高校的"曾留守"农村籍大学生为研究个案，深入考察他们在留守生活中的多样化心智模式与教育实践方案，通过研究进路转换并以"积极"视角入思其生命历程，实现了对处境不利儿童发展的正向榜样激励与对农村留守儿童研究的补充、完善。

第二，基于"生命历程"的理论视角与理论方法，深化对"留守"问题的学理性认识。该书构建出一种农村留守儿童研究的新生命历程研究实践，突破留守儿童研究简化、静态化的研究现况，在个体自我建构、自我解构、经验组建的叙事中分析主体性对现实环境的作用并深层挖掘"留守"和"希望力量"之于个体的"意义之维"。

第三，根植"希望"命题，实现"希望"理论在教育学学科领域的应用与创生。在过去的 20 年间，有关"希望"的文献在国内外健康、医学和保健领域呈现出爆发性增长趋势，作为一种结构、态度或具备特殊功效的"希望"越来越被视为促进个人发展、个体健康的重要面向，研究深植希望命题，以此推进教育学科理论创新与理论发展。

该研究具有以下学术贡献。

## （一）理论价值

第一，弱势群体的自我赋能为脱贫攻坚与乡村振兴有效衔接提供了新发展方向。当前，内生动力难以激发、主体性弱化成为乡村发展的现实阻碍。留守儿童面临比其他儿童更多风险压力，但其成功经验表明个体能动性具有重要社会价值，群体自我赋能的发展模式探察为农村教育发展、乡土人才培育、乡村文化振兴提供新建设理路和方向。

第二,"希望"理论与教育实证研究的有机结合,突破已有教育学领域单维希望教育思辨模式与希望教育倡导模式,构建出一种新"希望"研究的教育诠释模式。此外,通过农家子弟留守历程中丰富生活、教育与社会实践的展现,提供丰富经验依据,对"希望"研究在教育学领域进一步深化起助推作用。

第三,创造性提出"农村文化资本"概念并有效解释让农家子弟化解留守风险、向上奋进的"充满希望"的乡村文化力量,突破皮埃尔·布尔迪厄将文化资本定义为高雅文化范畴的统摄性,新实证证据以及基于文化多样性的文化资本理论理解为农村社会发展开辟"差别优势"话语进路,为农村文化"优势论"以及农村教育现代化的独特性奠定理论基础和提供理论依据。

### (二) 实践价值

第一,推动农村留守儿童领域的教育政策发展。在了解群体心智模式与塑型机制的基础上,为教育政策制定提供可靠依据,为留守儿童关爱中心、中小学校、高等院校等权威机构提供了一种留守儿童健康发展的"希望教育学"新型干预策略,创生出引导留守大学生积极向上的实践理路。

第二,实现社会意义上的榜样激励效应。本成果重拾个体关注要义,通过个体"自我奋斗"意志与行动识别社会变迁背景下个体与社会结构的复杂互动关系,观察到了作为独立个体是如何面对复杂世界来审视自我的构成性存在并给予大众反馈,在发现个体能动性发挥是如何在社会秩序失范时起到有机愈合作用中,实现给予他人省思并起到社会示范效应。

# 《艺术史的时代辩证法——鲁道夫·维特科尔艺术史论研究》概要

张佳峰[*]

## 一 研究目的、意义及方法

### （一）研究目的

鲁道夫·维特科尔（Rudolf Wittkower，1901—1971）是20世纪著名的德裔艺术史家，历任意大利赫兹亚纳图书馆研究助理、瓦尔堡研究院研究员、哥伦比亚大学艺术史与考古系主任等职。在半个多世纪的学术生涯中，维特科尔锤炼出鲜明的艺术史观与方法，围绕文艺复兴、巴洛克和跨文化艺术史等研究领域展开艺术史时代辩证法的探寻，做出了原创性的学术贡献，铸就了一个极具价值的研究范式。对于维特科尔这一研究范式的探讨，进而在继承中超越，在回顾中走出，寻绎其对当下艺术史学知识生产的启示正是该研究的目的之所在。

### （二）研究意义

维特科尔一生的艺术史论知识生产在以下几个方面呈现出其意义和价值。

---

[*] 张佳峰，南京大学艺术学理论专业博士，现就职于浙江大学传媒与国际文化学院。

第一，维特科尔有助于我们进一步深入理解艺术史这一现代学科，在批判与反思之中迈向艺术史方法论的自觉。就何为艺术史、艺术史与其他相关学科之间的关系、艺术史的研究范式等"家族相似"的问题，维特科尔给予了睿智的见解。在深入体认艺术史这一现代学科，获取艺术史研究方法论的自觉，进而迈向严谨的艺术史研究等方面，维特科尔无疑会给予我们重要的启示。

第二，维特科尔在西方艺术史的具体研究领域之中也是卓有建树的大方之家，围绕文艺复兴艺术史、巴洛克艺术史以及跨文化艺术史等研究领域展开了他颇具原创性的对于"艺术史时代辩证法"的探寻。毋庸置疑，这对于我们深化西方艺术史论的研究具有知识学的意义，对于我们展开本土艺术史研究具有可资借鉴的方法论意义。

第三，从 20 世纪西方艺术史论发展的角度来看，维特科尔的一生亲历了西方艺术史论从德语世界向英语世界开枝散叶的历程，甚至在某种意义上乃是其中关键性和枢纽性的学者，这无疑对于我们进入 20 世纪西方艺术史论的学术谱系提供了津梁，因此，其所蕴含的学术史意义也便彰明较著了。

### (三) 研究方法

该书以维特科尔艺术史论研究范式为焦点，在对维特科尔的著述作深度的文本耕犁的基础上，一方面关注维特科尔艺术史论自身的内涵；另一方面深入 19 世纪末以来艺术史论的学术谱系之中加以透视，前者是共时性的维度，后者是历时性的维度。

第一个角度的着眼点主要落在维特科尔艺术史论本身，同时兼顾维特科尔同时代的艺术史论发展情况。20 世纪是一个充满动荡和灾难的世纪，20 世纪同时又是艺术史论知识生产极为丰硕的世纪。而这种流派纷呈、众声喧哗的局面恰好为我们更好地审视维特科尔提供了一个充满张力的对话背景和历史舞台。这样，我们就可以避免就维特科尔而谈维特科尔的局限，实现对其艺术史论研究范式的归纳和总结，更充分地理解维特科尔的一家之言。这就是该研究的共时性方法。

第二个角度是历时性的角度。维特科尔的学术生涯与19世纪以来艺术史论的发展历程密切关涉。因此，这就为我们提供了一个从艺术史论发展的历时性角度考量维特科尔艺术史论的线索。我们也可以透过维特科尔尝试着进一步厘清瓦尔堡学派的学术遗产。与此同时，维特科尔艺术史论之中的相关议题，诸如对于艺术史学科的论述、对于文艺复兴艺术史的研究、对于巴洛克艺术史的考察和对跨文化艺术史的求索都可以置于19世纪以来艺术史论发展的历时性维度加以探究。

此外，该研究在具体展开过程中会秉持将生命史带回学术史研究的方法。学术升降，代有沉浮，学者的生命史与学科的学术史往往是紧密相关，人文学科尤甚，艺术史论的知识生产离不开一个个艺术史论家的个人参与。因此，对维特科尔艺术史论的研究也会关注到他作为20世纪历史与政治中的个体生命层面，因为学者的生命史可以让我们对其学术研究和知识生产获得一种更为充分的"了解之同情"。

简言之，立足当代中国学术语境，从共时性和历时性两个角度着眼，兼顾研究对象的生命史。在理解与超越、温情与冷峻之间保持某种"必要的张力"，以此呈现出一个丰满而立体的维特科尔，由此实现我们对于维特科尔艺术史论的"接着说"，最后迈向当下艺术史论的知识生产。

## 二　主要内容与重要观点

### （一）主要内容

该书主要聚焦以下几个方面的内容。

第一，文艺复兴艺术史研究。远绍至瓦萨里的《名人传》，文艺复兴作为西方艺术史上一个关键节点，素来是西方艺术史论家各显神通的竞技场。琳琅满目的艺术创获和丰硕的艺术史论探讨吸引了后世无数学者，由此形成了众声喧哗的研究场景。同样，文艺复兴也构成了维特科尔艺术史论知识生产的最初领域。在与文艺复兴研究领域的前辈学人的对话和批判中逐渐呈现出其自身对于文艺复兴艺术史论的独到见解。维特科尔围绕古典文化在文艺复兴时代艺术领域内的创造性转化这一议题展开知识生产，在以下几个方面最具胜义：首先，是维特科尔对于文艺复兴时期集中式教堂的创造性研究；其次，是他对文艺复兴艺术家身份嬗变的考察；最后，对于乔尔乔内这位留给西方艺术史诸多难题的艺术家做出了别出心裁的阐释，并广为欧美艺术史学界所认可。这三个方面看似呈现出一种碎片化，实则殊途同归，都紧密地围绕瓦尔堡学派艺术史家对于文艺复兴艺术史研究的核心议题——古典文化在文艺复兴时代的赓续与嬗变——而展开。维特科尔的文艺复兴艺术史研究中所折射出的文明意识和文明策略，无疑对于我们当下具有重要的借鉴意义与价值。

第二，巴洛克艺术史研究。如果说文艺复兴构成了维特科尔迈入艺术史论领域最初的学术操练场的话，那么，巴洛克艺术则是他着意开疆拓土的研究场域；如果说在文艺复兴艺术史研究中维特科尔扮演的是一个阐释者的角色的话，那么在巴洛克艺术史研究领域，维特科尔俨然是一位立法者，维特科尔由此也成为巴洛克艺术史研究领域中里程碑式的人物。历史地看，对于巴洛克艺术的研究当时在德语艺术史论界尚处于起步阶段，巴洛克艺术往往被视为文艺复兴衰败后的晚期风格。因此，辨章学术和考镜源流便成为维特科尔进入巴洛克艺术史研究时首先予以着手的工作，这一工作是在以下两个维度展开的：考察"巴洛克"一词从描述性到规范性的嬗变与探讨德语艺术史论界对于巴洛克艺术史研究的学术谱系。上述工作可以说是维特科尔对于巴洛克艺术史研究其年轻传统的理论回顾，下一步便是维特科尔在巴洛克艺术史苑囿中尽情挥洒自己的个人才能，这主要凝聚在《1600—1750年意大利的艺术和建筑》一书中。在这本书中，维特科尔厘定了年代学和地理学的坐标，确定了意大利巴洛克艺术研究的主要艺术媒介和种类，同时又在因循传统与寻求变革、中心与边缘等方面展露出其艺术史叙事之中的辩证思维，维特科尔的精心构撰使得该书成为巴洛克艺术史研究的"圣经"，维特科尔由此也成为意大利巴洛克艺术史叙事的立法者。维特科尔的意大利巴洛克艺术研究，一方面展现了对艺术史叙事中"纪念性史学"的反思，另一方面也揭示艺术史上晚期风格所蕴含的重塑艺术史"时间的形状"的无限理论潜能。

第三，跨文化艺术史研究。无论是文艺复兴抑或是巴洛克艺术，维特科尔的论述主要是从西方艺术史的内部着眼，而青年时代对东方艺术以及图像的扩散和迁移的关注，学术迁徙中的学养的提升与视野融合，使得维特科尔逐渐迈向跨文化艺术交流这一宏阔的研究领域。由此，其艺术史论研究从欧洲的内部转向了欧洲的外部，从时间转向了空间，这无疑与 20 世纪下半叶的"空间转向"思合符契。围绕欧洲艺术史上所反复出现的"中国风"与"埃及热"，维特科尔勾勒出一幅东西方艺术交流互动的斑斓图景，非欧洲艺术对欧洲艺术的深刻影响跃然纸上。维特科尔跨文化艺术史研究中所秉持的传播论与独立发生论的理论复调，展现出他建构跨文化艺术史叙事时所蕴含的严谨审慎的学术品格。

### （二）重要观点

综观维特科尔以上几个方面的研究内容，它们都在不同程度上构成了维特科尔所意欲探寻的艺术史时代辩证法的不同扇面。在打捞散落在文艺复兴艺术史中的古典文化碎片时，维特科尔展现出他的文艺复兴艺术史观，这一文艺复兴艺术史观更为辩证地审视古典文化、基督教中世纪与文艺复兴之间的关系，与"布克哈特传统"所建构的文艺复兴艺术史观展开充满张力的对话。维特科尔的巴洛克艺术史研究为被视为衰败的巴洛克艺术辩护，揭示了艺术史中所存在的"规范与形式"的问题，对于作为西方艺术史上的晚期风格的巴洛克艺术作了辩证性的价值重估。跨文化艺术史研究将西方艺术史的研究从内部转向了外部，跳出了以西方艺术解释西方艺术的狭隘视域，开启一双"异域之眼"，转向外部的多元视角来审视西方艺术史。毋庸置疑，这都为当下学界探寻"全球艺术史"的可能性提供了可资借鉴的观念与路径。

简言之，维特科尔的艺术史研究从艺术史的断裂与连续、繁荣与衰败、时间与空间、开与合等辩证视角着眼，绘就了一幅色彩斑斓的艺术史画卷。此外，维特科尔在艺术史研究之中所锤炼出的"历史语境主义"研究路径，展现了其艺术史研究之中对于历史客观性的追求，凸显了其学术研究中鲜明的"求真意志"。

## 三 学术创新与贡献

### （一）学术创新

首先，该研究的着力点是维特科尔的艺术史论，而非仅仅关注他对文艺复兴时期建筑的研究，也就是说，从更为全面的维度透视维特科尔在艺术史论之中的独特贡献，力图呈现出一个立体的维特科尔。当然，与更为全面地透视维特科尔的艺术史论紧密相关的是需要更为完善的文献材料支撑，而在维特科尔文献的发掘方面本项研究已经占有了其大部分的著作以及单篇论文，如《诞生于土星之下》《英国艺术与地中海》《意大利巴洛克研究》以及《艺术史作为一个学科》等论著，而这些论著在国内处于起步阶段的维特科尔艺术史论研究中至今尚未涉及。因此这些文献的占有将为全面研究维特科尔提供有力的文献支撑，这也是该研究熔铸新意的基础。

其次，该研究并非以年代的角度概括维特科尔的艺术史论贡献，而是采取由几个前后相关的问题所组成的问题链的方式加以展开的，从维特科尔的艺术基础理论到艺术史的时代辩证法，兼及瓦尔堡学派，这些家族相似的领域在鲜明的问题意识的烛照之下，将照亮维特科尔艺术史论研究范式的不同扇面，进而这些不同的扇面又将被置于瓦尔堡学派的学术谱系和 19 世纪末以来艺术史论的发展历程之中作出学术史的考察。

### (二) 学术贡献

该研究的学术贡献如下。

第一,知识学层面上的贡献。通过对维特科尔艺术史论的全面深入研究,厘清其概念工具与方法论,为当下西方艺术史学研究提供坚实的知识学基础。

第二,学术史层面上的贡献。深化当下中国学界对于德语国家艺术史论的研究。该研究以更新的理论框架和更内在的主题对维特科尔展开考察,提炼出其知识生产的逻辑,并以此为切入点在充满张力的学术对话中推进对德语国家艺术史论学术谱系的研究。

第三,学科建设层面上的贡献。维特科尔对艺术史学科特质的探讨,对经典艺术史时段的研究,对人才培养模式的创见,构成艺术史学科建设的典范,这些维度的探讨无疑在我国艺术史学科建设上极具指导意义。

# 《当代欧洲跨族裔电影中的离散叙事》概要

王娅姝[*]

史无前例的人口迁徙规模是我们这个时代的重要特征之一。时值 21 世纪第三个十年揭幕，数量增多、范围扩大、类型多元的人口流动已是全球共同关注的议题，它们深度参与着世界各地的政治经济进程。同时，作为一种人口的跨地流动方式，移徙除了具有政治、经济属性外，还有其社会和文化功能，这也就决定了移民群体对输入国的影响并不局限于政治、经济领域，同样还会在社会和文化等多方面产生深入影响。

电影艺术与人口的流动之间存在密切的联系。几乎从其诞生的那一刻起，电影就首先吸引了欧洲的移民群体，因为它提供了一种超越于语言障碍的视觉动态化的娱乐形式。对于今日的电影工业中心美国而言，移民的作用更是不容忽视，如今的好莱坞也依然有众多具有移徙背景的电影人持续贡献力量。在 20 世纪的大部分时间里，尤其是在两次世界大战前后，政治危机和经济发展不平衡引发了新的人口流动潮，这种变动对于电影创作产生了深刻影响。通常情况下，人口流动会为老牌电影产业注入新的人才和想法，但随着影像产业革命性的数码转型以及全球互联时代的来临，流动的电影

---

[*] 王娅姝，北京师范大学电影学博士，现就职于北京师范大学艺术与传媒学院。

人开始作为一类穿越边界的群体独立凸显出来,并在跨国、跨文化、跨族裔的实践中催生出全新的电影运动,冲击了此前曾经牢不可破的国别电影、民族电影等概念。该书的论述就由此处展开,通过抵临欧洲,以流动、离散的目光重新注视这片电影艺术的故土,该书试图呈现区别于传统电影史论研究的观察视野,在主流美学运动、殿堂级电影大师和国别电影梳理的框架之外,转入对"间性"存在及其书写方式的考察。

# 一 研究背景、内容与重要观点

离散(Diaspora)是人类文化史上一个古老的话题,在后殖民政治兴起、全球化抵临的时代下,更以进一步丰富的小写形式(diaspora)进入当代文化想象的实践中。一方面,它以流动性的本质抵抗并解构着国族框架,另一方面,也在与之遭逢的碰撞中,持续生产他者身份的话语。跨族裔离散电影集中出现于20世纪八九十年代,人口迁移和大众媒介共同为全球性作为现代现象、现代性作为全球现象建造了新的意涵。对此,阿帕杜莱明确提出由媒介(media)、迁徙(migration)和想象工作(work of imagination)组成的人类学模型。在这个模型中,遍布全球的电子媒体建立起共同想象和感受事物的"情感共同体",身份认同不再依赖于领土化的国家认同,而生发出更多超国家(supra-national)和次国家(sub-national)的维度。媒介突破了地域空间限制,使散居各地的人之间有了更强的情感、价值和想象联结,离散的跨国社区因此建立起来。这种共同体成员显著区别于20世纪六七十年代的移民群体,呈现出更强的主观能动性。他们比其父辈更敏锐地意识到,电子媒体在全球范围内提供了崭新的资源和规则来建构想象中的自我和世界,跨族裔身份和离散经历,除了其不可避免的断裂性、漂泊感之外,也可成为创作上的重要资源。

跨族裔者执起导筒，并且出手不凡。自 20 世纪 80 年代起，在欧洲境内，大批跨族裔电影人集体出现，并接连在戛纳电影节、柏林电影节、威尼斯电影节等影展竞赛中斩获大奖，跻身世界级电影作者梯队。具有多重国族背景的电影人的创作，已成为不可忽视的电影史现象。跨族裔电影的出现与发展，使被国别、美学运动和电影大师主宰的欧洲影坛，呈现出多元性、流动性和创造性，更以身份想象和文化实践的方式，消解着欧影内在的欧洲中心主义逻辑。在这一过程内，对此类电影的定义和归类遇到了具体的挑战。传统意义上的国族电影框架已无法对其涵括，因此必须建立起新的分类方式和研究视点。

另外，跨族裔电影对离散叙事的执着描刻，在国际电影节上的优异成绩，也正促进着一种主题和类型的成熟，并且影响了一批非离散背景的欧洲电影人如肯·洛奇、达内兄弟、阿基·考里斯马基、雅克·欧迪亚、斯蒂芬·弗雷斯、弗朗索瓦·杜佩洪等，使之关注并围绕跨国、移民、难民等话题进行创作。在跨族裔电影的影响和带动下，离散叙事沿现实主义轨道，从内部视点逐渐向外部视点辐射，其对现实的推动作用不容小觑。对跨族裔电影的考察和分析，既是有意义的，也是充分、全面理解欧洲电影乃至世界电影所无法绕开的。

该书聚焦离散议题在当代电影中的具体表征，选择自 20 世纪 80 年代起出现在欧洲的跨族裔电影，建立离散空间、离散者身体和离散记忆的研究坐标，分析离散叙事在其中的具体建构方式，尝试在传统国族电影的框架之外，开辟属于跨族裔群体的影像文化视野。

结构上，全书共分为四章。第一章以电影史的写法，呈现欧洲的离散影像地图，并对欧洲跨族裔电影这一在国内较少得到系统引介的概念进行界定、介绍和梳理。在通常以国别面貌出现的欧洲电影内部，其实早已产生众多"连字符"式的创作。其中，马格里布—法国电影、土耳其—德国电影、英国黑人电影和英国亚裔电影是最突出的几支创作力量。大体上，跨族裔电影遵循着三大发展阶段，即带有社群代言色彩的"登场期"，强调多元文化与混血身份的

"上升期",以及转向伦理性、呼唤全球正义的"转折新变期",离散的意义在此过程中不断与现实产生互动。

第二章进入对离散叙事建构的具体讨论,主要讨论跨族裔电影中的离散空间表征。空间的位移是离散成立的前提,其特征首先在电影关于地点的寓言中得到体现;其次,离散既是出走也是回望,生成关于"路"(routes)与"根"(roots)的两类元叙事,并在具体的影像表述中,与西方的经典母题"奥德赛"产生既耦合又解离的复杂关系;最后,离散引起空间的协商关系,城市作为核心场域,是离散者社会关系的总和与主体身份的提喻,同时,时空不可割裂,空间的协商中暗含对时空关系的理解,在离散的视域下,则体现为永恒的乡愁。

第三章讨论离散叙事中的身体问题。首先,作为理论话题的身体在哲学史上经历了祛蔽和苏醒的过程,成为诸多"后"命题用以反对理性中心主义的有效工具,在此基础上,弗朗兹·法农对"黑皮肤"的发现,完成了离散身份、种族与身体话语之间的衔接。身体在跨族裔电影的叙事方面有两类功用,其一是作为揭露权力和抵抗中心话语的文本符号,其二则是在现象学与伦理学视角下充当联结"他者"的通路。文本内部,离散者的身体以受苦的他性、沉默的尊严感和超越的自主性,完成对种族、阶级与性别暴力的揭露和抵抗。文本之外,身体的影像借助"触感"与共情政治同世界发生关联,这也是跨族裔电影涉及他者议题的重要情感道德向度。

第四章结合离散记忆书写,讨论跨族裔电影在离散身份起源、代际差异与历史重述等问题上的表现。首先,在纵向的代际结构下,跨族裔电影中的离散记忆表现为无法直接经验而只能借助家族档案、跨代讲述和媒介想象获得的"后记忆",对后记忆的挖掘和书写,是跨族裔电影对离散群体内部身份多元性的表现。其次,横向上,离散记忆是他者的记忆,有去中心、反权威的特点,往往关注被遮蔽和遗忘的群体;同时,对离散史的碎片化书写,在跨族裔电影中生成一种记忆"蒙太奇"的叙述形式,离散的历史由异质性、异时性及其组合生产意义。最后,在跨族裔电影对离散记忆的书写中,含有对物品的细节性刻画，从中，观看与物质性脱离了东西对立的批判立场，进入对离散记忆的怀想与见证之中。

离散不是一种单一的现象，也不是一套体系化的理论，而是不断变动着的问题域和理论场。因此，离散议题及相关意识在欧洲跨族裔电影中的表现，也注定是纷繁、驳杂，难以一言蔽之的。该书通过对大量影片的梳理，建立起空间—身体—记忆的方法模型，尽可能全方位地展现离散的不同侧面。尽管涉及的理论众多，牵扯出的历史政治事件更是复杂，但跨族裔电影对离散叙事的建构逻辑已为该书基本厘清。总体而言，对传统民族国家框架与身份的突破、对理性至上主义的质疑、对官方宏大体系的对抗，构成了跨族裔电影建立在"他性"与"超越性"身份之上的基本叙事逻辑。近年来，越来越多的跨族裔电影人登上国际电影节的领奖台，这种发生在西方世界内部的异质性创作迎来了新一轮的提振。在跨族裔电影人逐渐向话语中心跋涉的过程中，他们始终注重将"边缘影响中心""影像涉入现实"的诉求向前推进。

在这个被称为"身份战争时代"的 21 世纪，曾经由意识形态支配的国际冲突，如今已主要受到各类型身份及微观特征指标的驱动。不过，在这样看似焦灼、缠绕、复杂的时代之下，一个基本的规律反倒在人类的冲突、聚合与分裂中前所未有地清晰化了，那便是：最本质的问题不应当是"我们是谁"，而始终应当是"我们如何理解、践行和管理自我"。作为当代特殊的、重要的文化实践，跨族裔电影创作的光芒也在此处闪现。而这也是身处"百年未有之大变局"之中的中国电影学者亟须考察、分析与镜鉴的，全球的跨族裔电影创作，更会以其独特、复杂而又迷人的方式影响当代的文化脉搏。

## 二 研究目的及主要方法

该书以"当代欧洲跨族裔电影中的离散叙事"为题，选取 20 世纪 80 年代至今欧洲的跨族裔电影为研究对象，围绕离散空间、离散身体、离散记忆这三个核心概念建立研究体系，对电影文本内外的离散叙事及话语建构进行详细分析，最终回答离散的元素、身份、体验等，如何在跨族裔电影中被表现和建构，这种表现和建构又体现了怎样的深层逻辑，可能产生怎样的现实影响。该书希望形成对跨族裔电影及其离散叙事特征的系统性把握，并主要使用后殖民视域下关于空间、身体和记忆的各类理论工具，论证跨族裔创作对欧洲电影图景的丰富和补充。阐明在国族概念逐渐向跨国/跨文化过渡的当下，跨族裔离散电影以其特定的方式挑战了曾经界限分明、壁垒森严的概念，这一创作现象亦应被予以足够重视和充分讨论。

全书的主要内容涉及电影文本分析、离散及相关后殖民理论阐述，以及欧洲历史现实中的离散现象观察。其中，电影文本分析为论述主体，后两者以理论支撑和历史背景的方式协同进入研究。离散理论的研究部分，以文献研读为主。20 世纪 90 年代，离散这一原本古老的概念被重新理论化，用来形容新时期的跨地迁徙与人口流动，以托洛彦、吉尔罗伊等人主编的《离散》（*Diaspora*）杂志创刊为标志。此后，西方人文学科的众多杰出学者，均对此概念进行了讨论，从作者掌握到的外文资料来看，离散理论的丰富性和辐射范围已经很宽广。该书尝试在充分研读理论的基础上，将其尽可能合理、充分、自然地应用于对跨族裔电影叙事的研究。欧洲离散现象观察方面，主要以第二次世界大战后的欧洲历史为主，对涉及欧洲人口流动的事件、趋势、观点等进行考察，关注其影响跨族裔电影创作的具体面向。

该书主要解决的研究问题如下。

第一，概念的界定、介绍和厘清。作为国内讨论相对较少的概念对象，跨族裔电影、离散等概念需要结合电影史、文化史和欧洲史，进行属性上、地域上、美学上的定义及框定。

第二，针对离散概念的基本属性，建立并且论证"空间—身体—记忆"的研究坐标，使离散叙事的核心特征能被基本涵括。在此基础上，回答"跨族裔离散体验如何被电影叙事表达与建构"的核心问题，具体分为：

（1）离散及其意义如何通过电影空间的地点寓言、旅程与家庭叙事以及空间协商等形式得到表征。

（2）同时作为受压迫与斗争符号的离散身体如何体现离散，如何作为一种话语参与到影像叙事中；另外，人类身体如何作为一种知觉结构，使离散的苦难叙事朝向一种伦理的向度，进而具备召唤情感正义、推动现实的跨文化功能。

（3）离散记忆的传承与书写问题，记忆这一在时间维度上联结离散者精神世界的元素，被电影怎样表现、呈现出怎样的离散特性。就官方化的、中心化的宏大历史/记忆书写而言，离散的记忆书写有何特质、透现出怎样的身份逻辑。

第三，将欧洲移民史、前殖民地反殖运动等现实层面的背景融入影片的文本分析。离散是具现实性的话题，所谓跨族裔离散电影，绝不仅仅是艺术的想象，更是一种深度扎根于历史的文化实践和观念表达。如果缺失了来自历史的维度，便易滑入空洞、表皮的文本阐释而失去了实际的电影史意义。

第四，寻找欧洲跨族裔离散电影在电影史、全球文化中的位置和作用，发现这一创作现象背后的深层逻辑和未来可能的方向，在文本内外两相互动的基础上形成结论。

第五，对差异性的兼顾。该书的思路是拆解掉传统的国族框架，以跨族裔作者、离散叙事为标准，进行"类别"基础上的归纳和总结，试图围绕欧洲跨族裔电影对离散的表征，寻找其美学、主题、意义上的共性。对共性的挖掘，一定程度上也容易忽视、抹平研究对象自身内部的差异，而对差异的取消，则易使此次研究的核心意义消散——因为正是凭借差异，电影才能营造界定群体身份的各种概念。因此，行文中注重了"特写"式的方法，在整体的规律梳理下，注重对特定电影人、电影作品的深描；涉及一些重要的话题（例如法国北非电影人内部对同一历史事件的不同表述），着重对差异性进行表述和分析,避免在拆解掉一种框架的同时,落入另一种框架之中。

该书使用到的方法主要涉及三类。

一是文献与史料/现象分析。查找与分析国内外对跨族裔离散电影的研究,对其进行深入、反复阅读,从文献中发现突破口和空白领域,建立该书的研究框架。

二是电影文本细读。在欧洲范围内大量搜集、筛选落入题目内的电影,以新的思路对其进行归类和分析,并将文化分析、作者研究和重点影片细读的逻辑进行融合,力图以"离散"概念统摄全文,寻找不同作者、不同影片在"离散叙事"方面呈现出的共性,同时尽量做到了兼顾差异和具体语境。

三是跨学科研究。离散是一个跨学科的综合学术场域,就该书的研究问题而言,涉及历史学、哲学、政治学、认知科学等众多彼此关联的领域。因此,分析的展开和论点的着落,均建立在对多学科知识有所了解和调用的前提之下。该书尝试在多学科背景及知识支持下,对跨族裔电影创作现象展开尽可能全面、深入、丰富的讨论。

## 三 学术创新与贡献

关于对跨族裔电影进行系统研究的意义及其必要性,可沿现实、理论两个维度展开论述。

首先,现实维度,以人口的跨境迁移、全球信息网络和跨国资本等为代表的"流动性"正在逐渐增强,并且日益深入人类活动的各个领域。受其影响,建立在单一、固定的认同模式基础上的传统逻辑方法,已无法涵盖空前多样化的历史与文化实践。其中最核心的一点是,民族国家(Nation-State)范式的中心位置,开始受到来自边缘的、非中心话语的影响。

国族中心主义的思维方式的弊病，并不仅仅体现为一个学术问题，如果把空泛的词语当成实在的历史，就会创造出错误的模型，进而引出更多不准确的结果。因此，建立专属于跨文化、跨族裔群体的影史和美学视野是必要的，也是有意义的。跨族裔电影居于国别电影、作者电影、"第三电影"、少数族裔电影等多重属性的缝隙之间，仅用固定、静止的标准去把握，是远远不够的。从跨族裔的电影创作中，我们看到从国家（national）到跨国（international）甚至是后国家（post-national）的转变、不断更新的欧洲一体化进程以及全球化的影响等多重驱动力。劳工移民、难民和寻求庇护者的到来，使地缘政治发生了变化。这些更广泛的社会政治进程意味着国家乃至欧洲身份的概念发生了松动，边界开始具有可渗透性，传统中对国家和国家身份的理解开始因此而发生变化。跨族裔电影的出现与崛起，恰恰是对"国别电影"（national cinema）概念的挑战和再定义。将其视为独特的电影与美学现象，并以区别于传统国族电影研究的方式加以考察，有助于世界电影史与当代电影研究获得更全面、丰富的图景，有助于在国别电影的大框架之外，发现更多被遮蔽在边界阴影处的重要作品。

除现实意义之外，跨族裔电影及其离散叙事的研究更有重要的理论意义。离散视角下的跨族裔电影，是国族电影之外的一种新型的分类方式和理论锚点。其中，"离散"作为在当代重新焕发生命力的古老词语，标记出了一种身份的多样性和灵活性，构成了散居各处、不被国族框架纳入的电影人及其作品聚合、组织的理论依据。对离散身份和跨越族裔的创作进行研究，强化了全球范围内"离散"这一身份概念的学术地位，破除了身份的本质主义陷阱，将曾处于边缘的、被压抑状态下的"他者"文化表征引入更宽广的学术场域之中。因此，对当代欧洲跨族裔电影中离散视角的发现和梳理，从理论上，有助于进一步强化离散文化身份的发展，使之在影像实践的场域中进一步发挥作用，也有助于跨族裔、跨文化等穿越边界、突破壁垒的要素，成为电影史与电影创作研究建立新型方法的关键所在。

言及该书的创新点所在，主要有以下几点。

首先，就方法和切入点而言，该书设立"跨族裔电影"的分类、组织方式，突破了世界电影史研究中惯常沿用的国别、民族框架，尽可能发掘出一批未被国族话语关注的电影创作，并将其以"离散"的视角加以系统化整合，形成带有"间性"的理论观照。

其次，就内容而言，该书在大量史料和影片资源的发掘工作后，未囿于跨族裔电影史的简单梳理，而是尽可能结合人类学、哲学、历史学等多领域内的相关知识，对跨族裔电影内部独特的离散叙事进行了深度考察和文化分析。在此过程中，该书对在西方已形成一定规模的跨族裔离散电影理论进行了重点引介，一定程度上对国内在相关领域的空白进行了少量补充。

最后，就中文学界"跨族裔电影"及"离散电影叙事"领域的研究进度而言，该书在前人基础上进行了推进，更新并扩大了跨族裔电影片目集，将涉及的影片更新到2010年代之后，并在此基础上首次进行了系统性的整合，将移民、流亡者、难民及其后代创作的有关离散体验的作品统合于"类别"的视野下，通过明确此类作品中的共性，建立了相对较新的研究空间。

该书尚有部分未竟的讨论与展望。

首先，在涉及的文本范围和影人涵盖面上可以进一步扩大化、系统化。尽管全书已涉及百余部具有代表性的重要跨族裔电影，但就欧洲境内而言，还有很多影片散落在东欧、南欧的各个角落之中，等待着被发现、纳入并深入解读。就跨族裔的离散电影人而言，该书梳理并介绍了在欧洲境内展开创作的电影作者，但如若放开对地域的限制，这类影人图谱会更加丰富和广阔。从这个意义而言，该书的工作仅仅只是一个初步的尝试，还有较大的发展和探索空间。

此外，该书对电影产业和文化制度的讨论及分析比较缺失。对于任何一类电影的研究而言，现实性的资金、技术、工业、机构等，都是成其所是的重要环节，应当被充分考察。

# 《魏晋南北朝佛教音乐美学思想研究》概要

史一良[*]

## 一 研究目的、意义及方法

**(一) 研究目的**

该书研究的对象为魏晋南北朝时期的佛教音乐美学思想。佛教自汉代传入中原，经历了被排斥至汉化的过程，最终达到了与我国本土宗教及文化相圆融无碍的境界，并生成了中华独有的佛教哲学、美学思想体系。魏晋南北朝时期政局动荡、政权四分五裂，三百年的割据混战、民不聊生，甚至"天下名士少有全者"，然而，在思想史上这却是一个名士辐辏、群星闪耀的高光时期，这也促成了佛教思想在我国本土发展的第一个高峰时期。在各种矛盾不断深化的历史背景下，佛教思想于"东汉末至三国""两晋""南北朝"这三个历史阶段不断地滋润渗透进本土思想的洪流之中。与此同时，"中国佛教音乐美学"也应运而生，并随着佛经译著、佛事活动的不断扩大与完善，有了自身的一些基本的美学意蕴。

---

[*] 史一良，中央音乐学院中国音乐美学史专业博士，现为中央音乐学院音乐学研究所博士后。

该书研究的核心是"中国的"佛教音乐美学思想在魏晋南北朝时期的发展，所以研究的重点旨在该时期"中国的"佛教理论、实践中的音乐美学思想，而非原始佛教中的佛经内容，虽然这些内容为佛教教义最初的思想集结，即便传入了中土，其思想的核心性质也难以变更，故其中的思想精粹多半是"印度的"，而非"中国的"。中国的佛教文献中有大量涉及音乐的史料，里面蕴含了丰富的佛教音乐美学思想。除却佛教译经，研究该时期佛教音乐美学思想的另一重要来源，应属该时期的佛教著述。佛教虽为西土传来之思想，其在源生地印度的发展与传入我国后的发展多有不同，其不同之处的显著表现则在时人所撰写的佛教著述中，这其中的思想较佛法传道中的经典译、论更为特殊，其所具有的中华本土智慧也应值得研究。另外，其他类型含有佛教音乐美学思想因素的文献，也为该书的研究范围。

### （二）研究意义

该书的选题意义在于，当下学者对于宏观历史视野下的佛教音乐美学，以及魏晋南北朝时期的音乐美学思想都有部分关注，然而，专门对于魏晋南北朝时期佛教中音乐美学思想的系统研究却未有出现。基于此现状，作者以涉及这一时期佛教音乐美学思想的史料为研究原点，最终提炼出该时期佛教音乐美学的思想特征。

### （三）研究方法

该书将以全面、深入、客观的研究态度，用文献学的方法对魏晋南北朝时期佛教译经、佛教文献中的音乐史料进行汇总并梳理；用历史学的方法，将魏晋南北朝佛教中的音乐美学思想放置于当时的历史文化背景中加以剖析；最后，以美学思辨的方法，对魏晋南北朝时期佛教中的音乐美学思想特征进行分析、总结，力图得出一个相对客观的结论。

## 二　主要内容与重要观点

中国佛教音乐美学的发轫之期在魏晋南北朝时期。

佛教源于印度，这注定了其原生理论与中华文化有诸种不适之处，但由于其传入内地之时正逢汉末乱世，其基本教义中的一些小乘理论（如"因果""十二因缘"等学说），为彼时困顿中的王朝带来了一种似乎可以治世的新方法。在那个道教兴起、玄学草创等宗教、学说混杂的年代，并不为方家所熟知的佛教，被时人评作了"道术"之一种。在这种理念之下，佛教音乐审美追寻的是"有"的养生之论。修行被看作一种生命的深度探索，在这一过程中，不得听闻音乐，音乐感知应向内获取而不是向外，要用已有的儒道音乐精神与样式去理解新鲜的佛教音乐，等等，都是由生命之"有"的感知延展到音乐审美领域里的思想。这样的理论影响了早期的梵呗创作风格，"清通深亮，远谷流响"这样富有禅意的音乐审美评价是修身、修德传统影响下的"有"之音乐美学思想的体现。

经过三国时期的混战，两晋时期虽还是内外交困，但在文化上却与前朝一脉相承，佛学有了新的突破。随着译场与僧伽制度的建立，以鸠摩罗什为代表的译经大师的出现，架起了梵与汉之间的桥梁，同时，也搭建起佛教音乐理念与实践的中国化之路。名士与名僧往来密切，孙绰为首的名士，与慧远为首的名僧，都各自诠释着自己对于佛教理念下音乐美学的新认知，"无"之音乐美学思想几近要将佛家之本意呼之欲出，但碍于中原本土文化之"有"与"无"的理念根深蒂固，"无"之审美在此时所反映出的"涅槃"思想，也不得不建立在现世音乐之上，只是反对人因音乐产生情感依赖，并未否认音乐的客观存在。这种否认"有"之下的"无"，还是未跳脱出俗世所圈定的音乐美学范围。该时期佛教音乐中的一个重要部分，是翻译问题，它决定着音乐能否与文辞匹配，音乐的礼义功用，音乐的梵汉转化，音乐的审美况味。在这些理论与实践中的思想影响了高僧的音乐活动，道安确立了唱导的三科制度，传承至今。

南北朝时期迎来了佛学在华夏发展的第一个高峰。中国佛教思想的独立引发了诸多问题的讨论，在缘起性空的理论中，音乐"神不灭"；在无分别的佛心之下，音乐一如众生；佛性之美不染"声尘"，因而法音是"苦空"的。理论的争鸣伴随实践的丰富，转读与唱导的音乐表演中形成了多元化的审美，"优游"与"小缓"、"高调"与"细妙"等传神灵动的风格，是佛教音乐世俗化、新颖化的特征体现，也促进与提升了音乐审美评价的艺术高度。梁武帝的"法乐童子伎"是南北朝时期佛教音乐理论中最深刻蕴含之"空"的显现。

"空"是佛教音乐美学继"有"与"无"之后一次"本我"的展现与突破。"空"是原始佛教中本就存在的含义，但它在华夏美学中几乎没有对应的解释。

起初，佛教义理削足适履，将许多审美理论"格义"到了传统学说之上，譬如将琴乐之"和"的内涵渗透于供佛之乐的"不急不缓"，这是对传统儒学中最核心思想的依附；将"但识琴中趣，何劳弦上声"中取缔"象"而突出"意"的做法渗透于佛乐定义的"五欲之中声为最妙"，这是对新晋玄学中最超前思想的依附。

逐渐地，随着佛教引介的成熟，佛学中国化走向了独立的道路。般若学在两晋至南北朝大盛，其方法在不断地"中观"，以证得万物皆"空"。音声为"空"的思想孕育而出。它非"有"非"无"，非"实"非"虚"，只有入了"非想非非想"之定，才能观此"空"的音声。音声之"空"是"十二因缘"的环节之一，是"一切法毕竟空"的组成部分，从微观与宏观处都以"空"之逻辑进行推导，就连"音声为'空'"亦是"空"的，最后成了"空空"。这是一切"假有"都静止、真空的状态，是超验的音乐审美观，是绝对自由的纯粹之美。

## 三　学术创新与贡献

该书的学术创新与贡献基于三个研究难点。研究难点之一是史料的内容相对不丰富，且分散繁杂，需要从大量佛经、佛教文献中进行撷取，并对其进行梳理、归纳，这一工作量较大。研究难点之二是目前该领域的研究成果为数不多，可借鉴的前人经验也就相对稀少，对于史料的整理就更需要独立的思考与判断。研究难点之三是佛经音乐美学思想的特点较为单一固定，提炼出这一时期佛经中的音乐美学思想特征便需要更多方面的史料辅证。

该书的学术创新及贡献包括以下两部分。

第一，在一定程度上填补本研究领域的空白。当下学者对于宏观历史视野下的佛教音乐美学，以及魏晋南北朝时期的音乐美学思想都有部分关注，然而，专门对于魏晋南北朝时期佛教中音乐美学思想的系统研究却未有出现。基于此现状，作者以涉及这一时期佛教音乐美学思想的史料为研究原点，最终提炼出该时期佛教音乐美学的思想特征。

第二，在学科建设上填补"中国音乐美学史"在儒、道框架以外的空白。"中国音乐美学史"，目前是中央音乐学院，乃至各大音乐学院"音乐美学"教研室中，与西方音乐美学相佐相伴的、代表中国文化的重要学科。中国文化素来以儒释道并立而称，然而，在"中国音乐美学史"领域，已故的学科奠基人蔡仲德先生，认为"一部中国音乐美学史，可以称得上是儒、道两家不断斗争、交融、互补的历史"，其以儒、道二家为主线进行学科史架构，蔡仲德并指出"佛教音乐美学思想，在魏晋以后曾长期存在，但它接受儒道两家影响，而对儒道两家音乐美学思想并无重大影响"。将佛教音乐美学研究进一步纳入学科体系，是该书作者的重要尝试。

# 《哈萨克巴克斯音乐的二元属性》概要

迪娜·叶勒木拉提[*]

萨满文化是世界性的文化现象。在欧亚大陆,萨满现象广泛分布于各大语系诸民族中,阿尔泰语系各民族萨满文化发展得尤为兴旺蓬勃。巴克斯是哈萨克传统社会中通过神授获得神圣身份的古老宗教职业人,属萨满信仰系统的典型代表。其产生历史悠久,在传统中影响较大。巴克斯音乐形成于巴克斯宗教活动,他们常在祭祀、占卜、治疗等传统信仰活动中以音乐的方式祈求神灵帮助,因此音乐具有特别的地位,多功能的巴克斯音乐表现形式丰富多样。

## 一 研究目的、意义及方法

(一)学术意义

该书的学术意义体现于研究课题的首次性与丰富性、研究课题使用材料的原始性与真实性、研究课题探索新的民族音乐分析研究思路、研究课题对其他相关学科的借鉴参考意义。

---

[*] 迪娜·叶勒木拉提,中央民族大学音乐学院中国少数民族艺术专业博士,现就职于中国社会科学院世界宗教研究所。

1. 研究课题的首次性与丰富性

（1）国内音乐学界首次对哈萨克巴克斯音乐予以系统深入研究的博士学位论文

萨满文化研究在学界一直是热门选题，音乐学界关于各民族的萨满音乐研究日益丰富，从选题到研究视角呈现由"数量多"向"质量高"的趋势。而哈萨克巴克斯音乐（萨满音乐）的关注度相对较低，相关研究成果不超过10篇，除少数学者进行过相关田野调查外，其他成果多依靠二手资料进行。

该书是国内首次对哈萨克巴克斯音乐进行全面关注的博士学位论文。从研究对象"巴克斯音乐"来看，国外的相关成果也较少，苏联时期有一篇以"巴克斯音乐"为论题的博士学位论文，该文集中于对巴克斯音乐的介绍与文学领域的观照，未有相关音乐研究。之后哈萨克斯坦学界（哈萨克文领域）还未见到相关论题的博士学位论文。故该书可能在一定程度上推动国内外学界对哈萨克巴克斯音乐文化研究的关注。

（2）对丰富哈萨克宗教音乐体系起到积极作用

既往学界较关注哈萨克民间音乐，对宗教音乐领域观照较少。该书将是国内首篇涉及哈萨克宗教音乐的博士学位论文，因此对丰富哈萨克宗教音乐体系可能起到一定的积极作用。上述工作可在一定程度上丰富哈萨克传统音乐文化研究。

2. 研究课题使用材料的原始性与真实性

该书使用的研究材料分为理论资料与田野资料。理论资料除使用中国学者的研究成果外，还参考了作者赴哈萨克斯坦留学期间收集到的学术成果，这些材料是苏联及哈萨克斯坦学界"巴克斯研究"的重点文献，包括文学、音乐、民族志等领域，其中音乐类文献在国内学界基本未被运用，是目前国内外所能见到最早的巴克斯音乐谱例文献，属于历史中的巴克斯音乐呈现，文中对这些音乐谱例的使用尚属国内首次展示，具有一定的原始性。

该书使用的田野资料，均为作者在中国与哈萨克斯坦两个国家的田野调查中收集到的相关资料，除巴克斯的个人信息等基本资料外，观察参与了多场传统信仰活动，收录到宗教仪式中的巴克斯音乐资料。因此该书所列举的实例及相关谱例均源于田野调查，为当代哈萨克巴克斯音乐呈现，具有真实性。

3. 研究课题探索民族音乐分析研究新思路

器乐与弹唱/奏唱是哈萨克传统音乐的重要表现形式，存在于多个音乐品种中。国内音乐学界缺乏相关的音乐形态学研究成果，关于弹唱/奏唱的形态学分析在国外学界也未形成统一共识与既定研究方法，故需要形成一套可行的音乐分析思路。该书在作者已有思考的基础上，结合哈萨克斯坦音乐学界已形成的器乐分析方法，探索了弹唱/奏唱形式的分析方式。此外笔者还重点关注了词曲关系问题，根据不同音乐形式的特点予以研究。上述工作可能将对哈萨克传统器乐及弹唱/奏唱音乐的形态学分析形成一套初步的理论认知，也将为日后深入研究其他民族的不同音乐形式提供一套有益的经验。

4. 研究课题对相关学科的借鉴参考意义

该书除了对音乐学界的学术意义外，可能会为哈萨克信仰研究领域提供新思路，可在此基础上展现并说明普遍存在的、信仰交错区域的宗教信仰文化现象。

（1）为哈萨克信仰研究提供新思路与观念

国内学界强调"历史遗留下的哈萨克萨满文化"概念，较少关注当代或历史进程中的巴克斯文化，对民间信仰与伊斯兰教的互动关系缺乏深入研究。该书认为哈萨克信仰体系具有二元属性，研究对象"哈萨克巴克斯音乐"也具有鲜明的二元属性特征，该书试图从音乐特点中厘清其呈现的原生信仰与伊斯兰教的二元共存模式，并进一步剖析巴克斯文化所属原生信仰与伊斯兰教的互动关系。巴克斯音乐属性并非简单的二元对立或统一，是"你中有我，我中有你"的深层关联。该书试图突破学界以往的既定研究思路，尝试从深层关联看巴克斯音乐中原生信仰与伊斯兰教的互动关系。民族与宗教关系是学界近年来的研究重点之一，少见从音乐学领域对西北少数民族的相关问题予以探索的实例，该书预期可成为该领域的新案例。

（2）说明普遍存在的信仰交错区域的宗教信仰文化现象

哈萨克人主要生活在中国新疆、哈萨克斯坦、乌兹别克斯坦、蒙古国等国家及地区，集中于突厥语民族居多的中亚地区，该书对哈萨克巴克斯音乐的二元属性观照，可能会在一定程度上说明：在民族构成复杂、信仰交错的广大区域中，普遍存在民族信仰二元乃至多元属性的宗教信仰文化现象。该书对西北少数民族音乐、中亚民族音乐具有一定意义。

### （二）现实意义

该研究具有鲜明的时代特性，表现在积极响应我国"一带一路"文化交流与研究建设。哈萨克斯坦共和国作为我国"一带一路"的首倡之地，国内对其人文认识与研究匮乏。在该研究中，为了解决课题研究中的重点难点，作者与哈萨克斯坦音乐学界不同领域的专家、学者进行诸多沟通。这体现了两个国家音乐学界的联动，增强了学术友谊，是"一带一路"文化交流与研究的具体显现。

该研究涉及多学科交叉，使用了跨学科研究方法，包含民族学田野调查法、音乐学的曲谱记录及形态分析法、语言学的诗词记录及相关词曲关系探究、文学的哈萨克文诗词翻译、宗教学学科的相关理论方法等。该书写作建立在对中国与哈萨克斯坦两个国家较为扎实的田野调查基础之上，对新疆阿勒泰、伊犁等多个地区县、村，哈萨克斯坦首都阿斯塔纳（努尔-苏丹）、阿拉木图、奇姆肯特、图尔克斯坦等多地区的哈萨克巴克斯音乐、伊斯兰宗教音乐的现状调查，对各地相关博物馆、图书馆的调研，获得了广泛的第一、二手资料。

该书写作中运用了丰硕的调研与文献资料，以多语言文字基础，利用国内外不同学科不同时代的大量文献和理论，包含沙俄、苏联、哈萨克斯坦学界关于考古学、图像学、民族学、音乐学、民俗学、文学等学科领域材料，为文章写作提供了翔实的资料文献。同时，合理利用中国宗教学理论，对哈萨克萨满音乐与民间信仰及伊斯兰教的关联性进行了深度挖掘探讨，形成了与研究对象相关的自洽理论体系。资料使用与论证中使用了跨学科研究方法，为学界进一步研究提供了新的资料及理论依据。

## 二　主要内容与重要观点

巴克斯是哈萨克集通灵、医治、传统艺术表演于一体的古老宗教职业人，巴克斯音乐形成于巴克斯宗教活动，以巴克斯萨仁、白德克、阿尔包三类体裁构成。该音乐品种在近现代产生了新的变化，主要以巴克斯萨仁与器乐体裁构成新的巴克斯音乐系统，具有歌曲、器乐、弹唱/奏唱三种形式。音乐表现形式呈现以冬不拉弹唱、阔布兹奏唱、阔布兹音乐、冬不拉音乐、鼓乐等多种类型。

该书第一章从巴克斯与巴克斯音乐两个概念切入，分别探讨二者的定义与特征。在巴克斯的概念中，着重探讨了学界关注较多的"巴克斯"词源问题，并提出新的可能性。同时，对巴克斯的历史与当代多重身份进行学术化梳理，论述了巴克斯的三种主要身份：通灵者、医者与传统艺术表演者。在巴克斯音乐概念中，基于历史文献材料的梳理，以近代资料与当代呈现的思路从音乐的表现形式角度，将巴克斯音乐分为人声、器乐、弹唱/奏唱三部分。对当代较难见到的人声音乐部分的巴克斯萨仁、白德克、阿尔包三种体裁进行仪式表演、诗学、音乐领域的观照；巴克斯的器乐部分结合文献材料与田野考察资料，从阔布兹音乐、冬不拉音乐、鼓乐三部分描述与分析；以巴克斯萨仁体裁的冬不拉弹唱与阔布兹奏唱两类，还原近代与当代的音乐形式。以此本章较为全面地展示了巴克斯及巴克斯音乐的核心概念、特点与变化发展。

该书重点关注的巴克斯音乐本质属性中，由于哈萨克人历史与信仰的复杂性，巴克斯音乐亦呈现出不同于想象的特征。作为学界中的"萨满音乐"种类，巴克斯音乐基于古老、传统的民间信仰特征基础，还具有鲜明、深刻的伊斯兰教文化特点。在第二、三章分别探讨巴克斯音乐中民间信仰文化与伊斯兰教文化的特点，由于巴克斯音乐的宗教音乐属性，这两章分别从宗教观念、宗教经验、宗教行为、宗教制度四个方面，多个层次梳理巴克斯音乐的两种文化特质。民间信仰与伊斯兰教两种不同属性的信仰文化在巴克斯音乐中构成了多层次、复杂的关系，通过对其宗教学、民族学、音乐学、文学等领域的交叉研究，该书厘清巴克斯音乐的二元属性是二元于一体的关系，即二者在巴克斯音乐中可以任何层面的形态共存于一体，无论是何种类型的文化特质，二者至少要有一种文化特质为代表并入"巴克斯音乐"中，形成"民间信仰+伊斯兰教"的组合模式。

对源生于萨满文化的巴克斯音乐为何会融入伊斯兰教文化特质，并形成二元属性特征，第四章从巴克斯与伊斯兰教的关系入手，梳理了影响巴克斯接受伊斯兰教的多重外因与内因，并探讨了巴克斯如何通过中亚苏非派及苏非教团途径接受伊斯兰教，由此分析巴克斯音乐产生变化与形成此种二元属性的实现路径。

该书的重要观点：哈萨克巴克斯音乐是在巴克斯宗教仪式活动中使用形成的音乐种类，具有早期萨满教音乐的文化功能，形成基于哈萨克族古老的民间传统信仰，并蕴含伊斯兰教的鲜明文化特质，二者在巴克斯音乐各层面呈现出"民间信仰+伊斯兰教"的结构模式。两种宗教文化在各自分属领域以特有形态、方式、比重共同存在，以此形成巴克斯音乐文化的两种不同属性特征。该书通过对巴克斯与伊斯兰教的关系进行剖析后发现，巴克斯接受伊斯兰教的原因与政权、思想意识、社会结构等方面的影响密不可分，而接受伊斯兰教的途径与中亚伊斯兰教苏非派及苏非教团具有密切的关联。

# 三 学术创新与贡献

## （一）学术创新

1. 新颖的材料及丰富的文献，填补作用显著

该书使用了沙俄与苏联时期记录的巴克斯音乐，材料均属国内首次展示和研究运用。同时，参考的相关理论包含中国、哈萨克斯坦、苏联、沙俄等不同时代、不同学科的大量文献，为学界进一步研究提供了新依据。该书写作基于中、哈两国广泛深入的田野调查，为学界展现了新疆及中亚地区萨满音乐特点。

2. 新理论与新观点，创新性突出

该书首次对"巴克斯音乐"的概念和范畴进行合理界定、科学分类与阐释，形成了关于研究主题的完整理论体系。同时，对学界长期关注的"曲首长音""双声结构"等音乐特征，从民间信仰和音乐功能角度予以全新阐释，为认知欧亚游牧音乐文化提供新观点。此外，关于中亚萨满音乐与伊斯兰音乐文化的关系问题予以深入剖析，为学界研究相关议题提供了新线索。

3. 新思路与新推理，富有启迪性

该书探讨了萨满音乐与民间音乐、人文宗教信仰的关系，并对此现象做出了深入的分析阐释，使学界首次对研究对象的本质属性有了清晰的认识。同时，"二元属性"是中亚多民族萨满音乐的共有现象，研究成果可为其他学科提供借鉴意义。

## （二）学术贡献

1. 新选题与结论具有前沿性，补白意义突出

该选题在国内外首次提及，是国内外音乐学研究领域的"首篇"成果，又属于国内首篇哈萨克宗教音乐研究博士学位论文，对丰富

哈萨克传统音乐系统具有重要作用，对我国西部民族音乐、中亚萨满音乐的相关研究范畴等具有填补空白的意义，具备了理论研究的前沿性。

2. 对学科体系建设具有示范作用，引领性突出

国内学界对西部各民族音乐研究关注不足，该书的成形亦是对中国宗教音乐研究做出的积极贡献，对学科建设起到补充作用。特别对深入阐释研究新疆乃至中亚地区民族音乐提供了丰富材料，具有一定的示范及引领作用。

3. 研究成果获得相关领域国际学界认可，具有时代特性

作者攻博期间在哈萨克斯坦进行了为期一年的交流学习，两次参与当地国际学术研讨会并发表文章。作者对中国巴克斯音乐的采录资料被收录于哈萨克斯坦教育和科学部发布、M. O. 奥埃佐夫文学艺术研究所推荐的工具书 *Ancient Motifs of the Great Steppe-Musical Folklore Traditional Song Art*（2019，哈、俄、英三种文字）中"宗教主题音乐——巴克斯萨仁"部分。体现了作者研究成果获得相关领域国际学界的认可，彰显了中国学派的音乐学（少数民族音乐学方向）学科培养成果，具有现实意义。

# 《唐宋巴蜀观音图像艺术研究》概要

邓新航[*]

## 一 研究目的、意义及方法

该书以唐宋时期巴蜀石窟观音造像艺术为重点研究对象，研究目的主要有：一是全面梳理观音造像的题材种类、遗存现状和分布规律；二是切实构建观音造像艺术流变的图像谱系；三是深入探研不同观音题材造像的风格样式、文本来源、信仰功能和地域特色等内容。

该书选择此对象的原因主要有三。第一，观音造像艺术的发展演变最能代表佛教艺术中国化的历史进程。第二，中国观音图像体系颇为博大，但其并非初传汉地时就是如此，而是经过不断发展，总体呈现出由单一至丰富、由零散至系统、由继承至新创的演变趋势，尤以唐宋时期最为重要。换言之，如果说唐前的观音图像尚处于类别较少，不断摸索且逐渐定型的阶段，那么唐宋时代则是观音图像体系规范化、系统化、多样化的重要阶段。第三，唐宋时期巴蜀地区的佛教艺术相当繁荣，突出表现在：一是石窟数量庞大，延续时间较长，被誉为中国石窟艺术史的"下半阕"；二是佛寺壁画创

---

[*] 邓新航，东南大学艺术学理论博士，现就职于重庆师范大学。

作兴盛，观音题材被大量雕凿和绘制。

由此可见，唐宋时期巴蜀石窟观音造像艺术的全面整理和系统研究的确是一项极具学术价值和意义的课题，主要表现如下。

第一，从中国艺术史及文化史的角度来看，该书可弥补目前艺术领域针对中国观音图像研究在全面性、系统性和宏观性方面的不足。唐宋是观音造像系统化、世俗化的关键时期，但北方中原石窟自"安史之乱"以后普遍衰落，唯巴蜀石窟异军突起，兴盛繁荣。迄今资料显示，巴蜀石窟中的观音造像遗存相当丰富，种类众多，可谓汉传佛教观音图像艺术的一个全息缩影。但颇为遗憾的是，目前对其尚无系统研究之著述，已有成果多是某类观音的专题性、区域性探讨，如此显然不能立体展示唐宋巴蜀观音造像发展的历史全貌。因此，该书不仅可以弥补目前历史学、考古学、宗教学等领域对观音图像研究的欠缺，而且可以进一步揭示观音造像在巴蜀传统地域文化、民间文化的综合影响下如何实现其本土化的历史转变。

第二，从地域文化艺术研究的角度来看，该书亦是南方宗教艺术研究成果的有力丰富和完善，并为书写巴蜀文化艺术史提供现实助力。该书坚实地立足艺术学，对巴蜀石窟中现存唐宋观音造像艺术做全面梳理和图像内涵的具体阐释与分析，以构建一部内涵丰富、系统完整、流变有序的唐宋巴蜀观音图像谱系。

第三，从观音图像的题材种类来看，该书还对目前关注较少的不空羂索观音、十一面观音、数珠手观音、白衣观音和马头观音等做深入探讨，一是解决其图像和信仰的来源问题；二是探究其在巴蜀传统文化影响下所产生的与北方中原观音图像的不同变化。同时，观音与阿弥陀佛、药师佛、地藏等其他尊像的多种组合及相应的功能内涵，也是观音造像本土化演变过程中不可忽视的重要内容。

该书坚实地立足艺术学研究宏大背景，将重点采用如下研究方法。

第一，田野考察法。巴蜀地域辽阔，唐宋石窟数量众多且分散。该书重视资料的原始性和实证性，以现有的考古材料为依托，力求对巴蜀具有代表性的唐宋石窟进行全面系统的田野调查，从而完整梳理、全面统计并概括总结出不同种类观音造像的分布现状和演变规律。

第二，图像学方法。该方法目前在宗教美术领域研究中被普遍应用，可以解决某个或某类宗教艺术图像有什么、是什么和为什么等系列问题。对于唐宋时期巴蜀地区不同种类的观音造像，只有充分发挥图像学方法优势，方能更为有效地揭示出观音图像背后深层次的艺术意义与文化价值。

第三，比较研究法。由于受到整个宏大时代、文化背景的影响，不同地域文化圈的观音图像既有一致共性，也有较大差异。该书将采用比较研究的相关理论和方法，将巴蜀与中原、敦煌、江南等地的观音图像作对勘比较，以此突出或强化观音造像合乎历史逻辑演变的地域性特征。

第四，跨学科研究法。该书还将运用多学科方法对唐宋巴蜀观音图像进行全面深入的研究。比如符号学方法主要针对观音图像所承载的宗教思想和观念等做深入解读；美学方面则主要针对观音图像丰富的审美意蕴、显著的审美特征等进行分析论证。

## 二　主要内容与重要观点

鉴于唐宋巴蜀观音图像体系内容宏富，该书总体将其分为四大类型：圣观音图像、密教观音图像、本土观音图像和佛三尊像中的观音图像，可谓基本囊括了观音造像在佛教艺术中的所有场合。不同观音类别在兴衰时间、区域分布、题材种类、信仰形态、组合方式和造型样态等诸方面均有丰富多样的表现。该书的主要内容即围绕此四类观音造像进行深入探研。

其一，唐宋巴蜀圣观音造像的艺术风格流变、恒常组合形式、功能信仰诉求及救难图像演变等方面的研究。圣观音造像的信仰形态以"称名救难型"为主。此类观音造像在巴蜀遗存数量最多，分布区域最广，延续时间最长，其基本形象为一手持柳枝、一手提净瓶且头戴化佛冠的造型。圣观音造像的造型风格演变大致分为六期七段，且不同时期在区域分布、造型样式等方面特点凸显。圣观音造像的组合形式丰富多变，除了最为常见的单尊观音外，还有在此基础上逐渐发展起来的双观音和多观音，以及观音与地藏、阿弥陀佛、药师佛、七佛、文殊菩萨等不同尊像的多种组合。双观音与多观音造像主要在唐代流行，是信众希望获得观音及时救助、更多救助的直接体现，同时不应排除节约财力、精力等方面因素的现实考虑。观音与其他尊像的组合集中流行于盛唐至五代，尤以观音与地藏合龛最受欢迎。此两大菩萨组合的盛行又催生和带动了它们与阿弥陀佛、药师佛等诸佛的随意组合，从而形成具有主从意味的多种主要与净土信仰密切相关的"新三尊像式"。这些组合在正统佛典中找不到相应依据，不仅体现出民众信仰需求的多样性、功利性和现实性，同时也体现出观音信仰与其他信仰相互吸收与融合的巨大包容性。此外，观音救难图像目前在巴蜀所见实例虽然不多，但其呈现出较为鲜明的时代风格和地域特色。

其二，唐宋巴蜀密教观音造像的基本种类与来源、仪轨的遵从与超越以及相较敦煌等地同类造像所表现出来的鲜明艺术风格和地域特色等方面的研究。密教观音造像的信仰形态为"密仪持咒型"。巴蜀是除敦煌地区以外唐宋密教观音图像的重要流布区域，现存千手观音、不空羂索观音、如意轮观音、十一面观音和马头观音等多种题材。巴蜀密教观音造像的渊源是在两京地区，但晚唐以来地域特色逐渐显露。从镌刻内容看，除千手观音造像外，巴蜀其他密教观音造像并未出现敦煌那样的经变或曼荼罗形式，这与巴蜀民众的信仰选择和诉求目的有关。从造型样式看，巴蜀密教观音造像在相对严格遵循造像仪轨的基础上，又加入了石窟艺匠自己的理解与创造，从而超越仪轨，呈现出较为丰富多变的图式。从时间发展看，巴蜀密教观音造像于武周、盛唐初兴，中唐至五代繁荣，北宋早中期暂趋沉寂，北宋晚期以后获得复兴。不同密教观音造像在巴蜀地区的发展演变确有明显差别：千手观音造像流传最广，盛唐在川北地区兴起，中唐在川西一带集中流行，晚唐向川南和川中地区转移，五代则主要在川东盛行，两宋却迅速衰落；在唐末，千手观音经变的构图趋简。如意轮观音造像遗存数量不多，雕凿时间集中在盛唐晚期至五代和南宋早期两个时段，前一时段流行六臂、游戏坐、思维状的像式，后一时段流行二臂、结跏趺坐的像式。十一面观音造像亦始于盛唐，但遗存较少，其化现僧伽、宝志的造像较为特别。不空羂索观音造像始于晚唐，五代初期以前主要在资中流行，以立式为主，其后在川东大足一带兴盛，以结跏趺坐式居多。马头观音造像于南宋时期方才出现，主要在明王系统中流行。

其三，唐宋巴蜀本土观音造像的渊源与流变以及造成诸种变化的社会、文化、心理等方面深层原因的探讨与总结。本土观音造像的突出特征是民间性和地域性浓郁。此类观音是唐代以来在中国新出现的一大变化观音类型，是古代艺匠和民间信徒的共同创造，最具本土特色。巴蜀出现了白衣观音、水月观音、数珠手观音和十圣观音等不同观音题材。巴蜀石窟新见中唐白衣观音造像，结合文献史料，推测白衣观音形象可能产生于盛唐，吴道子或始创其画像，并将其传播到蜀地。巴蜀白衣观音造像的演变可分三期：中唐在眉山、安岳等地零星出现，流行一手托宝钵、一手持柳枝于胸且站立的像式；晚唐、五代在川西眉山、川中内江和川东安岳、大足等较广区域盛行，造型姿态多变，流行双手持莲像式；宋代在川东局部繁荣，造型各异，并与其他本土观音形象进行结合。研究表明，水月观音形象的首创者并非中唐周昉，很可能亦与吴道子有关。巴蜀水月观音造像分布较广，集中流行于唐末至五代、北宋晚期至南宋早期这两个时段，不同时期的造型姿态变化丰富。与敦煌、延安同类图像相比，巴蜀水月观音造像比较突出的是主尊、圆光和岩座，而流水、竹子等其他背景元素则较少表现，这与造像粉本、造像材质、工匠技法和窟龛空间等方面有关。十圣观音群像是巴蜀石窟特有的一类造像题材，集中流行于南宋绍兴（1131—1162）年间，目前相关造像仅见于大足和荣昌两地，是当时活跃于川东地区文氏艺匠精湛技艺的凝聚。此类洞窟的基本构图模式：中心主像（一佛或一佛二菩萨）与两侧十圣观音，其文本来源与密教千手观音经密切相关，特别是由不空翻译的《千手千眼观世音菩萨大悲心陀罗尼》，同时融摄了西方净土信仰和华严三圣信仰等相关显教经典。数珠手观音属于十圣观音之一，其双手交于腹前并持数珠的特殊造型主要源自唐代弟子形象，五代以来在江南流行的白衣观音像式亦对其产生一定影响。

其四，唐宋巴蜀佛三尊像中观音造像的特征表现与演变规律的研究。在佛教美术中，佛三尊像通常是指一佛二菩萨的三尊像形式。佛三尊像中观音造像的信仰形态以"净土往生型"为主，最为常见的当是以阿弥陀佛三尊像为中心的西方净土信仰造像，另有少量释迦牟尼佛三尊像等。与前三类观音造像不同的是，此类观音造像以胁侍菩萨身份存在，并且其造型姿态与圣观音形象略有区别。

其五，唐宋巴蜀观音造像题记所体现的复杂而微妙的信众社会心理、观音造像与"四家样"的关系，以及观音造像的时空分布规律及影响因素等的研究。巴蜀石窟现存唐宋观音造像题记100余则，其内容反映了民众真实的信仰心态与社会心理。研究发现，巴蜀观音造像的供养人以平民居多，官员亦占有一定比例；造像的组织形式较简，以个体造像和家族合作造像为主；造像作业时间一般在每年的一月至五月、九月至十二月这两个时段，且与佛教十斋日和佛陀纪念日有一定关联；造像祈愿的核心对象是其家族成员，祈愿是民众信仰功利性的行为折射。"四家样"对巴蜀观音造像有明显影响，特别是吴道子的"吴家样"和周昉的"周家样"。此外，在宏大的时空范围之下，巴蜀观音造像的发展演变自然呈现出较为明显的时空特征。时间分布特征有：雕凿持续时间长；雕凿繁荣期在中唐至五代；北宋早中期和南宋晚期的雕凿明显减缓。区域分布特征是：五大区域均雕凿有观音造像，覆盖广泛，并且各大区域各有一、二个观音雕凿相对集中的地区；观音造像在巴蜀的发展演变存在"自北向南、自西向东"的大体趋势；不同类别的观音造像在不同区域的发展亦存在一定差异，显示出明显的不均衡性。造成如此时空分布特征的原因当与唐代二皇幸蜀、北宋建国之初巴蜀动乱、南宋蒙军入侵巴蜀等重大历史事实，以及佛教信仰、造像粉本的传播路线不同等因素有关。

通过对巴蜀石窟多年的田野考察所获取的大量一手造像资料，同时参考学界已有的相关研究成果，该书对唐宋时期巴蜀石窟观音造像艺术作了全面而系统的梳理、论证工作。现已明确获得的重要观点如下。

第一，唐宋时期巴蜀观音造像系统以其题材多样、组合多变、造型善变、内涵丰富的图像构筑而自成一体，是南方地区观音造像艺术的杰出代表；

第二，在北方中原尤其是唐代两京地区观音造像普遍缺失的情况下，因蜀道将长安与巴蜀紧密相连，两地佛教艺术文化的交流互动颇为频繁，故巴蜀观音造像很大程度上反映出两京观音造像题材内容和风格演变的基本面貌；

第三，唐代以后，巴蜀观音造像在北方中原观音造像系统的基础上，智慧地融入了地域文化的丰富因素，成功地创造出境界超迈、特色鲜明的观音图像和风格样式。

## 三 学术创新与贡献

该书的学术创新与贡献主要体现在以下几个方面。

第一，全面梳理巴蜀石窟唐宋观音造像艺术的题材种类、遗存现状与分布规律。巴蜀石窟唐宋观音造像的相关资料多为"考古学式"刊载，散见于各种石窟考古报告和大型图册之中，目前尚无专门而系统地著录或整理巴蜀历代观音图像的著作。本著顺利开展研讨的基础和关键，就是对巴蜀唐宋石窟中不同观音题材的遗存数量和分布规律做尽可能全面准确的梳理和统计。

第二，切实构建巴蜀石窟唐宋观音造像艺术流变的图像谱系。本著在前期资料梳理和实地调查的基础上，以纪年观音造像为中心，初步构建了巴蜀观音造像艺术发展流变的图像谱系。

第三，深入探究巴蜀石窟唐宋观音造像的艺术风格、地域特色和审美追求等独特文化价值。从研究方法上看，巴蜀观音图像研究目前主要体现在考古学、宗教学等学科范式之下，而立足艺术学学科视野和方法的审视明显不够，本著就是对巴蜀观音造像的艺术审美价值进行深入挖掘。

# 《热力学视角下气候建筑原型方法研究》概要

陶思旻*

## 一 研究目的、意义及方法

### (一) 研究目的

作为该书研究对象的"气候建筑"并不等同于生态建筑与绿色建筑,而是指"形式追随气候"的那一部分以外部气候条件为出发点,以建筑本体形式策略为手段,以被动利用自然资源改善室内热舒适和能耗状况为目标的传统或当代的外部结构主导型建筑。"气候建筑"的概念包含两个要点:一是将气候视为建筑需要适应的外部环境;二是将气候视为建筑可以利用的外部能源。它的目标也分为两个要点:一是气候适应;二是环境调控。该书主要切入点在于研究气候建筑的过程中引入热力学原理,通过理论建构和方法论证,借助能量系统语言图解和环境性能模拟软件工具,研究能量在建筑中的产生、传递和消耗过程,思考气候建筑作为一个系统、一个耗散结构、一个热力学机器,其界面、空间、组织等存在原型,以及这些原型在能量流动路径中如何协作与演化,并生成新形式的内在

---

\* 陶思旻,同济大学建筑学博士,现就职于同济大学设计创意学院。

机制。

研究所涉及的关键问题包括：

如何以能量流动与热力学原理来介入气候建筑的理论体系；建筑中最基本的能量流通结构是什么。

气候作为建筑的体外能量来源，如何利用；气候作为室内人体舒适度的外在环境，如何调控；如何通过建筑本体的建构来完成上述目的。

在热力学的语境下，不同气候条件下的气候建筑是否存在不同的原型；原型是否存在形态梯度，原型之间的组织方式和结构关系是怎样的。

热力学原型如何转译为热力学类型并生成形式。

热力学原型的方法框架是否可以协助建筑建立气候适应策略，在可持续议题中保持建筑本体性的同时，还具有范式更新的潜力。

因此，该书目标是以能量线索串联气候、建筑和人体三个维度，通过研究特定气候下的案例，提取典型的热力学原型，以系统思维反映并验证这些原型在不同尺度、不同场景、不同层面下相互协作并转化成新形式的方法路径。建立气候建筑的热力学原型方法是对气候设计理论和热力学建筑理论的再解读，可以更加透彻地理解建筑中能量线索产生、发展的科学背景及客观依据，也为"生态焦虑"中建筑自主性缺失的背景下的设计实践提供新的思路。

### （二）研究意义

1. 构建气候建筑的热力学系统思维

即使是经过长期发展的气候设计理论，仍缺乏对气候特征的综合考量和对建筑形态的有效划分，只是以单个部件或部分独自应对所需解决的气候或能量问题，缺乏整体性的视角。该书提出以热力学的系统思维分析气候、能量和建筑之间的内在关系，从新的角度提供了一种更为综合客观的方式寻求在特定气候和环境下建筑自发生成的逻辑。

## 2. 气候建筑的热力学原型提取与转译的类型阐释和模式建立

该书通过类型归纳，研究不同气候条件下的传统气候建筑热力学原型提取模式，以及当代气候建筑中的热力学原型转译模式，总结出"能量流通结构—原型要素层级—能量需求因子"的热力学原型形态梯度，并将其作为主体关系的研究构架。

## 3. 基于热力学视角下气候建筑原型方法的当代范式更新

该书一方面希望从热力学角度为建筑的气候适应性提供一种新视角的解读，另一方面也力图进行此语境下的建筑原型方法建构。该书所建构的热力学原型方法，从原型提取到原型转译，基于定性和定量研究，提供一种基于能量形式化机制的气候建筑新范式，为当代实践提供直接或间接的参照，具有一定的现实指导意义。

### （三）研究方法

#### 1. 理论研究方法

文献研究：基于理论文献阅读和梳理，通过对热力学理论、生态学理论、气候设计理论、类型学理论和可持续设计理论等既有文献的研读和整理，一方面为开展研究建立了宽广的理论视野和方法储备，另一方面为研究热力学视角下的气候建筑原型方法提供更为全面的认识观。

案例研究：对国内外不同气候分类下传统气候建筑和当代气候建筑的实际案例进行收集分析，阅读相关的国内外理论文献和研究资料，对符合该书研究对象和有重大价值的部分案例进行实地调研，结合作者所在课题组的相关研究，以获取直接的认知经验和一手资料。

学科交叉：采用学科交叉的方法，针对气候学、热力学和系统生态学的引用，借鉴气候设计理论和热力学建筑理论的研究经验，有选择地进行吸取归纳，并利用海外访问和国际会议的交流机会了解多个学科领域的国际动向，综合各个学科的文献文本成果，形成广泛又专注的交叉焦点。

类型研究：研究过程借鉴类型学的研究方法对气候建筑案例进行了分析，依据气候特征和能量需求归纳出多种原型的基本模式，通过对基本模式的提取和转译，探寻能量线索下有组织的形式生成依据，因而得到研究对象的内在规律认识。

图解分析：图解（diagram）是形态分析的基本工具，可以直观呈现研究者的特定意图和研究逻辑。该书依据不同的能量递转结构，将原型划分为多个层级，以图解分析表达各层级原型在不同气候条件下的形态变化和影响关系，以此研究原型转化发展的多种可能性。

2. 技术分析方法

能量系统语言（energy systems language）：系统生态学家奥德姆提出的能量系统语言为理解人类与自然系统的相互作用提供了强大工具，威廉·布雷厄姆在其著作《建筑学与系统生态学：环境建筑设计的热力学原理》中将热力学原理运用于不同尺度的建筑环境中来评价能效的价值。该书将能量系统语言衍生至气候环境与建筑系统之间的相互作用，客观分析案例的能量流动方式和能量转换路径，以此来厘清气候对原型形态的影响和原型运作的内在逻辑。

b. 环境性能软件模拟分析：该书所运用的软件工具涉及环境信息可视化、生态模拟运算和参数优化分析软件。其中主要采用以 Grasshopper 为载体并以 Energy Plus 和 Open Studio 等运算平台为数据基础的 Ladybug Tools 软件。Grasshopper 是基于 Rhinoceros 建模软件的可视化编程软件，能够分级有序存储各项数据，还可以对数据进行动态集成和更新，在某个参数改变时能够根据关联逻辑自动修改一系列数据并进行运算。Ladybug Tools 软件是基于 Grasshopper 发展而来的环境性能模拟平台，包括 Ladybug、Honeybee、Butterfly 等多个模拟模块。它能够将气候数据进行可视化图解；能将辐射强度、日照时数、风速风向与建筑能耗等进行模拟运算；能在建筑形态生成与性能模拟优化之间建立起紧密的交互机制。除 Ladybug Tools 外，该书所涉及的量化工具还包括 Design Explorer 2、Ecotect、Climate

Consultant、Weather Tool、Windperfect 等。

## 二　主要内容与重要观点

### （一）主要内容

该书以热力学为视角，以气候建筑为研究对象，将建筑和其所处气候环境看作一个开放的热力学系统，在能量流动的逻辑中获得建筑气候策略的形式原型。热力学原型方法强调了气候、能量、建筑和使用主体之间相互影响的共生关系，原型可以进一步转化为气候建筑形式生成的依据，并成为环境调控导向下建筑范式更新的动力。该书从以下几个方面依次展开研究。

第一，从课题的研究背景，即气候、能量、建筑和人之间的思考入手，以气候建筑为研究对象展开讨论。通过对关键词的释义，根据国内外相关领域的研究综述，明确了该书基于热力学视角对气候建筑原型进行研究的目标和意义，并概述了研究方法和研究框架。

第二，在理论建构方面，借助气候设计和热舒适理论对气候建筑的本体认知作出阐述，将能量作为线索叙述了气候建筑的历史演进；继而以热力学理论为起点，建构了气候建筑的能量作用机制，提出研究的视角转换和理论假说。在方法建构方面，该书将能量系统语言作为分析工具，提出热力学原型是能量规律的抽象本质，是环境调控的建筑形式法则；建构了从传统气候建筑中提取原型、在当代气候建筑中转译原型的研究路径。

第三，展开从传统气候建筑中提取热力学原型的方法研究。以典型气候特征下的传统民居聚落案例为依托，依据实地调研与文献研究，多角度地分析了传统建筑长期适应气候所形成的形式特点和应对机制，并以能量系统语言分析形式下的能量流动规律。而后，在案例研究的基础上，该书提出气候建筑热力学原型的"结构—层级—因子"形态梯度：气候建筑作为一个开放的热力学系统，由三个能量流通结构（能量捕获结构、能量协同结构、能量调控结构）和五个要素层次（整体布局、平面层次、竖向层次、界面孔隙度、构造补偿）组成，用以应对气候特征下不同的能量需求因子（减少得热、促进通风等）。依据这个研究路径所提取的热力学原型，是传统气候建筑环境调控模式的基本形态。

第四，展开在当代气候建筑中转译热力学原型的方法研究。结合前文中对传统气候建筑热力学原型提取的研究，提出当代气候建筑的形态生成实际上是能量形式化的过程，包括能量捕获机制对外部形态的影响、能量协同机制对空间形态的影响和能量调控机制对技术形态的影响。根据当代相应气候建筑案例的研究，总结出"结构—层级—因子"形态梯度的热力学原型转译模式。在此基础上，该书将黄河口生态旅游区游客服务中心作为当代气候建筑的研究样本，从能量形式化的机制入手，结合定性与定量研究，对其外部响应、空间梯度和构造补偿的环境调控方式进行深入分析，构建了它的热力学原型转译模型。

第五，该书最终探讨了气候建筑的热力学原型方法应用于设计实践的策略路径。结合参数化环境性能软件工具，首先是对气候特征的可视化分析，其次是形态参数与能量需求参数交互优化的原型建立阶段，最后是原型在三个能量形式化层面上的转化和结合建筑功能的尺度还原。自此，热力学视角下的气候建筑原型方法有望面向未来绿色建筑发展的前景，提供一种范式更新的动力。

### （二）主要观点

1. 时代背景下的气候设计和环境调控观念更新

如今综合学科与交叉学科蓬勃发展，专业之间的横向与纵向交融日益深入。建筑是集合了气候环境、人文环境、社会环境、技术环境以及信息环境的综合体，建筑学科的研究目标和价值观念也在不断变化。在热力学视角下，建筑是一个开放系统，场地气候是系统最重要的环境。气候中的太阳辐射、温湿度、风等要素是不断运动的能量流，创造了外部环境；建筑捕获、传递、转化这些能量，创造了内部环境。热力学原型揭示了能量与形式关系的本质，具有改变建筑结构、要素、组织和审美的能力。形式也参与到环境调控的过程中，协助使用主体完成对气候环境的适应和协同。

2. 以能量流动为基础的类型学方法构建

某一特定的气候下，建筑的环境调控类型是相对稳定的，建筑形式是建筑从气候中获得能量与递转能量的工具。该书构建了热力学视角下的气候建筑原型方法，针对地区气候特征，通过"能量流通结构—原型要素层级—能量需求因子"的形态梯度，回应了气候环境并除却了风格审美的影响，直接指向了特定气候下的环境调控范式（包括形态、空间、界面、材料等）。从传统气候建筑中提取的热力学原型可以成为环境调控的形式法则，从而进行当代气候建筑的转译。

3. 热力学思考下的范式和评价标准重塑

在顺应天时的过去，人需要与自然共处，需要观察气候、顺应气候、利用气候，以人的主体需求结合在地文化，塑造出多样化的建筑形态。进入现代，人工照明使我们摆脱了对自然光的依赖，空调系统为建筑营造出温湿度适宜的微气候环境，建筑走上了一条标准化设计的道路，成为封闭的空壳，通过管道机械式地输送能量。当下以"能量评级认证"为代表的节能建筑，某种程度上依然是这一"环境隔离"传统的延续和强化，建筑本体的形式活力被技术和设备的堆砌取代。

该书以热力学为角度，将具象的建筑形式和抽象的能量流动联结起来。热力学原型方法是将建筑的环境性能和建筑本体设计融为一体，通过分析环境气候参数驱动，并将其可视化，揭示能量流动的热力学机理和性能，促动产生新的几何与形式。从信息数据、性能参数、能量流动到形式生成，在物质、形式、能量与性能这些热力学的核心话语间建立一个全景视野。

## 三　学术创新与贡献

该书主要通过理论建构和方法论证，借助能量系统语言图解和环境性能模拟软件工具，建立气候建筑的热力学原型方法。

第一，系统论述了热力学视角下气候建筑的内在意义和研究体系。该书所研究的"气候建筑"需要将气候视为建筑需要适应的外部环境，也需要将气候视为建筑可以利用的外部能源。该书以热力学视角串联气候、能量、建筑和人体之间的内在关系，以能量流动为思考方式研究气候建筑内部的环境调控作用，从而厘清形式生成的内部逻辑，即建筑的热力学原型。

第二，构建了从原型提取到原型转译，以"结构—层级—因子"为形态梯度的气候建筑热力学原型研究方法。该书以热力学原型为研究线索，将能量流动对气候建筑形式的影响作出类型归纳。热力学原型以"结构—层级—因子"组成形态梯度：三种能量流通结构（能量捕获结构、能量协同结构、能量调控结构）由五个要素层级（整体布局、平面层次、竖向层次、界面孔隙度、构造补偿）构成，用以应对气候要素下不同的能量需求因子（减少得热、促进通风等）。在此基础上借鉴系统生态学中的能量系统语言为图解工具，以定性与定量相结合的方法研究大量案例，从传统气候建筑中提取热力学原型，再分析它们在当代气候建筑中的形式转译。

第三，热力学原型是环境调控的形式法则，以此为基础提出气候建筑原型建立和转化的能量形式化机制，即能量捕获、能量协同和能量调控。从热力学原型的提取到热力学原型的转译是能量形式化的过程，其中能量捕获影响了建筑外部形态的优化，能量协同影响了建筑空间形态的组织，能量调控影响了建筑技术形态的调节。应用于气候建筑的设计实践，则首先是分析气候数据，其次是原型的建立和优化，最后是还原到建筑尺度的原型转化，这一过程可通过参数化环境性能分析软件介入得以实现。以此，热力学视角下的气候建筑原型研究为重新思考可持续大背景下的建筑自主性提供了理论依据，为未来低能耗建筑的范式更新提供了方法参考。